贸仲仲裁裁决域外承认与执行案例选编

Selected Cases
Regarding Cross-Jurisdictional Recognition and
Enforcement of CIETAC Awards

中国国际经济贸易仲裁委员会 编
China International Economic and Trade Arbitration Commission

法律出版社
LAW PRESS · CHINA
北京

图书在版编目（CIP）数据

贸仲仲裁裁决域外承认与执行案例选编 / 中国国际经济贸易仲裁委员会编. -- 北京 ：法律出版社，2025.

ISBN 978 – 7 – 5197 – 9913 – 7

Ⅰ. D997.4

中国国家版本馆 CIP 数据核字第 2025ZB9498 号

贸仲仲裁裁决域外承认与执行案例选编
MAOZHONG ZHONGCAI CAIJUE YUWAI CHENGREN YU ZHIXING ANLI XUANBIAN

中国国际经济贸易仲裁委员会 编

策划编辑 沈小英 毛镜澄
责任编辑 毛镜澄 李晶晶
装帧设计 李 瞻

出版发行 法律出版社
编辑统筹 法治与经济出版分社
责任校对 王晓萍
责任印制 吕亚莉
经　　销 新华书店

开本 710 毫米 × 1000 毫米 1/16
印张 27　**字数** 403 千
版本 2025 年 1 月第 1 版
印次 2025 年 1 月第 1 次印刷
印刷 三河市龙大印装有限公司

地址：北京市丰台区莲花池西里 7 号（100073）
网址：www.lawpress.com.cn
投稿邮箱：info@lawpress.com.cn
举报盗版邮箱：jbwq@lawpress.com.cn

销售电话：010 – 83938349
客服电话：010 – 83938350
咨询电话：010 – 63939796

书号：ISBN 978 – 7 – 5197 – 9913 – 7　　**定价**：116.00 元

凡购买本社图书，如有印装错误，我社负责退换。电话：010 – 83938349

《贸仲仲裁裁决域外承认与执行案例选编》
编辑委员会

前　言

党的二十大报告要求："加强重点领域、新兴领域、涉外领域立法，统筹推进国内法治和涉外法治。"根据党和国家的战略规划，统筹推进国际商事仲裁中心建设，是当下大力加强涉外法律服务工作的战略性任务。这一高瞻远瞩的战略规划，寄希望于高质量的仲裁裁决能够在世界范围内得到承认和执行。

中国国际经济贸易仲裁委员会（以下简称贸仲）是推动国际商事仲裁在中国发展的先行者和主力军。长期以来，贸仲始终将提升裁决质量、为当事人提供更好的争议解决服务作为机构宗旨。近年来，贸仲受理的涉外案件数量不断增长，争议金额同比增长迅速。2023 年，涉外案件平均争议金额在人民币 8100 万元左右。案件国际化程度也在持续提升，案件涉及的国家和地区范围不断扩大。在一个仲裁案件中，仲裁程序结束于仲裁裁决的作出。但是，对当事人来说，裁决被执行才意味着争议真正得以解决。在跨境争议解决案件中，败诉方及其财产往往处在不同国家和地区。因此，仲裁裁决能否顺利得到域外法院的承认和执行尤为关键。长期以来，贸仲一直对其仲裁裁决的域外承认与执行情况予以高度重视和关注。

2024 年恰逢《承认及执行外国仲裁裁决公约》（以下简称《纽约公约》）生效 65 周年。在这一富有纪念意义的历史时刻，贸仲发起并组织了本课题，即对"贸仲仲裁裁决域外承认与执行案例选编"的研究。为促进裁决在全世界范围内的承认和执行，联合国在 1958 年通过了《纽约公约》。《纽约公约》在 1959

年6月7日生效。我国于1986年加入《纽约公约》),该公约于1987年4月22日对我国生效。《纽约公约》旨在为仲裁裁决的跨境承认和执行提供有效途径,保障仲裁裁决在世界范围内得到强制执行。《纽约公约》的核心是每个缔约方都应承认和执行在其他缔约方境内作出的仲裁裁决,除非符合第5条规定的7种例外情形。截至2024年10月底,《纽约公约》已有172个缔约方,已成为国际经济法领域最重要的条约之一,并实质性地推动了国际仲裁的发展。但在实践中,执行地法院对《纽约公约》的解释和适用会在一定程度上受其本地法律的影响,因此存在一定的差异。

就内地和中国香港特别行政区、中国澳门特别行政区之间互相执行仲裁裁决的事宜,最高人民法院在1999年通过了最高人民法院《关于内地与香港特别行政区相互执行仲裁裁决的安排》,该安排自2000年2月1日开始实施;在2007年通过了最高人民法院《关于内地与澳门特别行政区相互认可和执行仲裁裁决的安排》,该安排自2008年1月1日开始实施。

本课题精选了15个贸仲仲裁裁决,重点选择了中国香港特别行政区、阿根廷、澳大利亚、加拿大、印度、俄罗斯、新加坡、南非、英国、美国这10个具有代表性的法域法院根据区域间安排和《纽约公约》作出的与执行相关的司法审查案例,通过案例来剖析这些法院作为执行地法院审查贸仲仲裁裁决的标准。15个案例均按照"案例导读""法院判决""案例评述"的结构统一撰写。其中,域外法院的判决或决定均有全文翻译,以便真实、完整地呈现该法院如何根据《纽约公约》作出是否承认和执行贸仲仲裁裁决的思路。

每一个案例后的"案例评述"部分主要包括以下四个部分的内容:

第一,介绍特定法域认可、承认和执行仲裁裁决的法律框架。重点讨论如下问题:该法域加入《纽约公约》的状况以及保留情况;国际仲裁制度简介,如是否采纳联合国《贸易法委员会国际商事仲裁示范法》(以下简称《示范法》);承认和执行外国仲裁裁决的主要程序、时效、管辖法院等。

第二,讨论案例所涉的承认和执行焦点问题。主要结合《纽约公约》第5

条的规定,分析执行地法院如何解释拒绝承认和执行的 7 个事由,典型如:当事人是否被提供了适当的仲裁通知、当事人是否被提供了发表意见的机会、当事人指定仲裁员的权利是否受侵犯、仲裁庭对程序的管理和决定是否超越权限、执行贸仲仲裁裁决是否违反公共政策等。

第三,评析案例所涉贸仲及仲裁庭管理程序的做法,总结贸仲及仲裁庭在案件程序管理上的经验。

第四,评析执行地法院如何将贸仲仲裁裁决转化为当地法院决定,从而反映执行地法院是否坚持判决内容与裁决内容相符这一基本原则,并介绍所涉汇率换算、利息认定等相关问题。

本课题的研究具有十分重要的理论与实践意义,主要表现在如下方面:

第一,本课题研究具有创新性。中国仲裁机构受理的涉外和国际商事仲裁案件数量日益增长,但国内目前尚没有就中国仲裁机构所作裁决在域外被承认和执行的状况进行的专门和系统化研究。本课题首次聚焦这一领域,为此提供了具有创新性的研究成果。

第二,本课题研究有助于提升当事人选择在中国仲裁的信心。从本课题研究可见,贸仲仲裁裁决已在世界范围内得到普遍承认和执行,贸仲在程序管理上的做法已在世界范围内广泛得到认可。这无疑可以增强国际商事交易主体选择中国仲裁机构解决争议的信心。

第三,本课题研究可以为当事人寻求裁决的域外承认和执行提供一定的指引。本课题研究呈现了不同法域关于审查外国仲裁裁决的主要制度和程序,能够帮助当事人了解几个有代表性的法域在执行中国仲裁裁决时的态度。对"走出去"的中国企业来说,了解这些问题对于其参与国际贸易和投资活动以及设计法律风险防范机制,具有重要的意义。

第四,本课题研究梳理了优秀的程序管理做法,从域外法院的司法审查这一视角揭示可能出现的程序风险,为仲裁机构、仲裁庭、律师提供借鉴经验。

第五,《纽约公约》作为国际条约,其成功运作依赖于各缔约方对其的贯彻执行。缔约方的立法机构和国内法院主要负责《纽约公约》的国内转化和适用。法院既为仲裁程序的进行提供帮助,又充当着国际仲裁体系的守门人。因此,对我国立法机构和法院来说,了解其他法域的法院如何解读《纽约公约》及其为《纽约公约》的统一解释作出的贡献,对发现和总结符合国际趋势的统一适用规则,是至关重要的。

第六,本课题的研究成果将推动我国国际商法的深入研究。本书可作为仲裁实务工作者的参考读物,也可作为法学教育的案例教学参考教材。结合本书汇编的多个法院关于《纽约公约》的决定或判决,读者可以比较各缔约方法院如何解释和适用《纽约公约》。通过这些案例,读者还可进一步理解《纽约公约》奉行的"支持执行外国仲裁裁决"的理念,以及不同法域的法院是如何处理《纽约公约》《示范法》和本地仲裁法律、民事程序法律等法律和判例之间的关系,以最终推动《纽约公约》的统一解释和适用。

本课题组组长为北京采安律师事务所高级顾问戴萍博士、对外经济贸易大学法学院副教授陈剑玲博士,课题组副组长为中国农业大学人文与发展学院法律系副教授孙威博士。课题组顾问为对外经济贸易大学法学院教授兼中国法学会国际经济法学研究会副会长王军博士。课题组主要成员还包括(按姓氏笔画排序):北京采安律师事务所合伙人石伟博士、对外经济贸易大学法学院副教授卢杰锋博士、中国政法大学比较法学院副教授何启豪博士、盈科律师事务所高级合伙人陈晓旸律师、北京德恒(广州)律师事务所合伙人林烨律师、北京市信达立律师事务所主任周广俊律师。具体任务分工如下(除中国香港特别行政区外,其余国家按照英文字母排序):前言由戴萍、陈剑玲撰写;中国香港特别行政区案例1则,由陈剑玲编写;阿根廷案例1则,由林烨、陈剑玲编写;澳大利亚案例1则,由戴萍编写;加拿大案例2则,第1则由戴萍编写,第2则由石伟编写;印度案例1则,由孙威编写;俄罗斯案例2则,由周广俊编写;新加坡案例1则,由陈晓旸编写;南非案例1则,由陈剑玲编写;英国案例1则,由孙威编写;美国案例4则,第1则由戴萍和卢杰锋编写,第2则由卢杰锋和孙威编写,第3则由陈剑玲编写,第4则由何启豪和陈剑玲编写。本书初稿完成后,焦亚尼、潘楚婧、戴萍、陈剑玲、孙威对本书全文进行了统稿;贸仲副主任兼秘书长王承杰、贸仲党委书记兼副秘书长徐延波、贸仲仲裁院副院长解常晴和谷岩等对本书进行了审稿。

本课题得到了北京采安律师事务所的大力协助。贸仲仲裁研究所焦亚尼、潘楚婧为本课题的立项、分工协调、案例整理编写、文字校核等工作付出了大量努力。法律出版社法治与经济出版分社沈小英社长,责任编辑毛镜澄、李晶晶等为本书的编辑校对、装帧设计、排版印刷进行精心策划并付出辛劳。在此一并表示由衷感谢。

中国国际经济贸易仲裁委员会

《贸仲仲裁裁决域外承认与执行案例选编》课题组

2024年11月

目　录

4 加拿大 Canada

5 印度 India

6 俄罗斯 Russia

7 新加坡 Singapore

8 南非 South Africa

9 英国 The United Kingdom of Great Britain and Northern Ireland

10 美国 The United States of America

中国香港特别行政区

China Hong Kong

中国北京 A 物资公司诉香港特别行政区 B 公司销售合同争议案仲裁裁决在香港特别行政区的认可与执行

第一部分　案例导读

该案涉及贸仲仲裁庭作出的一个关于货物买卖合同争议的裁决在香港特别行政区被认可和执行。涉案仲裁的基本事实背景是:2014 年 11 月,注册在中国北京的 A 公司和注册在中国香港特别行政区的 B 公司签订了买卖合同,约定由 A 公司向 B 公司出售电解铜。A 公司向 B 公司交付了约值 2500 万美元的货物。B 公司收货后未支付全部货款,故 A 公司作为申请人提起涉案仲裁,要求 B 公司支付 2500 万美元的欠款以及逾期支付的违约金,并要求 B 公司承担仲裁费和律师费。B 公司则主张,双方有长期合作关系且已签订了 64 份销售合同。根据双方的交易习惯以及整体对账情况,B 公司已履行了付款义务,因此,本案合同已履行完毕。

该案由贸仲 3 名仲裁员组成的仲裁庭适用中国法进行了审理。2021 年 11 月 11 日,仲裁庭作出涉案裁决,裁决 B 公司应向 A 公司支付约 2100 万美元的货款以及相应的逾期付款违约金,同时承担 A 公司人民币 30 万元的律师费和该案 80% 的仲裁费。

在涉案裁决被作出之后,A 公司向香港特别行政区法院提出执行申请,香港特别行政区法院作出了准予执行涉案裁决的决定(以下简称执行令)。

B 公司随即向香港特别行政区法院提出撤销该执行令，理由是其在仲裁程序中“无法发表意见”，主要表现为 B 公司没有足够的时间准备第一次开庭，以及其要求第二次开庭的申请被仲裁庭拒绝。因此，B 公司主张涉案裁决有违正当程序和公共政策。香港特别行政区高等法院原讼法庭经审理后指出，贸仲仲裁庭已给予 B 公司合理地发表意见的机会，仲裁庭未经再次开庭审理而继续进行仲裁的行为以及作出的裁决不存在任何问题，该案不存在对正当程序和公共政策的违反。因此，该案仲裁裁决是有效的，B 公司的撤销申请应被驳回。

被申请执行裁决的一方当事人未能拥有对案件发表意见的机会，是《纽约公约》第 5 条第 1 款项下拒绝承认和执行裁决的理由之一，同样也是香港特别行政区法院拒绝认可和执行内地裁决的 7 项理由之一。该案体现了香港特别行政区法院在认定当事人是否拥有发表意见机会问题上的司法态度，即当事人发表意见的机会应是“合理的”，而不是无限制的。香港特别行政区法院对于贸仲仲裁庭处理当事人程序请求的安排表示了肯定，并指出贸仲仲裁庭已对其为何不进行第二次开庭的决定作出了充分说明。无论是该决定本身，还是涉案裁决，两者的作出方式均不会导致法院因执行该决定或裁决而违背良知。该案对贸仲仲裁庭在程序管理中如何处理当事人的程序要求，以及如何就程序安排作出回复和决定均具有借鉴意义。

第二部分 香港特别行政区法院判决

A公司诉B公司案[①]

香港特别行政区高等法院原讼法庭[②]

判决书发布日期:2023年1月4日

2022年6月24日,本院准予申请人(A公司)执行贸仲于2021年11月11日就A公司与被申请人(B公司)之间的仲裁作出的仲裁裁决。根据涉案裁决,B公司被裁决向A公司支付赔偿金21,072,360.54美元,自2016年5月27日起以赔偿金为基数按年利率3.85%计算至实际支付赔偿金之日止的违约金、律师费人民币300,000元以及仲裁费人民币1,118,705.60元。

2022年7月12日,B公司通过传票(该传票于2022年9月9日被修订)申请撤销2022年6月24日的执行令(以下简称撤销申请),理由是B公司无法在仲裁中发表意见,且执行涉案裁决书将违反公共政策。在传票中,B公司同时提出另一项申请作为上述申请的替代,即申请本院中止执行涉案裁决,等待B公司于内地提起的新仲裁得到解决。

针对B公司提出的撤销执行令的申请,A公司于2022年9月6日发出传票,请求本院驳回撤销申请,并判令立即执行涉案裁决书。作为替代方案,A公司请求本院判令B公司通过向法院付款的方式提供2600万美元的担保,否则

---

① [2023] HKCFI 294, Accessed Aug. 8, 2024, https://jusmundi.com/en/document/decision/en-cog-v-es-reasons-for-decision-of-the-court-of-first-instance-of-the-high-court-of-hong-kong-2023-hkcfi-294-thursday-2nd-february-2023#decision_45004.

② 原讼法庭为香港特别行政区高等法院的组成部分,原讼法庭具有上诉及原讼司法管辖权,涵盖范围包括刑事及民事案件。原讼法庭的民事司法管辖权并无限制,可处理所有民事事宜。资料来源:香港特别行政区司法机构的介绍,载https://www.judiciary.hk/zh_cn/court_services_facilities/hc.html#9,最后访问日期:2024年7月25日。

应禁止B公司进一步进行撤销申请程序。

本院于2023年1月4日对B公司于2022年9月6日发出的传票进行了审理,驳回了B公司的撤销申请,并要求B公司支付有关费用。判决理由如下。

一、适用的法律原则

双方对适用于确定担保申请的法律原则没有异议,即“Soleh Boneh International Ltd. 诉 Government of the Republic of Uganda 案”①(以下简称“Soleh Boneh 案”)列明的相关的法律原则,这些原则在“Guo Shun Kai 诉 Wing Shing Chemical Co. Ltd. 案”②和“Dana Shipping and Trading Sa 诉 Sino Channel Asia Ltd. 案”③中得到应用。

本院在简要审议后认为,第一个考虑因素是,该裁决无效的论点的力度。在“Soleh Boneh 案”中,S法官解释说,如果裁决明显无效,则应下达休庭令,且不应下令提供担保;如果裁决明显有效,则要么下令立即执行,要么下令提供实质性的担保。在这两者之间,如果无效论点存在不同程度的合理性,法院必须以对此问题的初步结论为指导。

经简要考虑B公司发出的传票中列出的理由(这是有关撤销申请唯一需要考虑的理由)后,本人确信涉案裁决书显然是有效的,B公司没有理由撤销涉案裁决书。

二、涉案裁决以及B公司的主张

涉案仲裁是根据A公司与B公司于2014年11月21日签订的《销售合同》(以下称涉案合同)中所含的仲裁条款启动的。根据涉案合同,A公司同意向B公司出售一批产品(以下称涉案产品)。双方因B公司未按涉案合同支付

① [1993] 2 Lloyd's Rep 208 at 212.
② [2013] 3 HKLRD 484.
③ [2017] 1 HKC 281.

A公司所交付涉案产品的25,572,360.54美元购买价款而产生纠纷。涉案仲裁庭于2021年7月9日举行了开庭审理(第一次庭审),双方的法定代表人出席了庭审。在第一次庭审后,双方均向仲裁庭提交了补充材料。涉案仲裁庭于2021年11月11日发布裁决书。

B公司在其撤销申请中称,双方自2010年以来一直就涉案产品的销售和采购进行合作,在2011年1月至2014年12月,双方共签订了64份合同,涉及10万吨铜的交易,金额超过7亿美元,并有多次交货和付款行为。B公司声称,涉案仲裁和涉案裁决书仅涉及64份合同中的一份,并声称其根据全部64份合同对A公司享有抵销或者反请求。B公司主张,由于合同约定了付款方式,仲裁庭如果不对所有64份合同及其履行情况进行审查,就无法对付款问题进行适当梳理和确定。

概括地说,B公司主张,其被剥夺了在仲裁中就涉及64份合约的多笔交易的购买价格的参与和计算(B公司称为"争议问题")发表意见的公平机会。B公司对仲裁所需的准备时间提出异议,称鉴于争议问题的复杂性以及所涉文件和证据的数量较多,B公司在第一次庭审之前没有足够的时间准备案件。B公司提到了第一次庭审后提交的意见书中提出的问题,声称不进行第二次开庭而以书面方式处理补充意见、新证据和提出的新问题是不适当的。B公司声称,其曾向仲裁庭申请进行第二次开庭,但仲裁庭在没有说明任何理由的情况下驳回了其申请。

在此基础上,B公司辩称,其被剥夺了在仲裁中发表意见的机会,仲裁庭拒绝进行进一步开庭审理,但没有说明拒绝的理由,也没有处理这些争议问题,存在严重违规的情况。B公司提出,在这种情况下执行涉案裁决书是违反公共政策的,特别是B公司主张,其实际上已根据64份合同向A公司多付了款项,并且已根据64份合同(作为整体)对A公司提出了抵销/反请求。B公司声称,在撤销申请的传票发出后,其已根据64份合同提交了新的仲裁通知。就B公司的案件而言,如果其在新的仲裁中胜诉,就可以要求向A公司抵销

20,366,468.76 美元,从而抵销 A 公司关于执行针对 B 公司的涉案裁决书的要求。

三、法院对于 B 公司主张的分析

关于对准备仲裁时间不足的申诉,如果 B 公司认为其需要更多的时间,完全可以向仲裁庭申请延期。但无论是在第一次庭审中还是在第一次庭审前,B 公司都没有向仲裁庭提出任何申请。因此,现在其声称准备时间严重不足是不应被允许的。如果有任何申诉的理由,而 B 公司及其代理人又没有在仲裁中提出适当的申请(无论是申请给予更多准备时间,还是申请延期),那么 B 公司剥夺了仲裁庭处理此类申诉的机会。

B 公司辩称,在第一次庭审结束后,双方都被送达了补充意见和材料,仲裁庭本应给予 B 公司机会去处理新的证据和新提出的问题,包括给予机会以根据证据对一名证人进行盘问。B 公司于 2021 年 11 月 2 日致函仲裁庭,请求召开第二次庭审,以便对 A 公司的补充证据材料作出回应,充分表达其答辩意见,并处理第一次庭审后提交的补充材料。仲裁庭驳回了这一申请,称已考虑了案件的具体情况以及双方的意见,但认为没有必要进行第二次开庭审理。

正如 A 公司的代理律师所指出的,根据所适用的仲裁规则,仲裁庭完全有权决定不同意再次开庭审理,从而让双方对补充证据进行质证。《仲裁规则》第 42 条规定,对于在开庭后提交的证据材料,双方当事人同意书面质证的,他们可以进行书面质证。此外,A 公司的代理律师指出,在第一次庭审时,A 公司和 B 公司通过各自的代理人已同意对补充证据进行书面质证。因此,仲裁后续程序并没有什么不公正或令人惊讶的地方。

B 公司辩称,仲裁庭没有就其不再开庭审理的决定给予充分解释,这违反了正当程序,有悖于公平正义的基本理念,因此法院有权拒绝执行涉案裁决书。在本案中,以所谓的公共政策为由撤销执行令并无依据。正如在“R

诉F案”①中所指出的,裁决必须结合如何向仲裁庭提出问题和进行辩论的背景来阅读和理解。必须注意的是,在仲裁过程中所作出的裁决仅是供各方当事人阅读的,而各方当事人是比较熟悉裁决的背景以及问题是如何被论证的。在裁决中,仲裁庭就某一特定问题给出理由的方式应与该问题在仲裁庭面前争论的复杂程度相称,裁决的理由不必一定要详尽或冗长,只要这些理由能够在其适当的背景下被理解,特别是要考虑仲裁是一个基于各方当事人同意的非公开争议解决程序,应注重成本效益以及减少复杂性和技术难度。

涉案仲裁庭决定的具体问题是,在第一次庭审之后,当双方都提交了补充意见和材料的情况下,是否要再举行一次庭审。就本案而言,涉案仲裁庭给出的理由是,在考虑了案件的实际情况和双方表达的意见后,涉案仲裁庭认为没有必要举行进一步的庭审。本人认为,这一理由是充分适当的,足以使B公司理解涉案仲裁庭为何拒绝其申请。对案件实际情况和双方意见的考虑,自然包括对新证据和补充意见的考虑、由此提出的问题以及在第一次庭审上已向仲裁庭提出的意见和辩论意见。

与此相关的是,涉案仲裁庭作出的有关在第一次庭审后不再开庭审理的决定,是一项案件管理决定,涉案仲裁庭有权根据当事人提交的意见、仲裁中的争议问题以及在审理案件过程中面临的所有情况作出这一决定。法院在没有发现存在严重违反自然正义的情况下,不应轻易干涉这一决定。

B公司援引香港特别行政区《仲裁条例》第86(1)(c)(ii)条支持其撤销申请。而本案应适用的相关规定为香港特别行政区《仲裁条例》第95(2)(c)(ii)条。该条允许本院在一方无法发表其意见的情况下拒绝执行裁决。根据第86(1)(c)(ii)条和第95(2)(c)(ii)条的规定,法院所要执行和保护的是正当程序的标准,该标准可以满足基本的最低要求,并被公认为是公平审理所必需的。在这方面,值得注意的是,香港特别行政区《仲裁条例》第46条要求涉案

① [2012] 5 HKLRD 278.

仲裁庭给予各方当事人“合理的机会”发表其意见和处理对方当事人发表的意见。第46条反映了一方当事人有权获得合理的机会发表意见,而不是《示范法》第18条中所述的“充分的机会”。此外,该项权利在范围和广度上并非不受限制,不能使一方当事人可以提出不合理的要求以及无视其他相关原则和高效、迅速解决争议的目的。法院将根据每个案件的具体事实和情况,考虑什么是合理的。

B公司所依据的案例——“Guangdong Overseas Shenzhen Co. Ltd. 诉 Yao Shun Group International Ltd. 案”[①]则完全不同。在该案中,涉案仲裁庭关于不再进行口头审理的决定似乎与其自己先前的指示相矛盾。在本案中,涉案仲裁庭从未表示或提议过要再进行进一步庭审。此外,B公司已书面同意对补充证据进行书面质证的程序。

根据该案的事实,包括在第一次庭审中发现的情况,以及涉案仲裁庭在仲裁中需要决定的问题,本人不认为涉案仲裁庭因拒绝B公司要求再次进行庭审的申请或者没有对其决定阐明详细理由而应受到批评。

B公司已被给予并享有合理的机会发表其意见,而B公司也已按照其法律顾问同意和决定的方式发表了意见(包括提交答辩状、委托法律顾问/代理人在第一次庭审中发表意见、在第一次庭审后提交补充意见书以及在按其法定代表人在第一次庭审上同意的方式对证据进行书面质证等)。之后,B公司向涉案仲裁庭申请再次进行庭审,涉案仲裁庭也对申请进行了考虑。本人认为,无论是涉案仲裁庭有关不举行第二次开庭审理而继续进行仲裁的决定,还是涉案裁决书,涉案仲裁庭作出的方式均不会导致法院因执行该决定或裁决书而违背良知。

正如A公司的代理律师所强调的,在仲裁中,B公司从未就其现在主张的已在64份合同项下支付的款项对A公司提出反请求。在仲裁中,B公司也从

① [1998] 1 HKC 451.

未提出过反请求。B公司试图解释说,这是因为其获得了法律咨询意见,了解到其对A公司有关合同项下价款的主张有充分的理由进行抗辩,以及其不希望因提出反请求而承担额外的法律费用。但是,B公司现在很难作出解释,即因为B公司根据64份合同开始了新的仲裁,裁决书的执行需要被延迟或终止。

因此,B公司在仲裁中的辩护仅仅是基于其有权抵销约18,360,000美元的主张,该款额是B公司在核对所有64份合同下的应付价款后,计算得出的A公司应向B公司支付的款额。B公司以其对主张的应付款项的计算结果为依据,并在仲裁中将其作为证据提交,但其也表示不可能将证明其主张所需的所有证据都收集起来。

与B公司的代理律师的说法相反,涉案仲裁庭实际已审查并处理了B公司提出的抵销问题,作出了不利于B公司的裁决,并驳回了B公司的辩护。

在裁决书中,涉案仲裁庭提及B公司提交的计算表,该表涉及B公司主张的约18,360,000美元的A公司欠款。就B公司而言,该款额即代表在2011年1月至2014年12月B公司与A公司签订的64份合同项下未结清的余款总额。对于B公司声称双方已进行总账核对,并已同意结算和抵销64份合同项下的欠款这一说法,涉案仲裁庭认为缺乏事实依据,也没有证据支持。在作出这一认定时,涉案仲裁庭审查了双方之间的"QQ聊天"内容,并得出结论,认为这些内容并不能证明B公司所依据的协议存在。因此,涉案仲裁庭认为没有必要分析和认定B公司要求盘问的证人是否有权代表A公司进行对账和和解。

众所周知,执行法院的作用不是审查裁决的正确性,也不是审查涉案仲裁庭对所提供证据作出的事实调查结果。而且,涉案仲裁庭作出不再开庭审理的决定是可以被理解的,其在裁决书中对此有进一步的解释。此外,涉案仲裁庭还得出结论,认为当事人从未就64份合同下的账目核对达成过协议。因此,通过盘问相关证人来质疑其声称拥有的权限是没有必要的。

而且,更重要的是,涉案仲裁庭已经审查并对合同中的相关付款条款作了解释,并在裁决书中裁定,根据合同条款,合同项下所售产品的货款应在交付货物和单据时支付,B 公司既没有依据也没有证据可辩称双方已达成一致将双方之间已签订或将签订的未来合同的价款用以抵销合同项下所售产品的货款。因此,涉案仲裁庭驳回了关于抵销的辩护。

经审查 B 公司在其撤销申请中提出的不能成立的理由,甚至简单审查了涉案裁决后,本人认为,涉案裁决显然是有效的,应立即予以批准执行,不得再有任何拖延。由于本人并不考虑推迟或延期执行裁决,也不考虑是否在此期间下令提供担保,因此无须考虑 A 公司是否会因临时延迟而更难执行涉案裁决,B 公司关于其在香港特别行政区没有资产的说法是否可信,以及是否存在资产耗散的风险。

综上,就 A 公司于 2022 年 9 月 6 日发出的传票,本人裁定驳回撤销申请,并由 B 公司承担有关费用。

第三部分　案例评述

一、在香港特别行政区执行内地仲裁裁决的相关法律框架

(一)香港特别行政区《仲裁条例》

香港特别行政区的仲裁制度主要源于英国法。2011 年 6 月 1 日生效的香港《仲裁条例》(香港特别行政区法律第 609 章)是管辖香港特别行政区仲裁的主要法律规范。此条例取代了香港特别行政区以前的旧仲裁条例即《仲裁条例 341 章》。[①] 旧《仲裁条例》于 1963 年制定,并于 1982 年和 1990 年修订,采取了两分制度,即以《示范法》为基础的国际仲裁和以英国 1950 年仲裁法为基

① 香港国际仲裁中心关于香港特别行政区《仲裁条例》的说明,载 http://hkiac. org/zh-hans/arbitration/why-hong-kong/HK-arbitration-ordinance,最后访问日期:2024 年 6 月 25 日。

础的本地仲裁。《示范法》在香港特别行政区《仲裁条例》中被明文述明为有效的条文,经该条例明文规定的变通及补充后,在香港特别行政区具有法律效力。

2011 年 6 月 1 日生效的香港特别行政区《仲裁条例》则是以《示范法》为基础,统一了之前的两分制度,将《示范法》有效地延伸适用于在香港特别行政区进行的所有仲裁。通过这一修改,香港特别行政区的仲裁制度实现了与广泛接受的国际实践统一,使仲裁法律对香港特别行政区境内和境外的仲裁用户都比较友好。香港特别行政区《仲裁条例》第 3 部包括第 92 条至第 98 条专门针对"内地裁决的强制执行"作出了规定。[①]

(二)《纽约公约》和香港特别行政区

英国在 1975 年 4 月 21 日加入《纽约公约》后,于 1977 年 4 月 21 日将《纽约公约》扩大适用于香港地区。因此,在香港特别行政区和《纽约公约》其他成员之间,裁决可以通过《纽约公约》得到互相承认与执行。

在香港回归以前,内地与香港之间的仲裁裁决也是通过《纽约公约》得到执行。中国政府 1997 年 7 月 1 日恢复对香港地区行使主权后,立即按照中国加入《纽约公约》之初所作的声明,将《纽约公约》的领土适用范围延伸至中国香港特别行政区。[②] 由于中国在《纽约公约》项下作出了两项保留,即互惠的保留和商事的保留,因此该两项保留也同样适用于香港特别行政区。

由于《纽约公约》实质上系国际条约,只适用于两个不同成员之间裁决的执行,以及在香港回归之后,中国政府恢复对香港行使主权,故内地的仲裁裁决不能再根据《纽约公约》被视为"公约裁决"在香港得到执行。

(三)《关于内地与香港特别行政区相互执行仲裁裁决的安排》

1999 年 6 月 18 日,《关于内地与香港特别行政区相互执行仲裁裁决的安

---

① 香港特别行政区《仲裁条例》,载 https://www.elegislation.gov.hk/hk/cap609?tab=m,最后访问日期:2024 年 7 月 24 日。

② 联合国国际贸易法委员会关于《纽约公约》状况的说明,载 https://uncitral.un.org/zh/texts/arbitration/conventions/foreign_arbitral_awards/status2,最后访问日期:2024 年 6 月 25 日。

排》(法释〔2000〕3 号)(以下简称《执行安排》)经最高人民法院审判委员会通过,并于 2000 年 2 月 1 日开始实施。《执行安排》基于"一国两制"的基本国策,就内地和香港特别行政区间裁决的认可和执行问题作出了安排。《执行安排》的颁行解决了 1997 年香港回归后两地无法再依据《纽约公约》相互认可和执行仲裁裁决的现实问题,填补了内地与香港特别行政区相互执行仲裁裁决的法律空白,为两地区际司法协助提供了法律依据。

《执行安排》基本是参照《纽约公约》的框架制定的。例如,在拒绝执行仲裁裁决问题上,《执行安排》第 7 条所列的 7 项拒绝执行的理由,实际上就是《纽约公约》第 5 条所作出的规定。因此,根据《执行安排》,香港特别行政区法院裁定不予执行内地仲裁裁决的理由等同《纽约公约》第 5 条规定的 7 项理由。

(四)最高人民法院《关于内地与香港特别行政区相互执行仲裁裁决的补充安排》

为进一步完善《执行安排》并使其与国际仲裁惯例更全面地保持一致,香港特别行政区政府与最高人民法院于 2020 年 11 月 27 日签署《关于内地与香港特别行政区相互执行仲裁裁决的补充安排》(以下简称《补充安排》),并于 2021 年 5 月 19 日全面实施。总的来说,《补充安排》顺应了便利仲裁裁决认可和执行的国际趋势,着眼深化两地区际司法协助,目的在于促进两地商事仲裁制度进一步协调发展。具体而言,《补充安排》就裁决在两地间的认可和执行问题作出了如下主要规定。

第一,《补充安排》明确"认可"程序。由于《执行安排》未明确规定"认可"程序,在实践中各人民法院对香港特别行政区仲裁裁决是否需经认可才具有执行力把握不一。《补充安排》立足内地与香港特别行政区分属两个法域的法理基础,同时考虑部分仲裁裁决仅需认可的现实需求,明确规定"认可"程序,统一法律适用标准。

第二,《补充安排》直接规定内地人民法院执行按香港特别行政区《仲裁条例》作出的仲裁裁决,香港特别行政区法院执行按内地《仲裁法》作出的仲裁裁决。即内地法院同意执行以香港特别行政区作为仲裁地的仲裁裁决,香港特别行政区法院同意执行以内地作为仲裁地的裁决。这一修改破除了对内地仲裁机构的身份要求,和《纽约公约》的"仲裁地"概念保持了一致。

第三,《补充安排》免除之前在《执行安排》下的限制,允许当事人同时向两地的法院申请执行仲裁裁决,便利当事人及时维护自身合法权益,提高执行成功率。

第四,《补充安排》明文规定了法院在受理执行仲裁裁决申请之前或者之后,当事人可以申请并按照执行地法律规定采取保全或者强制措施。

2021年5月19日,根据《补充安排》对香港特别行政区《仲裁条例》进行的修订生效,在两地司法实践中,《补充安排》对香港特别行政区《仲裁条例》的修改得到落实。

二、在香港特别行政区执行内地仲裁裁决的主要程序

(一)申请执行内地仲裁裁决需要提供的文件

根据香港特别行政区《仲裁条例》第94条的规定,申请强制执行内地裁决需提供的文件包括以下几项。

(1)该裁决的经妥为认证的正本,或该裁决的经妥为核证的副本。对裁决的证实是由有法定资格的机构对裁决书上的签字进行确认属实的过程。证实裁决书原件的目的是要确认裁决书由被任命的仲裁员作出。对裁决副本进行证明的目的是确保裁决副本与其原件一致。

(2)有关仲裁协议的正本,或有关仲裁协议的经妥为核证的副本。根据这一要求,申请执行的当事人提供文件初步证明存在有效的仲裁协议。在此阶段,法院无须考虑该协议依其准据法是否有效。

(3)如该裁决或协议并非采用一种或两种法定语言,由官方翻译人员、经宣誓的翻译人员、外交代表或领事代理人核证的一种法定语言的译本。

（二）申请执行内地仲裁裁决的方式

香港特别行政区《仲裁条例》第92条即“内地裁决的强制执行”规定，内地裁决——(a)可借原讼法庭诉讼而在香港特别行政区强制执行；或(b)可按强制执行第84条适用的裁决的同样方式，在香港特别行政区强制执行，而该条据此而适用于内地裁决，犹如在该条中提述裁决，是指内地裁决。

根据这一规定，内地裁决一方面可以通过申请人在香港特别行政区高等法院原讼法庭提起普通法诉讼的方式在香港特别行政区强制执行，但是，这一方式需要在香港特别行政区进行重新诉讼且比较复杂，而在实践中采用较多的是第二种方式，即按照香港特别行政区《仲裁条例》第84条所规定的方式申请内地裁决的执行。

香港特别行政区《仲裁条例》第84条“仲裁裁决的强制执行”规定，在第26(2)条的规限下，仲裁庭在仲裁程序中作出的裁决，无论是在香港特别行政区或香港特别行政区以外地方作出的，均可犹如具有同等效力的原讼法庭判决般，以同样方式强制执行，但只有在原讼法庭许可下，方可如此强制执行。原讼法庭如根据第(1)款批予许可，可按有关裁决的条款，登录判决。凡原讼法庭决定根据第(1)款批予强制执行裁决的许可，或决定拒绝根据第(1)款批予该许可，则须获原讼法庭许可，方可针对该决定提出上诉(由2013年第7号第8条修订)。按照这一条款的规定，申请方与香港特别行政区的仲裁裁决一样，向原讼法庭申请作出法庭许可，实现“登录判决”，将内地仲裁裁决转化为一项香港特别行政区法院的本地命令。

根据香港特别行政区《高等法院规则》(香港特别行政区法律第4A章)第73号命令的第10号规则，申请强制执行内地仲裁裁决，可以单方面由申请人提出，通过单方面申请、单方面法庭聆讯的方式获得法庭命令。申请人为单方面申请强制执行内地仲裁裁决以及为获得香港特别行政区高等法院强制执行内地仲裁裁决的法庭命令,须提交以下文件:(1)原诉传票;[①](2)誓章;[②](3)法庭命令草拟本。誓章需附有上述香港特别行政区《仲裁条例》第94条规定应提交的文件。而且,誓章需要分别述明申请人/债权人及所寻求强制执行裁决所针对的人/债务人的姓名或名称,及其通常或最后为人所知的居住或营业地点,以及视情况所需而述明裁决在申请之日未获遵从或未获遵从的程度。此外,债权人或者其代表必须准备法庭给予许可的命令的草拟本。送达的方式是将法庭命令的文本当面交付债务人,或者按债务人的通常或者最后为人所知的居住或营业地点送交债务人或者按照法庭所指示的其他方式送达。在法庭命令送达后14天内(如果法庭命令会在香港特别行政区法院司法管辖权范围外送达,则是法庭所定的另一个期限内),债务人可申请将该命令作废,而在该期限届满之前或是该申请获得最终处置之前,有关的裁决不得予以强制执行。[③]

关于在香港特别行政区申请执行内地裁决的时效,根据香港特别行政区《时效条例》第4.1.c条的规定,申请执行内地仲裁裁决的期限为6年,且没有类似内地的时效中止、中断规定。[④] 根据最高人民法院与香港特别行政区律政司共同发布的典型案例"CL诉SCG案",申请执行内地裁决的期限应当自裁

---

① 在香港特别行政区,民事诉讼的提出分为两种方式:一为传讯令状(Writ of Summons),适用于诉讼各方在案件事实存在实质性争议的案件;二为原诉传票(Originating Summons),适用于对案件事实无争议或存在轻微争议,而诉讼各方仅请求法院就法律争论点作出裁定的案件。即使诉讼以原诉传票开展,若法庭认为诉讼各方对事实存在实质性争议,可以命令有关法律程序以传讯令状般展开。原告提起诉讼时,应当填写传讯令状或原诉传票,附带申索陈述书(Statement of Claim),说明诉讼请求,送交法院存档并进行程序性审查,最终由法院发出传讯令状或原诉传票,并由原告将上述文件送达被告(资料来源:香港特别行政区高等法院《民事司法制度改革:民事诉讼中的各个阶段》指引手册)。

② 誓章是一份事实陈述书,以宣誓人的宣誓证明其属实性。誓章一般使用于法律程序中,在法律认可或规定誓章作为其内容的证据的情况下作出(资料来源:香港特别行政区民政事务总署官网,载https://www.had.gov.hk/tc/public_services/public_enquiry_services/faq.htm,最后访问日期:2024年7月4日)。

③ 香港特别行政区《高等法院规则》(香港特别行政区法律第4A章)第73号命令的第10号规则,载https://www.elegislation.gov.hk/hk/cap4A?xpid=ID_1438403277417_001,最后访问日期:2024年7月4日。

④ 香港特别行政区《时效条例》,载https://www.elegislation.gov.hk/hk/cap347!zh-Hant-HK?xpid=ID_1438403039470_003,最后访问日期:2024年7月4日。

决确定的履行期限届满之日起开始计算。[①] 结合《补充安排》允许当事人同时向两地的法院申请执行仲裁裁决的规定，申请执行裁决的一人可以考虑在两地同时申请执行，以避免时效过期的风险。

三、关于是否认可和执行裁决的争议焦点评析

该案的核心焦点在于，B公司是否被剥夺了在仲裁中就争议问题发表意见的公平机会。B公司主张，由于争议问题的复杂性以及案件所涉文件和证据的数量较多，其在第一次庭审之前没有足够的时间准备。而且，针对第一次庭审后出现的新问题和新证据，其关于第二次开庭的申请被涉案仲裁庭驳回。据此，B公司主张，其被剥夺了发表意见的机会。

B公司的这一主张实质上是提起了仲裁中的正当程序辩护。当事人必须有机会对案件提出意见，包括有机会陈述他们的主张、提交证据和进行辩护，而且是有权在“有意义的时间、以有意义的方式”发表意见。如果仲裁程序尤为异常或者仲裁完全偏离了正当程序的标准，例如，一方当事人被阻止提交关键证据或被阻止接收或评论对方当事人提交的证据，当事人就被剥夺了发表意见的机会，在此基础之上作出的裁决就是有瑕疵的，执行地法院便可以基于当事人“不能发表意见”来拒绝承认和执行裁决。

《纽约公约》第5条第1款（乙）项明确将“被申请执行裁决的一方由于其他原因而未能就案件发表意见”列为拒绝承认和执行外国仲裁裁决的理由。香港特别行政区《仲裁条例》同样认可这一事由将导致对裁决的拒绝执行，其中第95(2)(c)(ii)条将“被申请执行裁决的一方因其他理由而未能铺陈其论据”列为拒绝强制执行内地裁决的理由之一。香港特别行政区《仲裁条例》第86(1)(c)(ii)条也将此作为香港拒绝强制执行本地仲裁裁决的事由之一。

在该案中，由于涉及内地仲裁裁决在香港特别行政区的认可和执行，因此

① [2019] HKCFI 398, Accessed Aug. 8, 2024, https://www.doj.gov.hk/tc/publications/pdf/compendium_c_e.pdf.

主审法官主要适用香港特别行政区《仲裁条例》第95(2)(c)(ii)条审查B公司的这一主张。根据香港特别行政区《仲裁条例》第95(2)(c)(ii)条的规定,"不能发表意见"这一理由必须由对认可和执行仲裁裁决提出异议的一方提出,并由其承担举证责任,而不能由法院自行适用以拒绝执行某一裁决。该方必须要证明其被剥夺了对其所持事实理由之实体进行审查且由涉案仲裁庭作出决定的权利。

(一)关于"发表意见"的机会

主审法院在该判决中指出,香港特别行政区《仲裁条例》第95(2)(c)(ii)条中关于当事人发表意见的规定应结合该条例第46条一并理解。根据香港特别行政区《仲裁条例》第46条的规定,各方须获平等相待。涉案仲裁庭在进行仲裁程序时,或在行使借本条例或由任何该等仲裁程序的各方授予该仲裁庭的任何权力时,须在各方之间公平和公正地行事,给予各方合理的机会铺陈其论据和处理其对手的论据;及采用适合个案的程序,避免不必要的拖延或开支,从而提供公平的方法以解决有关仲裁程序所关乎的争议。

由此可见,香港特别行政区《仲裁条例》第46条要求仲裁庭给予各方当事人"合理的机会"发表意见和处理对方当事人的意见。这一规定和《示范法》有所不同。《示范法》第18条"当事人平等待遇"规定的是"当事人应当受到平等待遇,并应当被给予充分的机会陈述其案情"。

但是,主审法院在本判决中指出,香港特别行政区《仲裁条例》规定的是"合理的机会",而并非《示范法》第18条规定的"充分的机会"。因此,在香港特别行政区法院看来,当事人在仲裁程序中发表意见的权利在范围和广度上并不是无限制的,香港特别行政区《仲裁条例》第95(2)(c)(ii)条不能使一方当事人可以提出不合理的要求以及无视其他相关原则和高效、迅速解决争议的目的。法院在个案中将根据每个案件的具体事实和情况,考虑什么是合理的发表意见的机会。

(二)仲裁员对仲裁程序的广泛酌情处理权

B公司声称,其不能发表意见的主要理由之一是其二次开庭的申请未获仲裁庭批准。B公司主张其需要二次开庭的原因之一在于其需要在庭审中盘问证人,以证明其已和A公司对账、和解以及可以抵销诉争货款的主张。但是,仲裁庭认为,实际上其已审查并处理了B公司提出的抵销问题,因而没有必要再分析B公司要求盘问的证人是否有权代表A公司进行对账以及和解。

在该案判决中,主审法官对贸仲仲裁庭的决定表示了认可。主审法官指出,该案仲裁庭在第一次庭审后不再开庭审理的决定,是一项案件管理决定,仲裁庭有权根据当事人提交的意见、仲裁中的争议以及仲裁庭审理案件过程中的所有情况作出这一决定。在香港特别行政区法院没有发现存在严重违反自然正义的情况下,并不会轻易干涉仲裁庭的程序决定。

香港特别行政区法院这一认定和上文所述的关于发表意见应是"合理机会"而非"充分机会"的原则也是兼容的。在判断是否违反正当程序时,平等对待并非指必须满足形式上或者数量上的对等,而是实质性上的对等。通过该判决可见,香港特别行政区法院并不认为仲裁庭需要给予当事人陈述自己主张的所有机会,而是有权根据案情审理的需要,通过自由裁量权来决定仲裁程序的具体步骤安排。

尽管《纽约公约》第5条第1款(乙)项要求,给予当事人的公平审查至少要达到最低限度的公正要求,但是结合各国或地区的司法实践可见,法院在审查当事人的申请时,必须尊重《纽约公约》的精神和支持裁决执行的倾向,同时重点考虑仲裁庭被赋予的组织并控制仲裁程序的酌处权。仲裁员作为仲裁程序的主导者,应对仲裁程序如何进行享有广泛的酌情处理权。香港特别行政区法院在"Pacific China Holdings Ltd. 诉 Grand Pacific Holdings Ltd. 案"中曾指出,国际仲裁的基石就是仲裁庭对程序拥有的广泛自由裁量权。如果要认定当事人被剥夺了发表意见的机会,必须有证据表明仲裁庭被当事人投诉的行为极其的严重,否则香港特别行政区法院不会轻易地去干涉仲裁庭的程序决定。[①]因此,针对仲裁程序和案件管理的具体安排,仲裁庭在不违反所适用的仲裁规则的基础之上,有权确定仲裁程序的具体进展。例如,对于当事人是否可以提交证据、是否需要进行口头听证、是否可以单方面咨询专家、是否拒绝当事人的延期申请,仲裁庭均可以自由作出决定。

(三)未能发表意见的原因

在本案中,B公司抱怨准备第一次开庭的时间不足。但是,法院注意到,无论是在第一次庭审中,还是在第一次庭审前,B公司都没有向仲裁庭提出任何延期的申请,因此其在执行裁决的程序中突然声称准备时间严重不足的主张无法成立。

在仲裁程序中,当事人有责任对案件提出意见,如果一方当事人原本可以对案件提出意见但并未这样做,则仲裁程序不构成违规。如果一方当事人不能对案件提出意见是自己造成的,如未能要求延期或由于其他原因未能参加仲裁程序,法院通常认为仲裁没有违反正当程序。典型的情形就是一方当事人缺席,但是该方没有就此采取积极的补救行动。多数法院均会拒绝认定仲裁程序违规。正如香港特别行政区法院2012年在“Gao Haiyan & Anor 诉 Keeneye Holdings Ltd. & Anor 案”(以下简称“Gao Haiyan 案”)的判决中所指出,“如果仲裁一方希望以违反仲裁规则的情况作为依据,其应即时提出相关依据;不应等待并得悉其申诉的结果为如何后,才决定作出申诉,亦不应犹如没有违规情况般让仲裁继续进行”,以及“如果当初作出了有关申诉,仲裁庭可能已经采取了补救措施”。[②]

---

① [2012] 4 HKLRD 569, Accessed Aug. 9, 2024, https://jusmundi.com/en/document/decision/en-grand-pacific-holdings-ltd-v-pacific-china-holdings-ltd-decision-of-the-hong-kong-court-of-first-instance-wednesday-29th-june-2011.

② [2012] 1 HKLRD 627, CACV 79/2011, Accessed Aug. 8, 2024, https://www.doj.gov.hk/tc/publications/pdf/compendium_c_e.pdf.

因此,退一步而言,即使该案存在第一次开庭准备时间不足导致B公司未能发表意见的情况,也是由B公司自己的原因所导致的,这也使仲裁庭丧失了及时发现问题、处理问题的机会,仲裁庭对此不应承担责任。

此外,B公司还抱怨由于其二次开庭的申请被拒绝,因此其没有对第一次庭后提交的新证据当庭质证的机会。值得一提的是,在该案仲裁程序中,贸仲仲裁庭在第一次庭审中曾专门询问双方是否同意对庭后的证据进行书面质证。B公司的法定代表人和代理人参加了第一次庭审,法定代表人在第一次庭审中也同意以书面形式对庭后证据进行质证。贸仲《仲裁规则》(2015年版)第42条第2款规定:"对于书面审理的案件的证据材料,或对于开庭后提交的证据材料且当事人同意书面质证的,可以进行书面质证。书面质证时,当事人应在仲裁庭规定的期限内提交书面质证意见。"因此,贸仲仲裁庭作出这一安排不仅完全符合仲裁规则的要求,而且已得到了B公司的认可和同意。此外,事实上,在第一次庭审之后,仲裁庭也组织双方共同核验了新证据的原件。因此,通过上述程序安排,仲裁庭已经保证了B公司的程序权利。通过对涉案裁决的审查,主审法官也充分注意到了贸仲仲裁庭是按照仲裁规则作出的这些程序安排,指出"仲裁庭已给予B公司机会发表意见,而B公司也已按照其法律顾问同意和决定的方式发表了意见",以及"仲裁后续程序并无不公或令人惊讶之处"。

(四)"发表意见"之权利和"公共政策"

在本案中,B公司还主张仲裁庭没有就其不再开庭审理的决定给予充分解释,这违反了正当程序,有悖于公平正义的基本理念,涉及违反公共政策。

确实,在许多方面,正当程序与公共政策密切相关。因此,当事人在反对执行裁决时同时提起这两项规定的情况并不少见,这也是该案中B公司将两者一并提出的原因所在。《纽约公约》第5条第2款(乙)项规定,如果裁决"和这个国家的公共政策相抵触",法院可拒绝承认或执行裁决,类似的规定也体现在香港特别行政区《仲裁条例》第95(3)条中,即如果强制执行该内地裁决会违反公共政策,则裁决的执行申请应被拒绝。

但在本案中,以所谓的公共政策为由撤销执行令并无依据。关于仲裁庭为何不再进行第二次开庭审理的决定,主审法官指出,涉案仲裁庭实际上已经就此给出了理由,即考虑了案件的实际情况和双方表达的意见后,仲裁庭认为无须再进行一次庭审。法院认为,对案件实际情况和双方意见的考虑自然包括考虑新证据和补充意见、由此提出的问题以及在第一次庭审上已向仲裁庭提出的意见和辩护。仲裁裁决主要供各方当事人阅读,当事人理应熟悉裁决的背景以及问题是如何被论证的。仲裁庭就特定问题给出理由的方式应与该问题在仲裁庭面前争论的复杂程度相称,裁决理由不必一定要详尽或冗长,只要这些理由能够在其适当的背景下被理解,特别是要考虑仲裁是一个基于各方当事人同意的非公开争议解决程序,应注重成本效益以及减少复杂性和技术难度。由此可见,香港特别行政区法院认可,仲裁庭并没有义务审议当事人提出的每一个问题,法院也不要求仲裁庭在仲裁裁决中向熟悉案件背景以及争议焦点的当事人透露其推理的所有细节。贸仲仲裁庭对于为何不再开庭所作出的说明虽然简单,但是结合仲裁以及该案的特点,这一说明是合理的。

由于B公司提出的违反正当程序的主张没有得到法院的支持,法院在该案判决中也没有再进一步讨论关于公共政策的问题。事实上,香港特别行政区以违反公共政策为理由来拒绝执行内地裁决,需要满足极高的证明标准,因此其在实践中的适用并不频繁。在"Gao Haiyan 案"中,香港特别行政区法院曾经指出,基于公共政策理据拒绝强制执行《纽约公约》仲裁裁决的法律哲学亦适用于内地仲裁裁决。适用公共政策的相关门槛很高,理由是国际礼节原则必须被"编织"到公共政策的概念中,亦因此必须在涉及外地(包括内地)的仲裁裁决的情况下予以实施。[①] 在"Hebei Import & Export Corp 诉 Polytek Engineering

① [2012] 1 HKLRD 627,CACV 79/2011, Accessed Aug. 8, 2024, https://www.doj.gov.hk/tc/publications/pdf/compendium_c_e.pdf.

Co. Ltd. 案”①中，香港特别行政区法院也曾指出，为使国际礼节原则予以实施，除非强制执行外地仲裁裁决会与香港特别行政区的道德和公正的基本理念相抵触，否则法庭不会拒绝强制执行，而得出这结论需要非常充分的理由。由此可见，香港特别行政区法院对以违反公共政策为理由来拒绝执行内地和外国仲裁裁决保持非常谨慎的态度。

① (1999)2 HKCFAR 111, Accessed Aug. 8, 2024, https://www.uncitral.org/clout/clout/data/hkg/clout_case_599_leg-1093.html? lng=zh.

阿根廷

Argentina

中国香港特别行政区A贸易公司诉阿根廷B公司销售合同争议案仲裁裁决在阿根廷的承认与执行

第一部分　案例导读

本案是关于中国香港特别行政区A公司与阿根廷B公司之间的国际货物买卖合同纠纷。A公司和B公司于2017年7月1日签订2份货物买卖合同(以下简称涉案合同),分别约定B公司向A公司订购约40万美元的电器货物。

涉案合同签订后,A公司依约并根据B公司的指示与要求,安排船运公司通过海运将货物运至阿根廷指定港口。根据涉案合同约定,B公司应当在2018年1月25日前付清全部货款约40万美元。但是,在上述付款期届满后,B公司并未依约向A公司支付货款。

A公司依据涉案合同约定的有效仲裁条款,向贸仲申请仲裁,要求B公司支付欠付货款本金约40万美元、违约金、律师费及仲裁费等相关费用。尽管贸仲按照《仲裁规则》对B公司进行相应送达,B公司依然缺席。涉案仲裁庭于2022年1月20日作出涉案裁决,裁决B公司向A公司支付欠付货款本金约40万美元、违约金及维权所支出的律师费、仲裁费。

A公司在取得胜诉裁决后,向阿根廷火地岛法院申请承认与执行涉案仲裁裁决。阿根廷法院依法作出《承认与执行裁决裁定书》,承认了涉案仲裁裁决的法律效力,并作出《追缴欠款令状和扣押令》,裁定冻结被执行人 B 公司名下资产。

涉案裁决在阿根廷执行案件的亮点及值得关注之处主要包括以下三个方面:(1)承认和执行外国仲裁裁决所依据的阿根廷法律,以及《纽约公约》在阿根廷的适用问题;(2)阿根廷法院对于贸仲裁决的整体司法审查态度;(3)外国公司在阿根廷申请执行外国仲裁裁决时涉及的外币款项和收款账户等实践操作问题。

第二部分 阿根廷法院判决

一、《承认与执行仲裁裁决裁定书》

A 公司诉 B 公司,38826/2022 号案

阿根廷火地岛法院

发布日期:2022 年 11 月

承认与执行仲裁裁决裁定书

(一)被执行人(B 公司)法定住所已经本院司法系统确认。

(二)根据贸仲于 2022 年 1 月 20 日作出的仲裁裁决书第 2.2 条,以及《火地岛民事、商业、劳资、农事和采矿程序法》(Código Procesal Civil, Comercial, Laboral, Rural y Minero CPCCLRM)第 452 条和第 455 条的相关规定,本院裁定本案执行金额包括本金约 400,000 美元以及暂计金额为 150,000 美元的利息和费用。本院将依法扣押 B 公司的资产。

为执行本案裁定,本院将签发扣押令状,并授权 P 先生依据 CPCCLRM 第

467条的规定开展执行工作。

在本案执行程序中，本院工作人员将在被执行人资产完成扣押后，向被执行人发出拍卖扣押物品的传票。如果被执行人未在本院发出通知的5日内向本院提交证据证明其存在法定的任何不予执行的除外情形，本院将继续执行本案扣押令状。

在本院下令采取资产全面限制措施之前，申请人(A公司)必须证明其符合《预防和打击腐败及相关犯罪公约》第256.1条规定的要求。

(三)根据《预防和打击腐败及相关犯罪公约》第256.1条的规定，申请人在提交申请时填写有误。根据申请书所附的材料，申请人提交申请时填写有误，应重新填写，并应将申请事项修改为"执行仲裁裁决"(execution of arbitral award)。

(四)确认申请人已支付了符合相关法律规定的司法费用。

(五)确认申请人提出的对联邦判例的保留适用。

(六)根据STJ 120/94号判决以及CPCCLRM相关规定，确认对V女士的授权。

二、《追缴欠款令状和扣押令》

阿根廷火地岛法院

发布日期:2023年6月8日

追缴欠款令状和扣押令

根据A公司诉B公司仲裁裁决执行程序的规定，执法人员依法执行B公司位于里奥格兰德市的注册办事处的财产,案号为38826/2022。本案由第二民事和商事法庭B法官负责审理,并由M先生担任本案秘书。

本院依法扣押被执行人B公司的资产,直至其缴清约40万美元的欠款并支付暂计金额为150,000美元的利息及费用。一旦扣押执行完毕,执法人员将在同一执行程序中通知被执行人参加扣押物品的拍卖。如果被执行人在收到通知后的5日内未提出异议,也未提交证据证明可能存在法定的例外情况,本院将根据CPCCLRM第440条、第441条、第445条继续执行。

本院裁定书中所涉相关命令如下:

"……根据2022年1月20日贸仲仲裁裁决,按照申请人的请求和CPCCLRM第452条和第455条的规定,为了保障本金约400,000美元的欠款以及暂计金额为150,000美元的利息和费用的清偿,本院下令对B公司的财产进行查封。

为执行该查封措施,本院授权P先生根据CPCCLRM第467条签发查封令。一旦扣押执行完毕,执法人员将在同一执行程序中通知被执行人参加扣押物品的拍卖。如果被执行人在收到通知后的5日内未提出异议,也并未提交证据证明存在法定的例外情况时,本院将继续根据CPCCLRM第440条、第441条、第445条的规定执行本案。"

"……2023年4月应向司法总检察长通知的地址签发新的令状,其目的和效力与11月17日签发的令状相同,并授权P先生和/或其指定的任何人起草和送达该令状。B法官。"

授权以下人员签署本文件:P先生和/或V女士和/或M先生(由他们指定的人员)。

第三部分 案例评述

一、在阿根廷执行外国仲裁裁决的相关法律框架

阿根廷是一个联邦制国家，由23个省和布宜诺斯艾利斯自治市组成。阿根廷国会有权审议通过适用于阿根廷所有司法管辖区的实体法和普通法，以及批准条约和其他国际承诺。①

2014年之前，阿根廷的仲裁受其前民法典以及各省民商法典中所载的一般合同条款管辖。在2014年之后，仲裁的法律框架主要基于2014年10月生效的《国家民商法典》(Civil and Commercial Code)和2018年7月生效的《国际商事仲裁法》(International Commercial Arbitration)。整体上，《国家民商法典》和《国际商事仲裁法》使阿根廷法律更符合国际公认的仲裁法原则。这两部法律引入了广泛的"可仲裁性"概念，限制了有效仲裁协议的形式要求，并对州法院的司法干预施加了重大限制。②

(一)《国际商事仲裁法》

2018年7月4日，阿根廷国会通过了关于国际商事仲裁的第27449号法律即《国际商事仲裁法》，对国际商事仲裁进行了规范。《国际商事仲裁法》基本遵循了《示范法》，仅作了一些非实质性的修改或调整。③《国际商事仲裁法》是一部联邦法律，适用于：(1)仲裁地在阿根廷境内的国际商事仲裁；其中有关章

① 关于在阿根廷申请执行外国裁决的具体方式，参见 *ICC Guide to National Procedures for Recognition and Enforcement of Awards under the New York Convention*，载 https://jusmundi.com/en/document/publication/en-argentina-1，最后访问日期：2024年9月15日。

② International Arbitration Law and Rules in Argentina, Accessed Dec. 15, 2024, https://cms.law/en/int/expert-guides/cms-expert-guide-to-international-arbitration/argentina.

③ 关于在阿根廷申请执行外国裁决的具体方式，参见 *ICC Guide to National Procedures for Recognition and Enforcement of Awards under the New York Convention*，载 https://jusmundi.com/en/document/publication/en-argentina-1，最后访问日期：2024年9月15日。

节也适用于任何国际商事仲裁,不管其仲裁地在何处;(2)外国仲裁裁决的承认和执行。[①]

《国际商事仲裁法》明确规定,国际商事仲裁“专门”受其管辖。这意味着,在该部法律生效之后,阿根廷程序法中包含的国内仲裁规则不再适用于国际商事仲裁。《国际商事仲裁法》第1条至第6条以及第102条至第105条主要规定了与承认和执行外国仲裁裁决相关的事项。《国家民商事诉讼法典》(National Code of Civil and Commercial Procedure)第519条本是关于外国仲裁裁决的承认和执行的,在《国际商事仲裁法》生效之后就相应地被替代了。[②]

(二)《国家民商法典》

2015年8月1日,阿根廷新的《国家民商法典》即第26994号法律生效,该法典适用于阿根廷所有司法管辖区,其中包括适用于国内仲裁的仲裁协议和其他相关事项的规定(第1649条至第1665条)。《国家民商法典》的规定适用于国内各类仲裁,包括机构仲裁、临时仲裁等。[③]

《国家民商法典》适用于阿根廷各省。但每个省份也有自己的程序法,根据《国家民商法典》的规定,规范国内仲裁和外国裁决在本省的执行。[④] 各省的程序法由当地司法机构适用,主要涉及国内仲裁的问题,以及根据《国家民商法典》在各地执行外国仲裁裁决的问题。例如,在本案中,由于执行程序是在火地岛法院进行,故本案中关于执行程序适用的是火地岛程序法,即《火地岛

---

① 关于在阿根廷申请执行外国裁决的具体方式,参见 *ICC Guide to National Procedures for Recognition and Enforcement of Awards under the New York Convention*,载 https://jusmundi.com/en/document/publication/en-argentina-1,最后访问日期:2024年9月15日。

② 关于在阿根廷申请执行外国裁决的具体方式,参见 *ICC Guide to National Procedures for Recognition and Enforcement of Awards under the New York Convention*,载 https://jusmundi.com/en/document/publication/en-argentina-1,最后访问日期:2024年9月15日。

③ International Arbitration Law and Rules in Argentina, Accessed Dec. 15, 2024, https://cms.law/en/int/expert-guides/cms-expert-guide-to-international-arbitration/argentina.

④ International Arbitration Law and Rules in Argentina, Accessed Dec. 15, 2024, https://cms.law/en/int/expert-guides/cms-expert-guide-to-international-arbitration/argentina.

民事、商业、劳资、农事和采矿程序法》。而在布宜诺斯艾利斯市，管辖仲裁程序的规则规定于《国家民商事诉讼法典》之中。①

(三)阿根廷和《纽约公约》

阿根廷于1958年8月26日签署了《纽约公约》。阿根廷国会于1988年10月21日制定了第23619号法令并于1988年11月4日公布。《纽约公约》于1989年3月14日在阿根廷国内获得批准，并于1989年6月12日对阿根廷正式生效。②

阿根廷在加入《纽约公约》时作出了两项保留。

(1)一项是互惠保留，即阿根廷仅将《纽约公约》适用于承认和执行在另一缔约方境内作出的裁决。

(2)另一项是商事保留，阿根廷只对根据本国法律属于商事性质的法律关系所产生的争议适用《纽约公约》，无论其为契约性质与否。

此外，阿根廷还宣布，对《纽约公约》的解释将根据该国现行国家宪法或宪法修正案的原则和条款进行。通过批准《纽约公约》，阿根廷实现了对外国仲裁裁决的承认和执行制度的"联邦化"，从而在《纽约公约》范围内统一了全国承认和执行外国裁决的制度。鉴于此，在《纽约公约》的适用范围内，阿根廷各省法律和《国际商事仲裁法》中不完全符合《纽约公约》的规定不应再被视为适用。《国际商事仲裁法》第1条明确承认阿根廷加入的与仲裁有关的国际条约应得到优先适用。

除《纽约公约》外，阿根廷还加入了1975年1月30日在巴拿马签署的《美洲国际商事仲裁公约》(以下简称《巴拿马公约》)。《纽约公约》中规定的拒绝承认或执行外国仲裁裁决的理由与《巴拿马公约》第5条中的理由相似。因

---

① International Arbitration Law and Rules in Argentina, Accessed Dec. 15, 2024, https://cms.law/en/int/expert-guides/cms-expert-guide-to-international-arbitration/argentina.

② 联合国国际贸易法委员会关于《纽约公约》的状况介绍，载 https://uncitral.un.org/zh/texts/arbitration/conventions/foreign_arbitral_awards/status2，最后访问日期：2024年9月15日。

此,适用任一公约并不会在二者之间产生矛盾。

二、在阿根廷执行外国仲裁裁决的主要程序

(一)申请执行外国仲裁裁决需要提供的文件

在阿根廷,为申请执行外国仲裁裁决,应按照《纽约公约》第 4 条的规定向法院提供相应文件,即(1)仲裁裁决;(2)仲裁协议。有关签名文件必须为正本,且经过认证。同时,还需要提供经认证的西班牙语翻译件。由此可见,阿根廷并未在《纽约公约》之外施加更多的提供文件的要求。

(二)申请执行外国仲裁裁决的方式

根据阿根廷《国家民商法典》第 2608 条以及《国际商事仲裁法》第 102 条的规定,各省法院和布宜诺斯艾利斯自治市的联邦法院是就承认和执行外国仲裁裁决具有管辖权的法院。只要被执行人在阿根廷有住所、居所、营业场所或资产,上述省级法院或者联邦法院就对承认和执行外国仲裁裁决的申请具有管辖权。①

根据《国际商事仲裁法》第 104 条和第 105 条的规定,法院不会仅根据一方申请即承认和执行外国仲裁裁决,而是需要履行当事人之间的程序。在被执行人被适当传唤并有机会提出抗辩或异议之前,阿根廷法院不会作出任何决定。但是,如果被执行人经适当传唤拒绝到庭,则阿根廷法院也会依法作出缺席决定。

根据阿根廷《国家民商法典》第 2560 条的规定,申请承认和执行外国仲裁裁决的时效适用合同义务的一般性时效,从债权人有权行使其权利的日期开始

---

① 关于在阿根廷申请执行外国裁决的具体方式,参见 *ICC Guide to National Procedures for Recognition and Enforcement of Awards under the New York Convention*,载 https://jusmundi. com/en/document/publication/en-argentina - 1,最后访问日期:2024 年 9 月 15 日。

起算,期限为 5 年。[①]

执行外国仲裁裁决的案件由阿根廷的一审法院管辖。针对法院作出的关于承认和执行外国仲裁裁决的决定,原则上有一次向上诉法院提起上诉的机会,在例外情况下可以有 2 次上诉的机会,即再向阿根廷最高法院申请上诉。阿根廷最高法院如果认为确实存在特别例外的情形,可以下令中止执行程序。如果阿根廷最高法院认为有必要作出不同的决定,将会要求一个适格的下级法院作出一个新的决定。在法院作出执行外国仲裁裁决的决定并向被执行人发出通知之后,最快 5 天申请人就可以寻求执行程序。[②]

三、关于是否承认和执行裁决的争议焦点评析

(一)本案相关执行程序简述

本案申请人在 2022 年 1 月获得涉案裁决之后,于 2022 年 9 月委托了阿根廷律师及阿根廷火地岛律师向阿根廷火地岛法院提交了执行仲裁裁决的申请。

由于被执行人 B 公司在执行程序中缺席,阿根廷火地岛法院于 2022 年 11 月作出了《承认与执行仲裁裁决裁定书》,裁定承认涉案裁决,执行金额、类别、币种均与仲裁裁决及申请书一致。

2023 年 6 月,阿根廷火地岛法院向被申请执行人 B 公司作出《追缴欠款令状和扣押令》,该扣押令裁定法院依法扣押被执行人 B 公司资产直至其缴清约 400,000 美元的欠款并支付暂计金额为 150,000 美元的利息及费用。

2023 年 11 月,阿根廷法院查封被执行人 B 公司名下一处房产,并出售了该房产,待法院确认后再确定划拨给申请人执行款项金额。

---

① 关于在阿根廷申请执行外国裁决的具体方式,参见 *ICC Guide to National Procedures for Recognition and Enforcement of Awards under the New York Convention*, 载 https://jusmundi.com/en/document/publication/en-argentina-1,最后访问日期:2024 年 9 月 15 日。

② 关于在阿根廷申请执行外国裁决的具体方式,参见 *ICC Guide to National Procedures for Recognition and Enforcement of Awards under the New York Convention*, 载 https://jusmundi.com/en/document/publication/en-argentina-1,最后访问日期:2024 年 9 月 15 日。

2024 年 5 月底,经阿根廷火地岛律师反馈,法院确认了最终可划拨给申请人的执行款项。

(二)被执行人的两次缺席问题

本案中,被执行人 B 公司不仅缺席涉案仲裁程序,而且同样缺席阿根廷法院的执行程序。因此,阿根廷法院在执行程序中并未就涉案仲裁程序的缺席是否得到妥当处理的问题作出评论。

事实上,在涉案仲裁程序中,贸仲按照《仲裁规则》多次向 B 公司寄送文件,履行了向 B 公司的必要送达程序。但是,B 公司始终未提交任何文件,也并未参加庭审。

包括我国和阿根廷在内,《纽约公约》成员方的绝大多数法院普遍认为,如果一方选择缺席裁决,不能据此在执行阶段要求法院拒绝承认与执行仲裁裁决。① 因此,涉案裁决为缺席这一因素本身并未构成阿根廷法院执行的障碍。

另外,关于在阿根廷法院执行程序中的送达问题,在阿根廷法院根据本国的诉讼送达规则向被执行人 B 公司进行送达之后,B 公司依然未提出任何答辩。这也是本案执行程序得到迅速处理的原因之一。

(三)本案阿根廷法院对外国仲裁的整体司法审查思路

由于被执行人缺席本案执行程序,被执行人并未根据提出《纽约公约》第 5 条第 1 款所述的任何拒绝承认和执行的理由,因此阿根廷法院的裁判文书中对此并未有任何涉及。

同样,阿根廷法院在本案中也没有根据《纽约公约》第 5 条第 2 款的规定对涉案裁决从公共政策或者可仲裁性角度进行审查,也未涉及任何对于案件事实和结果正当问题进行的审查。

整体上,阿根廷法院在本案中作出的执行决定非常简洁迅速。因此,从个

① 参见黄进总主编:《1958 年〈承认与执行外国仲裁裁决公约〉(〈纽约公约〉)理论与适用》,法律出版社 2020 年版,第 126 页。

案视角可以看出,阿根廷法院在审查外国仲裁裁决的过程中并未超出《纽约公约》规定的范畴。

(四)执行币种以及境外公司收款账户等操作问题

阿根廷法院在向申请执行人方汇出执行款时,涉及的一个实际问题就是执行款币种和收款账户的确定问题,这也是跨境执行的申请人在执行过程中经常遇到的普遍性问题。根据本案的实践可见,阿根廷法院只能向阿根廷本地的银行账户支付本国币种(阿根廷比索)的执行款,无法直接向境外申请人支付美元或外币。

本案中,A 公司有权向阿根廷法院领取执行款项,但因阿根廷法院无法直接向 A 公司支付美元或人民币,因此需要 A 公司在阿根廷当地开设本地账户或是由第三人收取。中国企业在取得阿根廷法院所汇的阿根廷比索执行款之后,还需要解决将比索兑付为美元或人民币汇回境内的棘手问题。

结合本案实践可见,如果申请人为外国企业,为获得阿根廷法院货币执行款,目前主要可以依赖以下主要路径:申请人在阿根廷本地开具本币银行账户以便收取法院执行款;或授权指定阿根廷本地的第三方代收法院支付的本币执行款;在实践中,阿根廷律师也会建议外国企业在阿根廷开具信托账户等类金融的方式。因此,在领取法院执行款的操作上,需要综合申请执行人企业自身经营和实务操作的情况而定。

(五)本案的意义

在本案中,申请人 A 公司向阿根廷火地岛法院申请承认和执行涉案贸仲仲裁裁决,成功申请到了法院支持执行的决定,既为自己挽回国际贸易的损失,也是中国企业远赴世界另一端维权的勇敢尝试。

从本案执行过程可见,涉案裁决的整个执行过程比较快捷,且得到了阿根廷法院的有力支持。这主要得益于阿根廷《国家宪法》赋予《纽约公约》高于国内联邦法律、火地岛当地法律更高的法律地位和法律效力,以及阿根廷当地法院严格遵照《纽约公约》的多项条款和原则，且在多方合力之下，才使涉案裁决在很短的时间内合法、有序、高效地得到承认和执行。

阿根廷现有法律框架，无论是阿根廷联邦，还是各个省市层级均给予符合条件的外国仲裁裁决与其国内司法判决同等重要的法律地位。阿根廷通过不断完善国内法律制度以及地方法律规定，通过立法机关配合立法、法院遵照执行的良性互动方式，有力保障外国仲裁裁决在阿根廷各省范围内依法得到承认与执行，促进国际执行标准的趋同和协调，便利于国际经济贸易的开展。涉案仲裁裁决在阿根廷的顺利执行，能够帮助中国企业了解阿根廷法院对贸仲裁决的整体司法态度，同时进一步增强通过贸仲仲裁处理中阿国际贸易争议的信心。

澳大利亚

Australia

中国 A 材料公司诉澳大利亚 B 公司货物销售合同争议案仲裁裁决在澳大利亚的承认与执行

第一部分 导 读

在本案中，中国 A 材料公司（以下简称 A 公司）是一家位于中国的生产企业，澳大利亚 B 公司（以下简称 B 公司）是一家位于澳大利亚的企业。在合作过程中，双方签订了若干份买卖合同。根据涉案合同，A 公司有义务向 B 公司供应 A 公司生产的产品。在 A 公司按照前述合同履行其全部的交货义务后，B 公司仅依约支付了部分款项。

2019 年 3 月 18 日，涉及剩余应付款项的支付问题，A 公司与 B 公司经协商签署了一份合同。该合同规定，B 公司在 2019 年 9 月 30 日之前向 A 公司支付剩余应付款项，并规定将争议提交贸仲仲裁。在 B 公司未能按期付款后，A 公司在贸仲启动了仲裁程序。

该案由一名仲裁员组成的独任仲裁庭进行了审理，但 B 公司没有应诉。仲裁庭随后进行了缺席审理，并于 2022 年 3 月 4 日作出了涉案裁决书。其中裁决，B 公司向 A 公司支付拖欠的剩余应付货款以及逾期付款违约金等。

由于 B 公司没有执行涉案裁决，A 公司向澳大利亚南澳大利亚州最高法院（以下简称本案法院）提起诉讼，请求本案法院登记并执行涉案裁决。

此后，B 公司提出反对意见，主要理由为，涉案合同项下的货物质量存在缺陷,以及其并不理解仲裁的意义。

本案法院根据南澳大利亚《2020 年统一民事规则》、澳大利亚联邦《国际仲裁法(1974)》的相关规定,以及普通法中的先例,作出判决。该判决批准了 A 公司提交的登记和执行申请,并将涉案裁决登记为本案法院的判决。

本案法院在判决中认定,申请承认和执行的先决条件已得到确认,同时认定,任何例外情形均没有得到证实。

本案反映了贸仲在 B 公司缺席的情况下对仲裁程序采取了有效的管理手段,从而使涉案裁决顺利获得了本案法院的承认和执行。本案还彰显了本案法院对《国际仲裁法(1974)》中相关规定的严格贯彻和实施以及对执行外国仲裁裁决的坚决态度。

第二部分　澳大利亚南澳大利亚州最高法院判决

A 公司诉 B 公司案①

澳大利亚南澳大利亚州最高法院

判决发布日期:2023 年 4 月 21 日

自 2016 年起,B 公司从 A 公司处购买各种产品。B 公司对 A 公司交付的产品支付了部分款项,但余额一直未结清。2019 年 3 月 18 日,A 公司与 B 公司签署了一份合同。该合同规定,B 公司在 2019 年 9 月 30 日之前向 A 公司支付剩余未付款项,并规定将争议提交贸仲仲裁。在 B 公司未能按期付款后,A 公司向贸仲提起仲裁程序。之后,仲裁庭于 2022 年 3 月 4 日就 A 公司与 B 公司之间的仲裁事项作出了裁决书。此后,A 公司向本法院提起诉讼,要求登记并执行涉案裁决。

① [2023] SASC 52.

一、背景

2019年年初,双方开始讨论如何解决与8份产品供应协议有关的剩余应付款项的支付问题。2019年2月下旬,B公司发出的若干电子邮件表明,B公司将指示其律师在其草拟的一份合同中作出相应的安排,以证明B公司对该项安排的承诺,即该合同将在A公司所选择的任何司法管辖区合法有效并可获得强制执行。在这些电子邮件中,有一项解决问题的建议。该建议是基于A公司向B公司进一步发运货物而提出的。双方后来又交换了协议草案的文本,并于2019年3月18日签署了一份书面合同(以下简称涉案合同)。来自B公司的关于支付未付款项的通信并未否认B公司承担的支付义务,也未提及导致其有理由不付款的任何问题,如货物品质存在问题。B公司发出的电子邮件还提及,B公司正在为所欠款项制定一项付款计划,以及一项担保付款问题可以得到解决的保证。

二、涉案合同

涉案合同载明,双方经协商达成协议,愿受约束。涉案合同第1条载明,双方确认共签订了8份货物买卖合同,A公司已履行了涉案合同项下的所有义务,B公司必须无条件地向A公司支付229,885.03美元款项(以下简称涉案款项),且B公司不得基于任何抗辩理由而拒绝支付涉案款项,包括但不限于"因任何原因引起的质量问题"。

涉案合同规定,B公司将在2019年9月30日之前支付涉案款项;若未能按时付款,将向A公司支付惩罚性违约金。涉案合同还规定,双方同意,涉案合同项下的所有争议将适用中华人民共和国法律;因涉案合同引起的或与涉案合同相关的任何争议,均应提交贸仲在中国N地进行仲裁;该仲裁将根据贸仲的《仲裁规则》进行;贸仲作出的任何仲裁裁决都是终局的,并对双方均具有约束力。

三、仲裁程序

由于B公司依然没有付款,A公司在中国提起了仲裁程序。仲裁庭最终作出了涉案裁决。涉案裁决指出，仲裁根据贸仲《仲裁规则》进行。涉案裁决指出，所有的仲裁文件、仲裁通知和材料均已根据《仲裁规则》有效送达双方。涉案裁决列明了贸仲所采用的通知B公司进行仲裁的程序。该程序包括了向B公司发送中英文的仲裁通知、《仲裁规则》和A公司的仲裁文件。文件由中速快件国际快递（以下简称中速快件）送达。此后，贸仲向B公司送达了进一步的文件，其中包括要求B公司就仲裁申请发表意见的文件。对此，B公司未予答复。

在开庭日前，由于开庭通知书未能被正式送达B公司，导致开庭日期被重新安排。由于该次重新安排的开庭通知被中速快件退回，仲裁庭第三次安排了新的开庭日期。新的开庭通知被再次发送至B公司的注册地址。中速快件文件显示，该通知被成功送达。此后，在仲裁庭开庭审理时，B公司没有到庭，且未说明不到庭的理由。根据《仲裁规则》，仲裁员决定在B公司缺席的情况下继续进行审理。开庭后，A公司向仲裁员提交的材料被送达B公司，仲裁员还将开庭情况告知了B公司，并给予B公司一定的期限以便其提交文件或请求再次开庭。后来，B公司未提交任何仲裁材料亦未要求再次开庭。仲裁庭作出裁决的期限由此被延长。

此后，仲裁员决定根据开庭审理时查明的事实，在B公司缺席的情况下作出涉案裁决。

四、涉案裁决

涉案裁决列明了仲裁员查明的事实和作出裁决的理由。仲裁员查明：A公司向B公司交付了货物，但B公司未能支付剩余应付全部款项。因此，双方签署了涉案合同，以解决B公司拖欠货款的问题。仲裁员认定，涉案合同有效，且B公司违反了涉案合同。

仲裁员注意到A公司诉请的逾期付款的违约金数额。A公司降低了违约赔偿请求金额，请求以涉案合同金额为基数，按照年利率24%计算。该利率远低于双方约定的惩罚性费率，但高于司法保护的民间借贷利率的上限。仲裁员接受了24%的年利率。

涉案仲裁庭裁决,B公司应向A公司支付的总款项为229,885.03美元,加之年利率为24%的逾期付款违约金。该违约金自2019年10月1日起,计算至B公司实际支付之日止。B公司还应支付仲裁费。前述给付款项应在涉案裁决作出之日起30天内支付完毕。

涉案裁决的一份正本原件被送达B公司。

五、登记和执行的程序

A公司向本院提起诉讼,请求对涉案裁决进行登记和执行。A公司在向本法院提交其申请时还提交了支持其申请的誓章。* 其后所附的证据,包括了双方在签订涉案合同之前的往来通信、涉案合同和涉案裁决的英文译本。

在本院启动执行涉案裁决的诉讼程序后,B公司曾委托其律师应诉,并反对A公司提出的申请。在本院下令其提交誓章和书面陈述后,B公司的律师却告知A公司的律师,他的律所已停止为B公司提供代理服务。随后,A公司以书面形式通知B公司,本院已经发出的命令(order)及其应当履行的义务。然而B公司却未按照本院的命令提交任何材料。B公司的董事C先生①代表B公司,出席了反对该申请的辩论听证会。

在该听证会上,C先生辩称,A公司交付的货物有缺陷,导致他公司的大量订单被取消。他还声称,仲裁是不公平的。其理由包括:在仲裁时,他不理解仲

---

* 在澳大利亚,誓章(affidavit)是宣誓人根据适用的程序法向法院提交证据(案件事实)的主要方式。它是当事人或证人准备的一份书面声明,它相当于一份事实陈述书,因此,在誓章中应列出与诉讼程序相关的所有事实,用来支持诉讼请求或答辩。如果在誓章中引用了某份文件,则必须将其复印件附在誓章的后面(称为附件),附件的例子包括销售合同等。一般而言,誓章不应陈述宣誓人的意见。换言之,誓章必须基于事实,而不是基于宣誓人的信念或观点,例外情况是宣誓人以专家身份(如心理学家或持牌估价师)提供证据。作出誓章的人称为宣誓人。宣誓人必须在授权人员(如律师或治安官)面前在每页底部签字(如果宣誓人在海外,公证人或澳大利亚外交/领事馆官员可以见证签字)。——译者注载 https://www.fcfcoa.gov.au/pubs/preparing-affidavit,最后访问日期:2024年11月20日。

① 在B公司的律师停止为其提供服务后,C先生作为B公司的董事向南澳大利亚州最高法院申请亲自出庭,该法院根据南澳大利亚州《2020年统一民事规则》第25.6(3)条的规定批准了其申请。申请人对此没有提出异议。

裁的意义;当时,他正试图与A公司进行协商,他以为自己就此取得了一些进展;对于某些文件,他并不能理解;并且,他正在试图挽救他的生意。

在听取了C先生的发言后,本人又给予C先生进一步的机会以提交更多材料,并允许他考虑A公司所主张的货币换算和利息计算问题。

六、进一步的誓章

B公司于2023年3月22日提交了一份由C先生本人宣誓的誓章。在该誓章中,C先生代表B公司向法庭证明:B公司曾赢得机会与新南威尔士州国家公园和野生动物园(以下简称澳大利亚某公园)签订了一份合同。该合同规定,由B公司向澳大利亚某公园供应A公司提供的某种产品。C先生还向法庭宣誓证明,B公司在2018年11月20日收到了新南威尔士州政府向其发出的一份书面请求,要求其更换有缺陷的材料。

C先生声称,他曾花了几个月的时间试图与A公司协商解决这一问题。然而,在收到专家报告后,A公司撤销了信用条件,并拒绝交付剩余订单下的货物。C先生声称,上述情况严重损害了其业务。C先生还称,当新南威尔士州政府公开宣布,将在12个月内支出5000万澳元在澳大利亚某公园内建造类似设施后,B公司没有再从新南威尔士州政府收到新的合同要约。

在其誓章之后,C先生附了一封来自澳大利亚某公园的电子邮件。该邮件中附有一份由澳大利亚某公园委托撰写的报告副本。该报告被提交给B公司,让B公司对调查发现和结果作出回应。

该电子邮件总结了该报告的主要结论,其中包括如下内容:纤维增强复合材料(fibre-reinforced polyester,以下简称玻璃钢)的产品质量总体上令人满意,但对某些部件的涂漆表面的质量和格栅的开裂存在担忧。该电子邮件指出,该报告在强调涂漆表面存在缺陷的同时,还得出如下结论,即涂漆对产品的使用寿命没有重大影响。

该电子邮件还指出,该报告得出的另一个结论是,开裂会导致水分的渗透并导致脆弱,故对开裂的面板(panels)应进行更换。该电子邮件最后指出,打算为沿海步行道发布一份修订后的规范。该报告也被附在C先生的誓章之后。该报告提到了使用玻璃钢产品的步行道升级项目,包括面板、格栅和结构梁等,这些均由B公司提供。2018年年初,他们注意到一些已安装材料的开裂和褪色以及防滑饰面的变化。他们认为,玻璃钢构件的质量是令人满意的,与以前供应商的产品质量没有明显的不同。该报告还表达了对其他一些问题的关注,特别是基于观察到的开裂,对格栅板质量的一致性问题的关注。这种开裂的潜在原因是,工艺或质量控制的变化所导致的格栅的薄弱。此外,该报告指出,将油漆直接涂在玻璃钢构件上,而对玻璃钢表面,未进行增强涂料附着力的处理。因此,涂漆表面的质量不足以提高其耐久性。

对于其在誓章中的主张,C先生并没有在其誓章后附上任何其他通信或者文件。

针对上述情况,A公司的律师在2023年3月24日向本院提交了一份誓章。其向法庭宣誓作证,A公司并不知悉B公司曾成功地与澳大利亚某公园签订了一份合同,也不知悉B公司承担了向澳大利亚某公园供应玻璃钢产品的合同义务,并且,A公司从未收到过C先生的誓章所附的那份电子邮件和那份报告。该誓章提到,B公司在2019年继续从A公司处购买了更多的产品,并用多份合同予以证明。其中有两份合同签订于2019年,B公司订购的产品为玻璃钢格栅、玻璃钢面板和其他玻璃钢产品。

七、书面陈述

A公司主张,中国是适用1958年《纽约公约》的国家。中国自1987年1月22日起成为《纽约公约》的成员国。A公司的书面陈述阐述了相关的法律原则,包括司法干预仲裁裁决执行的有限范围。

A公司主张,《国际仲裁法(1974)》* 出发点是涉案裁决必须获得执行;本院只有在B公司证实存在某一法定例外情形时,才可以拒绝执行涉案裁

* 即指澳大利亚联邦议会制定的“International Arbitration Act 1974 (Cth)”。——译者注

决。A 公司主张,B 公司未能向本院证明,澳大利亚联邦议会制定的《国际仲裁法(1974)》第 8 条第 5 款或第 7 款规定的任何条件已得到满足或可以得到满足。

A 公司在其提交的书面陈述中指出,本法院基于其所提交的材料可以得出如下结论:本院执行涉案裁决的先决条件已得到满足;涉案仲裁协议和涉案裁决的存在已得到证明;B 公司本有机会参与仲裁程序;以及 B 公司未能证明存在任何一个法定的例外情形。

八、承认和执行的先决条件

《国际仲裁法(1974)》第 9 条规定了当事人请求执行外国仲裁裁决必须提供的证据。A 公司必须提供经正式证实的裁决书正本原件或经正式认证(certified)的裁决书副本,以及仲裁协议正本原件或经正式认证的仲裁协议副本。

《国际仲裁法(1974)》第 9 条第 2 款规定,在下列情形下,某一裁决书以及某一裁决书或者协议的副本,应当被视为经过正式认证:如果当事人宣称,该文件已由仲裁员证实或者认证,或当事人已采用令法院满意的方式证实或者认证了该文件。该条还要求,将外文文件翻译成英文文本,并由公证机关证明,该英文文本的翻译是正确的。① 英文文本还须经裁决作出时所在国驻澳大利亚的外交或领事机构的认证。② 当事人根据该条规定向法院提交的某项文件,一经提交,即可由法院视为表面证据而接受,并与之证明的事项有关。③

依据"Guoao Holding Group Co. Ltd. v. Xue (No. 2)案④",A 公司提出了如下主张,即本院可以接受根据《国际仲裁法(1974)》第 9 条第 4 款所要求的方式认证的译本,也可以接受"其他"令其满意的方式认证的译本。A 公司主

---

① 《国际仲裁法(1974)》第 9 条第 3 款。

② 《国际仲裁法(1974)》第 9 条第 4 款。

③ 《国际仲裁法(1974)》第 9 条第 5 款。See Guoao Holding Group Co. Ltd. v. Xue (No. 2) [2022] FCA 1584 at [50] – [58], [62] per Stewart J.

④ Guoao Holding Group Co. Ltd. v. Xue (No. 2) [2022] FCA 1584 at [50] – [58], [62] per Stewart J.

张,本院可以满意地得出如下结论,即涉案裁决已根据《国际仲裁法(1974)》的规定被翻译为英文。

C先生辩称,他对该英文译本没有提反对意见,并不是因为他接受了该译本,而是因为他不理解法律的复杂性。

C先生还声称,他没有收到来自澳大利亚的外交或领事代表的文件,也没有收到经他们认证的文件。F先生并不是澳大利亚的外交或领事官员。

他辩称,他完全迷失了方向,因为他收到的文件是中文的,或者是由一名中国译员翻译的中文文本。

C先生表示,如果他有机会与澳大利亚的外交或领事官员进行沟通联系,他本可以有一个帮助其解决问题的联络人。

A公司对C先生的前述主张进行了反驳,其反驳的依据是,之前代理B公司的律师已被送达了A公司在诉讼程序中提交的誓章。

就C先生的主张而言,这些主张涉及的是仲裁本身的文件,而不是这些程序。《国际仲裁法(1974)》第9条并未涉及仲裁中使用的文件的翻译。《国际仲裁法(1974)》第9条中提到的翻译,是仲裁协议和裁决的翻译。这些翻译是澳大利亚法院为承认和执行外国裁决而启动的程序所必需的。

A公司提交的誓章所附的文件,包括涉案裁决的英文译本。经认证的涉案裁决的英文译本附于涉案裁决原件正本后。每一页均经中国某翻译公司认证。注册翻译员F先生对经中国某翻译公司认证的英文原文进行了校核。涉案裁决于2022年7月11日进行了公证(notarised),于2022年7月18日经中国外交部认证(authenticated),并于2022年7月20日经位于北京的澳大利亚驻华大使馆认证。涉案合同包含中英文文本,于2022年11月11日经中国国际贸易促进委员会、中国国际商会(贸仲是其下属机构)公证为真实的,于2022年11月15日经中国外交部认证,并于2022年11月17日经位于北京的澳大利亚驻华大使馆认证。

A公司提交的誓章,附有涉案裁决和涉案合同的副本。涉案裁决和涉案合同的正本原件,已被提交给本院供审查之用。本人检查了这些文件,包括其上所加盖的各种印章和封条。没有人对它们的真实性提出异议。本人确信,涉案合同和涉案裁决已得到适当的认证和证明。本人对英文译本很满意。本人认为,该证据足以满足《国际仲裁法(1974)》第9条第4款的要求,可作为以其他方式令本法院满意的英文译本。

九、《国际仲裁法(1974)》的规定

澳大利亚联邦议会,通过制定《国际仲裁法(1974)》,在澳大利亚实施《示范法》,并在其中规定了《示范法》在澳大利亚具有法律效力。[①]《国际仲裁法(1974)》还使澳大利亚根据《纽约公约》和《关于解决各国和其他国家的国民之间的投资争端的公约》(以下简称《华盛顿公约》)所承担的义务生效。

《国际仲裁法(1974)》的宗旨如下:通过鼓励将仲裁作为一种争端解决方式从而促进国际贸易和商事交易;促进在国际贸易和商事交易中使用仲裁协议,并推进承认和执行仲裁裁决;以及使澳大利亚根据国际公约和《示范法》所承担的义务生效。

根据《纽约公约》第5条的规定,外国仲裁裁决获得承认和执行的唯一要求,是提交裁决书原件正本或经正式认证的裁决书副本,连同仲裁协议正本或经正式认证的仲裁协议副本。第5条列出了可以拒绝承认及执行的几种情形。

《国际仲裁法(1974)》第8条规定,外国仲裁裁决依《国际仲裁法(1974)》制定的所有目的对裁决项下的当事人具有约束力。《国际仲裁法(1974)》第8条第2款规定,外国仲裁裁决可在澳大利亚某一州法院申请强制执行,就好像该裁决是该法院作出的判决或命令一样。《国际仲裁法(1974)》第8条第3A款规定,法院只有在第8条第5款及第8条第7款规定的情形下,方可拒绝执行外国仲裁裁决。

根据《国际仲裁法(1974)》第8条第5款的规定,只有在援用的裁决所针

① 《国际仲裁法(1974)》第16条第1款。

对的当事人能够证明特定情形的存在,并令法院感到满意的情况下,法院才可拒绝执行该裁决。这些情形包括:当事人处于某种无行为能力、仲裁协议无效、当事人未得到适当的仲裁通知、裁决处理的事项不在提交仲裁的条款范围之内、仲裁程序不符合双方的约定或裁决已被撤销。

根据《国际仲裁法(1974)》第8条第7款的规定,法院有权在下列情形下拒绝执行裁决,即:根据相关的现行有效法律,争议事项不能通过仲裁解决,或者,执行裁决将违反公共政策。

《国际仲裁法(1974)》第8条第7A款规定,如果某一外国裁决的作出受欺诈的诱导或腐败的影响,或者在作出裁决的过程中发生了违反自然正义规则的行为,则执行该外国裁决将违反公共政策。

《国际仲裁法(1974)》第39条规定,法院如果为了执行或者拒绝执行某一裁决,在考虑根据第8条的规定行使权力时,必须考虑《国际仲裁法(1974)》的宗旨。

十、相关依据*

仲裁裁决旨在提供确定性和终局性。仲裁可以高效、公正和及时地解决商事纠纷。仲裁裁决可被强制执行。① 中国是《纽约公约》的成员国。《国际仲裁法(1974)》中“公共政策”的概念,是从《纽约公约》中吸纳的,仅限于有关正义和道德的基本原则。这符合国际商事仲裁的国际性质。这与在行政法中对公共权力的审查截然不同。②

关于仲裁庭或仲裁员作出仲裁裁决的依据,其范围和存在,是以当事人之间的协议为根据的。③ 仲裁庭只要在当事人授权的范围内作出某一仲裁裁决,

---

* 英文为“authority”,这里指本案判决的依据。——译者注

① Tianjin Jishengtai Investment Consulting Partnership Enterprise v. Huang [2020] FCA 767 at [19] per Jagot J.

② Guoao Holding Group Co. Ltd. v. Xue (No. 2) [2022] FCA 1584 at [32] per Stewart J.

③ TCL Air Conditioner (Zhongshan) Co. Ltd. v. Judges of the Federal Court of Australia (2013) 251 CLR 533 at [31] per French CJ and Gageler J.

该仲裁裁决就被视为具有约束力并可被执行。[①] 仲裁裁决一旦被作出，即对仲裁协议的当事人产生全方位的约束力。当事人可以在不涉及执行的法律程序中将其作为依据，如产生既判力（一事不再理）或禁止反言。[②]

仲裁庭在作出裁决时所犯的法律错误与承认和执行外国裁决所要确定的权利或义务无关，除非该错误与拒绝执行的理由有关。[③] 对仲裁裁决的执行，是执行当事人之间的、有关将它们之间的争议提交仲裁的、有约束力的协议，而非执行已提交仲裁的任何有争议的权利。[④]

贸仲的一项裁决已在澳大利亚获得执行。[⑤] 在向澳大利亚法院提起诉讼并请求作出判决，并且相关裁决将要在澳大利亚被执行的情况下，裁决书规定的给付款项的金额可以换算成澳元。[⑥]

十一、分析

综上所述，本人认定，A 公司已根据《国际仲裁法（1974）》第 9 条的要求证实涉案合同和涉案裁决的存在。

《国际仲裁法（1974）》的出发点是涉案裁决必须获得执行。只有在 B 公司证实存在《国际仲裁法（1974）》第 8 条第 5 款或第 8 条第 7 款规定的一项或一项以上的情形时，本人方可拒绝执行涉案裁决。

C 先生的誓章和所附报告表明，B 公司向澳大利亚某公园提供的玻璃钢产品存在一些问题，而 C 先生声称，B 公司从 A 公司那里获得了这些产品。然

---

① TCL Air Conditioner (Zhongshan) Co. Ltd. v. Judges of the Federal Court of Australia (2013) 251 CLR 533 at [17] per French CJ and Gageler J.

② TCL Air Conditioner (Zhongshan) Co. Ltd. v. Judges of the Federal Court of Australia (2013) 251 CLR 533 at [23] per French CJ and Gageler J.

③ TCL Air Conditioner (Zhongshan) Co. Ltd. v. Judges of the Federal Court of Australia (2013) 251 CLR 533 at [15] – [17]; [33] per French CJ and Gageler J.

④ TCL Air Conditioner (Zhongshan) Co. Ltd. v. Judges of the Federal Court of Australia (2013) 251 CLR 533 at [34] per French CJ and Gageler J.

⑤ Beijing Jishi Venture Capital Fund (Ltd. Partnership) v. Liu [2021] FCA 477.

⑥ Tianjin Jishengtai Investment Consulting Partnership Enterprise v. Huang [2020] FCA 767 at [22] – [23] per Jagot J.

而,A公司指出了如下事实,即B公司在收到那份报告后又向A公司订购了产品。进言之,涉案合同是关于支付应付款项的合同,并明确规定了如下条款,即B公司不得以与质量问题有关的抗辩理由拒绝支付应付款项。

正如上文所述,C先生的誓章所附的报告在由澳大利亚某公园于2018年11月20日提交给C先生数月后,B公司自愿与A公司签订了涉案合同,其中包含了上述条款以及仲裁条款。C先生对其提出的许多主张均没有提供证据予以证明,包括他提出的如下主张,即他曾将报告发送给了A公司,后者随后撤销了信用条件并拒绝交付剩余订单项下的货物。涉案裁决在各个方面对B公司和A公司均具有约束力,包括对涉案合同中付款义务标的货物质量的认定。①

无论如何,考虑《国际仲裁法(1974)》的规定,以及法院在审理是否准予登记和执行申请时所审议的有关事项的性质,C先生所提供的有关货物质量存在缺陷的证据,或其所指控的其他事项的证据,包括他对仲裁的重要性缺乏理解,都不能成为拒绝承认和执行涉案裁决的理由。

本人的任务不是审查和确定,在涉案裁决中是否存在任何错误,也不是确定,若B公司积极地参与了涉案仲裁并进行辩护,B公司是否能够或将取得不同的结果。拒绝承认或执行裁决的理由是有限的。这些理由主要(但并非唯一)与仲裁程序的公正性、独立性和公平性有关。

B公司没有提供证据,证实本案存在《国际仲裁法(1974)》所规定的任何例外情形,从而使本院可以拒绝执行涉案裁决。C先生并没有提及,存在程序不公平的问题。而且本人认为,C先生关于他无法理解仲裁程序的陈述,不足以证明涉案仲裁庭所采用的程序存在此类失误。

涉案仲裁程序,包括送达开庭通知、送达文件、在B公司缺席审理的情况

① TCL Air Conditioner (Zhongshan) Co. Ltd. v. Judges of the Federal Court of Australia (2013) 251 CLR 533 at [23] per French CJ and Gageler J.

下先暂停开庭以确保开庭通知的送达,给予B公司一定的时间,从而允许其提交材料等。B公司未能参加仲裁程序,并非仲裁庭未能遵循程序公平所致。

在上述情况下,本人认为,A公司已经证实,其有权要求本院根据《国际仲裁法(1974)》的规定作出登记涉案裁决的判决。

十二、量化

A公司已将涉案裁决中裁决的给付款项的金额由外币换算为澳元。C先生并未对该换算提出异议。

十三、判决

法院判决,将涉案裁决作为本院的判决书,在本院登记。本人认为,将涉案裁决下给付款项的金额,由外币换算为澳元是适当的。A公司的律师将出具判决备忘录,从而使这些事由生效,包括下文第1项至第3项判决所述及的由外汇换算所得出的澳元金额。

法院判决,B公司向A公司支付:

(1)款项229,885.03美元,按本判决作出日的前一个营业日澳大利亚储备银行公布的汇率换算为澳元。

(2)本判决作出日之前的利息,由于涉案裁决已经确定,自2019年10月1日起计算至本判决作出日的前一日,按年利率24%计算,并按本判决作出日前一个营业日澳大利亚储备银行公布的汇率换算为澳元。

(3)涉案裁决认定的仲裁费用人民币90,850元,按本判决作出日前一个营业日澳大利亚储备银行公布的汇率换算为澳元。

(4)本判决作出日之后的利息,根据《2020年统一民事规则》(南澳大利亚州)的规定,自本判决作出日开始计算至全额偿清之日为止,对总金额计付利息。

(5)B公司向A公司支付因提起本案申请而产生的费用和附带费用。

(6)A公司有权申请对其发生的费用,根据文件按一次性付款金额进行估算。

第三部分 综合评述

一、澳大利亚承认和执行外国仲裁裁决的法律制度

(一)澳大利亚商事仲裁立法概况

澳大利亚是一个联邦制国家。1901年《澳大利亚宪法》确立了澳大利亚的联邦政府体制,并界定了联邦和各州(包括领地)[①]之间的立法权界限。[②] 澳大利亚的法律体系为普通法体系,是在殖民时期从英国继承而来。澳大利亚法律的两个主要渊源是普通法[③]和议会立法。[④] 澳大利亚有关商事仲裁的立法由联邦议会制定的和州(包括领地)议会制定的立法构成。[⑤]

在澳大利亚联邦层面,《国际仲裁法(1974)》是由澳大利亚联邦议会制定的。其调整对象包括:(1)澳大利亚境内外国仲裁裁决的承认与执行;(2)国际商事仲裁的开展和执行。

该法于1974年正式生效。此后,在1989年、2010年、2015年和2018年等时间,经历了多次补充和修订。该法包括5个部分和3个附表;核心部分为第2部分、第3部分和第4部分;3个附表分别为第2部分、第3部分和第4部分

---

① 澳大利亚联邦由6个州(新南威尔士州、昆士兰州、南澳大利亚州、塔斯马尼亚州、维多利亚州和西澳大利亚州)和3个自治领地(澳大利亚首都领地、北方领地和诺福克岛)组成。每个州(领地)都有自己的政府、立法机构和法院系统,与联邦结构一起运作。

② 根据澳大利亚《宪法》的规定,联邦议会只能针对某些特定事项制定法律。这些事项包括:国际和州际贸易、外交、国防、移民、税收、银行、保险、结婚和离婚、货币和度量衡、邮政和电信以及残疾人和养老金。澳大利亚各州和领地对地方政府、道路、医院、学校、财产和遗嘱等领域保留立法权。

③ 普通法是指法官创制的法律。法院根据在过去类似案件中的判决,解释法律和判决案件,并将这些判决应用于他们目前正在判决的案件。在没有可以适用立法的情况下,法官仍可根据普通法作出判决。载 https://www.nla.gov.au/research-guides/australian-legislation/legal-system,最后访问日期:2024年11月20日。

④ 立法是指议会制定的成文法律。载 https://www.nla.gov.au/research-guides/australian-legislation/legal-system,最后访问日期:2024年11月20日。

⑤ Gregory Nell, *Recent Developments in the Enforcement of Foreign Arbitral Awards in Australia*, 26 AUSTL. & N. Z. MAR. L. J. 24 (2012), Bluebook 21st ed.

的附表。其主要内容如下：

1. 该法的第1部分为“前言”。该部分最重要的条款为第2D条。它阐明了制定该法的目的：“(1)鼓励使用仲裁作为解决争端的方法，以促进国际贸易和商业；(2)促进对与国际贸易和商业有关的仲裁协议的利用；(3)促进对与国际贸易和商业有关的仲裁裁决的承认和执行；(4)实施澳大利亚根据1958年联合国国际商事仲裁会议第24届会议通过的《纽约公约》所承担的义务；(5)实施联合国国际贸易法委员会于1985年6月21日通过、并于2006年7月7日经联合国国际贸易法委员会修订的《示范法》；(6)实施澳大利亚于1975年3月24日签署的《关于解决国家与其他国家国民之间投资争端的公约》。”[①]

2. 该法的第2部分为“外国仲裁协议和仲裁裁决的执行”。该部分是该法最初的组成部分。它重述和并入了《纽约公约》的内容，并对《纽约公约》的适用和解释作了规定，从而使《纽约公约》转化为澳大利亚联邦的立法。《纽约公约》的英文原文被并入该法的附表1，成为该法不可分割的组成部分。澳大利亚联邦议会在1974年12月9日通过了《国际仲裁法(1974)》，[②]在1975年3月26日无保留地加入了《纽约公约》。其结果是，《纽约公约》于1975年6月24日对澳大利亚生效。

3. 该法的第3部分为“国际商事仲裁”。在1989年，澳大利亚联邦议会通过了一项立法修正案[③]新增了该部分，使《示范法》(1985年版)在澳大利亚具有法律效力。2010年，澳大利亚联邦议会又通过了一项立法修正案[④]，对该部分进行了修订，采纳了《示范法》(2006年版)，取代了《示范法》(1985年版)。该部分没有重述《示范法》的内容，但对《示范法》的适用和解释作了规定。该部分第16条规定，《示范法》在澳大利亚具有法律效力。《示范法》英文原文被

---

① 《国际仲裁法(1974)》第2D条。

② 《国际仲裁法(1974)》的原英文名称为“Arbitration (Foreign Awards and Agreements) Act 1974”，在1989年被变更为“International Arbitration Act 1974”。

③ The International Arbitration Amendment Act 1989 (Cth).

④ The International Arbitration Amendment Act 2010 (Cth).

并入该法的附表2,成为该法不可分割的组成部分。

4. 该法的第4部分为"《关于解决各国和其他国家的国民之间的投资争端的公约》[①](以下简称《华盛顿公约》)的适用"。澳大利亚于1975年加入该公约。该部分的规定使澳大利亚根据《华盛顿公约》所承担的义务生效。《华盛顿公约》的英文原文被并入该法的附表3,成为该法不可分割的组成部分。

5. 该法的第5部分为"一般事项"。其中第39条"法院必须考虑的事项"规定,法院在行使或者履行该条规定的7项特定权力或者职责(如根据该法第8条的规定执行或者拒绝执行外国仲裁裁决)之一时,必须考虑如下事项,即"(1)本法的目的;(2)以下事实:A. 仲裁是解决商业纠纷的一种高效、公正、及时的方法,并且,仲裁裁决具有可执行性;B. 仲裁裁决旨在提供确定性和终局性"。

在州和领地层面,各个州(或领地)议会制定的《商事仲裁法》[②]管辖澳大利亚国内的商事仲裁和商事仲裁协议。各个州(或者领地)的《商事仲裁法》非常相似,被称为"统一法案"(Uniform Acts)。目前,这些《商事仲裁法》均采纳了《示范法》,并作了一些修正。

1989年之前,由于州的《商事仲裁法》也采纳了《纽约公约》。因此,如果在州(或者领地)的最高法院申请对外国仲裁裁决的承认和执行,可以适用这些《商事仲裁法》中的相关规定。然而,在1989年澳大利亚联邦政府开始实施《示范法》以后,这些州或者领地逐渐废除了《商事仲裁法》中有关承认和执行外国仲裁裁决的规定。[③]

---

① Convention on the Settlement of Investment Disputes between States and Nationals of Other States (ICSID), 1965, 575 UNTS 159.

② 例如,在南澳大利亚州,先前的仲裁立法为《商事仲裁和工业推荐协议法(1986)》(南澳大利亚州),目前生效的立法为《商事仲裁法(2011)》(南澳大利亚州),载 https://www.legislation.sa.gov.au/lz?path=%2FC%2FA%2FCOMMERCIAL%20ARBITRATION%20ACT%202011,最后访问日期:2024年11月20日。

③ Gregory Nell, *Recent Developments in the Enforcement of Foreign Arbitral Awards in Australia*, 26 AUSTL. & N. Z. MAR. L. J. 24 (2012), Bluebook 21st ed.

联邦层面的《国际仲裁法(1974)》和各州或领地的《商事仲裁法》均采纳了《示范法》,不仅确保了澳大利亚拥有与国际标准基本一致的国内和国际仲裁立法框架,还推动了《纽约公约》和《示范法》在澳大利亚的统一适用。

(二)澳大利亚有关承认和执行外国仲裁裁决的法律机制

1.《国际仲裁法(1974)》

自1990年以来,澳大利亚承认和执行外国仲裁裁决,应当排他适用《国际仲裁法(1974)》中的规定。具体而言,在对某一外国仲裁裁决适用《纽约公约》时,承认和执行该裁决,必须依照《国际仲裁法(1974)》第2部分的规定,特别是依照第8条和第9条的规定。它们重述了《纽约公约》第3条、第4条和第5条的内容。①

关于该法第2部分与州或领地立法中相关规定之间的关系,该法第12条明确,对本法第2部分的适用,排除任何州或领地制定的立法中关于承认仲裁协议和执行外国裁决的规定;这些规定全部或部分参照《纽约公约》加以实施。②

涉及该法第2部分与《示范法》第8章(特别是其中的第35条和第36条)之间的关系,该法第20条规定,如果《示范法》第8章和该法第2部分均适用于某项外国裁决,则《示范法》第8章不适用于该裁决。

该法第3条对"外国仲裁裁决"的定义作出规定,系指"根据仲裁协议在澳大利亚以外的国家作出的仲裁裁决,且该仲裁裁决适用《纽约公约》"。该规定与《纽约公约》是一致的。

该法第8条第1款规定,除本部分另有规定外,外国裁决依据该法对裁决当事人具有约束力。根据该规定,仲裁胜诉的一方当事人只须依该法第9条的

① Gregory Nell, *Recent Developments in the Enforcement of Foreign Arbitral Awards in Australia*, 26 AUSTL. & N. Z. MAR. L. J. 24 (2012), Bluebook 21st ed.

② 该条规定是在1989年新增的。载 https://www.legislation.gov.au/C2004A00192/latest/text,最后访问日期:2024年11月20日。

规定向法院提供仲裁裁决和仲裁协议,即完成其举证责任,而无须向法院证明,它是仲裁协议的当事人。实际上,该条规定是澳大利亚联邦议会在2018年制定的立法修正案[①]对原规定修订后的新规定。它与英国、新加坡和中国香港特别行政区等国家和地区的仲裁立法保持了一致。[②] 在存在多方当事人或多个合同的加入和合并(joinder and consolidation)的仲裁程序中,可能会出现裁决下的债权人并不是仲裁协议的名义当事人的情况。该法第8条第1款的规定确认了,在裁决当事人之间而不是在仲裁协议当事人之间承认和执行裁决,是一种切实可行的明智做法。[③]

关于拒绝承认和执行外国仲裁裁决的7项事由,该法第8条第5款和第7款重述了《纽约公约》第5条的规定。其具体内容如下。

(1)根据第8条第5款的规定,法院只有在援用的裁决所针对的当事人能够证明如下特定情形的存在,并令法院感到满意,法院才可拒绝执行该裁决。这些情形包括:(a)当事人处于某种无行为能力状态;(b)仲裁协议无效;(c)当事人未得到指定仲裁员或者仲裁程序的适当通知,或者,存在其他原因致使其不能陈述案情;(d)裁决处理的事项不在提交仲裁的条款范围之内或者超裁;(e)仲裁庭的组成或者仲裁程序不符合双方的约定或者违反仲裁地所在司法管辖区的法律;(f)裁决尚未生效,或已被撤销,或停止执行。

(2)根据第8条第7款的规定,法院有权在下列情形下拒绝执行裁决,即根据相关的现行有效法律,争议事项不能通过仲裁解决,或者执行裁决将违反公共政策。

值得注意的是,为了解决澳大利亚法院在适用《纽约公约》时存在的一些

① Civil Law and Justice Legislation Amendment Act 2018 (Cth).

② 例如,新加坡《国际仲裁法(1994)》(International Arbitration Act 1994)第29(2)条规定:"根据第(1)款具有执行力的任何外国裁决,必须被承认为对作出该裁决的各方具有约束力,并且任何一方均可在新加坡的任何法律诉讼中用该裁决进行抗辩、抵销,或以其他方式援引该裁决。"

③ Erika Williams, *Internationalising the International Arbitration Act*, Accessed Nov. 20, 2024, https://www5.austlii.edu.au/au/journals/ANZRIArbMedr/2019/16.pdf.

争议问题,并明确限制法院的自由裁量权,使《纽约公约》得到贯彻和执行,澳大利亚联邦议会在2010年制定了立法修正案,[①]对该法进行了修订,使该法增加了如下(但不限于)重要规定:[②]

(1)第8条第3A款。根据该条款的规定,法院"仅可以"在该法第8条第5款和第7款规定的情形下,才可拒绝承认和执行外国仲裁裁决。这也是为了让第8条第5款的规定与《示范法》第36条的规定保持一致。

(2)第8条第7A款。该条款对公共政策的含义进行了诠释,即如果某一外国裁决的作出受欺诈的诱导或腐败的影响,或者在作出裁决的过程中发生了违反自然正义规则的行为,则执行该外国裁决将违反澳大利亚的公共政策。这与该法在19条明确的《示范法》第34条和第36条中"公共政策"[③]一词的含义是一致的。该规定不仅明确了法院在适用"公共政策"时的标准,还使对《纽约公约》中"公共政策"的适用与对《示范法》中"公共政策"的适用保持了一致。通过制定法使"公共政策"的概念明确化,确保了澳大利亚承认和执行外国仲裁裁决的制度向更清晰和更有效的方向发展。

(3)第39条。该条规定,法院为了执行或者拒绝执行某一裁决,在考虑根据第8条的规定行使权力时,必须同时考虑该法第2D条规定的宗旨。该条规定的目的是,要求法院在行使自由裁量权时,必须与该法下的支持仲裁和支持执行政策相一致。

---

① International Arbitration Amendment Act 2010 (Cth).

② Peter Megens and Adam Peters, *International Arbitration Amendment Act* 2010 (*Cth*) – *Towards a New Brand of Australian International Arbitration*, Accessed Nov. 20, 2024, https://www5.austlii.edu.au/au/journals/ANZRIArbMedr/2011/6.pdf.

③ 《国际仲裁法(1974)》第19条指出,《仲裁示范法》第34条和第36条中有关裁决构成违反或者违背澳大利亚的"公共政策"的情形是指,裁决的作出受欺诈或者腐败的诱使或者影响;后者在作出裁决时违反了自然正义规则。

2. 联邦和各州(或者领地)的民事程序立法

如果在澳大利亚联邦法院[①]申请承认和执行外国仲裁裁决,除上文提到的《国际仲裁法(1974)》外,还须适用《证据法(1995)》(联邦)、[②]《澳大利亚联邦法院法(1976)》(联邦)、[③]《联邦法院规则(2011)》(联邦)[④]等程序性立法或者规则中的相关规定。[⑤]

如果在澳大利亚某一州(或者领地)最高法院申请承认和执行外国仲裁裁决,除上文提到的《国际仲裁法(1974)》之外,还须适用该州的《统一民事规则》中的相关规定。

在本案中,由于A公司选择在南澳大利亚州最高法院申请承认和执行涉案裁决,故须适用《2020年统一民事规则》(南澳大利亚州)[⑥]中的相关程序规定。

《2020年统一民事规则》(南澳大利亚州)适用于2020年5月18日(生效日期)或之后开始的诉讼程序,以及在现有诉讼程序中采取的步骤。

---

① 澳大利亚联邦法院包括3个主要法院:高等法院、联邦法院及澳大利亚联邦巡回法院和家庭法院。高等法院是澳大利亚最高法院和终审上诉法院,负责审理有关宪法含义的争议案件,以及澳大利亚所有法院的民事和刑事案件的终审上诉。联邦法院审理各种不同主题的事务,包括破产、公司、劳资关系、原住民土地权、税收和贸易惯例法。它还受理针对联邦巡回法院判决(家庭法判决除外)的上诉。澳大利亚联邦巡回法院和家庭法院于2021年9月1日开始运作。它由两个部门组成:第一部门是澳大利亚家庭法院的延续,只处理家庭法事务。第二部门是澳大利亚联邦巡回法院的延续,处理家庭法和一般法律事务。它将审理不太复杂的家庭法事务和行政法、海事法、破产、版权、人权、工业法、移民、隐私和贸易惯例方面的纠纷。所有联邦家庭法事务都将提交给第二部门,然后,如果需要,将进入第一部门。第一部门保留审理家庭法上诉的管辖权,所有第一部门的法官都可以作为单独法官或作为全庭的一部分审理上诉。每个州和领地都有自己的法律和法院系统。州和领地法院属于相关州或领地总检察长或司法部长的职责范围。例如,在南澳大利亚州,法院包括最高法院、地方法院、治安法庭、青年法庭、验尸官法庭和环境、资源和发展法庭。此外,还有许多法庭和委员会。载https://www.ag.gov.au/legal-system/courts,最后访问日期:2024年11月20日。

② Evidence Act 1995 (Cth).

③ Federal Court of Australia Act 1976 (Cth).

④ Federal Court Rules 2011 (Cth).

⑤ Tianjin Jishengtai Investment Consulting Partnership Enterprise v. Huang [2020] FCA 767.

⑥ Uniform Civil Rules 2020 (SA),载https://www.courts.sa.gov.au/wp-content/uploads/wp-download-manager-files/court-rules/08 – uniform-civil-rules/Uniform%20Civil%20Rules%202020.pdf,最后访问日期:2024年11月20日。

在本案中,在B公司的律师停止为其提供服务后,C先生作为B公司的董事向南澳大利亚州最高法院申请亲自出庭。该法院根据南澳大利亚州《2020年统一民事规则》第25.6(3)条的规定批准了其申请。

3. 普通法

由于澳大利亚是普通法系国家,澳大利亚法院的判决通过如下方式补充《国际仲裁法(1974)》:

(1)解释《国际仲裁法(1974)》中的明示规定;

(2)弥补《国际仲裁法(1974)》中的空白,以解决制定法没有涉及的问题。

事实上,澳大利亚法院的判决也极大推动了《国际仲裁法(1974)》的修订。

因此,在澳大利亚联邦法院或者州法院申请承认和执行外国仲裁裁决时,需要适用先例。此外,法院还可能受其他普通法系国家同类判决的影响。

在本案中,南澳大利亚州最高法院在判决中适用了4个先例。①

(三)在澳大利亚法院申请承认和执行外国仲裁裁决的主要程序

1. 需要向法院提供的文件

《国际仲裁法(1974)》第9条"裁决和仲裁协议的证据"在纳入《纽约公约》第4条内容的基础上,又增加了一些解释性规定。

该法第9条第1款规定,在向法院申请承认和执行外国仲裁裁决时需要提交如下文件:(1)原裁决书之正本或经正式认证的裁决书副本;(2)仲裁协议正本原件或经正式认证的仲裁协议副本。

第9条第3款规定,若裁决书和仲裁协议本身的文本不是用英文作出的,则应当提供这些文件的英文译本,译本应当经过认证。

该法第9条第4款规定,某一裁决书或者协议的英文译本,须经裁决作出

① Tianjin Jishengtai Investment Consulting Partnership Enterprise v. Huang [2020] FCA 767; Guoao Holding Group Co. Ltd. v. Xue (No. 2) [2022] FCA 1584; TCL Air Conditioner (Zhongshan) Co. Ltd. v. Judges of the Federal Court of Australia (2013) 251 CLR 533; Beijing Jishi Venture Capital Fund (Ltd. Partnership) v. Liu [2021] FCA 477.

时所在国驻澳大利亚的外交或领事机构的认证,或者采用了其他令法院满意的认证方式。

值得注意的是,该法第9条第5款明确规定,根据本条规定向法院出示的文件,一经出示,法院即视为与文件有关事项的表面证据。[①] 这意味着,仲裁胜诉的一方当事人根据第9条的规定向法院提交了裁决和仲裁协议,且法院接受后,即完成其举证责任,由此满足了该法规定的承认和执行的条件。该条规定进一步解释了《纽约公约》第4条的规定。

2. 诉讼时效

《国际仲裁法(1974)》第2部分并未对申请承认和执行外国仲裁裁决的诉讼时效作出明确规定。

每个州(或者领地)均有诉讼时效立法。其中明确规定,原告必须开始民事诉讼的期限,包括向法院申请承认和执行仲裁裁决的期限。[②] 例如,新南威尔士州的《时效法(1969)》[③]第20条规定,原告向法院申请承认和执行仲裁裁决的时效期为6年,自诉讼原因产生之日起计算(首次违反裁决之日);如果仲裁协议包含在契据(deed)之中,则适用更长的12年时效期。

在澳大利亚联邦法院,诉讼时效被视为实体法问题,相关诉讼时效将根据当事人选择的法律确定。

---

① 表面证据,通常也称为推定证据,是指表面上足以确定事实或案件的证据,除非有反驳或证伪。表面证据通常用于法律诉讼,以表明有足够的初步证据支持特定的主张或论点。载 https://www.andrewbyrneslawgroup.com.au/evidence-law-101-how-does-evidence-work-in-court#:~:text=Prima%20facie%20evidence%2C%20also%20commonly%20referred%20to%20as,evidence%20to%20support%20a%20particular%20claim%20or%20argument,最后访问日期:2024年11月21日。

② 载 https://www.aph.gov.au/Parliamentary_Business/Committees/Senate/Community_Affairs/Completed_inquiries/1999-02/child_migrat/report/c09#:~:text=9.5%20Each%20Australian%20jurisdiction%20has%20a%20limitation%20statute,may%20be%20made%20in%20all%20States%20and%20Territories,最后访问日期:2024年11月21日。

③ 英文名称为"Limitation Act 1969(NSW)",载 http://www5.austlii.edu.au/au/legis/nsw/consol_act/la1969133/s20.html,最后访问日期:2024年11月21日。

3. 管辖法院

根据《国际仲裁法(1974)》第 8 条第 2 款和第 3 款的规定,州或者领地的最高法院以及澳大利亚联邦法院对于根据该法而提起的承认和执行外国仲裁裁决之诉享有平行的管辖权(concurrent jurisdiction)。换言之,申请人可以选择在某一州或者领地最高法院或者在澳大利亚联邦法院提起外国仲裁裁决的承认和执行之诉。这导致法院之间存在竞争关系。

如果申请人选择在澳大利亚联邦法院起诉,则当该裁决在联邦法院获得承认和执行后,该裁决将会转化为联邦法院的一项判决,在此之后,它可以在澳大利亚的任何一个州或领地获得承认和执行,而无须在某一州或领地最高法院另行申请承认和执行。如果申请人选择某一州或领地的最高法院起诉,并且,债务人在该州或领地出现或者有可供执行的财产,则当该裁决在该法院获得承认和执行后,申请人只能在该州或领地申请强制执行;如果申请人拟在其他任何州或领地申请承认和执行,还须另行向该其他州或领地最高法院申请承认和执行。①

但值得注意的是,涉及外国仲裁裁决的承认和执行,不同司法管辖区的法院采用的程序和适用的程序规则是不统一的,但是,《国际仲裁法(1974)》的适用是强制性的,从而排除了地方法院适用某一州或领地的《商事仲裁法》的可能性,进而限制了地方法院行使自由裁量权。②

二、对本案的评析

在本案中,A 公司在获得胜诉裁决后,向澳大利亚南澳大利亚州最高法院提起诉讼,请求该法院登记并执行涉案裁决。B 公司并没有聘请律师,而是在南澳大利亚州法院同意的情况下,由 B 公司的董事出庭辩护。B 公司提出的

---

① Gregory Nell, *Recent Developments in the Enforcement of Foreign Arbitral Awards in Australia*, 26 AUSTL. & N. Z. MAR. L. J. 24 (2012), Bluebook 21st ed.

② Gregory Nell, *Recent Developments in the Enforcement of Foreign Arbitral Awards in Australia*, 26 AUSTL. & N. Z. MAR. L. J. 24 (2012), Bluebook 21st ed.

主要反对理由包括A公司提交的裁决和仲裁协议的认证有问题、涉案合同项下的货物质量存在缺陷、其董事C先生对仲裁的重要性缺乏理解。

然而,由于A公司提交的涉案裁决和仲裁协议满足了《国际仲裁法(1974)》的规定,并且由于B公司提出的抗辩事由并不属于《国际仲裁法(1974)》第8条规定的例外情形,本案法院驳回了B公司的论点,依法批准了A公司的申请。以下将围绕该法院判决所反映的问题进行分析和讨论。

(一)关于涉案裁决的英文译本和仲裁协议采用的认证方式

在本案中,为了满足《国际仲裁法(1974)》第9条规定的承认和执行裁决的先决条件,A公司向本案法院提交了誓章,并附有涉案裁决和合同。其中,涉案裁决的英文译本采用的认证方式为,每一页均经由中国某翻译公司的认证,以及注册翻译员的审核,随后,又分别经中国公证机关的公证、中国外交部的认证以及澳大利亚驻华大使馆的认证。涉案合同的中英文文本,也采用了同样的公证和认证方式。

本案法院对A公司提交的文件进行审查后,认定了申请人提交的涉案裁决和合同已得到适当的认证和证明,承认和执行的先前条件已得到满足。在此情况下,A公司已向本案法院提供了表面证据,举证责任便转移给B公司。

《国际仲裁法(1974)》第9条第4款规定:“翻译文本须经过作出裁决的国家的驻澳大利亚外交代表或领事代表的认证,或以其他方式使法院满意。”而在本案中,A公司提交的翻译文本并没有经中国驻澳大利亚外交或领事代表的认证。换言之,A公司采用的认证方式并不是《国际仲裁法(1974)》第9条第4款明示规定的认证方式。

在此情况下,A公司主张,由于第9条第4款后半句还规定“或以其他方式使法院满意”,并且,根据“Guoao Holding Group Co. Ltd. v. Xue (No. 2)案”①对该规定的解释,鉴于A公司已提交了经中国公证机关公证、中国外交部认证

① Guoao Holding Group Co. Ltd. v. Xue (No. 2) [2022] FCA 1584 at [50] – [58], [62] per Stewart J.

以及澳大利亚驻华大使馆认证的翻译文本，本案法院有理由认定，涉案裁决已根据《国际仲裁法(1974)》第9条的规定进行了翻译。在此情况下，本案法院经审查A公司提交的文件，采信了A公司的观点，认定其对英文翻译文本感到满意。

本案判决反映了澳大利亚法院在适用《国际仲裁法(1974)》第9条的规定审查A公司提交的仲裁裁决和仲裁协议的真实性时，对其中的翻译文本的认证方式，并没有认为当事人只能采用《国际仲裁法(1974)》第9条第4款明确规定的认证方式，而是认为可以采用其他合理的认证方式。这表明，涉及英文译本的认证，法院并不倾向对申请人施加严苛的条件。

(二)关于B公司可否将货物质量存在缺陷和其对仲裁的重要性缺乏理解作为拒绝承认和执行涉案裁决的理由

在本案中，B公司拒绝承认和执行的理由，主要为“涉案合同项下的货物质量有瑕疵以及他对仲裁的重要性缺乏理解”。

本案法院驳回了B公司的主张。其理由包括：

(1)《国际仲裁法(1974)》的出发点是，涉案裁决必须获得执行，除非B公司证实，存在该法第8条第5款或第8条第7款规定的一项或一项以上的情形。然而，B公司并没有证实任何此种情形的存在。

(2)在“TCL Air Conditioner (Zhongshan) Co. Ltd. v. Judges of the Federal Court of Australia案”中，澳大利亚上诉法院确立了如下规则，即仲裁庭只要在当事人授权的范围内作出某一仲裁裁决，该仲裁裁决即被视为具有约束力并可被执行；以及仲裁庭在作出裁决时所犯的法律错误与承认和执行外国裁决所要确定的权利或义务无关，除非该错误与拒绝执行的理由有关。

本案法院通过适用前述规则认定，涉案裁决在各方面对B公司和A公司均具有约束力。因此，自涉案裁决作出之日起，当事人不得再行对涉案合同项下的货物的质量问题提出主张；法院无权审查和确定，在涉案裁决中是否存在某种错误。

(3)《国际仲裁法(1974)》规定的拒绝承认和执行的理由,主要与仲裁程序的公正性、独立性和公平性有关,而B公司没有主张存在程序不公平的问题。

从本案判决可以看出,在审理承认和执行的案件中,法院不介入仲裁裁决涉及的实体问题,已成为澳大利亚上诉法院确定的规则。本案法院也遵循了这一规则。正如维多利亚州最高法院的上诉法庭在"Sauber Motorsport AG v. Giedo vander Garde BV (2015) 317 ALR 786 ('Sauber Appeal')案"中指出的,事实错误或法律错误,不是司法干预的合法依据。法院不应接受对仲裁员的事实调查结果或法律结论的变相攻击。

(三)B公司缺席仲裁是否为涉案仲裁程序存在不公平而造成

在涉案仲裁程序中,被申请人没有应诉和参加庭审。为了保证程序公平,贸仲和涉案仲裁庭对整个仲裁程序的开展进行了有效、合理的安排。

本案法院通过涉案裁决查明了仲裁程序是根据《仲裁规则》进行的。其具体过程如下:由于涉案合同包含中英文文本,贸仲向B公司发送了中英文仲裁通知、《仲裁规则》和A公司的仲裁文件。此后,贸仲向B公司送达了进一步的文件,其中包括要求B公司就仲裁申请发表意见的文件。对此,B公司未予答复。在开庭日前,由于开庭通知书未能被正式送达B公司,开庭日期被重新安排。由于该重新安排的开庭通知又被退回,仲裁庭又第三次安排了新的开庭日期。新的开庭通知被再次发送至B公司的注册地址。该通知被成功送达。在此情况下,仲裁庭才如期举行了庭审,但B公司未派代表到庭,且未说明不到庭的理由。根据《仲裁规则》的规定,仲裁员决定在B公司缺席的情况下继续进行审理。开庭后,A公司向仲裁员提交的材料被送达B公司,仲裁员还将开庭情况告知了B公司,并给予B公司一定的期限,以便其提交文件或请求再次开庭。后来,B公司未提交任何仲裁材料亦未要求再次开庭。总之,本案法院最终认定,B公司未能参加仲裁程序并非仲裁庭未能遵循程序公平所致;涉案仲裁程序不存在不公平的问题。

得到参与仲裁程序的适当通知和有机会对案件提出意见是当事人的一项

重要程序权利。《国际仲裁法(1974)》第8(5)(c)条亦将一方当事人未能收到仲裁程序的适当通知或不能对案件提出意见作为裁决可被拒绝承认和执行的理由之一。涉案仲裁程序对相关问题处理之所以能够得到执行法院的认可,以下方面尤为值得关注:一是在仲裁协议采用中英文的情况下,向外国当事人发送中英文仲裁程序通知,确保当事人真正获知案件情况,并有机会就此发表意见;二是按照《仲裁规则》的要求将开庭通知提前有效送达当事人,确保当事人有机会出庭陈述意见;三是庭审后给予当事人适当的机会重新考虑案件情况,包括是否发表意见或在有合理理由时申请再次开庭。

(四)关于裁决认定的给付款项的货币换算问题

在本案申请中,A公司请求本案法院将涉案裁决认定的给付款项的金额由外币换算为澳大利亚的本地货币——澳元。具体而言,涉案裁决认定,B公司应向A公司支付的总款项为229,885.03美元,并加逾期付款违约金。此外,B公司还应向A公司赔偿仲裁费人民币90,852元。A公司主张将前述款项由美元和人民币换算成澳元。

对此,本案法院给予了B公司针对A公司的该项请求进行答辩的机会。但是,B公司没有提交反驳意见。经过审理,本案法院接受了A公司的主张,判决将涉案裁决认定的给付款项的金额由外币换算为澳元,外汇汇率采用本案判决作出日前一个营业日澳大利亚储备银行公布的汇率。

本案法院作出上述判决的依据,并非《国际仲裁法(1974)》或当地其他立法中的规定,而是普通法上的先例,即澳大利亚联邦法院在2020年发布的一项判决。①

在该案中,原告向澳大利亚联邦法院申请承认和执行中国某仲裁机构作出的一项仲裁裁决,并请求将裁决认定的给付款项的外币金额按照澳大利亚的官方汇率换算为澳元。澳大利亚联邦法院支持了原告的请求,同时指出,在澳大

---

① Tianjin Jishengtai Investment Consulting Partnership Enterprise v. Huang.

利亚法院寻求执行裁决并要求法院作出判决的情况下,裁决认定的给付款项的外币金额,应当换算为澳元。

本案所反映的贸仲裁决在域外执行的货币换算相关问题,值得关注。一是将外币金额直接换算为澳元即当地货币执行,并通过判例确定外币换算的具体时间点。有不少国家倾向以本国货币执行外国仲裁裁决,但并不是所有国家都像澳大利亚一样会依判例直接进行转换,甚至有的国家仅会执行按本国币种作出的外国仲裁裁决,[①]对此,有境外执行需求的仲裁当事人应提前了解执行地的相关法律要求和司法实践,以免出现裁决后不能得到执行的情况。

二是在需要换算为当地货币执行时,按法院判决前一个营业日汇率进行外币换算带来的汇率风险可否提前避免。具体到本案,涉案合同规定的计价货币为美元,而债务人是一家澳大利亚公司。考虑未来可能需要在澳大利亚申请执行裁决,在美元与澳元的汇率波动存在不确定性的情况下,为了提前锁定汇率风险,如果A公司在贸仲提起涉案仲裁时,直接请求仲裁庭裁决B公司向A公司支付相当于229,885.03美元的澳元款项,其汇率按照其违约之日或提起仲裁之日的澳元对美元的汇率折算,仲裁庭是否应当支持A公司的该项请求?简言之,A公司是否有权在仲裁中选择以澳元计算欠付货款及逾期利息?

对此,英国《仲裁法》第48(4)条规定,“仲裁庭可以下令支付一笔金钱款项,以任何货币形式”。目前,中国法律并没有相应的规定。从贸仲仲裁的实践来看,仲裁庭一般会按合同约定的币种进行裁判,即在合同约定币种为美元的情况下,仅支持以美元计算的欠付货款及逾期利息。当事人如有汇率风险承担的考虑需要以合同约定之外币种确定裁判内容时,应向仲裁庭说明合理理由和提供相应证据。比如,在本案中申请人如需要澳元裁决,应向仲裁庭说明澳大利亚执行中的具体做法,汇率波动可能给申请人带来的额外损失,及其认为的合理币种换算时间,并提供相应证据。仲裁庭会就裁决币种问题(包括转

① 如阿尔及利亚法院。

换)作出相应认定和裁判。

(五)关于裁决规定的利息率和利息计算时间的认定问题

在本案中,A 公司请求本案法院对涉案裁决认定的利息作出确认判决。涉案裁决认定,B 公司应向 A 公司支付的总款项为 229,885.03 美元加上年利率为 24% 的逾期付款违约金,利息的计算自 2019 年 10 月 1 日起至 B 公司实际支付之日止。

对于逾期付款的利息率和利息的计算,本案法院将其改判为,“……(2)本判决作出日之前的利息,由于涉案裁决已经确定,自 2019 年 10 月 1 日起计算至本判决作出日的前一日,按年利率 24% 计算……(4)本判决作出日之后的利息,根据《2020 年统一民事规则》(南澳大利亚州)的规定,自本判决作出日开始计算至全额偿清之日为止,对总金额计付利息……”

在澳大利亚和新西兰,判决前和判决后的利率已被协调,以符合贴现和利率协调委员会[1]的建议。该委员会是根据澳大利亚和新西兰首席大法官委员会[2]的提议成立的。贴现和利率协调委员会颁布的协调规则对法院判决的判决前利率和判决后的利率进行了区分,它建议采用两套利率,以允许法院判给的判决前利率与判决后利率之间存在差异。[3] 为了实施上述协调规则,在澳大利亚联邦法院,《澳大利亚联邦法院法(1976)》[4]第 51A 条和第 52 条分别对判前利息和判后利息作了规定。此外,《联邦法院规则(2011)》[5]第 39.06 条对判后利率作出了规定。澳大利亚联邦法院颁布的《判决利息实务说明》[6]对如何计算判前和判后利息作了规定,该法院每半年公布一次供参考的判前和判后利

---

① 贴现和利率协调委员会的英文为“Discount and Interest Rate Harmonisation Committee (the DIRH Committee)”。

② 澳大利亚和新西兰首席大法官委员会的英文为“Council of Chief Justices of Australia and New Zealand”。

③ 载 https://ccjanz.gov.au/interest-rates,最后访问日期:2024 年 11 月 26 日。

④ Federal Court of Australia Act 1976 (Cth).

⑤ Federal Court Rules 2011 (Cth).

⑥ Interest on Judgments Practice Note.

率。例如,从2024年7月1日至2024年12月31日,联邦储备银行在该期间开始前最新公布的现金利率目标为4.35%,判前利率为8.35%,判后利率为10.35%,前述判前利率和判后利率分别在联邦储备银行的现金利率目标的基础上增加4%和6%。[①] 在州和领地层面,澳大利亚多数司法管辖区采用了协调后的利率,包括南澳大利亚州。[②]《2020年统一民事规则》第182.3条(判决前的利率)规定,对判决前的金钱款项的适当利率和计息期限,由法院在每个具体案件中确定;仅作为指南,可以采用该规则生效时规定的利率(7%),以及之后首席司法官不时调整的利率。第185.1条(判决后的利率)规定了该规则生效时的利率(6%),以及之后首席司法官不时调整利率的机制;判决后的利息应当自判决作出之日开始起算,直至偿清之日。[③]

从本案法院的判决可以看出,由于涉案裁决在本案判决之日才被登记为本案法院的一项判决,本案法院在确定判前计息时,认可了涉案裁决确定的计息本金、24%的年利率以及开始起算的时间,而在确定判决后利息时,要求根据《2020年统一民事规则》中的相关规定计算判决后的利息,并没有认可涉案裁决确定的24%的年利率,计息本金也被改判为"判决作出日的应付总款项",该应付总款项包括:裁决下的应付款项和判前利息、仲裁费以及律师费和其他附带费用,前述款项已经全部折算成澳元。但是,无论如何,本案法院认可了涉案裁决确定的计算利息的时间,即自2019年10月1日起计至本案判决得到全部执行之日止。总之,如何将涉案裁决确定的利息转化为澳大利亚法院判决下的利息,本案法院认为,不仅要尊重涉案裁决,还要受当地立法的规制。

由此引发的一个思考是,如果仲裁裁决没有确定裁决后利息,并且,债务人

① 载https://www.fedcourt.gov.au/forms-and-fees/interest-rates,最后访问日期:2024年11月26日。

② 载https://ccjanz.gov.au/interest-rates,最后访问日期:2024年11月26日。

③ 182.3 & 185.1 of Uniform Civil Rules 2020 (SA), Accessed Nov. 26, 2024, https://www.courts.sa.gov.au/wp-content/uploads/wp-download-manager-files/court-rules/08 – uniform-civil-rules/Uniform%20Civil%20Rules%202020.pdf.

没有在裁决确定的时间内履行裁决，债权人在澳大利亚法院申请承认和执行时，在请求法院将裁决转化成澳大利亚法院的判决时，是否可以主张裁决后的利息损失？根据前文提及的澳大利亚联邦法院在2020年发布的一项判决，[①]债权人是无权请求此类利息损失的。在该案中，裁决书认定债务人应当在裁决作出之日后的30日内履行完毕裁决项下的付款义务，但是没有确定裁决后利息。原告在请求澳大利亚联邦法院判决登记和执行裁决的同时，请求给予裁决后利息的救济，该请求被法院驳回。澳大利亚联邦法院指出，如果仲裁裁决没有确定裁决后利息，考虑法院判决应当反映裁决书裁决确定的内容这一基本原则（the fundamental principle that the judgment should reflect the terms of the award），判决支持原告主张的利息将会实质性背离裁决，这是不被允许的。[②]

总之，当外国仲裁裁决在被澳大利亚法院确认并转化为该法院的判决后，其享有与该法院任何判决同等的地位。关于判决前的利息，该法院将反映裁决书裁决确定的利息。关于判决后的利息，该法院将判决认定判决后的利息，但是计算的本金，是以判决确定的应付总款项（包括了判前利息，并且已经全部折算成澳元）为依据，利率根据适用的民事程序立法来确定。在南澳大利亚，目前法定的利率为6%。

我国目前的做法与澳大利亚的做法有所不同。我国《民事诉讼法》第260条规定："被执行人未按判决、裁定和其他法律文书指定的期间履行给付金钱义务的，应当加倍支付迟延履行期间的债务利息。"我国《民事诉讼法》没有明确规定区分判前和判后利息以及应当适用的相关利率。

---

① Tianjin Jishengtai Investment Consulting Partnership Enterprise v. Huang [2020] FCA 767.

② Traxys Europe SA v. Balaji Coke Industry Pvt Ltd. (No. 2) [2012] FCA 276; [2012] 201 FCR 535 at [72].

加拿大

Canada

中国A和B有限合伙企业诉中国自然人D等投资协议争议案仲裁裁决在加拿大安大略省的承认与执行

第一部分　导　　读

中国A有限合伙企业和B有限合伙企业(以下合称申请人)以及C公司和目标公司,均是中国有限合伙企业或者公司。

申请人曾与自然人D、自然人E、C公司和目标公司在中国签订了一份《投资协议》。《投资协议》规定,申请人将分别以约定的价格收购目标公司特定比例的股份。《投资协议》还规定,一旦发生该协议所规定的回购条件,申请人有权要求自然人D、自然人E、C公司,以申请人的认购价格加10%的单利回购其所持有的目标公司的全部股份。

在《投资协议》履行的过程中,由于发生了《投资协议》规定的回购条件,申请人根据《投资协议》向自然人D和自然人E发出了回购通知,要求自然人D和自然人E在1年内回购它们持有的全部股份。但是,自然人D和自然人E没有满足申请人的这一要求。

此后,申请人共同根据《投资协议》中的仲裁条款,向贸仲提起仲裁。申请人提出的其中一项仲裁请求为:要求自然人D、自然人E、C公司,共同和连带向两个申请人分别支付股权回购款,本金分别为人民币20,000,000元和30,000,000元,并将自然人D、自然人E、C公司和目标公司列为仲裁被申请人

(以下合称被申请人)。申请人还向被申请人提出了其他的损害赔偿请求。

自然人E、C公司和目标公司都参加了仲裁。自然人D没有应诉。涉案仲裁庭在审理后作出了涉案裁决,支持了申请人提出的上述仲裁请求以及其他损害赔偿的请求。

2018年7月30日,申请人根据《国际商事仲裁法(2017年)》提起本案申请,请求安大略省高等法院判决(本案法院)承认及执行涉案裁决,并请求本案法院判决,自然人D向申请人支付一笔加元,从而足以购买涉案裁决确定的应付款项人民币51,398,996元。

自然人D要求法院拒绝申请人提出的申请。其主要辩护理由为:(1)根据《示范法》第36(1)(a)(ii)条的规定,自然人D没有收到关于仲裁程序的通知或指定仲裁员的通知;(2)由于涉案仲裁不符合《示范法》中对国际仲裁的定义,因此,涉案仲裁不属于"国际商事仲裁",故本案法院对本案没有管辖权。

本案法院经过审理后,驳回了自然人D的异议,批准了申请人提交的申请。本案法院认定,贸仲所采用的通知方式满足了"适当通知"的要求。为确定"适当通知"的构成要素,本案法院还参考了美国法院发展的"合理标准"。

本案主要涉及《示范法》第36(1)(a)(ii)条前半句"适当通知"的适用和解释。《示范法》第36条规定了拒绝承认和执行的理由。这些理由与《纽约公约》第5条规定的内容相类似。本案反映了《示范法》在加拿大可以被用作并且已被用作《纽约公约》的实施立法。

第二部分 加拿大安大略省法院的判决

A和B有限合伙企业诉自然人D[①]

加拿大安大略省高等法院*

判决日期:2019年3月8日

一、引言

本申请由申请人根据安大略省2017年制定法——《国际商事仲裁法(2017)》[②]提起。申请人请求本法院判决,在安大略省承认及执行贸仲于2017年9月11日对自然人D作出的涉案裁决。涉案裁决认定,自然人D与其他若干仲裁被申请人共同向申请人承担连带赔偿责任,并向申请人支付人民币51,398,996.30元(约合1000万加元)。申请人请求本法院作出一项判决,命令自然人D向申请人支付一笔加元,足以购买涉案裁决确定的应付人民币款项。

二、背景

申请人是位于中国的两家有限合伙企业。

自然人D是一名中国公民,2009年移民到加拿大。直到2018年10月,她拥有并居住在加拿大多伦多某区。在来加拿大之前,她与其丈夫自然人E居

① 2019 ONSC 628 (CanLII).

* 安大略省高等法院的英文名称为"Superior Court of Justice"。加拿大的法院系统比较复杂,有4级法院。每个省或者地区都有自己的法院,它们包括:低级法院、高等法院、上诉法院,可以上诉至加拿大最高法院。加拿大最高法院是终审上诉法院。联邦法院系统包括联邦法院、联邦上诉法院和加拿大最高法院。总之,加拿大最高法院(Supreme Court of Canada)是最高司法机构,负责对联邦和省法院的判决进行审查。《国际商事仲裁法(2017)》规定,安大略省高等法院对国际商事仲裁裁决的承认与执行享有专属管辖权。——译者注

② International Commercial Arbitration Act, 2017, S.O.2017, c.2, Sch.5.

住在中国。两人于2013年分居,随后于2017年离婚。在2013年前,她一直到中国旅行。此后,她只在2016年因家庭出现紧急情况回中国一两次。她一直通过他们的儿子与其前夫保持联系。

自然人D及其前夫自然人E,是C公司和目标公司的股东。

2011年10月29日,申请人与自然人D、自然人E、C公司、目标公司及其他当事人在中国签订了一份《投资协议》。该协议约定,对目标公司新增的注册资本,A公司将以人民币20,000,000元的认购价格购买目标公司1.98%的股份,B公司将以人民币30,000,000元的认购价格购买目标公司2.96%的股份。

《投资协议》第6.7条规定,一旦该协议所规定的任一情形发生,申请人有权选择"交易回转",并有权要求自然人D、自然人E和C公司以申请人的认购价格加10%的单利回购其所收购的全部股份。2013年5月8日,申请人根据《投资协议》的约定向自然人D和自然人E发出通知,请求"交易回转"。他们通知自然人D和自然人E,他们请求根据《投资协议》第6.7条的规定,在1年内全额收回其投资。自然人D和自然人E没有遵守申请人的这一要求。双方当事人未能自行解决他们之间的争议。

《投资协议》第10.2条规定,如果因《投资协议》引起的争议不能通过协商解决,"任何一方均应有权将该争议提交中国国际经济贸易仲裁委员会(北京),依该会届时有效的仲裁程序和规则进行仲裁"。第10.2条还规定,仲裁庭应由根据《仲裁规则》指定的3名仲裁员组成,仲裁裁决"是终局的且对各方均具有约束力"。

2016年4月6日,申请人向贸仲提交了仲裁申请,并将自然人D、自然人E、C公司和目标公司列为仲裁被申请人。贸仲随后向申请人和被申请人发送了《仲裁通知》,以及2015年1月1日生效的《仲裁规则》(2015年版)和《仲裁员名册》。自然人E、C公司和目标公司随后均应诉并参加了仲裁。然而,自然人D没有应诉。

2017年3月27日,贸仲就管辖权问题作出了裁定。随后,贸仲根据《仲裁规则》(2015年版)第27条的规定,确定了3名仲裁员,组成3人仲裁庭(以下简称涉案仲裁庭),审理涉案争议。2017年4月28日,涉案仲裁庭进行了开庭审理。2017年9月11日,涉案仲裁庭作出了涉案裁决。

《仲裁规则》(2015年版)第49条第9段规定,仲裁裁决对双方是"终局的且具有约束力",任何一方不得提起诉讼或者向任何其他组织提出要求,以修改仲裁裁决。

2018年7月30日,申请人根据《国际商事仲裁法(2017)》的规定提起本案申请,请求本院判决,在安大略省承认及执行涉案裁决,并请求本院判决自然人D向申请人支付一笔加元款项,从而足以购买51,398,996元人民币。截至格林威治时间(UTC)2018年12月14日收盘,人民币兑加元汇率为0.19373。根据此汇率,9,957,527加元足以购买51,398,996元人民币。

三、《国际商事仲裁法(2017)》

《国际商事仲裁法(2017)》详细规定了在加拿大安大略省执行国际仲裁裁决的程序。该立法规定,《纽约公约》和《示范法》在安大略省均具有法律效力,并直接将两者并入该法,并列入该法的附表。前者被列为附表1,后者被列为附表2。

(一)《纽约公约》

在"Yugraneft Corp. v. Rexx Management Corp. 案"(以下简称"Yugraneft Corp. 案")[①]的判决第9段中,法官罗斯坦(Rothstein)描述了《纽约公约》的目的,《纽约公约》于1958年6月10日在纽约由联合国国际商事仲裁会议通过。《纽约公约》的目的是,通过制定一套适用于全球的、单一和统一的规则,促进仲裁裁决的跨境承认和执行。它要求每一个缔约方承认和执行在另一个缔约方领

① 2010 SCC 19, [2010] 1 S.C.R. 649.

域内作出的仲裁裁决,且只能在第5条规定的有限情形下拒绝承认和执行。

根据《纽约公约》第1条的规定,承认外国仲裁裁决的义务不仅适用于在其他缔约方作出的裁决,而且也适用于在被寻求执行的国家以外的所有国家作出的裁决,无论这些国家是否为《纽约公约》的缔约方。

《纽约公约》第1条规定:“因自然人或法人之间的争议而产生且在被寻求承认及执行地所在国以外的国家领土内作出的仲裁裁决,其承认及执行适用本公约。在被寻求承认及执行地所在国,某一仲裁裁决不被视为内国裁决的,也适用本公约。”

《纽约公约》第4条规定,为使裁决得到承认和执行,申请人应在提出申请时提供原裁决之正本或经正式认证的副本;仲裁协议正本或者经正式认证的副本;如果仲裁裁决或协议不是以被申请执行国的官方语言做成的,还应提供经认证的这些文件的官方语言的译本。

《纽约公约》第5条规定了可拒绝承认及执行裁决的若干情形。证明其中一项情形存在的举证责任在被执行人一方。

(二)《示范法》

法官罗斯坦在“Yugraneft Corp. 案”的判决第11段中,对《示范法》作了如下描述:

《示范法》系由联合国国际贸易法委员会于1985年6月21日通过,并经联合国国际贸易法委员会于2006年7月7日修订。与作为条约的《纽约公约》不同的是,《示范法》并不是一部需要批准才生效的国际协定。更确切地说,它是对国际“最佳做法”的汇编,旨在作为国内立法的范例。联合国国际贸易法委员会秘书处的解释性说明指出,《示范法》反映了世界范围内对国际仲裁实践的原则和重要问题的共识。它为世界各区域和不同法律或经济制度的国家所接受。①

---

① 参见《示范法》第二部分第2段。

"《示范法》已由加拿大每一个司法管辖区采纳,但略有修改。与《纽约公约》一样,《示范法》限制了内国法院干预国际仲裁程序的能力。《示范法》第36条也限制了可拒绝执行国际仲裁裁决的情形。这些情形基本上与《纽约公约》第5条所列情形相同。"

《示范法》第1(1)条规定,本法适用于国际商事仲裁,但须服从本国与其他任何一国或多国之间有效力的任何协定。该法第1(3)条规定了仲裁在何种情形之下成为国际仲裁。

《示范法》第35条和第36条涉及裁决的承认和执行。

《示范法》第35(2)条规定,援用裁决或申请对其予以执行的一方当事人,应当提供裁决书正本或其副本。如果裁决书不是以执行国的官方语言作出的,法院可以要求提供翻译成该国语言的译本。

《示范法》第36条规定了拒绝承认和执行的理由。这些理由与《纽约公约》第5条规定的内容相类似。

四、当事人的立场

(一)申请人

在他们的事实陈述书中,以及在本人面前,申请人援用了《示范法》,并以该法为依据,提出了他们的申请。他们主张,他们已符合《示范法》第35条规定的承认及执行涉案裁决的要求,并且不存在可以根据第36条拒绝承认和执行的情形。

为了支持其申请,申请人向本院提交了《投资协议》和涉案裁决的副本,以及经过认证的《投资协议》(《仲裁协议》)第10.6条和涉案裁决的英文译本。

(二)自然人D

自然人D在其事实陈述书中辩称,本院不应执行涉案裁决。其理由是,她没有收到关于仲裁程序的通知。因此,她未能就案件发表意见。她主张,送达应符合《海牙公约》的规定。

在本人面前召开的听证会辩论中，自然人D对本案申请提出了第二个反对理由。她主张，由于涉案仲裁并非《示范法》所定义的“国际商事仲裁”，故根据《国际商事仲裁法(2017年)》的规定，本院对本案没有管辖权。

申请人反对自然人D提出的管辖权异议。其理由是，他们在开庭前夕才收到通知，无法作出回应。

鉴于争议事项的重要性，本人在庭审结束时命令，自然人D应就管辖权问题提交进一步的书面辩论。对此，申请人应作出回应。双方均已就此问题提交了补充书面辩论。

五、分析

(一)送达

《示范法》第36(1)(a)(ii)条规定：“仲裁裁决不论在何国境内作出，仅在下列任何情形下才可拒绝予以承认或执行：(a)援用的裁决所针对的当事人提出如此请求，并向被请求承认或执行的管辖法院提出证据，证明有下列任何情况：……(ii)未向援用的裁决所针对的当事人发出指定仲裁员的适当通知(proper notice)或仲裁程序的适当通知，或因他故致使其不能陈述案情(was otherwise unable to present his case)……”

自然人D辩称，她没有收到关于仲裁程序的通知，也没有收到指定仲裁员的通知，因而不能陈述案情。在其提交的誓章①中，自然人D称，其在加拿大第一次获悉涉案仲裁的消息，是在2018年8月1日前后。当时其收到了申请人的律师发来的一封信。在此之前，其没有收到任何仲裁文件或涉案裁决。

① 在安大略省，誓章是在律师、公证人或宣誓专员面前宣誓或确认真实性的书面声明。签署誓章的人还必须出示政府签发的有效带照片身份证件来证明其身份。誓章是具有法律约束力的证据，可以在法庭案件中使用。誓章通常包含与法律事务相关的事实陈述，如对某些事件的承认或否认。它通常用于支持原告在法庭上的论点，并且可能是审判中出示的唯一证据。See *Understanding Affidavits in Ontario：What They Are and Why They Matter*，Accessed Dec. 15，2024，https://zamani-law.com/understanding-affidavits-in-ontario-what-they-are-and-why-they-matter/.

在“Rusk Renovations Inc. v. Dunsworth 案[①]”的判决第19段至第22段中，加拿大新斯科舍省最高法院(Nova Scotia Supreme Court)认定,《纽约公约》第5条第1款(乙)项[与《示范法》第36(1)(a)(ii)条相同]中“适当通知”的含义,应当根据新斯科舍省《国际商事仲裁法(1989)》[②]和当事人之间的仲裁协议来确定。该案中,被寻求承认和执行裁决的当事人,既不是仲裁协议的当事人,也没有按照仲裁协议的要求被送达仲裁请求。

在“Consolidated Contractors Group S. A. L. (Offshore) v. Ambaltovy S. A. 案[③]”中,安大略省上诉法院考虑了《示范法》第36(1)(a)(ii)条[原第34(2)(a)(ii)条]中的、与“因其他原因无法陈述案情”有关的、公平性或自然正义部分。

与送达更切题的是,美国法院已认定,给予“适当通知”的要求,在下述情形下就获得了满足,即如果所发送的通知,其采用的方式系经合理计算,足以通知到当事人,且能够给其机会作出答辩,则“适当通知”的要求就得到了满足。* 为此,可参见以下3个案件:(1)“Tianjin Port Free Trade Zone International Trade Service Co., Ltd. v. Tiancheng International Inc. 案”;(2)“Guang Dong Light Headgear Factory Co. Ltd. v. ACI intern Inc. 案”;(3)“Nanoelectro Research and Production Co. v. Alphysica Inc. 案”。[④]

本人认为,该标准是一个合理标准,可被适用于确定是否已给予“适当

① Rusk Renovations Inc. v. Dunsworth, 2013 NSSC 179, 331 N. S. R. (2d) 187.

② International Commercial Arbitration Act, R. S. N. S. 1989, c. 234.

③ Consolidated Contractors Group S. A. L. (Offshore) v. Ambaltovy S. A., 2017 ONCA 939, 70 C. L. R. (4th) 51.

* 英文原文是:“American authorities have held that the proper notice requirement will be satisfied where the form of notice given was reasonably calculated to inform the party of the arbitral proceedings and give them an opportunity to respond.”——译者注

④ See Tianjin Port Free Trade Zone International Trade Service Co., Ltd. v. Tiancheng International Inc., 2018 WL 4502497 (C. D. Cal. 2018) at paras. 4 and 5; Guang Dong Light Headgear Factory Co. Ltd. v. ACI intern Inc., 2005 WL 1118130 (D. Kan. 2005); Nanoelectro Research and Production Co. v. Alphysica Inc., 2018 WL 3795889 (D. Mass. 2018).

通知”。

如前所述，双方之间的《仲裁协议》规定，涉案仲裁应按照《仲裁规则》(2015年版)进行。

《仲裁规则》(2015年版)规定，申请仲裁的一方必须提供申请人和被申请人的姓名和地址等信息。如果贸仲受理了案件并已认定当事人申请仲裁的手续是完备的，仲裁院将向双方发送仲裁通知，并附《仲裁规则》(2015年版)和贸仲仲裁员名册各一份[参见《仲裁规则》(2015年版)第13条]。

关于送达或者通知，《仲裁规则》(2015年版)第8条规定：

“1. 有关仲裁的一切文书、通知、书面材料(以下简称仲裁文件)等均可采用当面递交、挂号信、特快专递、传真、或仲裁院或仲裁庭认为适当的其他方式发送。

“2. 前面第1款提到的仲裁文件，应发送至当事人或其仲裁代理人自行提供的或当事人约定的地址。当事人或其仲裁代理人没有提供地址或当事人对地址没有约定的，按照对方当事人或其仲裁代理人提供的地址发送。

“3. 向一方当事人或其仲裁代理人发送的仲裁文件，如经当面递交收件人或发送至收件人的营业地、注册地、住所地、惯常居住地或通讯地址，或经对方当事人合理查询不能找到上述任一地点，仲裁院以挂号信或特快专递或能提供投递记录的包括公证送达、委托送达和留置送达在内的其他任何手段，投递给收件人最后一个为人所知的营业地、注册地、住所地、惯常居住地或通讯地址，即视为有效送达。”

由于《仲裁规则》(2015年版)并没有规定必须根据《海牙公约》进行送达，因此，并未要求按照《海牙公约》送达仲裁程序的通知或指定仲裁员的通知。

涉案裁决详细列明了自申请人于2016年4月6日提出仲裁申请后，贸仲在送达《仲裁通知》及其他仲裁文件方面所采取的步骤。此外，申请人提交的、用以支持其申请的、由自然人F作的誓章，也陈述了贸仲向自然人D送达仲裁文件所采取的步骤。它们共同列出了向自然人D送达仲裁通知所采取的以下

步骤:

1. 2016年5月9日,贸仲将《仲裁通知》、《仲裁规则》(2015年版)和《仲裁员名单》(以下简称案件材料)分别发送给被申请人和申请人。自然人D的案件材料被寄送至自然人D的中国地址1。该地址为《投资协议》所列的向自然人D发送通知的地址,也是自然人E、C公司和目标公司的案卷材料寄送地址。自然人D的案件材料被退回贸仲,原因为,"公司拒绝接收邮寄的案件材料;此人已出国多年,无法确定其在哪里;邮寄的案件材料将退回原地址。"

2. 2016年5月20日,贸仲致函申请人,要求他们确认自然人D的"合法、有效的通信地址"。申请人通过当地户籍局和公安局获取了自然人D的住址信息。2016年6月6日,申请人致函贸仲确认了自然人D的中国地址1,系自然人D的已知最后地址。据此,根据《仲裁规则》(2015年版),贸仲通过公证送达,将案卷材料邮寄给了自然人D。北京市中信公证处为此出具了有关送达的《公证书》(Notary Certificate)。

3. 2016年6月,目标公司提供了自然人D的两个其他地址:加拿大安大略省地址和中国地址2。

4. 2016年6月21日,贸仲将申请人对《目标公司的异议声明书》和《管辖权异议声明书》的答辩书发送给被申请人(包括自然人D)。其中,自然人D的文件也通过公证送达的方式发送至自然人D的中国地址1。北京市中信公证处再次出具了有关送达的《公证书》。

5. 2016年10月13日,申请人向贸仲提交了一份申请,要求将案卷材料邮寄给自然人D。寄送地址为自然人D的中国地址2和加拿大安大略省地址。

6. 2016年10月25日,贸仲致函目标公司,要求确认自然人D在加拿大的地址。同时,贸仲将所有案卷材料邮寄给自然人D,邮寄地址为自然人D的中国地址2。但是,案卷材料被退回,其原因是,"公司拒绝接收邮寄的案卷材料;此人已出国多年"。

7. 2016年10月31日,目标公司向贸仲发送文件,确认了自然人D的加拿大地址。

8. 2016 年 11 月 17 日,贸仲将案卷材料和所有其他相关文件邮寄给自然人 D,邮寄地址为自然人 D 的加拿大安大略省地址。这些材料随后被退回。退回理由是,“邮寄材料签收后被退回;拒收材料”。

9. 2017 年 1 月 11 日,贸仲将目标公司提交的证据邮寄给申请人和其他被申请人。这些文件通过公证送达的方式发送给自然人 D,发送地址为中国地址 1。与此同时,所有案卷材料均通过公证送达的方式邮寄给自然人 D,邮寄地址分别为她的中国地址 2 和加拿大安大略省地址。

10. 2017 年 3 月 27 日,贸仲将仲裁的所有相关材料,包括《管辖权决定书》《组庭通知》《开庭通知》,以公证送达的方式分别递送至自然人 D 的上述 3 个地址。

11. 此后,贸仲通过邮寄方式*向自然人 D 发送了有关开庭审理的相关文件,包括最终的书面意见。贸仲还通知了自然人 D 涉案仲裁的庭审情况,并通知她,如果她对有关材料有任何意见或异议;或者,对涉案仲裁的程序或者实体问题有任何意见或异议;或者,要求再次开庭审理,她应在规定的期限内提出。然而,自然人 D 从未予以回应。最终,贸仲还向自然人 D 发送了涉案裁决。

本人认为,本案证据已经证实,自然人 D 获得了关于指定仲裁员(组庭通知)和仲裁程序的“适当通知”,包括《仲裁通知》和随后的《开庭通知》。

上述《仲裁规则》(2015 年版)第 8(1)条允许采用如下方式送达,即“通过挂号信、特快专递、传真或仲裁院或仲裁庭认为适当的任何其他方式”送达。第 8(2)条规定,仲裁文件应发送“至当事人约定的地址”。在一方当事人未提供送达地址的情况下,“仲裁文件应当按照对方当事人或其仲裁代理人提供的地址发送”。

针对其他被申请人在仲裁程序中提出的,因自然人 D 未出庭提交证据,仲

---

* 在贸仲实践中,实际采用的仍为公证送达,而非一般的快递邮寄。——译者注

裁庭应当中止仲裁程序的主张,仲裁庭在涉案裁决中阐明了如下观点(参见涉案裁决英文译本第50页):

"仲裁庭认为:第一,仲裁委员会仲裁院已根据《仲裁规则》第8条的规定,向自然人D送达了案件全部仲裁文件。其经通知未出庭,亦未提交相关证据及书面意见,不应影响本案程序的进行。由此产生的不利后果应由其自行承担。仲裁庭根据《仲裁规则》的规定以及现有的材料作出裁决,并无不妥。"

涉案裁决连同自然人F的证据证明,在仲裁庭开庭之前的10个多月(从2016年5月9日至2017年3月27日),贸仲共分7次向自然人D在中国的上述两个地址送达了案卷材料(其中4次*通过公证送达方式进行了送达);共分3次**向自然人D在上述加拿大安大略省的地址送达了案卷材料(其中2次通过公证送达方式进行了送达)。

这3个地址是由申请人以及自然人D担任股东的目标公司提供的。两个位于中国的地址系自然人D签署的《投资协议》中约定的通知地址,以及自然人D担任股东的目标公司的地址。

毫无争议的是,在所有重要的时间,自然人D都居住在加拿大。她的住址为加拿大安大略省的地址。

针对通过邮寄方式将仲裁文件送达该地址这一问题,自然人D在答辩中回应称,在相关期间,自然人E在中国对她提起了离婚诉讼,因此她拒收了从中国邮寄来的任何信件。然而,该证据不足以克服如下实质性的举证负担,即她有义务证明她从未收到涉案仲裁的适当通知或指定仲裁员的适当通知。

自然人D主张,申请人有义务证明,自然人D已收到贸仲的指定仲裁员的适当通知和仲裁程序的适当通知,并且有义务提交贸仲以誓章形式提供的送达证明或者贸仲出具的其他文件,从而证明贸仲已经公证送达。对此,本人不予

* 在涉案仲裁程序中,实际采用了5次公证送达。——译者注

** 在涉案仲裁程序中,实际采用了4次送达,后续的公证送达应为3次。——译者注

同意。根据《示范法》第35(2)条的规定,为获得执行,申请人必须提供涉案裁决正本或副本,如果涉案裁决不是法院的语言,法院可以要求提供涉案裁决的翻译文本。相对方若反对承认与执行,举证责任则转移到相对方,即其有义务证实第36条规定的任一情形的存在。参见"Depo Traffic Facilities (Kunshan) Co. v. Vikeda International Logistics and Automotive Supply Ltd. 案"判决第31段至第32段。①

涉及送达问题,"Tianjin Port Free Trade Zone International Trade Service Co., Ltd. v. Tiancheng International Inc. 案"与本案在事实上类似。在该案中,美国加利福尼亚州中区地方法院审理了一份请求确认贸仲依据《纽约公约》的规定作出的外国仲裁裁决的申请。该案被告声称,其未收到仲裁程序的通知,并以此为理由试图拒绝确认该裁决。该法院在强调"适当通知"并不意味着"实际通知"时,在其"法律结论"第10段中指出:

在此,仲裁裁决书详述了贸仲为向天成送达有关仲裁程序的"适当通知"所做的各种努力。仲裁裁决书中列明了天成的正确地址,并描述了贸仲通过特快专递服务向天成送达至少4份仲裁程序通知的具体日期、方式和核实情况。与第九巡回上诉法院在"Linley 案"②中的判决一样,本院认为,"毫无疑问,仲裁员在6个月内多次通过邮递方式送达仲裁程序的通知,已合理地告知被告针对其提起的海外仲裁程序。被告声称其从未收到过这些通知,这既令人难以置信,也缺乏说服力"。

总之,基于上述讨论,本人确信,贸仲曾多次努力向自然人D在上述中国和加拿大的地址送达仲裁通知(包括《组庭通知》),均符合《仲裁规则》(2015年版)的要求,并且已足以充分地告知其仲裁程序,并向其提供了对仲裁进行答辩的机会。而自然人D未能证实存在相反的情形。

---

① See Depo Traffic Facilities (Kunshan) Co. v. Vikeda International Logistics and Automotive Supply Ltd., 2015 ONSC 999at paras. 31 and 32.

② Linley Investments v. Jamgotchian, 670 F. App'x 627,628 (9th Cir. 2016).

(二)管辖

自然人D辩称,由于涉案仲裁不符合《示范法》中对国际仲裁的定义,因此本院对本案没有管辖权。

《示范法》在第1条第3款中对国际仲裁进行了定义。第1条第4款作出了解释性指南。

该法第1条第3款的规定如下:

"有下列情形之一的,仲裁为国际仲裁:

(a)仲裁协议的各方当事人在缔结协议时,其营业地点位于不同的国家;或

(b)下列地点之一位于各方当事人营业地点所在国以外:

(i)仲裁协议中确定的或根据仲裁协议而确定的仲裁地点;

(ii)履行商事关系的大部分义务的任何地点或与争议事项关系最密切的地点;或

(c)各方当事人明确同意,仲裁协议的标的与一个以上的国家有关。"

该法第1条第4款的规定如下:"就本条第(3)款而言:

(a)一方当事人有一个以上营业地点的,营业地点为与仲裁协议关系最密切的营业地点;

(b)一方当事人没有营业地点的,以其惯常住所为准。"

本案双方对涉案仲裁是否属于商事仲裁并没有争议。申请人主张,根据上述定义,涉案仲裁属于国际仲裁。具体而言,他们提出,由于自然人D是个人,因此必须有惯常住所,即某人居住了一段相当长的时间并打算长期居住的地方。在2011年,当《投资协议》(其包含《仲裁协议》)签订时,自然人D居住在多伦多,并打算无限期地居住在那里。因此,在《仲裁协议》签订时,尽管申请人的营业地是中国,但自然人D惯常住所在另一国家(加拿大安大略省)。

自然人D辩称,根据申请人提供的证据,自然人D"拥有并控制"C公司和目标公司这两家中国公司,因此她的营业地在中国。他们的论点还基于如下事

实，即贸仲最初用于向自然人D送达的地址是目标公司的地址。

自然人D发表的意见的问题在于，无论是在她的誓章中还是在交叉询问中，她提供的证据都表明，自然人E是这些中国公司的实控人，而她本人只是按照自然人E的指示行事的一名股东。此外，自然人D在中国的最后已知地址是目标公司的地址，这一事实本身并不表明她在中国从事经营活动，或者中国是她的营业地。她的证据清楚地表明，在签订《仲裁协议》时，她在中国没有营业地。因此，她的惯常住所是决定因素。

自然人D还援引了涉案仲裁庭在涉案裁决中查明的事实，即涉案仲裁不是国际仲裁，而是中国国内仲裁，其不存在"涉外因素"，以及应当适用《仲裁规则》(2015年版)。本人同意申请人的意见，即在考察了涉案仲裁庭审理了哪些具体争议后可以发现，他们未曾将涉案仲裁是否属于《示范法》下的国际仲裁作为一个问题进行审理。因此，涉案仲裁庭的声明对该争议问题没有决定性作用。

因此，基于上述原因，本案不存在执行管辖的问题。涉案仲裁是《示范法》所定义的国际商事仲裁。进一步说，如果本人有误，即《示范法》不应当被适用，也不能阻止申请人在其申请中重新措辞并援引《纽约公约》支持其请求。

六、结论

综上，本院准予申请人提交的申请。本院应当发布判决，在安大略省承认并执行涉案裁决，并要求自然人D向申请人支付一笔加元款项，足以在今日营业结束时在安大略省的特定银行购买人民币51,398,996元，该特定银行以1991年安大略省制定法第46章——《银行法》[1]附件一中所列银行为限。

如果双方对加元金额的确定存在争议，可与本人联系。

双方当事人应就判决前和判决后的利息和费用问题提交书面意见。申请人应在今日起10日内提交不超过5页纸的简短意见书和"费用概况"(Cost

① Bank Act, S.C. 1991, c.46.

Outline)。自然人D应在收到申请人的意见书后的10日内提交答辩和其“费用概况”,其答辩也不得超过5页纸。

第三部分 综合评述

一、加拿大承认和执行外国仲裁裁决的法律制度

(一)加拿大商事仲裁立法概况

加拿大是一个联邦制国家,由10个省和3个地区[①]组成,并由中央政府统一领导。[②] 加拿大的法律体系是在英国和法国的法律体系的基础上发展起来的。魁北克省采用了民法制度。其《魁北克民法典》[③]是以法国《拿破仑法典》为基础制定和发展起来的。加拿大其他省(地区)采用了普通法制度。加拿大法律的两个主要渊源是普通法和议会立法。加拿大在渥太华设有联邦议会,为整个加拿大制定立法。联邦立法主要调整全国范围内的事务,例如银行业务和国防事务。加拿大在10个省和3个地区各设一个立法机构,负责处理各自省(地区)的立法,对涉及财产和民事权利的事项享有立法权。省(地区)级立法适用于各自的省(地区)。[④] 在任何一个级别颁布的法律都称为制定法、立法或法案。[⑤]

---

① 加拿大由10个省和3个地区组成。从西到东10个省是:卑诗省(British Columbia)、阿尔伯塔省(Alberta)、萨斯喀彻温省(Saskatchewan)、曼尼托巴省(Manitoba)、安大略省(Ontario)、魁北克省(Quebec)、新不伦瑞克省(New Brunswick)、爱德华王子岛(Prince Edward Island)、新斯科舍省(Nova Scotia)和纽芬兰省(Newfoundland/Labrador)。3个地区是:育空(Yukon)、西北行政区(Northwest Territories)和努勒维特地区(Nunavut)。

② 在加拿大,法律制度的基石是《英属北美法案(1867)》(British North America Act, 1867)。这部法案规定了联邦和省的权力分配。它使加拿大具有了“行政、立法和司法”3种权力机构。

③ Justinian Code or the Civil Code of Quebec.

④ See *The Canadian Legal System*, Accessed Dec. 15, 2024, https://thecanadaguide.com/basics/legal-system/.

⑤ 英文为“statutes, legislation, or acts”。

加拿大有关商事仲裁的立法,由联邦议会制定的和省(地区)议会制定的立法构成。[①]

在联邦层面,在联合国国际贸易法委员会于1985年通过《示范法》后,加拿大联邦议会便于1985年以《示范法》(1985年版)为基础,制定了《商事仲裁法(1985)》[②]。该法于1986年8月10日生效。该法第5(1)条规定,该法附表一——《商事仲裁法典》(Commercial Arbitration Code)在加拿大具有法律效力,该法典实际以《示范法》(1985年版)文本为基础并作了修改。《商事仲裁法(1985)》管辖国内和国际商事仲裁,但是该立法仅适用于特定的联邦事务或者活动,即仲裁至少有一方当事人为加拿大女王陛下、各部门法人或皇家法人,或涉及海商或海事的事项。[③]

在省(地区)层面,加拿大除魁北克省外的每个省或者地区都有两部仲裁立法:一部立法适用于国内仲裁和裁决的承认与执行,另一部立法适用于国际商事仲裁和裁决的承认与执行。[④] 在联合国国际贸易法委员会于1985年通过《示范法》后,加拿大全部省和地区也逐渐跟随联邦以《示范法》为模本制定了本司法管辖区的《国际商事仲裁法》,但均有修改。到目前为止,仅有安大略省和卑诗省的《国际商事仲裁法》经过修订采纳了《示范法》(2006年版)。[⑤] 在魁北克省,《魁北克民法典》和《民事程序法典》[⑥]在不同部分对国内和国际商事仲裁的有关事宜分别作了规定。

加拿大对国际公约性质的国际法的国内效力采取二元论。规范国际商事

---

① Frédéric Bachand and Fabien Gélinas, the Implementation and Application of The New York Arbitration Convention in Canada.

② Commercial Arbitration Act, R. S. C., 1985, c. 17 (2nd Supp.).

③ 5(2) of Commercial Arbitration Act, R. S. C., 1985, c. 17 (2nd Supp.).

④ 例如,目前在安大略省,《仲裁法(1991)》适用于国内仲裁,而《国际商事仲裁法(2017)》适用于国际仲裁。

⑤ 载https://uncitral.un.org/en/texts/arbitration/modellaw/commercial_arbitration/status,最后访问日期:2024年12月15日。

⑥ Code of Civil Procedure, CQLR c C-25.01.

仲裁的立法的制定权由联邦议会和省(地区)议会共同享有。加拿大所有司法管辖区[联邦和省(地区)]都已通过了实施《纽约公约》的法规,并且,也同时采纳了《示范法》。[①]

在联邦层面,加拿大联邦于1986年5月12日通过立法——《联合国外国仲裁裁决公约法(1985)》[②]批准了《纽约公约》,该公约随后于1986年8月10日在加拿大生效。[③] 以《示范法》为模本的联邦《商事仲裁法(1985)》也于同日生效。涉及仲裁地在加拿大境外的商事仲裁裁决的承认和执行,如果有一方当事人为加拿大女王陛下、各部门法人或皇家法人,或涉及海商或海事的事项,则由加拿大联邦法院管辖,并适用《联合国外国仲裁裁决公约法(1985)》。[④]

之后,加拿大各省(地区)的立法机构也都逐步颁布了附有或以其他方式纳入《纽约公约》全文的成文立法,绝大多数是《国际商事仲裁法》。这些《国际商事仲裁法》确认了《纽约公约》和《示范法》在这些省(地区)均具有法律效力。[⑤] 在魁北克省,《纽约公约》通过该省的《民事程序法典》得到实施。该法典

---

① Frédéric Bachand and Fabien Gélinas, *the Implementation and application of the New York Arbitration Convention in Canada* 2014 92 - 2 Canadian Bar Review 457, 2014 CanLIIDocs 143, <http://canlii, ca/t/28g4>, retrieved on 2024 - 12 - 28.

② United Nations Foreign Arbitral Awards Convention Act, RSC 1985, c 16 (2d Supp).

③ 载https://uncitral. un. org/en/texts/arbitration/conventions/foreign_arbitral_awards/status2,最后访问日期:2024年12月15日。

④ David I. W. Hamer & Breanna L. J. Needham, *Enforcement of International Arbitral Awards in Canada*, Accessed Dec. 15, 2024, https://www. iadclaw. org/assets/1/19/11. 2 - _Hamer - _Canadian_Approach_to_International_Enforcement. pdf? 3352.

⑤ Federal: United Nations Foreign Arbitral Awards Convention Act, RSC 1985, c 16 (2d Supp). Alberta: International Commercial Arbitration Act, RSA 2000, c I - 5. British Columbia: Foreign Arbitral Awards Act, RSBC 1996, c 154. Manitoba: International Commercial Arbitration Act, SM 1986 - 87, c 32, CCSM, c C - 151. New Brunswick: International Commercial Arbitration Act, RSNB 2011, c 176. Newfoundland and Labrador: International Commercial Arbitration Act, RSNL 1990, c I - 15. Nova Scotia: International Commercial Arbitration Act, RSNS 1989, c 234. Northwest Territories: International Commercial Arbitration Act, RSNWT 1988, c I - 6. Nunavut: International Commercial Arbitration Act, RSNWT 1988, c I - 6, as duplicated for Nunavut by s 29 of the Nunavut Act, SC 1993, c 28. Prince Edward Island: International Commercial Arbitration Act, RSPEI 1988, c I - 5. Saskatchewan: Enforcement of Foreign Arbitral Awards Act, RSS 1996, c E - 9. 12. Yukon: Foreign Arbitral Awards Act, RSY 2002, c 93.

明确指示法院,在解释《民事程序法典》中的这些相关规定时应考虑《纽约公约》。此外,在2005年,加拿大最高法院认定,法院有义务在解释《民事程序法典》中的这些规定时与加拿大根据《纽约公约》承担的义务相一致。①

与《纽约公约》一样,《示范法》限制了内国法院干预国际仲裁程序的能力。《示范法》第36条也限制了可拒绝执行国际仲裁裁决的情形。这些情形基本上与《纽约公约》第5条所列情形相同。

关于《示范法》与《纽约公约》之间的关系,加拿大著名学者指出,由于《示范法》可以被用作,并且已被用作《纽约公约》的实施立法,因此,这两项文书之间显然存在一定的重叠。因此,在讨论加拿大如何对《纽约公约》进行解释这一问题时,不仅要考虑法院适用《纽约公约》作出的判决,还要考虑适用《示范法》相关规定作出的判决。②

(二)安大略省有关承认和执行外国仲裁裁决的法律机制

1.《国际商事仲裁法(2017)》

目前,在安大略省申请承认和执行外国仲裁裁决或者国际仲裁裁决应当适用《国际商事仲裁法(2017)》。

安大略省最初也通过了采纳《纽约公约》的立法——《安大略省外国仲裁裁决法》。③ 然而,由于安大略省在1990年开始实施《国际商事仲裁法(1990)》,④该法采纳了《示范法》(1985年版),前述实施《纽约公约》的立法便被认为是多余的,因而被废除。

直到新的《国际商事仲裁法(2017)》生效之前,外国仲裁裁决在安大略省的承认和执行,是根据以《示范法》为基础的制定法——《国际商事仲裁法

① See GreCon Dimter inc v. JR Normand inc, 2005 SCC 46, 2 SCR 401 [GreCon].

② Frédéric Bachand and Fabien Gélinas, *the Implementation and application of the New York Arbitration Convention in Canada* 2014 92 - 2 Canadian Bar Review 457, 2014 CanLIIDocs 143, <http://canlii, ca/t/28g4>, retrieved on 2024 - 12 - 28.

③ Foreign Arbitral Awards Act of Ontario, RSO 1986, c 25.

④ International Commercial Arbitration Act, RSO 1990, c I. 9.

(1990)》进行的。在此阶段,《纽约公约》是否在安大略省具有法律效力是存疑的。尽管如此,根据安大略省高等法院2011年12月在一起案件中的解释,安大略省的这种机制是独特的,因为它排除了当事人根据普通法的规则申请承认与执行外国仲裁裁决。在该案中,安大略省高等法院认定,是《示范法》而不是普通法适用于外国仲裁裁决的承认与执行。《国际商事仲裁法(1990)》为国际商事仲裁裁决的执行制定了完整的法规。因此,应当适用该法。①

2017年3月22日,加拿大安大略省通过了《国际商事仲裁法(2017)》,取代了先前的《国际商事仲裁法(1990)》。该立法继续规制国际商事仲裁机制。而安大略省《仲裁法(1991)》则继续规制安大略省的国内仲裁机制。

《国际商事仲裁法(2017)》不仅明确采纳了《纽约公约》,还同时采纳了《示范法》(2006年版),替代了《示范法》(1985年版)。该法目前包括3个部分和两个附表;核心部分为第1部分和第2部分;两个附表分别为第1部分和第2部分的附表。其主要内容如下:

(1)该法第1部分为"《纽约公约》"。该部分第2(1)条规定,《纽约公约》在安大略省具有法律效力,与此同时,将《纽约公约》作为附表1纳入该部分中。该部分适用于该立法生效前或生效后达成的所有仲裁裁决或仲裁协议。

《国际商事仲裁法(2017)》消除了《纽约公约》在安大略省是否具有法律效力这一问题,并使安大略省与已经赋予《纽约公约》立法效力的加拿大其他省(地区)保持了一致。

根据《国际商事仲裁法(2017)》第2(1)条的规定,安大略省对《纽约公约》作出的保留是,《纽约公约》仅适用于与商事法律关系(commercial legal relationships)纠纷相关的仲裁裁决或仲裁协议。这与加拿大联邦加入《纽约公约》时作出的保留是一致的。后者作出的保留是,仅适用于因商业法律关系

① ACTIV Financial Systems, Inc. v. Orbixa Management Services Inc., 2011 ONSC 7286, 345 DLR (4th) 353.

(无论是否具有合同性质)引起的分歧。[①]

在《纽约公约》中,第4条规定了承认和执行外国仲裁裁决的条件,第5条规定了可拒绝承认及执行外国仲裁裁决的若干情形。

(2)该法第2部分为"《示范法》(2006年版)"。该部分第5(1)条规定,《示范法》(2006年版)在安大略省具有法律效力,并将《示范法》(2006年版)作为该法附表2纳入该部分中。《示范法》适用于所有国际商事仲裁协议和国际商事仲裁中的仲裁裁决,无论其是在《国际商事仲裁法(2017)》生效之前还是之后作出的。在适用《示范法》时,安大略省法院被赋予明确的权力,即可以适用某些外部材料,包括联合国国际贸易法委员会对《示范法》2006年版本和1985年版本的正式(英文)评论。[②]

在《示范法》中,第35条规定了承认和执行国际仲裁裁决的条件,第36条规定了可拒绝承认和执行仲裁裁决的若干情形。《示范法》第36条的内容与《纽约公约》第5条的内容相类似。

(3)该法第3部分为"一般事项"。该部分适用于第1部分和第2部分。

2. 安大略省的民事程序立法

如果在安大略省申请承认和执行外国仲裁裁决,除上文提到的《国际商事仲裁法(2017)》外,还需适用当地的《民事程序规则》。[③]

3. 普通法

由于加拿大是普通法系国家,安大略省法院的判决通过以下方式补充《国际商事仲裁法(2017)》的规定:

(1)解释《国际商事仲裁法(2017)》中的明示规定;

(2)补充《国际商事仲裁法(2017)》中的空缺,以解决制定法没有涉及的

---

① 4(1) of United Nations Foreign Arbitral Awards Convention Act, RSC 1985, c. 16 (2nd Supp), Accessed Dec. 15, 2024, https://uncitral.un.org/zh/texts/arbitration/conventions/foreign_arbitral_awards/status2.

② 6(3) of International Commercial Arbitration Act, 2017.

③ Rules of Civil Procedure, R. R. O. 1990, Reg. 194.

问题。

因此,在安大略省高等法院申请承认和执行外国仲裁裁决时,需要适用先例。此外,法院还可能受其他普通法系国家同类判决的影响。在本案中,安大略省高等法院在判决中即受到了美国加州法院同类判决①的影响。

(三)在安大略省法院申请承认和执行外国仲裁裁决的主要程序

1. 需要向法院提供的文件

由于《国际商事仲裁法(2017)》直接将《纽约公约》和《示范法》列入该法附表1和附表2,因此,在申请承认和执行外国仲裁裁决时,申请人需要提交什么文件,直接参照《纽约公约》第4条和《示范法》第35条的规定。

《纽约公约》第4条规定,在向法院申请承认和执行外国仲裁裁决时需要提交如下文件:(1)原裁决书之正本或经正式认证的裁决书副本;(2)仲裁协议正本原件或经正式认证的仲裁协议副本。若裁决书和仲裁协议本身的文本不是用英文作出的,则应当提供这些文件的英文译本,译本应当经过认证。

《示范法》第35(2)条规定,援用裁决或申请对其予以执行的一方当事人,应当提供裁决书正本或其副本。如果裁决书不是以执行国的官方语言作出的,法院可以要求提供翻译成该国语言的译本。

需要注意的是,上述两个文本中的规定是有区别的,前者要求提交仲裁协议,而后者并不要求提交仲裁协议。根据我们的考察,在安大略省高等法院审理的两个具体案件中,申请人均根据《纽约公约》的规定提交了裁决书和仲裁协议。

2. 诉讼时效

《国际商事仲裁法(2017)》第10条(诉讼时效)规定,在安大略省根据《纽约公约》和《示范法》的规定申请承认和执行仲裁裁决,诉讼时效为10年,自裁决作出之日开始起算。如果在仲裁地对裁决提起撤销程序,则该诉讼时效期从

① Tianjin Port Free Trade Zone International Trade Service Co., Ltd. v. Tiancheng International Inc.

该程序结束之日开始起算。该时效规定不仅适用于国际仲裁裁决,还适用于国内仲裁裁决。

此前,在安大略省,国际仲裁和国内仲裁裁决的执行程序均受2年诉讼时效的限制。该法对《时效法(2002)》(Limitations Act, 2002)和调整国内仲裁的《仲裁法(1991)》(Arbitration Act, 1991)中规定的诉讼时效期限进行了修改。

总之,《国际商事仲裁法(2017)》为当事人提起强制执行程序提供了更多时间。

3. 管辖法院

《国际商事仲裁法(2017)》第3条规定,根据《纽约公约》寻求承认和执行仲裁裁决,应当向安大略省的高等法院提出申请。

有专家指出,该法指定的高等法院有权根据安大略省立法直接适用《纽约公约》,"以寻求根据《纽约公约》承认和执行仲裁裁决",这可被视为普通法方法的新发展,传统上国际法并未直接适用于普通法。[①]

二、对本案的评述

(一)关于本案应当适用的立法

在本案中,申请人根据《国际商事仲裁法(2017)》以及该法附表2——《示范法》,而不是该法附表1——《纽约公约》,请求本案法院承认和执行涉案裁决。故本案法院在阐明其判决理由时,也是直接适用了《示范法》中的相关条款。[②] 本案法院的法官在本案判决的倒数第4段最后一句指出:"进一步说,如果本席有误,即《示范法》不应当被适用,那也不能阻止申请人在其申请中重新措辞并援引《纽约公约》支持其请求。"

---

① 载 https://www.fasken.com/en/knowledge/2017/03/arbitrationdisputeresolutionbulletin-20170328,最后访问日期:2024年12月15日。

② 有关案涉裁决适用示范法的具体分析见下文分析。

从本案法官的论点可以观察到：

1. 在安大略省申请承认和执行国际仲裁裁决，可以选择适用《纽约公约》或者《示范法》。

本案法院指出，《国际商事仲裁法（2017）》通过规定《纽约公约》和《示范法》在安大略省具有法律效力，使其成为安大略省立法的组成部分，对承认和执行国际仲裁裁决的程序作了规定。该法为在安大略省承认和执行符合条件的外国仲裁裁决适用《纽约公约》或者《示范法》提供了依据。

本案法院还指出，早在2010年，加拿大最高法院（Supreme Court of Canada）就在"Yugraneft Corp.案[①]"中指出了实施《纽约公约》和《示范法》的目的。《示范法》已由加拿大每一个司法管辖区采纳，仅是略作修改。与《纽约公约》一样，《示范法》限制了内国法院干预国际仲裁程序的能力。《示范法》第36条限制了可拒绝执行国际仲裁裁决的情形，这些情形基本上与《纽约公约》第5条所列情形相同。

此外，在《国际商事仲裁法（2017）》生效前，安大略省高等法院在2011年12月的判决中，已经认定对外国仲裁裁决的承认与执行应当适用《示范法》而不是普通法。而当时的《国际商事仲裁法（1990）》已经采纳了《示范法》，但是未采纳《纽约公约》。[②] 在《国际商事仲裁法（2017）》生效后，对外国仲裁裁决的承认与执行选择适用《示范法》这一习惯被延续下来。

正如前文已介绍的，在加拿大《示范法》可以被用作并且已经被用作《纽约公约》的实施立法。因此，在实践中，涉及外国仲裁裁决的承认与执行，不仅有加拿大法院适用《纽约公约》作出的判决，还有适用《示范法》作出的判决。[③]

---

① Yugraneft Corp. v. Rexx Management Corp., 2010 SCC 19, [2010] 1 S. C. R. 649.

② ACTIV Financial Systems, Inc. v. Orbixa Management Services Inc., 2011 ONSC 7286, 345 DLR (4th) 353.

③ Frédéric Bachand and Fabien Gélinas, *the Implementation and application of the New York Arbitration Convention in Canada* 2014 92 - 2 Canadian Bar Review 457, 2014 CanLIIDocs 143, <http://canlii, ca/t/28g4>, retrieved on 2024 - 12 - 28.

2. 就本案而言,无论是适用《示范法》,还是《纽约公约》,其结果都是一样的。

《示范法》第 36 条规定的拒绝承认和执行的情形与《纽约公约》第 5 条规定的情形是相似的、没有实质性区别。假定涉案仲裁不属于《示范法》项下的国际仲裁,而涉案裁决本来属于《纽约公约》下的外国裁决,在自然人 D 未能证实存在《示范法》第 36 条规定的拒绝执行涉案裁决的情形时,也自然不能证实存在《纽约公约》第 5 条规定的拒绝执行涉案裁决的情形。

3. 加拿大法院允许当事人在《示范法》和《纽约公约》之间选择其一而加以适用的做法,表明了他们强烈支持仲裁和尊重仲裁的态度。但即便如此,我们在此也需要提醒当事人在加拿大安大略省申请承认和执行国际仲裁裁决时,除关注《示范法》第 36 条和《纽约公约》第 5 条有关拒绝承认或执行仲裁裁决的情形以及前文提及的两者在申请执行提交文件上的差别外,也要关注两者在适用范围上的差异,[①]根据案件的具体情况,选择《示范法》或《纽约公约》作为适用法律,以免引起不必要的争议。

(二)关于申请人的举证责任

《示范法》第 35(2)条规定,请求执行仲裁裁决的当事人,应当提供裁决书正本或其副本。如果裁决书不是以执行国的官方语言作出的,法院可以要求提供翻译成该国语言的译本。《纽约公约》第 4 条与《示范法》第 35(2)条略为不同,前者还要求提供仲裁协议正本或者经正式认证的副本。

为了支持其申请,申请人向本案法院提交了《投资协议》和涉案裁决的副本,以及经过认证的《投资协议》(《仲裁协议》)第 10.6 条和涉案裁决的英文译本。申请人主张,这已经符合《示范法》第 35 条规定的承认及执行涉案裁决的要求。

然而,自然人 D 却主张,申请人有义务证明,自然人 D 已经收到贸仲作出

---

① 相较而言,《纽约公约》的适用条件更简单,只要裁决系在执行地所在国之外的国家作出,即可适用《纽约公约》申请执行。

的指定仲裁员的适当通知和关于仲裁程序的适当通知，并且有义务向本案法院提交贸仲作出的以誓章形式提供的送达证明或贸仲出具的其他文件，从而证明贸仲已经完成了公证送达。

本案法院通过考察普通法，[①]就《示范法》第35(2)条的适用指出，申请人提交的文件，已经满足《示范法》第35(2)条的规定，故申请人已经完成其举证责任。因此，举证责任已经转移到自然人D。自然人D有义务根据《示范法》第36条的规定，证实其中一项情形的存在。

上述情况表明，本案法院严格执行《示范法》第35(2)条的立场，即证明裁决是否存在拒绝承认和执行情形的主要责任在被申请人，而不是申请人，申请人无须证明被申请人是否得到关于仲裁程序的适当通知。

(三)关于贸仲是否向自然人D提供了"适当通知"(proper notice)

根据《示范法》第36(1)(a)(ii)条的规定，在当事人证明存在"未发出指定仲裁员的适当通知或仲裁程序的适当通知"的情形时，安大略省法院可以拒绝承认和执行国际仲裁裁决。《示范法》第36(1)(a)(ii)条的内容与《纽约公约》第5条第1款(乙)项[②]的内容相同。

在本案中，自然人D援引《示范法》第36(1)(a)(ii)条主张，其未收到仲裁程序的通知，也未收到指定仲裁员的通知，因而被剥夺了陈述案情的机会。她还主张，送达应符合《海牙公约》的规定。本案法院经过审理认定，在涉案仲裁中，贸仲曾多次努力向自然人D在中国和加拿大的地址送达仲裁通知(包括《组庭通知》)，均符合《仲裁规则》(2015年版)的要求，并且已充分告知其仲裁程序，并向其提供了对仲裁进行答辩的机会。基于上述理由，本案法院驳回了自然人D所谓的未获得"适当通知"的辩护论点。

---

① Depo Traffic Facilities (Kunshan) Co. v. Vikeda International Logistics and Automotive Supply Ltd., at paras. 31 and 32.

② 《纽约公约》第5条第1款(乙)项规定："被申请执行裁决的一方当事人没有得到指定仲裁员或者仲裁程序的适当通知，或由于其他原因而未能就案件发表意见。"

通过本案法官对该争议焦点的分析,可以观察到,本案法院对“适当通知”实际采用的审查标准是:首先,审查贸仲对自然人D发送的仲裁通知是否符合双方约定的仲裁规则的要求,因为该仲裁规则对通知的发送作了规定;其次,审查贸仲对自然人D发送通知的行为是否违反了“程序公平”和“自然正义”原则,即发送的通知是否充分,从而足以充分地告知其仲裁程序,并向其提供了对仲裁进行答辩的机会。上述标准的确立是在分别考察2个加拿大法院的判例和若干个美国法院的判例的基础上确立的。本案法院采用的审查标准区别于美国加利福尼亚州中区联邦地区法院采用的审查标准,并对其他国家的法院(澳大利亚联邦法院审理同类案件①)产生了影响。我们现略作如下分析。

1. 关于如何确定“适当通知”的含义

对于这一问题,本案法院指出,在“Rusk Renovations Inc. v. Dunsworth案②”中,加拿大新斯科舍省最高法院(Nova Scotia Supreme Court)认定,《纽约公约》第5条第1款(乙)项(与《示范法》第36(1)(a)(ii)条相同)中“适当通知”的含义,应当根据新斯科舍省《国际商事仲裁法(1989)》③和当事人之间的仲裁协议来确定。

根据该判例确立的规则的指引,本案法院注意到本案仲裁协议规定了,涉案仲裁程序将按照《仲裁规则》(2015年版)进行,而该规则对通知的发送作了要求。本案法院根据该规则了解到,提交仲裁的一方当事人必须提供申请人和被申请人的名称与地址。在立案后,贸仲应当向双方发送仲裁通知并同时寄送《仲裁规则》(2015年版)和仲裁员名册。《仲裁规则》(2015年版)第8条对仲裁程序中的通知和送达作了详细的规定。

本案法院随后根据《仲裁规则》(2015年版)第8条的规定,审查涉案裁决所载明的贸仲向自然人D发送通知(包括仲裁通知、组庭通知、开庭通知以及

① Beijing Jishi Venture Capital Fund (Limited Partnership) v. Liu [2021] FCA 477.

② Rusk Renovations Inc. v. Dunsworth, 2013 NSSC 179, 331 N. S. R. (2d) 187.

③ International Commercial Arbitration Act, R. S. N. S. 1989, c. 234.

开庭后告知自然人D的开庭情况以及要求其在规定的时间内进行答复或者要求重新开庭的通知)的全部过程是否合规。其结论是,贸仲向自然人D提供了"适当通知"。

显然,本案法院已经考虑中国没有采纳《示范法》,故没有根据《示范法》进行分析,而是将注意力直接转移到本案双方约定的仲裁协议上。

2. 关于贸仲发送通知的行为是否违反程序公平和自然正义原则

对于这一问题,本案法院指出,安大略省上诉法院在"Consolidated Contractors Group S. A. L. (Offshore) v. Ambaltovy S. A. 案"①中,讨论了《示范法》第36(1)(a)(ii)条中与"因他故被剥夺陈述案情的机会"有关的程序公平和自然正义原则的问题。由于该案未涉及发送通知的问题,与本案案情不类似,故本案法院并没有展开讨论该案。但是,该案指引了本案法官在适用《示范法》第36(1)(a)(ii)条时必须要考虑贸仲发送通知的行为是否违反程序公平和自然正义原则。

3. 美国法院认定的标准对本案法院的影响

本案法院注意到了美国法院已经认定的标准,即如果所发送的通知,其采用的方式系经合理计算,足以通知到当事人,且能够给其机会作出答辩,则"适当通知"的要求就得到了满足。该标准实际上是美国法院在审查"发送通知的行为"是否违反了美国宪法上的程序性正当程序原则而发展出来的一项标准。

从本案分析可以看到,本案法院认为该标准是一项可以适用的合理标准。其实质是指该标准可以用来审查发送通知的行为是否违反了加拿大的程序公平和自然正义的基本原则。在本案中,本案法院解读为,贸仲所发送的通知是否充分,从而足以充分地告知被申请人仲裁程序,并给了被申请人对仲裁进行答辩的机会。

---

① Consolidated Contractors Group S. A. L. (Offshore) v. Ambaltovy S. A., 2017 ONCA 939, 70 C. L. R. (4th) 51.

本案法院指出,涉及送达问题,"Tianjin Port Free Trade Zone International Trade Service Co., Ltd. v. Tiancheng International Inc. 案"与本案在事实上类似。在该案中,加利福尼亚州中区地方法院审理了一份请求确认贸仲依据《纽约公约》作出的外国仲裁裁决的申请。该案被告声称,其未收到仲裁程序的通知,并以此为理由试图拒绝确认该裁决。该法院在强调,"适当通知"并不意味着"实际通知"时,在其"法律结论"第10段中指出,"在此,仲裁裁决书详述了贸仲为向天成送达有关仲裁程序的'适当通知'所做的各种努力。仲裁裁决书中列明了天成的正确地址,并描述了贸仲通过特快专递服务向天成送达至少4份仲裁程序通知的具体日期、方式和核实情况。与第九巡回上诉法院在'Linley 案'[①]中的判决一样,本院认为'毫无疑问,仲裁员在6个月内多次通过邮递方式送达仲裁程序的通知,已合理地告知被告针对其提起的海外仲裁程序。被告声称其从未收到过这些通知,这既令人难以置信,也缺乏说服力'"。

在本案中,根据涉案裁决和申请人的证人提供的证据,本案法院查明,在仲裁庭开庭之前的10个多月(从2016年5月9日至2017年3月27日),贸仲共分7次向自然人D在中国的两个地址送达了案卷材料(其中4次[②]通过公证送达方式进行了送达);共分3次[③]向自然人D在加拿大安大略省的地址送达了案卷材料(其中2次通过公证送达方式进行了送达)。这3个地址是由申请人以及自然人D担任股东的目标公司提供的。两个位于中国的地址系自然人D签署的《投资协议》中约定的通知地址,以及自然人D担任股东的目标公司的地址。在所有重要的时间,自然人D都居住在加拿大。她的住址为加拿大安大略省的地址。

总之,本案法院认为,贸仲采用的发送通知的方式、时间跨度、次数以及发送的地址,在初次发送通知失败后,又采取措施重新发送通知,在获悉自然人D

---

① Linley Investments v. Jamgotchian, 670 F. App'x 627, 628 (9th Cir. 2016).

② 在涉案仲裁程序中,实际采用了5次公证送达。

③ 在涉案仲裁程序中,实际采用了4次送达,后续的公证送达应为3次。

有多个地址的情况下同时向多个地址发送通知，并经过核实自然人D已经收到通知的情况下，才会采取进一步的程序措施，这些都足以表明，贸仲已向自然人D提供了充分的通知，并向其提供了答辩的机会；而且，自然人D声称没有收到有关通知是不可信的。

需要注意的是，美国法院确立的标准与本案标准是有区别的。美国法院在审查是否满足“适当通知”的要求时，只考察所称的“程序性违规行为”是否违反了美国宪法上程序性正当程序的原则，并不考察双方约定的仲裁协议中约定的程序规则对“适当通知”的要求。而在加拿大，其宪法上并没有程序性正当程序的概念，只有衡平法上的程序公平和自然正义原则。在本案中，本案法院不仅认为需要审查贸仲对自然人D发送仲裁通知的行为是否符合双方约定的仲裁规则的要求，还认为需要审查贸仲的行为是否违反自然正义或者程序性公平原则。

4.“适当通知”(proper notice)并非“实际通知”(actual notice)

在“Tianjin Port Free Trade Zone International Trade Service Co., Ltd. v. Tiancheng International Inc. 案”中，美国加利福尼亚州中区地方法院指出，《纽约公约》第5条第1款(丙)项中的“适当通知”(proper notice)并非“实际通知”(actual notice)。

“实际通知”是直接向当事人发出或由当事人亲自收到的通知，告知他们可能影响其利益的案件。在“实际通知”的情况下，通知是亲自送达的，而推定通知，是指尽管某人实际上没有收到通知，但法律会认为他已收到通知。“推定通知”优于“实际通知”。例如，某人虽然没有被适当送达但实际上已经收到了文件，可以缺乏通知而撤销案件；而如果某人已经被适当送达(收到“推定通知”)，但由于偶然原因实际上没有收到文件，则不能以未送达为由撤销案件。[①]

---

① 载 https://www.law.cornell.edu/wex/actual_notice#:~:text=Actual%20notice%20is%20a%20notice%20that%20is%20given%20directly%20to，最后访问日期：2024年12月15日。

根据美国法院的解读,《示范法》第36(1)(a)(ii)条与《纽约公约》第5条第1款(乙)项中的“适当通知”并非指直接向当事人发出或由当事人亲自收到的通知。

(四)关于贸仲《仲裁规则》(2015年版)第8条的解读和适用

当事人未能得到仲裁程序及选择仲裁员的适当通知,是《纽约公约》第5条及《示范法》第36条所规定的可以拒绝承认和执行外国仲裁裁决的情形之一,也是仲裁裁决域外执行遇到的最多挑战。本案法院认可了贸仲在本案仲裁文件送达和仲裁程序管理中所采取的严谨措施,认为这些举措符合《仲裁规则》(2015年版)第8条有关仲裁文件送达的规定,并驳回了自然人D基于送达原因而提出的未得到适当通知的抗辩,其中的一些做法和观点值得予以关注。

首先,仲裁文件的送达应当依照当事人约定或适用的仲裁规则进行,不适用法院送达的相关规定,不应按照有关司法送达的国际公约或条约进行处理。本案法院的做法与我国最高人民法院的做法是一致的。最高人民法院早在2012年11月2日的《关于“昂佛化品”合资有限责任公司申请承认并执行白俄罗斯工商会国际仲裁院仲裁裁决一案的请示的复函》中,即明确表示,仲裁程序中的送达,应当依照当事人约定或约定适用的仲裁规则,确定是否构成适当通知,而不应适用《海牙送达公约》或《司法协助条约》的规定。

其次,本案法院严格按照《仲裁规则》(2015年版)第8条的规定对本案仲裁文件的送达及适当通知成就与否进行了认定,即仲裁文件的送达只要符合适用的仲裁规则的规定,便可判断当事人已经得到适当通知。与法院诉讼不同,仲裁程序是当事人意思自治的产物,仲裁规则基于当事人的选择或当事人对仲裁机构的选择而对当事人产生程序约束力,除非双方当事人另作约定,仲裁程序进行应依适用的仲裁规则进行。根据《仲裁规则》(2015年版)第8条的规定,在仲裁程序中负有提供或查询送达地址的义务在当事人,而不在仲裁机构。提供或查询义务的主体既可以是当事人自己也可以是对方当事人,但是在一方缺席的情况下,对方当事人的查询义务亦不是无穷的,不能以缺席方必须实际收到仲裁文件或实际参与仲裁程序为判断标准，对方当事人经合理查询之后，仍然不能实际送达，则对方当事人可确认缺席方最后一个为人所知的地址，[①]采取公证送达方式完成视为有效送达。本案法院认可，在自然人D缺席本案仲裁程序的情况下，申请人首先提供了案涉合同约定地址向其进行送达，送达未果时，又根据邮件退件情况，包括注明的自然人D不在国内，提供了自然人D在国内的户籍地址和在加拿大的惯常住所地址，尽到了其合理查询的义务，之后进行的公证送达也符合仲裁规则的规定。

最后，仲裁程序实际操作中的严谨细致对本案法院在构成适当通知与否的认定上产生了积极影响。仲裁程序基于双方合意而进行，当事人在仲裁程序中负有比在诉讼程序中更高的诚实信用义务。在仲裁文件送达过程中，一方面，申请人负有根据双方往来情况及公开可查询信息，准确提供对方送达信息的义务；另一方面，能够让交易对手在交易过程及随之而来的纠纷过程中找到自己，是成熟商业社会对每一个商事主体的基本要求，不能因对方当事人的缺席或消极应对，而对申请人赋予过于严苛的地址提供和查询义务，以致仲裁程序无法正常推进，影响仲裁程序的效率。本案先后10余次通过快递或公证送达方式向自然人D的多个地址进行了仲裁文件送达，故本案法院认定这些送达措施已足以充分告知自然人D仲裁程序，而自然人D没有证明本案存在其他相反情况。

综上，仲裁送达不同于诉讼送达。鉴于当事人在仲裁程序中得到适当通知的重要性，申请人在提起仲裁时应对自身的地址查询义务有明确的认知，并应及时准确地提供缺席方的送达地址，确保送达/通知符合双方的约定或适用的仲裁规则的要求。

(五)涉案仲裁是否属于国际仲裁

在本案中，自然人D援引《示范法》第1(3)条主张，由于她的营业地在中国，

① 本案仲裁实际中，应申请人要求，在其根据《仲裁规则》(2015年版)第82条的规定缴纳相应的实际费用后，贸仲向自然人D的3个地址进行了公证送达。

涉案仲裁不属于《示范法》第1(3)条下的国际仲裁,因此,本案法院对本案不拥有管辖权。具体而言,自然人D主张,申请人提供的证据证明,她"拥有并控制"C公司和目标公司。这两家均是位于中国的中国公司,而贸仲使用目标公司的地址向她送达了文件,故营业地位于中国。然而,该辩护理由没有得到本案法院的采信。

涉及本案法官对这一争议焦点的分析,值得注意如下问题。

1.《示范法》第1(3)条分两款对国际仲裁给出了定义,即当事人在签订仲裁协议时,如果营业地点位于不同的国家,则仲裁为国际仲裁;仲裁地、履行主要义务地点或与争议事项有密切关系地点中有任一地点在当事人营业地之外的,则仲裁为国际仲裁。该法第1(4)条提供了解释性的指南,即如果一方当事人没有营业地点的,以其惯常住所为准。

2. 本案法院认定,自然人D提供的证据显示,自然人E是这些中国公司的实控人,而自然人D只是一名听从自然人E指示的股东(自然人D在中国并无经营活动)。她在中国的最后已知地址是目标公司,这一事实本身并不能表明,她在那里做生意。她"在所有重要时间"都居住在安大略省北约克。

自然人D是一名中国公民,2009年移民到加拿大。直到2018年10月,她拥有并居住在加拿大多伦多某区的住所。在2011年,当《投资协议》(其包含案涉仲裁协议)签订时,自然人D居住在多伦多,并打算无限期地居住在那里。本案法院据此得出结论,她的"惯常住所"是"决定性因素",而其惯常住所在加拿大安大略省。

因此,本案法院依据《示范法》第1(4)条的规定,以自然人D的惯常住所确定了其营业地,驳回了被申请人的关于其营业地应为中国的主张,并认定本案仲裁属于国际仲裁。实际上,即使《投资协议》签订时自然人D营业地在中国,根据《示范法》第1(3)条另一款(该款并未强调合同签订时营业地的要求)的规定,[①]在本案裁决执行时,自然人D的营业地在其惯常住所所在的加拿大,

---

① 《示范法》第1(3)条(b)款。

而本案仲裁地为中国,本案仲裁亦属于《示范法》项下的国际仲裁,申请人亦可适用《示范法》申请涉案裁决的执行。

3. 我们注意到,根据英美国际私法,住所的确定须满足3个条件:能力、居所和意思。首先,他必须成年;其次,他必须实际居住在该地;最后,他必须有久居于该地的意思。[①] 本案法院确定自然人D的惯常住所在加拿大,与通行的国际私法的基本规则是一致的。

(六)关于涉案裁决确定的给付款项的货币换算问题

涉案裁决确定,自然人D与其他若干被申请人共同向申请人承担连带赔偿责任,并向其支付人民币51,398,996.30元(约合1000万加元)。2018年7月30日,申请人在本案法院提起诉讼,请求本案法院承认和执行涉案裁决,并且请求本案法院判决自然人D向申请人支付一笔加元款项,从而足以购买人民币51,398,996元。截至格林威治时间(UTC)2018年12月14日收盘,人民币兑加元汇率为0.19373。根据此汇率,9,957,527加元足以购买人民币51,398,996元。

本案法院在"判决理由"的结论部分指出,应当发布判决,在安大略省承认并执行涉案裁决,并要求自然人D向申请人支付一笔加元款项,足以在今日营业结束时在安大略省的特定银行购买人民币51,398,996元。该特定银行以1991年安大略省制定法第46章——《银行法》[②]附件一中所列银行为限。这里的"今日",系本"判决理由"的作出日,即2019年3月8日。

本案再次涉及贸仲裁决域外执行中货币换算问题,与澳大利亚法院一样,加拿大法院也以本国货币执行了贸仲仲裁裁决,但不同的是,本案法院对涉案裁决中涉及的人民币51,398,996.30元作出了保证支付的裁判,避免了执行中的汇率风险,即申请人不会因执行中的人民币升值而获得超过仲裁裁决判定金

① 参见王军主编:《国际私法案例教程》,中国政法大学出版社1999年版,第74页。

② Bank Act, S. C. 1991, c. 46.

额的支付,[①]也不会因人民币贬值遭受额外的货币换算差额损失。此外,由于加拿大银行并不试图设定加元的汇率,而是让市场决定其价值。[②] 因此,本案法院认定,按照“判决理由”作出日的《银行法》附件一中所列任一银行公布的汇率进行折算,并允许双方在对加元金额有争议情况下,可再次提请法院处理,也确保了货币换算的公平与合理。

(七)关于判决前和判决后的利息问题

“判决理由”的结论部分包含的一项命令是,双方当事人就判决前和判决后的利息提交书面意见。

根据安大略省政府网站公布的信息,在民事诉讼中,胜诉方通常有权在法院判给的金钱款项上加收利息。安大略省《法院法》(Courts of Justice Act)规定了如何判给利息和如何确定利率。

依照该法,利息有两种类型:判决前利息和判决后利息。《法院法》第128(1)条(判决前利息)规定,有权获得金钱给付判决的人,有权提出支付利息请求,并有权要求在判决中判令支付利息。该利息按判决前利率计算,自诉讼事由发生之日起至判决发布之日止。

《法院法》第129(1)条规定,根据判决欠付的金钱,包括待评估的费用或法院确定的费用,应按判决后利率计息,自判决之日起计算。根据《法院法》的规定,如果合同约定了利率或者其他制定法确定了应当采用的利率,则根据合同的约定或者其他制定法的规定,否则,则应当采用该法确定的利率。相关利率在安大略省政府网站上可以查询到,而且该官网还对计算方法作了说明。[③]

---

① 2018年12月14日至2019年3月8日,人民币对加元处于升值之中。在2019年3月,中国央行汇率中间价,加拿大元CAD兑人民币汇率:1加元=5.0229元人民币(1元人民币=0.19909加元)。

② 载https://www.bankofcanada.ca/2020/08/understanding-exchange-rates/,最后访问日期:2024年12月15日。据了解,加拿大实行浮动汇率制度,加拿大元汇率水平由市场供求决定,加拿大政府和加拿大银行均不以维持加拿大元特定汇率水平为目标。浮动汇率制度是加拿大货币政策框架的重要组成部分,加拿大银行认为实行浮动汇率制度有助于经济对外部冲击进行调整以及更好地传导货币政策。

③ Prejudgment and postjudgment interest rates, Accessed Dec. 15, 2024, https://www.ontario.ca/page/prejudgment-and-postjudgment-interest-rates.

中国A汽车部件制造公司诉加拿大B公司销售合同争议案仲裁裁决在加拿大安大略省的承认与执行

第一部分 案例导读

中国A汽车部件制造公司(作为卖方)(以下简称A公司)是一家位于中国的汽车刹车片制造商。加拿大B公司(作为买方)(以下简称B公司)是一家位于加拿大安大略省的公司,从事汽车售后零部件的销售业务。在双方签订涉案合同(买卖合同)后,A公司按照涉案合同的规定交付了全部货物,但B公司仅支付了部分货款。此后,A公司根据涉案合同中的仲裁条款在贸仲对B公司启动仲裁程序,要求B公司支付欠付的货款。

贸仲受理该案后,B公司进行了应诉。A公司与B公司均委托律师全程参与了仲裁程序。

涉案仲裁庭安排了两次开庭审理。B公司在第二次开庭后向仲裁庭提出了对货物质量进行鉴定的申请,但被仲裁庭拒绝。涉案仲裁庭随后作出了有利于A公司的裁决。此后,B公司未向中国法院申请撤销涉案裁决。

因B公司拒绝履行涉案裁决,A公司根据《国际商事仲裁法(2017)》向安大略省高等法院(以下简称本案法院)请求承认和执行涉案裁决。

B公司基于以下两个理由反对该申请:(1)涉案仲裁庭拒绝了其提出的货物质量鉴定申请,并在缺乏关于质量问题证据的情况下作出了涉案裁决,从而剥夺了 B 公司适当地对案件发表意见的机会;(2)A 公司在涉案仲裁中主张,B 公司对 A 公司供应的有质量瑕疵部分的刹车片拖欠了货款,这直接违反了双方之间的口头协议。鉴于涉案仲裁庭裁决 A 公司胜诉,承认和执行涉案裁决会违反安大略省的公共政策。

本案法院经审理,驳回了 B 公司的论点,批准了 A 公司提交的承认和执行申请。本案法院认定:(1)涉案仲裁庭拒绝 B 公司迟延提出的货物质量鉴定请求,没有超越《仲裁规则》所规定的其权限范围。依据 B 公司提交的证据本案法院不能认定涉案仲裁庭在程序上存在不公平的问题,且冒犯了安大略省最基本的道德和正义观念,因而可以适用《示范法》第 36(1)(a)(ii)条的规定。(2)B 公司未能证实其所称的口头协议在任何重要时刻曾经存在过,且未能证实在仲裁过程中,B 公司以其作为辩护手段向涉案仲裁庭主张过该口头协议,因此,B 公司不仅试图不正当地重新对涉案仲裁提起诉讼,而且还试图根据未在仲裁中提出过的争议问题重新提起诉讼。此外,双方约定将争议提交贸仲解决,而 B 公司未能证实在仲裁程序中曾发生任何违反安大略省公共政策的情况。

该案判决反映了安大略省高等法院对国际商事仲裁裁决的高度尊重。

第二部分　加拿大安大略省高等法院的判决

A 公司诉 B 公司[①]

加拿大安大略省高等法院

判决日期:2024 年 1 月 26 日

A 公司根据加拿大安大略省 2017 年制定法第 2 章第 5 节——《国际商事

① 2024 ONSC 608.

仲裁法(2017)》[①]的规定提起本案申请,请求承认并执行贸仲3名仲裁员组成的仲裁庭(以下简称涉案仲裁庭)于2018年11月18日作出的一项商事仲裁裁决书。

B公司对本案申请提出了反对意见,其反对理由是:第一,其在涉案仲裁程序中被剥夺了对案件发表意见的机会;第二,承认或执行涉案裁决将会违反安大略省的公共政策。B公司援引《国际商事仲裁法(2017)》附表2——《示范法》[*]第36(1)(a)(ii)条和第36(1)(b)(ii)条的规定,主张本院不应承认和执行涉案裁决。

一、先决事项

在讨论本案申请的实质问题之前,本人需要先提及听证会期间出现的两个初步问题,这两个问题均涉及代理律师在本院进行辩护时采用的方式,它们均具有令人不安的倾向。

二、关于B公司提交的证据的可接受性[**]问题

在本人于2023年6月6日签发的指示[***]中,本人剔除了B公司提交的誓章中的一些证据,其中部分证据被准予修改,部分没有被准予修改。之后,在

① International Commercial Arbitration Act, 2017, S. O. 2017, c. 2, Sched. 5.

* 《国际商事仲裁法(2017)》采纳了《示范法》(2006年版)并使其在安大略省具有法律效力。——译者注

** "可接受性"的英文为"admissibility"。根据加拿大法律,法院只能考虑依法可接受的证据。只要证据具有相关性且重要性,就应当予以接受,除非有正当理由排除该证据。证据的可接受性可被更好地理解为不被排除规则禁止的证据。证据的可接受性是一个法律问题,可根据正确性标准进行审查。接受无关证据或不可接受的证据可能构成法律错误。——译者注

载 https://www.criminalnotebook.ca/index.php/Acceptance_of_Evidence#Introduction,最后访问日期:2024年11月19日。

*** "指示"的英文为"endorsement",系指法官向当事人提供的书面指示,说明当事人必须做什么或不能做什么。它通常是手写的,并被放在法庭档案中。——译者注

载 https://stepstojustice.ca/glossary-all/?title=E,最后访问日期:2024年11月19日。

2023年8月21日签发的民事案件会议指示*中,本人警告各方,如果他们不能在本院对本案申请的实体问题举行听证会之前,解决证据的可接受性问题,“将产生严重的费用后果”。

由于本案双方围绕证据的可接受性问题一直争论不休,各方似乎已经决定本人对他们发出的警告只不过是无关紧要的虚张声势。

(一)当事人的立场

A公司称,尽管本人于2023年6月6日发布了指示,但B公司提交的修正后的誓章之一仍然包含了不可接受的证据。有争议的段落是B公司一方的D先生于2023年9月11日作出的二次修正后的誓章第9段至第12段,A公司称,该誓章包含了不可接受的传闻证据。** 因此,A公司请求将这些段落全部剔除。

与其在先前的动议中采用的方式一样,A公司为了剔除B公司提交的誓章,没有具体指出被质疑的段落中有哪些部分不可接受,而是采用毫无帮助的方式,主张每个受质疑的段落中的全部内容均应被剔除。

然而,B公司与其在先前的动议中采用的做法一样,主张这些段落不包含不可接受的传闻证据,因为其内容是基于宣誓人(D先生)的个人知识。令人感到奇怪的是,B公司还辩称,所述个人知识是基于宣誓人(D先生)与他人的讨论以及他在担任A公司执行董事和首席执行官期间对A公司进行的询问。

(二)法院裁定(ruling)

在双方对此问题进行辩论后,本人告知双方,本人将对A公司提交的剔除

---

* “民事案件会议指示”的英文为“civil case conference endorsement”。根据安大略省高等法院官网,案件会议(case conference)系指在程序开始时法官召集当事人举行的非正式会议,旨在尽快解决双方的争议,以及确保双方是否已交换了所有证据和文件。——译者注

载https://www.ontariocourts.ca/scj/family/case-conference/,最后访问日期:2024年11月19日。

** “传闻证据”的英文为“hearsay”。传闻证据是在法庭外作出的任何书面或口头陈述,但在法庭上提出以证明该陈述的真实性。这通常被认为是一种不可接受的证据。——译者注

载https://www.criminalnotebook.ca/index.php/Hearsay,最后访问日期:2024年11月19日。

B公司证据的动议作出裁定,并将其纳入本案申请的"判决理由"之中。双方均未要求延期审理本案申请,双方都渴望就实体问题尽快召开听证会。

本人对该动议的裁定如下:

根据本人对B公司一方的D先生于2023年9月11日宣誓作证的二次修正后的誓章中有争议段落的审查,本人查明以下内容应被剔除:

1. 该誓章第10段中第3句之后的所有内容;

2. 该誓章第11段中第1句之后的所有内容;

3. 该誓章第12段中第1句、第4句和第5句的内容。

该誓章中上述被质疑段落中所包含的证据构成不可接受的传闻证据,不属于安大略省《民事诉讼规则》* 第39.01(5)条规定的可被豁免的内容。此外,在该誓章第12段第1句及第5句提及的情况中,该证据构成不可接受的意见证据及/或论点(opinion evidence and/or argument)。

有关证据是否可被准予修改的问题已不再具有实际意义,因为本案申请已进入实体听证阶段,而B公司并未提出延期请求,从而使自身有时间修改那些不可接受的证据。因此,准予修改证据已没有任何实际意义,本人对此种救济将不予考虑。

综上,本人判决不予接受B公司一方的D先生于2023年9月11日宣誓作证的二次修正后的誓章第10段中第3句之后的所有内容,第11段中第1句之后的所有内容,以及第12段中第1句、第4句、第5句的内容,且不准予对证据进行修改。

(三)其他存在问题的证据

除上文提到的段落外,在B公司提交的证据中还存在其他有类似问题的

* Rules of Civil Procedure, O. Reg. 575/07, s. 6 (1).《民事程序规则》第39.01(5)条规定,用于申请的誓章可包含证人对无争议事实的信息和信念的陈述,前提是该誓章中指明了信息来源和信念事实。——译者注

证据,但A公司在其提交的剔除动议中并未提及。B公司一方的F先生于2023年8月16日宣誓作证的修正后的誓章第12段(第3句除外)包含了在证据记录中没有适当位置的传闻证据和意见证据。

然而,由于B公司一方的F先生提交的誓章中的上述内容未被A公司列为不可接受的证据并要求剔除。因此,本人认为,在双方未就其是否可接受提出意见的情况下拒绝接受这些令人反感的证据是不公平的。尽管如此,考虑到本案申请已被搁置很长时间,在证据是否可接受的问题上也已耗费大量的时间和其他资源,而F先生的誓章第12段并未提出任何新问题,因此要求双方进一步提交书面或口头陈述都是不相称或不适当的。

本人认为,最好忽略上述F先生誓章中存在问题的部分。其中的相关陈述不仅构成不可接受的传闻证据和意见证据,而且还是自说自话,没有具体细节,未经证实,并且,完全缺乏可信度。

在准备和起草誓章时完全无视最基本的证据规则,这种不被容许但却普遍存在的做法,给司法行政工作的适当性、及时性和相称性带来了不必要且令人无法接受的额外成本。因此,应当被制止。

三、在对本案申请举行的听证会上代理律师的行为

在对本案申请举行的听证会上,在对方律师进行陈述时,A公司的律师不知因何缘故地决定,通过翻白眼、摇头、咕哝、窃笑、狂笑和大声嘀咕等行为,表达自己是适当的。在对方律师与法庭上的法官进行的一次特别激烈的交流过程中,A公司的一名律师甚至靠在椅子上,双手高举,欢笑着,庆祝胜利。显然,A公司的律师认为,在本人询问B公司的律师时,他获得了一些重要分数,并希望确保在场的其他人都知道这一胜利。

本人在听证会上的适当时间提到了这一不当行为。在本人的坚持下,曾经兴高采烈的律师向他的同行律师进行了道歉。然而,这种不光彩的行为在听证会的剩余时间里仍然继续——尽管是低声和断断续续的。

不幸的是,A公司的律师的行为既不是什么新鲜现象也不是什么罕见现

象。律师似乎常常认为,在对方律师进行口头陈述时,积极地试图打断和/或贬低对方律师,是其采取的有效辩护手段之一。然而,这肯定算不上一种有效辩护手段。律师们似乎常常认为,在对方律师向法院进行口头陈述时,其采用的翻白眼、眉毛摆动或者其他行为举止,可以成为对对方律师陈述的适当批评或回应。然而,这些肯定不能构成适当批评或者回应。

律师向法院提交的陈述(submission)只能采用两种方式,即书面辩论和口头辩论。当另一位司法参与者发言时,律师不得以任何方式(无论是口头或非口头、可听或不可听)提交适当的陈述。事实上,在法院召开的听证会上,在其他人发言时,律师不应发表任何言论,而应保持完全的口头和非口头沉默。除了这种完全沉默之外的任何行为,不仅会分散法庭的注意力,还会对法庭上的每个人都具有极大的破坏性、不尊重性和侮辱性。

本人完全承认,在“激烈的对抗”(heat of battle)中,人的情绪会变得激动,甚至会超过最老练的律师。然而,对这样一种情形,本人是不能容忍的。律师的幼稚行为出现得如此频繁,而该行为可能属于可原谅的那种,因而就其本身而言是可接受的。这类情形不仅是无礼和破坏性的,而且与和平有序地解决争端的基本原则相背道而驰,破坏了程序性和实体性的公平。①

A公司的律师在本案中表现出的不当行为,严重拖延了及时有效的司法管理,给诉讼当事人造成了不必要且不可接受的额外成本,并削弱了公众对律师行业的尊重。更重要的是,该不当行为削弱了公众对法治的尊重。当事人、律师、其他司法参与者、公众和司法行政部门,都应得到更好的尊重,而许多律师似乎没有给予这样的尊重。

无论罪魁祸首是缺乏适当的指导、过度观看法庭电视节目、长时间没有面对面的人际互动,还是其他完全不同的原因,都需要从根本上改变思维方式,以阻止这种趋势的发展。

---

① R. v. Beals, 2023 ONSC 555, at para. 148.

长期以来,一方当事人聘请的律师称对方当事人聘请的律师为"朋友"。这一直是法院的传统和礼仪要求。虽然大多数律师都使用这个称呼,但令人痛心的是,很少有人明白,使用这个称呼的根本目的,是提醒律师,他们有义务以专业、礼貌、尊重和文明的态度对待对方律师。所有律师最好始终牢记这一点,以免他们之间本已脆弱的专业素养和文明程度状态,进一步恶化到无法挽救的地步。

四、事实

对于与本案申请有关的事实,双方不存争议。相关事实可归纳如下:

(一)A 公司是一家位于中国的汽车刹车片制造商。

(二)B 公司是一家安大略省的公司,从事汽车售后零部件的销售业务。

(三)A 公司和 B 公司各自的负责人均为中国公民。

(四)在 2012 年和 2013 年签订若干销售合同后,B 公司从 A 公司处购买了不同数量的汽车刹车片,B 公司已收到有关产品并支付了全部货款。

(五)在 2014 年签订一份销售合同后,B 公司向 A 公司购买了 105,700 套汽车刹车片。B 公司已收到全部产品,但仅支付了总货款(1,035,242.71 美元)中的 554,271.89 美元。

(六)2015 年,根据 4 张形式发票(pro forma invoices)下的补充订单,B 公司向 A 公司购买了 58,104 套汽车刹车片。B 公司已收到全部产品,但未支付 578,509.88 美元的总购买价款。

(七)根据相关销售合同的条款,双方约定将争议提交贸仲通过仲裁解决。

(八)在仲裁程序中,双方均全权委托律师代表它们出庭并全程参与了仲裁。

(九)双方各自选定了一名仲裁员作为涉案仲裁庭的成员,第三名仲裁员由贸仲根据其规则指定。

(十)涉案仲裁庭分别于 2017 年 12 月 19 日(第一次庭审)和 2018 年 7 月 13 日(第二次庭审)在中国进行了庭审,双方还提交了书面补充陈述。此后,涉案仲裁庭就该案作出涉案裁决,并以中文发布。

(十一)在 A 公司提起本案申请之前,B 公司未根据中国法律对涉案裁决提起撤销裁决程序，也未根据《示范法》的规定申请撤销涉案裁决，更未以其他方式对涉案裁决提出挑战。

（十二）在本案申请中，双方均援引了多份中文文件的英文译本，且对有关译本均无异议。

（十三）B公司仅依据以下两项理由，对本案申请提出反对意见：

1. 援引《示范法》第36(1)(a)(ii)条的规定，辩称B公司被剥夺了在仲裁程序中发表意见的机会；

2. 援引《示范法》第36(1)(b)(ii)条的规定，辩称承认或执行涉案裁决会违反公共政策。

五、问题

本案有如下两个问题需要解决：

（一）本法院应否基于B公司所谓的不能向涉案仲裁庭发表意见这一情形，行使拒绝承认或执行涉案裁决的自由裁量权(discretion)？

（二）本法院应否以承认或执行涉案裁决会违反公共政策为由，行使拒绝承认或执行涉案裁决的自由裁量权？

六、分析

（一）本法院应否基于B公司所谓的不能向涉案仲裁庭发表意见这一情形，行使拒绝承认或执行涉案裁决的自由裁量权

1. 当事人的立场

A公司主张，根据《国际商事仲裁法(2017)》的规定，其请求法院对涉案裁决予以承认和执行，是具有强制性*的，而B公司未能证实在涉案仲裁程序中其被剥夺了对案件发表意见的机会。

B公司承认，A公司所寻求的救济具有强制性，但主张本法院应当拒绝承

* “强制性”的英文为“mandatory”。在法律文书领域，“强制性”一词用于表示某事是必需的或必要的。这意味着必须遵循或完成被描述为“强制性”的行为或要求，而没有其他选择。——译者注

认和执行涉案裁决,其理由是,本案存在法定的可拒绝承认和执行的有限例外情形之一。具体而言,B公司援引《示范法》第36(1)(a)(ii)条的规定,辩称,涉案仲裁庭拒绝了其向仲裁庭提出的聘请鉴定人对涉案刹车片的质量进行检查和评估的申请,并在缺乏质量问题证据的情况下作出了涉案裁决,由此剥夺了B公司的适当地对案件发表意见的权利。

尽管在B公司提交的书面材料和事实陈述书中存在相关内容,正如B公司的代理律师在听证会上所确认的,B公司对涉案仲裁适用的过程或者程序并没有根据《示范法》第36(1)(a)(ii)条的论点提出其他问题。

2. 法律

在安大略省,对在国际商事仲裁中作出的裁决的执行,应当适用《国际商事仲裁法(2017)》。该法采纳了《示范法》并赋予其在安大略省的法律效力。

《示范法》第5条规定:"由本法管辖的事项,任何法院不得干预,除非本法有此规定。"

《示范法》第35(1)条规定:"仲裁裁决不论在哪一国家作出,均应承认具有约束力,且经向有管辖权的法院提出书面申请,应根据本条和第36条的规定予以执行。"

《示范法》第36(1)条规定:"仲裁裁决不论在何国境内作出,仅在下列任何情形下才可拒绝予以承认或执行:(a)援用的裁决所针对的当事人提出如此请求,并向被请求承认或执行的管辖法院提交证据,证明存在下列任何情况……(ii)未向援用的裁决所针对的当事人发出指定仲裁员的适当通知或仲裁程序的适当通知,或因他故致使其不能陈述和辩论。"

《国际商事仲裁法(2017)》限制了内国法院干预国际商事仲裁员和仲裁庭作出的仲裁裁决的能力。① 根据其用语,《示范法》第35(1)条和第36(1)条规定,要求法院对国际商事仲裁裁决必须予以承认和执行,并赋予本法院拒

---

① Xiamen International Trade Group Co., Ltd. v. LinkGlobal Food Inc., 2023 ONSC 6491, at para. 25.

绝承认和执行此类裁决的有限自由裁量权。

国际商事仲裁裁决应受到高度尊重已成为既定的法律。*[①] 在如下情况下特别应当这样:裁决是由当事人在民间仲裁中选择的仲裁员或者仲裁庭作出的,而当事人对仲裁庭(arbitral forum)的选择“既意味着对该仲裁庭所产生的裁决结果的偏好,也意味着对该仲裁庭所产生的裁决的司法监督作用是有限的”。[②]

在援引《示范法》第36(1)(a)条的规定反对承认和执行裁决时,援引该条的当事人有义务证明,该条所列举的一个或多个情形的存在;然而,即使该举证义务已履行,法院仍可执行该裁决。[③]

在援引《示范法》第34(2)(a)(ii)条的规定主张仲裁程序缺乏程序公平(procedural fairness)时,需要注意的是,第34(2)(a)(ii)条采用的用语与第36(1)(a)(ii)条采用的用语相同,即“一方当事人不得以所谓违反《示范法》第34(2)(a)(ii)条为幌子,要求对仲裁裁决的实体内容进行审查。在一方当事人只是不同意裁决结果的情况下,法院不应允许当事人以所谓违反程序公平(procedural fairness)为幌子,重新对案件的实体问题发表辩论意见。公平义务是关于确保裁判者在作决定的过程中公平行事,并不是关于其作出的实际决定是否公平”。[④]

所适用的标准是,仲裁员对程序作出的决定是否“冒犯了我们最基本的道德和正义观念”(offend our most basic notions of morality and justice),以至于随

---

* “既定的法律”英文为“settled law”。“既定的法律”频繁出现在司法意见中,有时指具有约束力的先例,有时表示先例已经获得了更神秘的持久性,有时是指法律理论的实质性组成部分。——译者注

① Consolidated Contractors Group S. A. L. (Offshore) v. Ambatovy Minerals S. A., 2017 ONCA 939, at para. 24.

② Popack v. Lipszyc, 2016 ONCA 135, at para. 26.

③ Depo Traffic v. Vikeda International, 2015 ONSC 999, at para. 32.

④ EDE Capital Inc. v. Guan, 2023 ONSC 3273, at para. 97.

之而来的程序不公平“不能被宽恕”(cannot be condoned)。[1]

3. 决定

本人不准备根据《示范法》第36(1)(a)(ii)条的规定,行使拒绝承认或执行涉案裁决的自由裁量权。B公司辩称,涉案仲裁庭拒绝了其提出的有关由仲裁庭聘请鉴定人对涉案刹车片的质量进行评估的请求,从而剥夺了其对案件发表意见的机会。对此,本人不予认同。

本人认为,B公司的质量鉴定请求相当于,在仲裁开庭已被举行后,试图不正当地重新开启案件,以寻找支持其案件的潜在证据。

毫无疑问,B公司要求聘请鉴定人的请求是在仲裁庭已就证据问题“关门”之后提出的。涉案裁决和《仲裁规则》都确认了这一情况。涉案裁决表明,仲裁庭在庭审之后采取的唯一步骤是程序性的。

《仲裁规则》包含以下规定(除其他规定外):

(1)当事人应对其申请、答辩所依据的事实提供证据加以证明,对其主张、辩论及抗辩要点提供依据。当事人未能在规定的期限内提交证据,负有举证责任的当事人承担因此产生的后果[第41(1)条和第41(3)条]。

(2)仲裁庭有权管理证据的提交和接受等事宜[第41(2)条]。

(3)开庭审理的案件,证据应在开庭时出示,当事人可以质证(第42条)。

《仲裁规则》第44(1)条还规定,仲裁庭“可以就案件中的专门问题向专家咨询或指定鉴定人进行鉴定”。在该条的许可性用语(permissive language)中,没有任何内容要求仲裁庭必须同意一方当事人提出的聘请鉴定人的请求。

B公司并未主张,并且也未提供证据证明如下情况:涉案仲裁庭对仲裁程序的推进不享有完全授权,或者,涉案仲裁庭在拒绝B公司聘请鉴定人的请求

① All Communications Network of Canada v. Planet Energy Corp., 2023 ONCA 319, at paras. 48 and 54.

时,没有遵守《仲裁规则》,或具有恶意,或以其他方式越权行事。

本人认为,涉案仲裁庭拒绝B公司迟延提出的请求,没有超越其权限范围,由于适用的《仲裁规则》已对其权限范围作了规定。B公司提出此种请求的目的是寻找可能支持其主张的额外证据,而这些额外证据可能支持其有关标的刹车片不符合所适用的质量标准的主张。因此,本人无法发现涉案仲裁庭在程序上存在不公平的问题,因而可以适用《示范法》第36(1)(a)(ii)条的规定。

本人在上文已经认定,B公司对涉案仲裁程序是否存在不公平的情形未能完成其昂贵的证明责任。即使本人在上述认定中存在错误,本人仍然会拒绝行使拒绝承认或执行涉案裁决的自由裁量权。

当事人选择了通过民间仲裁来解决它们之间的商事争议。涉案裁决是根据《仲裁规则》由双方当事人选定的仲裁庭作出的。当事人对仲裁庭的选择意味着对该仲裁庭所产生的裁决结果的偏好,也意味着对该仲裁庭所产生的裁决的司法监督的作用是有限的。本人认为,在本案双方提供的证据中,没有任何内容可以使偏离这种选择正当化。当事人应被判遵守其约定,并承担产生于其约定的后果。

因此,本人认定,《示范法》第36(1)(a)(ii)条不适用于本案。此外,本人不倾向行使拒绝承认或执行涉案裁决的自由裁量权。

(二)本法院应否以承认或执行涉案裁决会违反公共政策为由,行使拒绝承认或执行涉案裁决的自由裁量权

1. 当事方的立场

A公司又主张,其在本案申请中寻求的救济具有强制性,而B公司未能证实承认或执行涉案裁决会违反公共政策。

B公司再次承认,根据《国际商事仲裁法(2017)》的规定,A公司所请求的承认和执行具有强制性,但主张应以公共政策为由拒绝承认和执行涉案裁决。具体而言,B公司辩称,A公司在涉案仲裁中主张,B公司拖欠了A公司供应的

有质量瑕疵部分的刹车片的货款，该主张直接违反了双方之间所谓的口头协议。鉴于涉案仲裁庭裁决A公司胜诉，因此B公司认为承认和执行涉案裁决会违反公共政策。

正如其律师在听证会上所证实的，尽管其书面材料和事实陈述书中存在相关的内容，但涉及涉案仲裁裁决的承认与执行，B公司并未提出其他与公共政策相关的论点。

2. 法律

《示范法》第36(1)(b)(ii)条规定："36(1)仲裁裁决不论在何国境内作出，仅在下列任何情形下才可拒绝予以承认或执行……(b)如果法院认定有下列任何情形……(ii)承认或执行该裁决与本国的公共政策相抵触。"

根据《国际商事仲裁法(2017)》第6条[①]和其附表2《示范法》第36(1)(b)(ii)条的规定，涉及根据适用于安大略省的公共政策而拒绝承认或执行国际商事仲裁裁决这一问题，该法赋予了本院有限的自由裁量权。

一方诉诸公共政策"确实是一种例外辩护"，并且，适用的证明标准非常高，因而只有在以下情况下才满足该证明标准，即仲裁裁决"涉及在法院地被视为非法的行为，或者，仲裁涉及会与法院地社会或商业生活的有序运作相抵触的行为"。[②] 援引该事由的当事人有义务证明，执行裁决会"从根本上违反了我们当地的正义和公平原则"(offends our local principles of justice and fairness in a fundamental way)。[③]

3. 决定

本人不准备根据《示范法》第36(1)(b)(ii)条的规定，行使拒绝承认或执行涉案裁决的自由裁量权。本人不接受B公司提出的如下辩护论点：涉案仲

① 根据《国际商事仲裁法(2017)》第6条的规定，《示范法》第36(1)(b)(ii)条中的"本国的公共政策"是指"安大略省的公共政策"。

② Depo Traffic, at para. 45; All Communications, at para. 72.

③ All Communications, at para. 72.

裁庭错误地允许A公司提出了一项与所谓口头协议相悖的虚假主张,以致承认或执行涉案裁决会违反安大略省适用的公共政策。

在援引《示范法》第36(1)(b)(ii)条时,B公司提出了程序不公平的辩护论点。如本判决理由前文所述,基于程序不公平而对国际商事仲裁裁决提出质疑的证明标准很高。本人认为,在案证据未能揭示存在任何此类不公平的情况。

第一,没有任何证据能够证明,B公司所称的口头协议在任何重要时刻存在过。这些证据的证明力要以盖然性平衡(a balance of probabilities)为依据。或者说,需要根据合理的证明标准。B公司提供的唯一证据,要么因不可接受而被排除,要么没有证明力。事实上,基于该证据完全缺乏可信度,本人依然不能查明任何此类协议曾经存在过,即使本人没有排除它或者赋予其有证明力。

B公司辩称,它没有就该口头协议提供证据,是其在策略上的决定。对此,本人不能接受。从公平的角度来说,该方不应当用此来克服其未能履行其举证义务的问题。B公司有意地不将该证据提交给法院,如果允许B公司依赖该证据,那不仅是完全的不公平,而且是对权利的滥用。

第二,没有证据表明,在仲裁过程中,B公司曾提出过所谓的口头协议问题,或提交过证明该口头协议存在的证据,或提交过有关该口头协议的书面陈述。因此,B公司的公共政策辩护论点不仅令人费解,而且从根本上说也是有缺陷的,因为它根据从未提交给涉案仲裁庭审理的问题而攻击仲裁庭所作决定的合法性。事实上,只要简单阅读涉案裁决就会发现,该裁决根本没有提及所谓的口头协议,无论是根据其中提及的证据,双方的辩论,还是仲裁庭查明的事实。仲裁庭既没有被要求就某一问题作出决定,实际也没有作出相应的决定,怎么能因此而应受到批评呢?

因此,本人认为,B公司不仅试图不正当地重新对涉案仲裁提起诉讼,而且还试图根据未在仲裁中提出过的争议问题重新提起诉讼;并且,还试图就如下争议问题要求对仲裁庭进行审查:其既没有向仲裁庭主张过,更没有让仲裁庭审理过的问题。

根据证据,本人不能查明,承认或执行涉案裁决会违反公共政策。因此,本人不准备行使拒绝承认或执行涉案裁决的自由裁量权。在这里,本人借用经适当修改的奥斯伯恩(Osborne)法官在"Prospector PTE Ltd. v. CGX Energy Inc.案"判决中的意见:当事人约定将其争议提交贸仲,根据《仲裁规则》进行仲裁,并受中国法律的支配。他们确实这样做了。在仲裁中已发生的一切,丝毫没有从根本上违反我们的正义和公平原则。[①]

因此,本人认定,《示范法》第36(1)(b)(ii)条不适用于本案。此外,本人不倾向于以其他理由行使拒绝承认或执行涉案裁决的自由裁量权。

七、费用[②]命令

在听证会结束时,代理律师告知本院,双方已就费用达成协议,即胜诉方有权获得50,000美元的全额赔偿。

鉴于本人在2023年8月21日的民事案件会议指示中以及本人在上文关于B公司提交的证据的可接受性问题的裁定中所发出的警告,严重的费用后果理应随之而来。此外,在对本案申请举行的听证会期间,A公司律师令人困惑和不可接受的行为,也本应通过作出重大费用命令的方式,令其承担适当的后果。无论在哪种情况下,双方关于费用的协议都会受到重大影响。

然而,适用的不当行为似乎完全归咎于律师自身,且在本人看来,这不是那种律师不当行为的后果应该由其客户承担的案件。此外,由于每一方的律师要对两种不当行为中的一种负责,本人倾向借鉴曲棍球裁判的非成文规则(the hockey referee's unwritten rulebook),允许一种行为抵消另一种行为。

更重要的是,本人并不准备破坏双方在漫长而激烈的诉讼过程中达成的极其罕见的共识之一。

① Prospector PTE Ltd. v. CGX Energy Inc., 2023 ONSC 4207, at para. 42.

② 载 https://supremecourtbc.ca/sites/default/files/2023-04/Costs_0.pdf,最后访问日期:2024年11月19日。

因此,本人勉强接受双方关于费用的协议,并认定该协议有效。综上,作为胜诉的一方,A公司有权获得双方一致同意的费用。

八、处置命令*

综上,本人发布如下命令:

(一)批准A公司提交的申请;

(二)根据《国际商事仲裁法(2017)》附表2——《示范法》第35条的规定,对涉案裁决予以承认和执行;

(三)B公司应向A公司支付A公司因提起本案申请而发生的费用50,000美元,对此金额,本案双方已达成一致意见,其涵盖一切费用;

(四)发布相应的判决书。

第三部分 对本案的评述

在本案中,A公司在获得胜诉裁决后,向加拿大安大略省高等法院提起诉讼,请求该法院承认和执行涉案裁决。B公司以在涉案仲裁中被剥夺了对案件发表意见的机会以及承认和执行涉案裁决会违反安大略省的公共政策为由申请拒绝承认和执行涉案裁决。然而,本案法院认定,B公司未能完成其举证责任,驳回了B公司的论点,依法批准了A公司的申请。

以下围绕该法院判决所反映的问题进行分析和讨论:

(一)本案法院对适用《示范法》第35(1)条、第36(1)条享有的自由裁量权的解读

根据加拿大的法律,自由裁量权(discretion),是指有权力、但是没有义务

* "处置令"的英文为"Disposition"。处置令是法官的最终命令。例如,执法人员需要获得处置令才能扣押和出售某人的个人财产。——译者注

载 https://stepstojustice.ca/glossary/disposition-order/,最后访问日期:2024年11月19日。

去做某事。在行使制定法下的自由裁量权时的首要规则是,这种自由裁量权的使用必须是为了促进所适用的立法的政策和目的。[①] 此外,在行使自由裁量权时必须说明理由。[②]

本案法院指出,《示范法》第35(1)条[③]要求法院对国际商事仲裁裁决必须予以承认和执行。其在解读第36(1)条[④]时指出,该条赋予本案法院拒绝承认和执行此类裁决的有限的自由裁量权;即使援引第36(1)条规定的反对承认和执行的当事人履行了举证义务,法院仍可执行该裁决。这表明安大略省高等法院坚持了如下原则,即如果某一项拒绝承认和执行的理由适用时,法院享有有限的承认和执行的自由裁量权。

事实上,安大略省高等法院早于1992年在"Schreter v. Gasmac Inc.案"[⑤]中就指出,"此种自由裁量权并不会导致如下义务的产生,即法院有拒绝承认或执行仲裁裁决的义务"。2015年在"Depo Traffic v. Vikeda International案"[⑥]中,安大略省高等法院又进一步指出,"即使援引第36(1)条的反对承认和执行的当事人履行了举证义务,法院仍可执行该裁决"。有学者指出,在加拿大,仅仅违反适用的程序规定并不自动导致裁决被拒绝承认或执行,只有在公然违反"程序公平"的情况下,才使裁决被拒绝承认或执行正当化。即使存在既定的

---

① Sara Blake, Administrative Law in Canada, 4th ed. (Toronto: LexisNexis, 2006).

② 在"Baker v. Canada案"([1999] 2 S. C. R. 817)中,加拿大最高法院确立了如下规则:为了证明自由裁量权已被合理地行使,阐明理由是必需的。在"Gray v. Ontario案"(Disability Support Program, Director)(2002)中,安大略省上诉法院指出:"仅靠复述各方的陈词和证据,并直接写出结论,并不能满足提供充分理由的义务。相反,决策者必须列出其查明的事实,以及这些事实所依据的主要证据。理由说明必须针对争议的要点,还必须列出决策者遵循的推理过程,并且必须要反映对主要相关因素的考虑。"

③ 《示范法》第35(1)条规定:"仲裁裁决不论在哪一国家作出,均应承认具有约束力,且经向有管辖权的法院提出书面申请,应根据本条和第36条的规定予以执行。"

④ 《示范法》第36(1)条规定:"仲裁裁决不论在何国境内作出,仅在下列任何情形下才可拒绝予以承认或执行:(a)援用的裁决所针对的当事人提出如此请求,并向被请求承认或执行的管辖法院提交证据,证明存在下列任何情况……(ii)未向援用的裁决所针对的当事人发出指定仲裁员的适当通知或仲裁程序的适当通知,或因他故致使其不能陈述和辩论。"

⑤ Schreter v. Gasmac Inc., 1992 CanLII 7671 (ON SC), [1992] O. J. No. 257.

⑥ Depo Traffic v. Vikeda International, 2015 ONSC 999.

拒绝理由,法院仍享有承认和执行裁决的剩余自由裁量权。这可以被解释为加拿大法院对第36(1)条作狭义解读。[①]

在2024年商事仲裁国际理事会(International Council for Commercial Arbitration,ICCA)出版的《商事仲裁国际理事会之1958纽约公约释义指南:法官手册》(以下简称《法官手册》)(英文版第78页)指出,《纽约公约》(英文版)第5条中的"可以"(may)[②]一词赋予执行法院自由裁量权:即使裁决债务人确立了不执行的理由之一,执行法院也有执行裁决的剩余自由裁量权。《示范法》(英文版)第36(1)条中的措辞与《纽约公约》(英文版)第5条的措辞相同,也有"可以"(may)。

(二)对"自然正义""程序公平""有机会陈述其案情"概念的介绍

为了正确理解加拿大法院的判决,有如下几个特殊概念需要介绍:

1."自然正义"(natural justice)和"程序公平"(procedural fairness)

在加拿大,获得公平对待的合法权利被称为自然正义或程序公平。自然正义原则规定,当一个人的"权利、特权或利益"受到威胁时,就存在如下义务:以程序公平的方式行事。

自然正义也被称为普遍正义、实质正义。它是在衡平法的基础上发展起来的一个概念。[③] 自然正义、程序公平和行政公平(administrative fairness)等词语有时可以互换使用,但自然正义作为一项古老的原则现已扩大到包括现代的程序公平、行政公平原则。

自然正义和程序公平原则所基于的理论为,如果决策的程序是公平的,那

---

① Frédéric Bachand and Fabien Gélinas, *the Implementation and application of the New York Arbitration Convention in Canada* 2014 92-2 Canadian Bar Review 457, 2014 CanLIIDocs 143, <http://canlii, ca/t/28g4>, retrieved on 2024-12-28.

② 《纽约公约》英文版第5条的开头是:"Recognition and enforcement of the award may be refused..."《示范法》第36(1)条的开头是:"Recognition or enforcement of an arbitral award, irrespective of the country in which it was made, may be refused only:..."

③ 载https://www.oxfordreference.com/display/10.1093/oi/authority.20110803100225319,最后访问日期:2024年11月19日。

么决策的实体就更有可能是公平的。本质上,程序公平与决策的正确性无关。相反,自然正义原则有助于确保决策者在作出决策时遵循正确的程序。

自然正义原则包含了若干程序公平的重要规则,例如:(1)有权获得充分的通知,从而知悉程序的性质和拟要决定的问题。(2)有机会陈述其案情。(3)合法期望。如果当事人被保证将遵循特定程序时,则当事人有权享受该程序。(4)享有公正决策权和免受偏见的权利。有权获得公正、公平的听证和公正、公平的决策。①

2.“有机会陈述其案情”(Opportunity to present one's case)

“有机会陈述其案情”是“自然正义”的构成规则之一。它系指必须为权利或者利益受影响的当事人提供机会,让他们提供自身希望被考虑的任何证据。他们还享有听证权。虽然听证权通常意味着召开听证会,但并不总是意味着口头听证。可以书面形式提交意见(submission),此程序称为文件听证(file hearing)。应该注意的是,当个人的可信度受质疑时,自然正义和程序公平原则通常要求进行面谈或口头听证。在口头听证和文件听证中,决策者在作出决定之前必须遵守特定的规则。例如,决策者需要考虑与具体案件有关的所有相关证据和信息;当决策者掌握当事人未提供的证据时,必须给予当事人了解和回应该证据的机会;决定的理由必须足够清晰、准确和易懂,以使当事人能够理解法庭裁决的依据。②

(三)关于B公司是否被剥夺了“陈述案情”的机会

《示范法》第36(1)(a)(ii)条规定,在当事人证明存在“因他故致使其不能陈述案情”的情形时,法院可以拒绝承认和执行国际仲裁裁决。该条规定与

---

① 载 https://www.canada.ca/en/immigration-refugees-citizenship/corporate/publications-manuals/operational-bulletins-manuals/canadian-citizenship/admininistration/decisions/natural-justice-procedural-fairness.html,最后访问日期:2024年11月19日。

② 载 https://www.canada.ca/en/immigration-refugees-citizenship/corporate/publications-manuals/operational-bulletins-manuals/canadian-citizenship/admininistration/decisions/natural-justice-procedural-fairness.html,最后访问日期:2024年11月19日。

《纽约公约》第5条第1款(乙)项的内容相同。

在本案中,B公司援引该条提出的抗辩理由是,涉案仲裁庭在程序后期(实际是在第二次开庭后)拒绝了其提出的质量鉴定申请,因此,剥夺了其对案件发表意见的机会。首先,本案法院根据双方约定的《仲裁规则》第41条至第44条的相关规定以及涉案裁决所证明的相关事实认定,涉案仲裁庭拒绝B公司迟延提出的货物质量鉴定请求,没有超越《仲裁规则》所规定的其权限范围。其次,本案法院认定,依据B公司提交的证据不能查明涉案仲裁庭在程序上存在程序不公平的问题,且冒犯了安大略省最基本的道德和正义观念,因而可以适用《示范法》第36(1)(a)(ii)条的规定。据此,本案法院驳回了B公司的该项辩护主张。

根据本案判决,可以观察到如下情况:

1. 关于适用于"因他故致使其不能陈述案情"的审查标准

涉及是否存在B公司主张的"因他故致使其不能陈述案情",本案法院指出,适用的审查标准是,仲裁员对程序作出的决定是否"冒犯了我们最基本的道德和正义观念",以至于随之而来的程序不公平"不能被宽恕"。

安大略省上诉法院在"All Communications Network of Canada v. Planet Energy Corp. 案"[①]中确立了该标准。在本案中,安大略省上诉法院指出,当程序公平受到挑战时,正确的审查标准是,"在有关文件制作、证人交叉质询和结案陈词等方面,仲裁员所作出的决定是否违背了我们最基本的道德和正义观念,从而违反了程序公平。自然正义要求仲裁员遵循程序公平的原则。是否符合该要求,取决于每个案件的争议标的、具体情况以及当事人约定的仲裁程序规则。在仲裁程序进行中,如果仲裁员通过命令当事人提供必要的文件,拒绝采纳相关证据,或未能处理所有需要解决的问题,从而导致未能给予当事人陈述案件的机会,即可能构成对程序公平和自然正义原则的违反。法院需要回答的问题

① All Communications Network of Canada v. Planet Energy Corp., 2023 ONCA 319, at paras. 48 and 54. "The applicable test is whether the arbitrator's procedural decisions 'offend our most basic notions of morality and justice' such that the consequent procedural unfairness 'cannot be condoned'".

是,仲裁员是否侵犯了被告的程序公平的权利?如果答案是肯定的,这种侵犯行为是否严重到足以冒犯我们最基本的道德和正义观念,以至于不能被宽恕”。

概括而言,该标准要求法院分两步走:第一,首先要考察每个案件的具体情况以及当事人约定的仲裁程序规则,从而确定仲裁庭所采取的程序性措施是否违反了双方约定的仲裁程序规则;第二,还要考察该种程序性措施的违规后果,是否违反了程序公平和自然正义原则,冒犯了安大略省最基本的道德和正义观念,以至于不能被宽恕。该标准与安大略省高等法院确立的审查“适当通知”的标准是一致的。它与美国法院确立的审查标准不一致。美国法院仅根据程序性正当程序标准审查所谓的程序违规行为,不审查所谓的程序违规行为是否违反了双方约定的程序规则。

加拿大权威学者弗雷德里克·巴尚和法比安·吉利纳斯曾指出,目前普通法发展的趋势表明,如果程序上的违规不构成违反《纽约公约》第 5 条第 2 款(乙)项所指的程序性的公共政策,不会导致裁决被撤销或被拒绝承认和执行。这既可以理解为是法官行使剩余自由裁量权的结果,也可以理解为对《纽约公约》第 5 条第 1 款(乙)项适用标准的解释……与其他普通法管辖区的法院一样,加拿大法院经常将相关标准与行政法的程序标准相提并论,即被称为“听取另一方之词”[①]的自然正义规则。他们还指出,加拿大已判决的案件表明,在仲裁背景下,有关适当通知(proper notice)和公平听证(fair hearing)的要求,相当于自然正义和程序公平的一般标准。在加拿大,没有宪法保护民商事的正当程序,因此该标准无法与正当程序这一标准相提并论。“无法陈述案件”这一概念,实际上已经被法院作狭义解释。法院在“Corporacion Transnacional de Inversiones 案”中认定,当事人要使自己成功地援引该事由,必须证明,所质疑的程序违规行为相当于《纽约公约》第 5 条第 2 款(乙)项所涉及的违反公共政

① 英文为“audi alteram partem”,系指“听取另一方的意见”或“任何人都不应在未经听证的情况下被定罪”或“公平听证规则”。

策的行为。①

2. 关于可否以违反程序公平为由要求审查实体问题

本案法院通过适用先例指出,一方当事人不得以所谓违反《示范法》第34(2)(a)(ii)条为幌子,要求对仲裁裁决的实体内容进行审查。在一方当事人只是不同意裁决结果的情况下,法院不应允许当事人以所谓违反程序公平(procedural fairness)为幌子,重新对案件的实体问题发表辩论意见。

3. 本案法院认定涉案仲裁庭受质疑的行为并不违反《程序规则》的主要理由

本案法院认为,《程序规则》第44(1)条规定,仲裁庭"可以就案件中的专门问题向专家咨询或指定鉴定人进行鉴定",但是该规定并未要求仲裁庭必须同意一方当事人提出的质量鉴定申请。并且,B公司要求聘请鉴定人的请求是在仲裁程序后期提出的,已经被B公司不合理地迟延了。故本案法院认为涉案仲裁庭拒绝B公司迟延提出的质量鉴定申请没有违反双方约定的《程序规则》。

此外,本案法院还认为,当事人约定通过仲裁解决它们之间的争议,在发生争议后将争议提交仲裁,仲裁庭根据仲裁规则采取程序措施并作出裁决,当事人应当受到它们合同的约束,并且,裁决结果应当受到高度重视。

4. 根据加拿大普通法确定的规则,在援引《示范法》第36(1)(a)(ii)条拒绝承认和执行国际仲裁裁决时,当事人被施加了极高的、相当于证明违反公共政策的证明标准。

就本案的具体情况而言,根据加拿大的普通法,B公司主张被剥夺了"陈述案情"的机会,不仅要举证证明,涉案仲裁庭拒绝其提出的质量鉴定请求,违反了《程序规则》,还要举证证明仲裁庭的行为冒犯了安大略省最基本的道德和

① See Frédéric Bachand and Fabien Gélinas, *the Implementation and application of the New York Arbitration Convention in Canada* 2014 92-2 Canadian Bar Review 457, 2014 CanLIIDocs 143, <http://canlii, ca/t/28g4>, retrieved on 2024-12-28.

正义观念,以至于随之而来的程序不公平"不能被宽恕"。然而,B 公司对这些举证义务均没有履行。

(四)关于承认或执行涉案裁决是否违反了安大略省的公共政策

《示范法》第 36(1)(b)(ii)条规定,如果法院认定,承认和执行一项国际仲裁裁决,会违反安大略省的公共政策,法院可以拒绝承认和执行该国际仲裁裁决。该条的规定与《纽约公约》第 5 条第 2 款(乙)项的内容类似。

在本案中,B 公司根据该条提出的具体辩护理由是,双方此前已达成口头协议,而涉案仲裁庭却在无视该口头协议的情况下作出了涉案裁决,因此,承认和执行涉案裁决,会违反安大略省的公共政策。本案法院根据在案证据,特别是涉案裁决认定如下:第一,B 公司未能证实所称的口头协议在任何重要时刻曾经存在过。第二,B 公司未能证实在仲裁过程中,B 公司以其作为辩护手段曾向涉案仲裁庭主张过该口头协议问题。因此,本案法院认为,B 公司不仅试图不正当地重新对涉案仲裁提起诉讼,而且还试图根据未在仲裁中提出过的争议问题重新提起诉讼。第三,双方约定将争议提交贸仲解决,而 B 公司未能证实在仲裁程序中曾发生任何违反安大略省公共政策的情况。总之,本案法院驳回了 B 公司的公共政策辩护论点。

根据本案判决,我们可以观察到如下情况。

1. 关于《示范法》第 36(1)(b)(ii)条中的公共政策系指安大略省的公共政策,还是国际公共政策

根据《国际商事仲裁法(2017)》第 6 条的规定,该法所附《示范法》第 36(1)(b)(ii)条中的公共政策,系指安大略省的公共政策,而非加拿大其他省(地区)或者国际公共政策。

2. 关于适用"公共政策"的举证责任和证明标准

关于举证责任和证明标准,本案法院根据普通法[①]指出,一方诉诸公共政

① Depo Traffic v. Vikeda International, All Communications Network of Canada v. Planet Energy Corp.

策,是一种例外的辩护,适用的证明标准是非常高的。援用该条款的一方,只有在如下情况下才满足如此高的标准,即必须证明:仲裁裁决涉及在法院地被视为非法的行为,或仲裁涉及与法院地的社会或商业生活的有序运作相抵触的行为,并且,执行裁决会从根本上违反安大略省的正义和公平原则。

本案法院适用的第一个先例是"Depo Traffic v. Vikeda International 案"。在该案中,仲裁裁决下的债权人依据中国某仲裁机构作出的一项仲裁裁决,在安大略省申请承认和执行。债务人以违反公共政策为由拒绝执行。但安大略省高等法院(非本案法官判决)认定,"中国某仲裁机构遵循的程序并未从根本上违背我们的正义和公平原则";公共政策确实是一种例外的辩护;法院已经认识到,公共政策辩护必须根据《纽约公约》的首要目的进行狭义解释,即"鼓励承认和执行国际合同中的商业仲裁协议,并统一签署国遵守仲裁协议和执行仲裁裁决的标准"。

为了阐明其观点,该案法官还引用了麦克劳德教授的论点,即"只有当判决涉及在法院地会被视为非法的行为,或诉讼涉及与法院地的社会或商业生活的有序运作相抵触的行为时,才可援引公共政策禁令。一个明显的例子是,执行在安大略省会被认为是非法的赌债"。[①] 再如,如果在仲裁中出现了诸如腐败、贿赂或欺诈等严重情况,将构成拒绝承认或者执行的理由。

本案法院适用的另一个先例是"All Communications Network of Canada 诉 Planet Energy Corp. 案"(2023 ONCA 319)。在本案中,安大略省上诉法院指出,公共政策辩护的证明标准很高,原告有责任证明,这种承认和执行,将会"从根本上违反了我们当地的正义和公平原则"。

总之,本案判决反映了安大略省高等法院的倾向,即援引公共政策拒绝承认和执行的一方应当承担举证责任证明执行裁决会从根本上违反安大略省的正义和公平原则,安大略省高等法院不主动依职权进行审查。有专家指出,加

① J. G. McLeod, The Conflict of Laws (Calgary: Carswell, 1983), at p. 61.

拿大法院将拒绝执行的理由,特别是关于公共政策和可仲裁性的理由,置于严格监控的范围内。[①]

3. 关于可否以违反公共政策为由要求执行法院审查仲裁庭未审理的问题

B 公司以所谓违反公共政策为由,要求本案法院对未在任何重要时刻曾经存在的,且未在仲裁中提出过的口头协议问题,要求本案法院进行审查,被本案法院予以拒绝。

任何对争议解决有重大影响的事项,仲裁庭都应当充分听取各方的意见。仲裁员必须公平对待各方,并为他们提供平等的机会提出和回应他们的论点。但是,仲裁庭不应根据未向其提供或未在其面前提出争议的信息作出裁决。进一步说,它也不能因此受到执行法院的审查。

总之,本案判决反映了安大略省高等法院的如下倾向:(1)公共政策的适用仅限制于仲裁涉及的程序性问题的审查,而不扩展至仲裁涉及的实体问题的审查,并坚决贯彻《纽约公约》项下的不审查实体问题的基本原则;(2)当事人未在仲裁中提出的辩论,不得向执行法院提出并作为拒绝承认和执行的辩护理由,且不得要求执行法院对仲裁裁决进行审查。

(五)关于对费用判令的分析

在本案中,本案法官对双方在听证会结束时达成的费用和解协议,即胜诉方有权获得 50,000 美元的全额赔偿,表示勉强接受。尽管如此,在考虑了双方律师在听证会期间均有不当行为并且可以相互抵销后,支持了该费用和解协议,并最终判令 B 公司向胜诉方 A 公司支付 50,000 美元费用。总之,A 公司因向法院申请承认和执行涉案裁决而发生的费用最终获得了 50,000 美元的赔偿。

---

① See Frédéric Bachand and Fabien Gélinas, *the Implementation and application of the New York Arbitration Convention in Canada* 2014 92 – 2 Canadian Bar Review 457, 2014 CanLIIDocs 143, <http://canlii, ca/t/28g4>, retrieved on 2024 – 12 – 28.

根据加拿大安大略省和其他省(地区)的法律,“费用”(Costs)是一个法律用语,它是指一项“费用”判令,该判令通常要求败诉方向胜诉方赔偿因诉讼而发生的实际费用和因参与诉讼而付出的时间成本。它们很少能够囊括胜诉方因诉讼而发生的全部费用。建立“费用”判令制度的目的,是为了向胜诉方提供赔偿、鼓励当事人和解以及劝勉人们不要提起没有希望的诉讼。[①]

在安大略省,《法院法》第 131 条[②]赋予审理案件的法官酌情决定由谁支付费用以及支付多少费用的自由裁量权。此项自由裁量权的行使受《民事诉讼规则》[③]的约束,该规则规定,在确定费用时,法院应采用“最简单、最便宜和最快捷的程序”。此外,《民事诉讼规则》第 57.01 条[④]列出了在判给费用时应考虑的一系列因素。虽然费用通常会判给胜诉方,但法院也会考虑当事人或者代理律师在程序中的表现、审判前提出的和解建议、在诉讼请求中提出的索赔金额以及获得法院支持的索赔金额等因素。法院对于是否判给费用以及判给多少有最终决定权。[⑤]

胜诉方的行为也可能影响费用的认定。胜诉方可能会因其不当行为被判定向败诉方支付费用,尽管这种情况非常罕见。例如,在“Tossonian v. Cynphany Diamonds 案"[⑥]中,由于胜诉方在整个诉讼过程中态度强硬,并且未能提出合理的和解方案,因此被安大略省高等法院判决向败诉方支付超过 90,000 美元的费用。[⑦] 我们注意到,本案法院在判决前文裁定中指出,A 公司

---

① 载 https://supremecourtbc.ca/sites/default/files/2023-04/Costs_0.pdf,最后访问日期:2024 年 11 月 19 日。

② Section 131 of the Courts of Justice Act.

③ Rule 57 of the Rules of Civil Procedure.

④ 57.01 of Rules of Civil Procedure.

⑤ 载 https://supremecourtbc.ca/sites/default/files/2023-04/Costs_0.pdf,最后访问日期:2024 年 11 月 19 日。

⑥ Tossonian v. Cynphany Diamonds, 2015 ONSC 766.

⑦ See SOTOSLLP, *Litigation Costs in Ontario: Where the loser pays and the winner… also pays?*, Accessed Nov. 19, 2024, https://www.sotosllp.com/litigation-costs-in-ontario-where-the-loser-pays-and-the-winner-also-pays/.

的律师在本案中表现出的不当行为,严重拖延了及时有效的司法管理,给诉讼当事人造成了不必要且不可接受的额外成本,并削弱了公众对律师行业的尊重。根据安大略省的法律,本案法官本可以据此判决 A 公司承担相应的费用,但是考虑到本案双方律师的不当行为均是律师自身导致的并且可以相互抵消,故没有判决 A 公司支付费用。

印度

India

中国 A 科技公司诉印度 B 公司销售合同争议案仲裁裁决在印度的承认与执行

第一部分　案例导读

涉案仲裁双方当事人为 A 公司和 B 公司。2011 年 11 月，A 公司与 C 公司签订一份《框架合同》，约定由 A 公司向 C 公司供应太阳能电池板，用于印度的太阳能发电项目。同月，B 公司向 A 公司出具了一份《母公司保函》，其中 B 公司作为保证人，担保 C 公司能够充分履行合同义务。后来，C 公司未能履行合同义务，A 公司遂依据《母公司保函》中的仲裁条款，于 2013 年 11 月提起涉案仲裁。

《母公司保函》仲裁条款规定："双方之间因本保函而产生的或与之有关的任何及所有请求、争议、争端或分歧，均应提交贸仲在上海，由根据相应仲裁规则指定的 3 名仲裁员仲裁解决。仲裁应以英文进行。仲裁裁决为终局裁决，对双方均有约束力，双方同意放弃对仲裁裁决提出异议的任何权利。"

B 公司收到仲裁通知后即提出管辖权异议，主张根据仲裁条款和贸仲《仲裁规则》(2005 年版、2012 年版)，涉案争议应由上海国际经济贸易仲裁委员会/上海国际仲裁中心(而非位于北京的贸仲)管辖。2014 年 4 月，贸仲作出其拥有该案管辖权的决定，驳回了 B 公司的异议。

因双方未在规定时间内共同选定或共同委托贸仲主任指定首席仲裁员，贸仲主任依职权指定X为首席仲裁员。2014年10月,X主动辞任,贸仲主任指定Y作为替代首席仲裁员并及时通知了双方。10月中旬,贸仲通知双方定于2014年11月下旬开庭。

B公司反对上述指定替代首席仲裁员的安排,要求给予15日时间就共同选定仲裁员一事与A公司协商,同时要求推迟开庭。对此,贸仲以2014年10月底的《程序通知》作出答复,同意给予双方15日时间协商首席仲裁员的选任或指定事宜,如双方协商无果,Y应继续担任首席仲裁员。由于仲裁通知送达双方当事人已超过1年,涉案仲裁庭组成已超3个月,B公司拥有充分时间为发表意见做准备,故拒绝推迟开庭。

B公司并未就首席仲裁员事项与A公司进行协商,而是再次提出异议、请求延期开庭,贸仲于2014年11月作出决定予以拒绝。庭审如期举行,B公司出庭并参与了庭审各项程序。2015年2月,涉案仲裁庭作出涉案裁决,判令B公司向A公司支付剩余货款,并赔偿有关损失。

涉案裁决生效后,A公司向印度德里高等法院申请执行。B公司请求法院拒绝执行涉案裁决,理由是,第一,贸仲无权受理涉案争议;第二,2014年10月中旬的开庭通知不是有效通知,拒绝延期开庭剥夺了B公司就案件发表意见的公平机会,违反自然正义规则。

2018年4月,德里高等法院作出判决,驳回执行异议,判令B公司执行涉案裁决。

本案涉及《纽约公约》第5条第1款(乙)项,即如被申请执行的当事人向法院提供证据证明其没有得到指定仲裁员或仲裁程序的适当通知,或者由于其他原因而未能就案件发表意见时,法院可根据该方当事人的要求拒绝执行。此项规定体现了《纽约公约》对仲裁程序公平的要求。同《日内瓦公约》

相比，[①]《纽约公约》没有将程序公平的要求局限于给予适当通知，因“其他原因”未能就案件发表意见也是拒绝承认和执行的理由。

《纽约公约》并未说明满足哪些条件的通知才是“适当”(proper)的，也没有明确“其他原因”(otherwise)具体包括什么，这些需要依据有关缔约方的国内法加以确定。问题是究竟应当依据仲裁地的国内法，还是依据承认与执行地的国内法？究竟是依据国内法关于程序公平的基本原则，还是依据其中具体的程序规则？在下文判决中，印度德里高等法院梳理了印度法的相关规则，并具体加以运用，值得参考。

不仅如此，仲裁是一种体现当事人自治的争议解决方式，因此仲裁程序是否公平，是否符合《纽约公约》和相关国内法的要求，尤其需要具体情况具体分析。仲裁机构/仲裁庭对当事人关于仲裁程序的合理请求，通常都是倾向予以满足的。但如果当事人的请求“超出了”通常的公平、合理标准，仲裁机构/仲裁庭又该如何选择？一方面，如果一味满足当事人的请求，可能妨碍仲裁制度快捷高效解决争议宗旨的实现，更会影响其他当事人的正当利益；另一方面，如果拒绝当事人的请求，那么未来该方当事人一旦对仲裁结果不满，就可能以“程序不公平”为由质疑仲裁裁决并阻挠裁决的执行。根据下文判决，贸仲和涉案仲裁庭似乎就遇到了这样的两难情境。贸仲和涉案仲裁庭如何运用程序权力，在保证公平的前提下平衡当事人自治与高效解决争议等不同价值追求，亦是本案值得关注之处。

此外，本案中B公司提出管辖权异议的一个重要背景是贸仲2012年的《仲裁规则》修改，涉案仲裁展示了仲裁机构与仲裁地在仲裁管辖问题中的区别。

---

① 《日内瓦公约》第2条第1款(乙)项使用的措辞为“当事人……未得到留出足够时间令其能够就案件发表意见的仲裁程序通知”(the party ... was not given notice of the arbitration proceedings in sufficient time to enable him to present his case)。载 https://jusmundi.com/en/document/treaty/en-geneva-convention-on-the-execution-of-foreign-arbitral-awards-geneva-convention-on-the-execution-of-foreign-arbitral-awards-monday－26th-september－1927，最后访问日期：2024年12月14日。

第二部分 印度法院判决

A公司 v. B公司案[①]

印度德里高等法院

发布日期:2018年7月4日

一、介绍

(一)涉案仲裁

上述执行裁决申请由申请执行人* A公司提交,旨在执行贸仲,上海于2015年2月25日就双方当事人之间SHR 2013号仲裁案作出的外国仲裁裁决。根据涉案裁决,裁决申请执行人有权要求被执行人** B公司向其支付以下款项。

十、裁决

根据以上各段所述的仲裁庭意见,仲裁庭作出最终裁决如下:

(1)被申请人应根据保函向申请人支付剩余货款14,687,867美元;

(2)被申请人应根据保函向申请人支付约定违约金734,393.35美元;

(3)被申请人应向申请人支付律师费人民币1,323,000元;

(4)申请人提起仲裁的费用为人民币900,786元,其中10%由申请人承担,90%由被申请人承担。申请人已垫付了人民币900,786元,被申请人应向申请人偿还人民币810,707.40元。

---

① AIRONLINE 2018 DEL 1143 (4 July 2018).

* 本案中的申请执行人(decree holder),是涉案裁决中的申请人,亦即A公司。——译者注

** 本案中的被执行人(judgment debtor),是涉案裁决中的被申请人,也是本案中关于拒绝执行涉案裁决的申请人(判决中有一处称"异议人"),亦即B公司。——译者注

根据上述裁决,被申请人应付给申请人的款项应在本裁决作出之日起的30日内支付。

本案申请系由被执行人/本案申请人根据1996年《仲裁与调解法》(Arbitration and Conciliation Act, 1996)第48条的规定提交,请求本法院拒绝执行涉案裁决。

尽管与本案申请的目的相关度不高,但作为简要背景介绍应加以注意的是,双方当事人之间的争议起源于申请执行人与C公司于2011年11月21日签订的《框架合同》,该合同规定了模块供应的通用条件(以下简称GTAC),约定由申请执行人向C公司供应太阳能电池板,用于印度的若干太阳能发电项目。

被执行人于2011年11月14日向申请执行人签发了一份《母公司保函》(PCB),其中被执行人作为保证人,担保C公司能够充分履行GTAC和《采购订单》项下的义务。由于C公司未能履行其在GTAC和《采购订单》下的义务,申请执行人提起仲裁寻求赔偿。在仲裁过程中,申请执行人要求将C公司从当事人中剔除,之后仲裁程序仅针对被执行人继续进行,最终形成了涉案裁决。

(二)成文法

在讨论本案申请人/被执行人的资深律师为支持上述申请所提出的意见之前,有必要引用《仲裁与调解法》第48条第1款和第2款的规定,因为只有在上述规定的范围内,本法院才能拒绝执行外国裁决:

> 48.执行外国裁决的条件:(1)外国裁决仅在被申请执行的当事人向法院提供证据证明有下列情形时,才有可能根据该方当事人的要求被拒绝执行:
>
> (a)第44条所提到的协议的当事人根据对其适用的法律处于某种无行为能力的情形,或根据当事方约定的准据法该协议无效,或未约定准据法时,依裁决地所在国法律该协议无效;

(b)被申请一方当事人没有得到指定仲裁员或仲裁程序的适当通知,或者由于其他原因而未能就案件发表意见;

(c)裁决处理了不属于提交仲裁的、未包括在提交仲裁范围内的争议,或者裁决含有对提交仲裁范围之外的事项的决定;

但是,如果有关提交仲裁事项的决定可以和未提交仲裁事项的决定分开,则裁决中对提交仲裁事项所作决定的部分可以予以执行;

(d)仲裁庭的组成或仲裁程序不符合当事人之间的约定,或当事人间没有约定时与仲裁地所在国的法律不符;

(e)裁决对各方当事人尚无约束力,或者裁决已经由作出裁决的或依据其法律作出裁决的国家的主管机关撤销或停止执行。

(2)如果法院查明以下情况,也可拒绝执行仲裁裁决:

(a)根据印度法律,争议事项不能通过仲裁解决;

(b)执行裁决违反印度的公共政策。

二、管辖问题

(一)本案申请人/被执行人的主张

本案申请人/被执行人的第一个主张是,贸仲无权受理申请执行人提出的请求,因为根据仲裁协议,当事人应将他们之间的争议提交贸仲上海分会裁决。直到2012年5月1日,贸仲上海分会虽然是贸仲的一个组成部分,但设有自己的秘书处,在分会秘书长的领导下负责处理分会的日常事务。贸仲《仲裁规则》(2005年版)第2条第8项规定,当事人可以约定将其争议提交贸仲在北京进行仲裁,或者约定将其争议提交贸仲上海分会在上海进行仲裁。根据本案申请人的资深律师的意见,双方当事人同意将争议提交贸仲上海分会进行仲裁,而非提交位于北京的贸仲进行仲裁。本案申请人/被执行人进一步主张,贸仲于2012年5月1日发布了经修订的《仲裁规则》,根据该规则,贸仲上海分会更名为"上海国际经济贸易仲裁委员会",也被称为上海国际仲裁中心(以下简称上国仲),独立于中国国际经济贸易仲裁委员会,并执行自己的仲裁规则。申请人/被执行人认为,由于当事人之间的仲裁协议要将争议提交贸仲上海分会,因此本案争议仅能提交上国仲,而不是像申请执行人所做的那样提交位于北京的贸仲。

本案申请人的资深律师进一步提出,在收到贸仲的仲裁通知后,本案申请人立即对贸仲的管辖权提出了异议,但贸仲在其2014年4月8日作出的决定中错误地驳回了异议。根据2015年7月15日最高人民法院《关于对上海市高级人民法院等就涉及中国国际经济贸易仲裁委员会及其原分会等仲裁机构所作仲裁裁决司法审查案件请示问题的批复》的规定,本案申请人提出,中国的最高人民法院也认定,如果仲裁协议规定将争议提交贸仲上海分会,则只有上国仲拥有对争议的仲裁管辖权。

(二)法官的意见

本人考虑了本案申请人的资深律师的意见,但并不同意这些意见。仲裁协议载于双方当事人之间《母公司保函》第13条,现抄录如下:

> **第13条　双方之间因本保函而产生的或与之有关的任何及所有请求、争议、争端或分歧,均应提交贸仲在上海,由根据相应仲裁规则指定的3名仲裁员仲裁解决。仲裁应以英文进行。仲裁裁决为终局裁决,对双方均有约束力,双方同意放弃对仲裁裁决提出异议的任何权利。**

据此,《母公司保函》规定仲裁应由贸仲组织进行,仲裁地点在上海。《母公司保函》并未表示将由贸仲上海分会组织进行仲裁程序。无可否认,截至2012年5月1日,贸仲上海分会是贸仲的一个组成部分。由贸仲的仲裁规则可清楚知晓,其设有一家上海分会,该分会有一个单独的秘书处负责处理其日常事务。如果双方当事人希望其争议仅由贸仲上海分会仲裁,他们就会在《母公司保函》中提到这一点。相反,如《母公司保函》第13条所示,双方所同意的是由贸仲进行仲裁。

为本案申请人的资深律师所依据的贸仲《仲裁规则》(2005年版)第2条第7项和第8项的规定,现抄录如下:

第2条　名称和组织

……

(7)仲裁委员会设在北京。仲裁委员会在深圳设有仲裁委员会华南分会(原名仲裁委员会深圳分会),在上海设有仲裁委员会上海分会。仲裁委员会分会是仲裁委员会的组成部分。仲裁委员会分会设秘书处,在仲裁委员会分会秘书长的领导下负责处理仲裁委员会分会的日常事务。

(8)双方当事人可以约定将其争议提交仲裁委员会在北京进行仲裁,或者约定将其争议提交仲裁委员会华南分会在深圳进行仲裁,或者约定将其争议提交仲裁委员会上海分会在上海进行仲裁;如无此约定,则由申请人选择,由仲裁委员会在北京进行仲裁,或者由其华南分会在深圳进行仲裁,或者由其上海分会在上海进行仲裁;作此选择时,以首先提出选择的为准;如有争议,应由仲裁委员会作出决定。

对上述规定的解读表明,当事人双方拥有选择权,可以选择将其争议提交贸仲在北京,提交华南分会在深圳或提交上海分会在上海进行仲裁。无论哪种情况,最终决定均应由贸仲作出。贸仲《仲裁规则》(2005年版)第31条是关于仲裁地的规定,现抄录如下:

第31条　仲裁地

(1)双方当事人书面约定仲裁地的,从其约定。

(2)如果当事人对仲裁地未作约定,仲裁委员会或其分会所在地为仲裁地。

(3)仲裁裁决应视为在仲裁地作出。

结合第31条解读第2条第7款和第8款,可清楚地发现,仲裁地问题区别于关于管辖权究竟属于贸仲北京、华南分会抑或上海分会的合意的问题。对《母公司保函》第13条的解读清楚地表明,双方当事人同意在贸仲的主持下进行仲裁,而仲裁地根据《仲裁规则》第31条的规定应为上海。

本案申请人的资深律师所依据的中国最高人民法院的意见,对本案申请人的抗辩也没有任何帮助。该意见所涉及的情况是,当事人已明确同意将其争议提交"中国国际经济贸易仲裁委员会华南分会"或"中国国际经济贸易仲裁委员会上海分会"对其争议进行仲裁。在本申请的双方当事人之间的《母公司保函》中,一方面,仲裁协议并未规定争议必须被提交中国国际经济贸易仲裁委员会上海分会;另一方面,该仲裁协议明确规定争议将被提交"中国国际经济贸易仲裁委员会(贸仲)"进行仲裁。

三、自然正义问题

(一)贸仲《仲裁规则》(2012年版)关于仲裁庭组成的相关规定

本案申请人的资深律师根据《仲裁与调解法》第48(1)(b)条的规定提出的第二个主张,是指责违反了自然正义规则(Principles of Natural Justice)。为分析这一主张,有几点需要注意。贸仲《仲裁规则》(2012年版)第25条规定了指定仲裁庭3名成员的程序。现引述如下:

第25条　三人仲裁庭的组成

(1)申请人和被申请人应各自在收到仲裁通知后15天内选定或委托仲裁委员会主任指定一名仲裁员。当事人未在上述期限内选定或委托仲裁委员会主任指定的，由仲裁委员会主任指定。

(2)第三名仲裁员由双方当事人在被申请人收到仲裁通知后15天内共同选定或共同委托仲裁委员会主任指定。第三名仲裁员为仲裁庭的首席仲裁员。

(3)双方当事人可以各自推荐1~5名候选人作为首席仲裁员人选，并按照上述第(2)款规定的期限提交推荐名单。双方当事人的推荐名单中有一名人选相同的，该人选为双方当事人共同选定的首席仲裁员；有一名以上人选相同的，由仲裁委员会主任根据案件的具体情况在相同人选中确定一名首席仲裁员，该名首席仲裁员仍为双方共同选定的首席仲裁员；推荐名单中没有相同人选时，由仲裁委员会主任指定首席仲裁员。

(4)双方当事人未能按照上述规定共同选定首席仲裁员的，由仲裁委员会主任指定首席仲裁员。

通过对上述《仲裁规则》第25条第2款、第3款、第4款的解读可知，双方当事人在被申请人收到仲裁通知后15日内共同选定或共同委托贸仲主任指定首席仲裁员。在委托贸仲主任指定首席仲裁员的情况下，双方当事人可以选择“推荐”1~5名仲裁员作为首席仲裁员的候选人。如果双方当事人提交的名单中有1名人选相同的，该人选应被指定为首席仲裁员。有1名以上人选相同的，由贸仲主任选出首席仲裁员。推荐名单中没有相同人选时，由贸仲主任指定首席仲裁员。双方当事人未能共同选定首席仲裁员的，《仲裁规则》第25条第4款规定由贸仲主任指定首席仲裁员。由此可见，在双方当事人未共同选定首席仲裁员的情况下，贸仲主任必须指定首席仲裁员。

《仲裁规则》(2012年版)第31条进一步规定了仲裁员的更换。现抄录如下：

第31条 仲裁员的更换

(1)仲裁员在法律上或事实上不能履行其职责,或没有按照本规则的要求或在本规则规定的期限内履行应尽职责时,仲裁委员会主任有权决定将其更换;该仲裁员也可以主动申请不再担任仲裁员。

(2)是否更换仲裁员,由仲裁委员会主任作出终局决定并可以不说明理由。

(3)仲裁员因回避或更换不能履行职责时,应按照原选定或指定该仲裁员的方式和期限,选定或指定替代的仲裁员。当事人未按照原方式和期限选定替代仲裁员的,由仲裁委员会主任指定替代的仲裁员。

(4)重新选定或指定仲裁员后,由仲裁庭决定是否重新审理及重新审理的范围。

第31条第3款规定,应"按照原选定或指定该仲裁员的方式和期限",选定或指定替代的仲裁员。

(二)有关问题的争论过程

在本案中,双方当事人未在规定时间内共同选定或共同委托贸仲主任指定首席仲裁员。因此,贸仲主任行使其在《仲裁规则》第25条第4款项下的权力,指定X为首席仲裁员。X于2014年10月13日主动辞任。2014年10月15日,贸仲主任通知双方当事人指定Y作为替代仲裁员,同时通知仲裁庭已作出于2014年11月24日举行开庭审理的决定。

本案申请人反对关于替代首席仲裁员的上述指定,并要求给予15天时间,以便就《仲裁规则》第25条第2款规定的共同选定仲裁员一事与本案申请执行人协商。本案申请人还要求推迟庭审日期。贸仲对上述请求加以考量并于2014年10月31日出具函件,答复如下:

11.15天的协商时间。贸仲注意到，如被申请人在其《关于反对指定Y担任首席仲裁员的意见》中所述，被申请人希望获得15天的时间与申请人进行协商，以共同选定或决定是否委托贸仲主任指定替代首席仲裁员。自收到本《通知》(《SHR2013号仲裁案程序通知》)之日起，双方当事人得拥有前述之期间相互协商，以共同指定或共同委托贸仲主任指定一名首席仲裁员以替代作为首席仲裁员的Y。但如果双方当事人未能在前述规定时间内共同指定或共同委托贸仲主任指定一名首席仲裁员以替代作为首席仲裁员的Y，则受贸仲主任依第31条第3款指定担任首席仲裁员的Y应维持不变。

12.就案件发表意见的时间。被申请人反对将庭审日期确定为2014年11月24日，据称理由是其缺乏合理的机会就案件发表意见。考虑到以下情况，恕仲裁庭无法认同以上观点：(a)自仲裁通知送达双方当事人至今已超过1年时间；并且(b)自仲裁庭组成至今已超过3个月时间。在上述流逝的时间里，被申请人本来能够为发表意见做准备并且实际上已经拥有充足的时间做准备。

(三)本案申请人的主张

本案申请人的资深律师认为，贸仲指定替代仲裁员的行为违反了贸仲《仲裁规则》第31条第3款的规定。他认为，贸仲《仲裁规则》第31条第3款明确规定，应按照原选定或指定仲裁员的方式和期限，选定或指定替代的仲裁员。他认为，根据上述规定，适用于本案的程序应当是贸仲《仲裁规则》第25条第2款、第3款和第4款规定的程序，即给予双方当事人15天的时间共同选定首席仲裁员。为支持上述主张，他援引了印度最高法院在“Yashwith Constructions (P) Ltd. 诉 Simplex Concrete Piles India Ltd. & Anr. 案”；[①]“Huawei

① (2006) 6 SCC 204.

Technologies Company Limited 诉 Sterlite Technologies Limited 案”;[①]“ACC Limited 诉 Global Cements Limited 案”;[②]“National Highways Authority of India and Another 诉 Bumihiway DDB Ltd.(JV) and Others. 案”[③]中的判决。

本案申请人的资深律师提出上述意见的真正用意在于,根据贸仲《仲裁规则》第35条的规定,庭审应至少提前20日通知各方当事人。本案申请人的资深律师认为,由于仲裁庭本身的组成并不正确,所以贸仲秘书处于2014年10月15日发出的,关于告知各方当事人开庭日期为2014年11月24日的通知,不能被视为有效的通知。他进一步指出,针对本案申请人提出的异议,贸仲在其2014年10月31日的《程序令》中给予双方当事人15日的时间共同指定首席仲裁员。因此,只有在2014年11月15日仲裁庭才能被视为正式成立,也只有在此之后庭审日期通知才可能确定。开庭日期被定在2014年11月24日,这说明未按照贸仲《仲裁规则》(2012年版)第35条第1款的规定发出适当通知。

本案申请人的资深律师进一步提出,由于上述不充分的通知,异议人无法安排证人出庭以支持其主张,因此请求推迟庭审。这一请求再次被贸仲以其2014年11月20日的《程序令》驳回,从而导致本案申请人被剥夺了为其主张进行辩护的公平机会,这违反了自然正义规则。

(四)法官的意见

1. 关于仲裁庭的组成

本人已经考虑了本案申请人的资深律师所提出的意见,但认为这些意见没有任何说服力。不可否认的是,一开始,由于双方当事人未能如贸仲《仲裁规则》第25条第2款、第3款所规定的那样就首席仲裁员达成一致,首席仲裁员也是由贸仲主任任命的。不过,即使在贸仲发出2014年10月31日的《程序

① (2016) 1 SCC 721.
② (2012) 7 SCC 71.
③ (2006) 10 SCC 763.

令》,给予双方当事人另一次共同选定首席仲裁员的机会后,本案申请人也并未主张其在这方面采取过任何措施。因此,很明显,本案申请人只是在试图利用一个无关紧要的问题来质疑仲裁裁决。在本案申请人的资深律师所援引的判决中,被替代或更换的初始仲裁员是按照协议规定的指定程序指定的,因此,本院认为在指定替代仲裁员时必须遵循相同的指定程序。与此同时,申请执行人的代理律师援引了"Mithlesh Kumar Aggarwal 诉 Athena Infrastructure Ltd. 案"、[①]"GMR Ambala Chandigarh Expressways Pvt Ltd. 诉 National Highway Authority of India 案"[②]以及"Ramjee Power Construction Ltd. 诉 Damodar Valley Corporation 案"[③]的判决,辩称如果初始仲裁员是由高等法院根据《仲裁与调解法》第 11(6)条规定的权力指定的,那么替代仲裁员也必须由高等法院自己指定,仲裁协议中包含的最初的指定程序将不再被适用。在本人看来,就本案的事实无须对这个争议点作出回应,因为本案申请人并没有主张其在贸仲于 2014 年 10 月 31 日的函件中被授予了机会之后,作出过任何努力以寻求申请执行人对于首席仲裁员指定的同意。

2. 关于通知的充分性

就通知的不充分性而言,贸仲秘书处在其 2014 年 10 月 15 日的函件中已正式将下一次开庭的日期通知了本案申请人。甚至就是在其 2014 年 10 月 31 日的第二封函件中,贸仲秘书处已明确无误地澄清,授予双方时间以共同选定首席仲裁员,不会对定于 2014 年 11 月 24 日的下次开庭日期产生任何影响。针对本案申请人随后提出的请求,贸仲在其 2014 年 11 月 20 日的命令中重申了自己的立场,并向本案申请人传达了这一立场,如下所录:

> 1. 仲裁庭已经合法组成,相关仲裁员已被替换,因此,仲裁庭是有

---

① 2017 SCC OnLine Del 7875.

② 2018 SCC OnLine Del 7588.

③ 2009 SCC OnLine Cal 321.

效的,应保持不变,其有资格继续审理案件并作出裁决。依据贸仲《仲裁规则》(2012年版)第31条的规定由Y取代首席仲裁员X,是正确并且有效的。

鉴于双方当事人未共同选定或共同委托贸仲主任指定首席仲裁员,也未在规定期限内推荐任何首席仲裁员的候选人,因此,贸仲主任指定X作为首席仲裁员。这是根据《仲裁规则》(2012年版)第25条的规定,在本案中组成仲裁庭的方式。

由于X自愿辞去首席仲裁员一职,接替X担任首席仲裁员的人选当然应由贸仲主任根据《仲裁规则》(2012年版)第31条的规定以同样的方式指定。因此,指定Y接替X担任首席仲裁员是正确、有效的,符合《仲裁规则》(2012年版)第31条的规定。

贸仲相信,再给双方当事人一个机会来共同选定,或者共同委托贸仲主任指定,或者推荐首席仲裁员,对双方当事人都会更为有利。考虑到这一点,我们额外给予双方当事人15日的时间进行协商,但这并不像有人所指责的那样,是在弥补首席仲裁员指定方面的任何程序瑕疵,其前提是如果"双方当事人未能在上述规定期限内共同选定或共同委托贸仲主任指定首席仲裁员来替代Y担任本案首席仲裁员,则贸仲主任根据第31条第3款指定的Y应保持不变,继续担任首席仲裁员。"

正因为双方当事人在2014年10月31日发给双方的《关于SHR2013号仲裁案部分程序事项决定的通知》所规定的期限内再一次没有共同选定,或共同委托指定,或分别推荐任何担任首席仲裁员的候选人,Y作为本案首席仲裁员,应保持不变。

……

3.11月24日的庭审保持不变。在审查了来往信函以及双方当事人提交的文件,并考虑了被申请人日期为2014年11月14日的第二封信函后，仲裁庭认定，前述被申请人第二封信函所述理由并不构成推迟庭审的正当理由。因此，定于2014年11月24日进行的庭审不会改变，将按照之前给双方当事人的通知举行。

庭审将于2014年11月24日9:30开始，持续至当天上述程序完成时结束。但是被申请人可以出示D的书面《证人证言》，仲裁庭和申请人收到该等陈述及附件的时间不得迟于2014年11月22日，上述文件的形式和份数应完全符合《仲裁规则》(2012年版)的要求。此外，D将被允许出庭作证。

上述命令表明，本案申请人已得到了符合贸仲《仲裁规则》第35条规定的，关于开庭日期的充分通知，以及关于以下事实的充分通知，即仅因为给予本案申请人时间去探索共同提名首席仲裁员人选的可能性，不会使已确定的庭审日期发生改变。

3. 关于自然正义的法律

本案申请人的资深律师所试图说明的，拒绝更改庭审日期造成的唯一损害是，由于通知期限过短，本案申请人无法安排证人作证。然而，这位资深律师没有就下述问题提交任何材料，即该名证人的相关性，以及该名证人的缺席已经以何种方式给本案申请人的抗辩带来了损害或者对涉案裁决造成了影响。

这是一个被反复重申的观点，自然正义并非不受控制的马。它无法被写成一个刻板的公式，无法规定在硬性的规则之中，因此不存在单纯的技术上违反自然正义的情况。自然正义所提出的要求必须根据案件的具体事实和环境而定，并且必须证明主张自然正义规则被违反的一方已遭受某些真实的损害。在"Chairman, Board of Mining Examination and Chief Inspector of Mines & Anr. 诉Ramjee 案"①中，印度最高法院认定：

① (1977) SCC 2 256.

自然正义既不是不受控制的马,也不是潜伏的地雷,更不是司法万能药。如果裁断者对被诉者展现了公平,而且这种基本的程序方面的正当性无论是形式、特征还是基本要素都能随每种情形的具体事实和环境而定,那么就不能主张违反了自然正义。不考虑特定案件在管理方面的实际情况以及其他因素,不切实际地扩大自然正义的范围,可能是有害的。就审理这个问题而言,我们既不能吹毛求疵,也不能感情用事,而应当灵活而坚定。任何人都不应受不公平的打击,才是这个问题的价值取向。

在"Aligarh Muslim University 诉 Mansoor Ali Khan 案"①中,印度最高法院进一步认定:

24. 除违反自然正义,还必须证明损害存在,这一原则是由多个判例确立起来的。

在"K. L. Tripathi 诉 State Bank of India 案"②中,穆克吉(Sabyasachi Mukherji, J.)法官(他当时的职位)也确立了一项原则,即不仅要证明违反了自然正义,还要证明存在事实上的损害(不包括未发出通知的情形)。需要注意的是其引用韦德《行政法》(第5版,第472~475页)的以下内容:(印度最高法判决书第58页第31段)"……不可能用硬性的规则规定自然正义的准则应当何时适用,或者自然正义准则的范围和程度……提出主张的一方还必须遭受了某些真实的损害;不存在单纯的技术上违反自然正义的情况。自然正义的标准必须根据案件的具体事实和环境、调查工作的性质、仲裁庭遵循

① (2000) 7 SCC 529.
② 1984(1) SCC 43.

的规则、审理事项等加以确定。”

从那时起,本院持续在若干案例中适用损害原则。在“State Bank of Patiala 诉 S. K. Sharma 案”①中,本院详尽引述了上述判决和持相同观点的几个其他判决。在该案中,“损害”原则得到进一步阐述。相同的原则在“Rajendra Singh 诉 State of M. P. 案”②中再次得到重申。

关于仲裁程序,印度最高法院在“Sohan Lal Gupta and Others 诉 Asha Devi Gupta and Others 案”③中认定如下:

23. 要构成合理机会,必须满足以下条件:

1. 每一方当事人都必须收到将要举行庭审的通知。

2. 每一方当事人都必须获得合理的机会与其律师及证人一起出席庭审。

3. 每一方当事人都必须拥有全程参与庭审的机会。

4. 每一方当事人都必须获得合理的机会进行举证和辩论以支持其主张。

5. 每一方当事人都必须获得合理的机会通过交叉询问对方证人、提交反驳证据和发表口头辩论等方法来考验对方的主张。

6. 除非有明确的相反约定,否则庭审必须是各方当事人完整举证并发表全部辩论意见的场合。

……

25. 上文提及的会议记录清楚地表明,他不仅收到了关于仲裁程

① (1996) 3 SCC 364.
② (1996) 5 SCC 460.
③ (2003) 7 SCC 492.

序的通知,而且还日复一日地积极参与了仲裁程序。1976年5月24日的通函是由仲裁员发出的,目的是发出关于提醒注意仲裁程序将在加尔各答举行并持续进行的通知。

在"D. L. Miller and Co. Ltd. 诉 Daluram Goganmull 案"①中,法律规则被表述如下:

13. 关于仲裁员不当法律行为的准则近年来被过度适用,以至于在关于这一点的整个判例法分支中,人们都能看到依据自然正义规则的激烈审判。这些规则在完全脱离现实的气氛中被讨论、被煽动,与每起案件的事实相脱节。

在大多数此类案件中,人们都忽略了一个显而易见的问题,即在当事人达成仲裁合意时,他们所约定的并不是自然正义的模糊规则,而是依据当事人的合同及其具体条款的合同正义的具体规则。如果仲裁协议本身为自己规定了一种私程序,那么只要该等约定的私程序不违反国家的法律和法规,那么该约定程序必须优先于自然正义的观念和规则。

在"Hari Om Maheshwari 诉 Vinitkumar Parikh 案"②中,印度最高法院作出如下认定:

13. 在上述情况下,我们需要考虑的问题是,高等法院在受理根据第30条提出的撤销裁决的申请时,是否有权干预仲裁员的自由裁

① AIR 1956 Cal 361.
② (2005) 1 SCC 379.

量权。

……

14. 仅从字面上阅读该条款即表明，民事法院对仲裁员作出的裁决进行干预的权力非常有限，它当然也不允许包括高等法院在内的民事法院干预关于批准或拒绝延期审理的酌情处置令。

……

16. 综上可见，在受理根据该法第30条的规定提出的撤销裁决的诉状或申请时，法院的司法管辖权限严格限于该条提到的理由，我们认为仲裁员同意或拒绝延期审理不属于该法第30条的范畴。无论如何，考虑到该法作为替代性争议解决制度旨在迅速解决争议的目的，在一起自1995年以来一直持续未决的仲裁程序中，仲裁员拒绝一项在1999年提出的延期审理请求，不能说是有悖常理的。

在"National Ability S. A. 诉 Tinna Oil & Chemicals Ltd. & Ors. 案"①中，法院还考察并驳回了关于在仲裁程序中违反自然正义规则的抗辩，其意见如下：

人们不能无视该等国际仲裁程序的性质。仲裁庭确定的日程是需要被严格遵守的，只有在特殊情况下才可延期审理。这样做有其合理性和正当性。至于与国际商事交易有关的争议，仲裁庭确保它们得到最快速、最及时的裁决。这些程序不允许被不必要地拖延，造成延误。事实上，这正是所有仲裁程序——无论是国际仲裁还是国内仲裁——都需要确立的文化。

申请人称，仲裁程序是按照英国的既定做法和程序进行的。这是一个不容忽视的重要事实。如果这些程序在仲裁发生地所在国得到

① 2008（105）DRJ 446.

普遍遵循，那么以印度通行的法律检验标准来考量，就不能说这些程序违反了自然正义规则。早在1963年，在“R. Vishwanathan & Ors. 诉 R. Gajambal Ammal & Ors. 案”[①]中，印度最高法院就对在印度执行外国判决的问题做出了以下切中要害的评述：

40. 在我们处理那些主张之前，可能有必要先解决遗嘱执行人提出的主张，即原告在本案中无权提出组成合议庭的法官存在偏见、成见、报复心或利益冲突的意见。他们认为，根据国际私法发展的最新趋势，只有在提出抗辩的一方未获得正式送达或未获得机会接受聆讯的情况下，方可主张一个外国判决违反自然正义。为支持该等主张，执行人的代理律师援引了戴西《冲突法》的编辑者于第7版第186条规则第1010~1011页中所作陈述并提出，质疑一个外国判决的理由只能是缺乏管辖权，而不能是该判决的作出程序有违自然正义。其依据是切希尔(Cheshire)所著的《国际私法》第6版第675~677页中的以下内容：“然而，‘违背自然正义’这一表述在司法陈述中如此引人注目，以至于如有可能必须明确它的确切范围。唯一较为准确的说法是，在本案中这一表述仅指外国法律程序规则中存在明显瑕疵之处。正如大法官登曼(Denman)在一个早期案例中所说：‘除非我们清楚地看到外国法律，或至少外国法院诉讼程序的某些部分有悖于自然正义，否则绝不能推定存在不公正；而且这一点经常成为我国法院调查的主题。’”

换言之，法院要特别当心的是，被告并未被剥夺发表意见机会的情形。“听取另一方的陈词”(audi alteram partem)[*]这一有益的格言被认为是普遍适用的，而不仅仅是在印度国内适用。事实上，这个问题已缩小到两种情形。第一种，是对缺席的被告推定拥有管辖权的情

① AIR 1963 SC 1.

* 莫听一面之词。——译者注

形……第二种，诉讼当事人虽然参加了诉讼程序，但在向法院发表意见时受到不公正的损害，这是违反自然正义的情形。

……

本人没有发现第二被申请人的反对意见符合任何可据以对此类裁决提出异议的原则，具体而言，第二被申请人不能证明该仲裁庭并非由公正之人组成，或者该仲裁庭未公正、无偏私或诚信地行事。通过提前很长时间确定日程，该做法就给予了争议各方合理的通知，只要该日程得到严格遵守，那么即使仲裁庭拒绝延期审理，也不构成对自然正义规则的否弃。最高法院在"Hariom Maheshwari 诉 Vinit Kumar Parikh 案"[①]中明确规定，如果一方当事人申请延期审理被拒绝，而该方当事人并没有被阻止发表意见，那么通常情况下，该方当事人就不能主张违反自然正义以及被拒绝获得公平的聆讯。

4. 对本案事实的适用

将上述规则适用于本案的具体事实，就不能说本案申请人被拒绝给予有关涉案仲裁庭的任命或仲裁程序的正式通知，或因其他原因被阻止向涉案仲裁庭发表意见，从而可以拒绝执行涉案裁决。

5. 中国法院的判决

本案中另一个重要因素是，本案申请人也曾以类似的理由向中国北京市第四中级人民法院提起对涉案裁决的异议。法院在其2015年12月16日的判决中驳回了本案申请人的主张，并认定如下：

就贸仲的管辖权而言，争议保函以英文书就，其原始条款如下：

Any and all claims, disputes, controversies or differences arising between

① JT 2004 (10) SC 360.

the Parties out of or in relation to or in connection with this Bond shall be submitted for arbitration before China International Economic and Trade Arbitration Commission (“CIETAC”) in Shanghai by three Arbitrators appointed in accordance with the corresponding rules of arbitrations。当本院审查该条款时,双方对该英语条款的解释有不同的说法。B公司主张,上述条款的核心意思是发生争议时,应将争议提交贸仲位于上海的分支机构仲裁,并进一步解释为位于贸仲上海分会的分支机构。A公司主张,上述条款的核心意思是,当发生争议时,应由贸仲在上海进行裁决。本院认为,上述条款中指定的仲裁机构明确是指贸仲,即中国国际经济贸易仲裁委员会,与中国国际经济贸易仲裁委员会上海分会的英文表述明显不同。至少可以说,即使双方约定的仲裁机构是贸仲上海分会,根据最高人民法院《关于对上海市高级人民法院等就涉及中国国际经济贸易仲裁委员会及其原分会等仲裁机构所作仲裁裁决司法审查案件请示问题的批复》(以下简称《贸仲原分户问题批复》)第3条的规定,B公司基于上述理由主张撤销仲裁裁决书的请求也不应得到支持。

此外,贸仲对本案适用贸仲《仲裁规则》(2012年版)或在原首席仲裁员辞任后重新指定首席仲裁员等做法,均不存在明显的程序瑕疵。因此,本院对B公司以此为由要求撤销仲裁裁决的意见不予采纳。至于B公司关于仲裁庭匆忙决定开庭导致其关键证人无法出庭的主张,我们认为,该证人的缺席与双方当事人陈述意见的机会无关。因此,这一理由不是撤销裁决的合法依据,本院不予审查。

虽然本院不受上述判决的约束,但本人没有理由不同意上述判决。

四、申请执行人授权代表的身份问题

本案申请人的资深律师提出的最后一个主张是,本执行裁决申请并非由申请执行人的正式授权代表提交,因此应予驳回。其指出,执行裁决申请是由一位名叫E的提交的,其自称已经依据2015年5月13日的授权书获得了一位名叫F的授权,但是,给F的授权书却未被记录在案。申请执行人的资深律师对此进行了反驳,其依据的是G律师(北京)和外国法律顾问H(北京)发表的题为《法定代表人:了解风险和责任》的论文。其中指出,法定代表人被任命代表公司行事,并被授权按照公司的宗旨实施有关公司一般管理的所有行为。法定代表人可以采取合法必要的行动,实现公司资产的保值与增值,代表公司签署《授权委托书》,并授权他人担任公司诉讼的法律代理人。其据此认为F不仅有权提交本执行裁决申请,还有权将上述权力转委托给E。本人同意申请执行人律师的意见。本案申请人/被执行人的主张并不是申请执行人已在任何诉讼程序中否认了本申请,或质疑过F的授权。

本案申请人的资深律师进一步指出,E是在代理申请执行人参与本执行裁决申请的律师事务所中工作的一名律师。根据本法院在"Baker Oil Tools (India) Pvt. Ltd. 诉 Baker Hughes Ltd. & Anr. 案"①中的判决,本案申请人的资深律师主张,这种做法不仅被本法院所贬斥,并且本法院已认定法律不允许律师在同一案件中以两种身份行事,即作为律师和作为授权委托书持有人。

在本案中,虽然E是在代理申请执行人的律师事务所工作的律师之一,但本人发现,对律师的授权书是由E代表申请执行人签署,给以个人身份担任代理律师的J和K的。因此,本人认为上述案例的判决对本案申请人没有任何帮助。

无论如何,上述质疑不属于《仲裁与调解法》第48条的范围,也不能用以拒绝执行外国裁决。

五、结论

综上,本人认为,本案申请人对执行涉案裁决提出的反对意见不能成立,因

① 2011 SCC OnLine Del 2567.

此驳回本申请,且不涉及费用问题。

由于对执行涉案裁决提出的异议已被驳回,被执行人应在即日起的4周期限内向执行申请人支付裁决的金额,如无法支付则应在同一期限内按照1908年《民事诉讼法典》附件E表格16A的规定提交披露其资产情况的宣誓书。

第三部分 案例评述

一、印度执行外国裁决的基本法律框架

印度于1960年7月13日正式批准了《纽约公约》。印度加入公约时对其适用性作了互惠保留和商事保留,具体体现在《仲裁和调解法》[①]第44条的规定中。根据第44条的规定,该法第二部分第一章中的"外国裁决"(foreign award),是指在1960年10月11日当天或之后作出的,处理产生于当事人之间的依印度生效法律具有商事属性的法律关系(合同关系或非合同关系)的争议的,并且满足以下两个条件的仲裁裁决:(1)仲裁依据为《纽约公约》适用的书面仲裁协议;并且(2)仲裁地点位于印度中央政府确信已作出互惠安排的,并以《官方公报》(the Official Gazette)通知的形式宣布为《纽约公约》适用的国家或地区。[②]

值得注意的是,与一般意义上的互惠保留不同,根据上述规定,如果某个《纽约公约》的缔约方没有被印度中央政府以《官方公报》通知的形式宣布为《纽约公约》适用的国家或地区,那么在其境内作出的仲裁裁决,就不属于《仲裁和调解法》第二部分第一章中所说的外国裁决,进而不能依据该章规定获得承认与执行。

---

① 载 https://www. indiacode. nic. in/bitstream/123456789/1978/3/a1996 - 26. pdf # search = Arbitration%20and%20 Conciliation%20Act,最后访问日期:2024年12月14日。

② See Section 44 of the Arbitration and Conciliation Act.

(一)有关承认和执行外国仲裁裁决的法律机制

在印度申请承认和执行外国仲裁裁决的主要法律依据是《仲裁和调解法》。该法第二部分(Part Ⅱ)是关于执行特定外国裁决(Enforcement of Certain Foreign Awards)的规定。该部分第一章(Chapter Ⅰ)是关于执行《纽约公约》下的裁决(New York Convention awards)的规定,其中第46条至第49条体现了《纽约公约》的规定,该法第1附表(first schedule)就是《纽约公约》原文。

根据《仲裁和调解法》第46条的规定,任何可以强制执行的外国裁决对裁决的当事人具有约束力,裁决的当事人可以在任何印度法律程序中以该裁决为依据提出抗辩、抵销,或者以其他方式加以援用。① 根据该法第49条的规定,如果法院认为一个外国裁决可根据第二部分第一章的规定得到执行,则该裁决应被视为该法院的判决(decree)。② 上文印度法院判决全文引述了该法48条的内容,该法第47条的内容详见下文分析。

除《仲裁和调解法》的上述规定外,在印度申请承认和执行《纽约公约》下的裁决,还应适用印度《1908年民事程序法典》(The Code of Civil Procedure, 1908)的相关规定,以及印度最高法院(Supreme Court)和相关高等法院(High Court)的权威判例(authorities)。

(二)执行纽约公约下的裁决的主要程序

1. 需要向法院提交的文件

根据《仲裁和调解法》第47条的规定,在印度寻求承认或执行纽约公约下的裁决的当事人必须提供的证据包括:(1)原裁决之正本,或者按照裁决作出国法律规定的方式获得正式认证的副本;(2)仲裁协议的正本或经正式认证的副本;(3)能够证明该裁决满足第44条规定的外国裁决条件的必要证据。同时,如果上述裁决或协议是以外国语言书就的,申请承认及执行裁决的当事人

---

① See Section 46 of the Arbitration and Conciliation Act.

② See Section 49 of the Arbitration and Conciliation Act.

应就这些文件提供该方所属国家的外交或领事人员核证为正确的英文译本，或者根据印度现行法律以其他方式核证为正确的英文译本。[①]

2. 诉讼时效

《仲裁和调解法》第二部分第一章中并不包含与时效期间有关的规定。但是，该法第一部分第十章第43条规定，印度《1963年时效法》(Limitation Act, 1963)也应当适用于仲裁程序，正如它适用于法院诉讼一样。[②] 该第43条属于《仲裁和调解法》的第一部分(Part Ⅰ)“仲裁”(Arbitration)的规定，似乎不应适用于第二部分“执行特定外国裁决”第一章“《纽约公约》下的裁决”涉及的情形。

但有专家注意到，从2006年开始，孟买高等法院在一系列判例中，通过援引第43条将《1963年时效法》的适用范围扩展到外国裁决的执行，并依据《1963年时效法》中的剩余规定(residual provision)确定外国裁决适用的时效期间是从申请权产生之日(外国裁决作出之日)起算的3年。[③]

2020年，印度最高法院在“Government of India诉Vedanta Limited and Ors案”[④]中，依据《1963年时效法》附表第137条的规定，阐明申请承认和执行外国裁决的申请必须在权利产生后的3年内提出。[⑤] 据此，在印度关于执行外国裁决的申请必须在该外国裁决作出之日起3年内提出。

3. 管辖法院

《仲裁和调解法》第47条中的“解释”(Explanation)，规定了有权受理执行《纽约公约》项下的裁决申请的法院。具体而言，这样的法院须同时满足两个

---

① See Section 47 of the Arbitration and Conciliation Act.

② See Section 43 of the Arbitration and Conciliation Act.

③ George A. Bermann ed., *Recognition and Enforcement of Foreign Arbitral Awards: The Interpretation and Application of the New York Convention by National Courts*, Springer, 2017, p.473.

④ Civil Appeal No. 3185 of 2020 [arising out of SLP (Civil) No. 7172 of 2020].

⑤ Sanjeev K. Kapoor & Saman Ahsan, *Is there a time limit for applying for the recognition and enforcement of an arbitral award?*, Global Arbitration Review (Mar. 25, 2024), https://globalarbitrationreview.com/insight/know-how/challenging-and-enforcing-arbitration-awards/.

条件:其一,必须是高等法院;其二,该高等法院或者其下级法院必须对构成有关外国裁决的争议事项(subject-matter)的问题(question)具有原始管辖权(original jurisdiction)。[①] 满足上述两个条件的高等法院有权根据《仲裁和调解法》第47条与第49条的规定,对执行申请进行管辖。

4. 其他执行途径

根据《仲裁和调解法》第二部分第一章第51条的规定,该章中的任何规定均不得损害任何人在假如本章未生效的情况下本应享有的在印度执行任何裁决或利用任何裁决的权利。[②] 有专家指出,申请执行人可以根据印度《1908年民事程序法典》寻求执行一项外国裁决。但是,其过程非常复杂。申请执行人首先要将外国仲裁裁决转化为外国法院判决,然后依据《1908年民事程序法典》第13条和第14条的规定,凭借上述外国法院判决在印度提起一项民事诉讼。如果能够满足法律规定的特定条件,该外国法院判决可被视为具有决定性(conclusive),进而取得一项印度民事判决,最终实现外国裁决的执行。[③]

二、关于是否承认和执行裁决的争议焦点评析

如前所述,本案值得关注之处:一是相关印度法律规则及适用;二是运用程序权力平衡不同价值追求;三是管辖问题中的仲裁机构与仲裁地。以下分述之。

(一)相关印度法律规则及适用

1. 国内法依据

由于《纽约公约》未作具体规定,因此第5条第1款(乙)项必须依据有关缔约方国内法的相关规定方能适用。在实践中有两种做法,一是依据仲裁地的

① See Section 47 of the Arbitration and Conciliation Act.

② See Section 51 of the Arbitration and Conciliation Act.

③ George A. Bermann ed., *Recognition and Enforcement of Foreign Arbitral Awards: The Interpretation and Application of the New York Convention by National Courts*, Springer, 2017, p. 450.

国内法;二是依据承认与执行地的国内法。[①] 从本案来看,印度法院的做法是依据印度法,即承认与执行地的国内法,来适用《纽约公约》第5条第1款(乙)项规定的。

但需要注意的是,本案判决在结尾部分,还用“另一个重要因素”的措辞,引述了B公司在中国国内申请撤销涉案裁决时北京市第四中级人民法院判决的部分内容,并称“虽然本法院不受上述判决的约束,但本人没有理由不同意上述判决”。从这一点来看,印度法院在适用《纽约公约》第5条第1款(乙)项规定时,似乎也并非全然不考虑仲裁地的国内法。

当今世界,各国法律普遍包含关于争议解决中程序公平的要求,但具体称谓有所不同,比如,美国法中的“正当程序”(due process);又如,本案印度法中的“自然正义”(natural justice)等。在这些不同的称谓之下,程序公平的具体要求也各不相同。

2. 印度法中自然正义的要求

本案判决在引述印度最高法院“Chairman, Board of Mining Examination and Chief Inspector of Mines & Anr. 诉 Ramjee 案”“Aligarh Muslim University 诉 Mansoor Ali Khan 案”等权威判例的基础上,阐述了印度法中自然正义的含义、要求和构成要件。具体而言:(1)自然正义是关于“基本的程序方面的正当性”的要求;(2)“自然正义……无法规定在硬性的规则之中……自然正义所提出的要求必须根据案件的具体事实和环境而定”;(3)主张自然正义规则被违反的一方必须证明其“已经遭受了某些真实的损害”。值得注意的是,这里的“损害”(prejudice)一词,还具有偏见的含义。不难想见,这里的损害包含了参与争议解决程序的各方当事人之间在程序方面的不公平和不对等。

关于自然正义对仲裁程序的要求,在“Sohan Lal Gupta and Others 诉 Asha

---

① 中国国际仲裁30人:《1958年〈承认与执行外国仲裁裁决公约〉(〈纽约公约〉)理论与适用》,法律出版社2020年版,第114页。

Devi Gupta and Others 案”中，印度最高法院将其概括为六个方面，即每一方当事人：(1)都必须收到将要举行庭审的通知；(2)都必须获得合理的机会与其律师及证人一起出席庭审；(3)都必须拥有全程参与庭审的机会；(4)都必须获得合理的机会进行举证和辩论以支持其主张；(5)都必须获得合理的机会通过交叉询问对方证人、提交反驳证据和发表口头辩论等方法来考验对方的主张；(6)除非有明确的相反约定，否则庭审必须是各方当事人完整举证并发表全部辩论意见的场合。

自然正义规则在仲裁程序中的适用受严格限制。“D. L. Miller and Co. Ltd. 诉 Daluram Goganmull 案”指出，“如果仲裁协议本身为自己规定了一种私程序，那么只要该等约定的私程序不违反国家的法律和法规，那么该约定程序必须优先于自然正义的观念和规则”。

3. 自然正义规则在本案中的适用

关于首席仲裁员的选任问题，本案判决指出，涉案仲裁庭的首席仲裁员是按照各方当事人之间仲裁协议选择的《仲裁规则》中的相关规定[①]指定的；初始首席仲裁员是按照协议规定的指定程序予以指定的，因此，在指定替代仲裁员时必须遵循相同的指定程序；在贸仲给予双方当事人另一次共同选定首席仲裁员的机会后，B 公司并未在这方面采取过任何措施，这表明 B 公司只是在试图利用一个无关紧要的问题来质疑涉案裁决。因此，本案判决没有采信 B 公司的意见。

关于开庭通知期限过短的问题，本案判决引述了“Hari Om Maheshwari 诉 Vinitkumar Parikh 案”“National Ability S. A. 诉 Tinna Oil & Chemicals Ltd. & Ors. 案”等权威判例，指出，“民事法院对仲裁员作出的裁决进行干预的权力非常有限，它当然也不允许包括高等法院在内的民事法院干预关于批准或拒绝延期审理的酌情处置令”；“至于与国际商事交易有关的争议，这些仲裁庭确保它

---

① 亦即前述“D. L. Miller and Co. Ltd. 诉 Daluram Goganmull 案”中所谓的“私程序”。

们得到最快速、最及时的裁决……通过提前很长时间确定日程,该做法就给予了争议各方合理的通知,只要该日程得到严格遵守,那么即使仲裁庭拒绝延期审理,也不构成对自然正义规则的否弃”。

根据涉案仲裁程序的事实经过,本案判决得出结论,不能说B公司被拒绝给予有关涉案仲裁庭的任命或仲裁程序的正式通知,或因其他原因被阻止向涉案仲裁庭发表意见,从而可以拒绝执行涉案裁决。

(二)运用程序权力平衡不同价值追求

仲裁庭的程序权力来自当事人的约定和仲裁规则的授权,在各方当事人就一些程序问题无法达成一致时,由仲裁庭凭借程序权力来定分止争。在本案中,涉案仲裁庭关于开庭日期、提交材料以及证人出庭等问题作出各项决定,就是在行使其程序权力。

1. B公司的可能策略

从本案判决的分析中可以看出,B公司的做法或许体现了一种当事人在仲裁程序中的常见策略,即在程序问题上提出异议或者请求,如被仲裁庭或仲裁机构拒绝,则日后对仲裁结果不满时,就以此为由主张违反程序公正,申请撤销仲裁裁决,或阻挠仲裁裁决的执行。面对当事人这样的策略,仲裁庭需要巧妙运用自己的程序权力,在确保程序公平的前提下,既要尊重当事人自治,又要避免仲裁程序过分拖延,公平高效地推进争议解决,保障各方当事人的正当利益。

在本案中,B公司选择提出异议或请求的程序问题包括仲裁庭的组成、仲裁程序的通知、就案件发表意见等,都是很有代表性的。根据本案判决的分析,涉案仲裁程序在这些方面并不存在瑕疵。因此,不能排除B公司提出相关异议和请求均属于策略行为的可能性。前文简述了B公司在仲裁过程中提出的异议与请求,此处不再赘述,仅梳理B公司所提理由的逻辑关系。

(1)涉案仲裁庭组成不合法

B公司所谓的“不合法”,是就初始首席仲裁员X主动辞任后,贸仲主任指定Y作为替代仲裁员的做法而言的。根据贸仲《仲裁规则》第31条第3款的规定,选定或指定替代仲裁员,应按照原选定或指定仲裁员的方式和期限进行。B 公司主张,这里的"原选定或指定仲裁员"的程序是指贸仲《仲裁规则》第 25 条第 2 款、第 3 款和第 4 款规定的程序,即给予双方当事人 15 天的时间共同选定首席仲裁员。据此,B 公司主张,贸仲主任直接指定 Y 担任首席仲裁员的做法不合法。

(2)开庭通知不是有效/适当通知

基于上述分析,B 公司声称,贸仲给予双方当事人 15 日时间是为弥补"不合法"指定替代仲裁员的程序瑕疵。B 公司据此主张,只有在 15 日届满后,即 2014 年 11 月 15 日涉案仲裁庭才能被视为有效成立;进而,2014 年 10 月 15 日发出的开庭通知,先于其主张的涉案仲裁庭有效成立的日期(2014 年 11 月 15 日),就违反了贸仲《仲裁规则》第 35 条第 1 款关于"仲裁庭确定第一次开庭日期后,应不晚于开庭前 20 天将开庭日期通知双方当事人"的规定,因此该通知不是有效通知,也不是《纽约公约》规定的"适当通知"。

(3)被剥夺发表意见的机会

根据 B 公司的逻辑,2014 年 10 月中旬的开庭通知不仅不"适当",而且由于该通知在开庭前给 B 公司预留的准备时间过短,加之涉案仲裁庭又拒绝了 B 公司关于推迟庭审的请求,致使 B 公司"由于其他原因"无法安排证人出庭作证,未能就案件发表意见,被剥夺了发表意见的机会。

立足策略的视角,或许能在一定程度上体会 B 公司的异议和请求给涉案仲裁庭带来的挑战。从本案判决所引述的内容可以看出,贸仲/涉案仲裁庭行使程序权力绝非直接作决定这么简单。无论是回应 B 公司提出的异议,还是拒绝 B 公司的程序请求,贸仲/涉案仲裁庭在依程序权力作出处理之前,必须"以案件事实为依据,以仲裁协议和贸仲《仲裁规则》为准绳"进行说理。下文,从说理入手理解程序权力的运用。

2. 贸仲/涉案仲裁庭程序权力的具体运用

(1)阐释组庭的合法性

诚如贸仲/涉案仲裁庭在 2014 年 11 月 20 日的决定中所述,涉案仲裁庭的组成以及相关仲裁员的替换都是合法有效的,B公司所谓"不合法"的说法不能成立。因为,初始首席仲裁员X本就不是双方当事人共同选定或共同委托贸仲主任指定的,而是由贸仲主任根据贸仲《仲裁规则》有效指定的。因此,在X辞任后,固然应当按照与"原选定或指定仲裁员"同样的程序选定或指定替代仲裁员,但这里同样的程序并非给予双方当事人15日的时间共同选定,而是同样应由贸仲主任指定。据此,涉案仲裁庭的组成以及首席仲裁员的替换都是符合贸仲《仲裁规则》的。

(2)尊重当事人自治

尽管并无程序瑕疵需要弥补,但贸仲/涉案仲裁庭没有拒绝B公司的请求,仍然通知双方当事人,给予其15日的协商时间以及共同选定首席仲裁员的机会。显然,贸仲运用程序权力作出的这一安排体现了对当事人自治的尊重。值得注意的是,就在同一封函件中,贸仲明确提出,如果双方未能在15日内共同指定或共同委托贸仲主任指定一名首席仲裁员以替代Y,则受贸仲主任依据第31条第3款的规定指定担任首席仲裁员的Y应维持不变。这一安排的含义是,涉案仲裁庭组庭工作已依法完成,即使发生双方当事人在15日内共同指定或共同委托指定另一名仲裁员替换首席仲裁员Y的情况,产生的也仅为更换仲裁员的效果,而并非重新组庭。

基于对双方当事人意思自治的尊重,此时当事人也不能以仲裁庭组成不正确或仲裁庭尚未组成为由阻碍仲裁庭对包括开庭在内的后续仲裁程序的安排,除非更换仲裁员的仲裁庭根据案件具体情况对开庭等事宜另行作出安排。

(3)快捷高效解决争议

根据本案判决,B公司至少两次以"缺乏合理的机会就案件发表意见"为由提出推迟开庭的申请,贸仲/涉案仲裁庭均予以拒绝。第一次,贸仲/涉案仲裁庭分析了既往仲裁程序的时间跨度,以此推翻了B公司关于"缺乏合理机会"的主张。第二次,贸仲/涉案仲裁庭拒绝了B公司以证人出庭问题为由提出的延期开庭申请,但同时运用程序权力,为方便B公司提交证人证言以及证人出庭作出了特殊安排。可见,贸仲/涉案仲裁庭凭借程序权力拒绝延期开庭是为了争议的快捷高效解决,但对效率的追求并未剥夺当事人“就案件发表意见”的合理机会,亦非以损害程序公平为代价。

以上就是对本案贸仲/涉案仲裁庭程序权力具体运用的简要分析。值得注意,本案印度法院尊重了涉案仲裁庭的程序权力,这也反映了大多数国家法院的普遍做法。[①] 这或许与《纽约公约》支持执行(pro-enforcement)的目标一致,其第5条第1款(乙)项仅在存在严重程序不公,且这种不公被证明对仲裁程序或裁决有实质性影响的情况下,才为不予承认提供依据。[②]

(三)管辖问题中的仲裁机构与仲裁地

如前所述,贸仲的《仲裁规则》修改是涉案仲裁管辖争议的一个重要背景。具体而言,涉案仲裁协议签订于2011年11月,当时贸仲仲裁适用的是《仲裁规则》(2005年版)。2012年5月1日,贸仲修订了《仲裁规则》。2013年4月8日,原贸仲上海分会在上海市司法局登记为上国仲,涉案仲裁始于2013年11月。

B公司根据《仲裁规则》(2005年版)第2条第7款、第8款的规定,即贸仲在上海设有贸仲上海分会,当事人可以约定将争议提交贸仲上海分会在上海进行仲裁,如无此约定,由申请人选择,由贸仲在北京进行仲裁,或者由其华南分会在深圳进行仲裁,或者由其上海分会在上海进行仲裁,以涉案仲裁协议中包含“提交中国国际经济仲裁委员会(‘贸仲’)在上海”[before China International Economical and Trade Arbitration Commission (‘CIETAC’) in Shanghai]和《贸仲原分会问题批复》第1条为由,主张本案当事人约定将争议提交原贸仲上海分会,原贸仲上海分会已更名为上国仲,争议应由上国仲管辖。

---

① 中国国际仲裁30人:《1958年〈承认与执行外国仲裁裁决公约〉(〈纽约公约〉)理论与适用》,法律出版社2020年版,第134页。

② Gary B. Born, *International Commercial Arbitration*, 3th ed., Kluwer, 2021, p. 5881.

其主张的逻辑在于，本案合同签订时贸仲适用《仲裁规则》（2005年版），双方当时仲裁条款的合意应依据该规则解读为争议提交贸仲上海分会，故按照《贸仲原分会问题批复》第1条的规定，合同签订于原贸仲上海分会登记为上国仲之前，争议应提交上国仲解决。

但是，无论是对案涉裁决执行作出判决的印度法院，还是国内就案涉裁决进行司法审查的北京市第四中级人民法院，均认为合同约定的仲裁机构明确为贸仲，不认可B公司将双方约定的贸仲在上海仲裁必然解读为贸仲上海分会仲裁。同时印度法院还结合《仲裁规则》（2005年版）第31条的有关仲裁地的规定，指出仲裁地与仲裁机构有所区别，是两个不同的概念，不能在双方对机构有明确约定的情况下，基于仲裁地的约定对仲裁机构另作推论。在不认可B公司关于仲裁协议约定的解读的情况下，尽管案涉合同签订于原贸仲上海分会登记为上国仲前，《贸仲原分会问题批复》有关争议提交上国仲的规定也没有可适用的前提。

需要指出的是，贸仲上海分会是贸仲在上海的派出机构，根据贸仲的授权接受仲裁申请、管理仲裁案件。贸仲上海分会与贸仲是一个仲裁委员会，适用同一仲裁规则和仲裁员名册，而不是独立仲裁机构。2012年《仲裁规则》被修改后，贸仲重组了贸仲上海分会。根据当前施行的《仲裁规则》（2024年版），贸仲上海分会接受约定提交贸仲上海分会仲裁（2013年4月8日之后仲裁条款或协议）或约定提交贸仲在上海仲裁的仲裁申请。

俄罗斯

Russia

中国A工程机械生产公司诉俄罗斯B公司销售合同争议案仲裁裁决在俄罗斯的承认与执行

第一部分　导　　读

中国A工程机械生产公司(以下简称申请人)与俄罗斯B公司(以下简称被申请人)签署了7份工程机械销售合同(以下简称涉案合同),双方因履行涉案合同产生纠纷。申请人依据合同中的仲裁条款,向贸仲申请仲裁,要求被申请人偿付欠款、违约金及仲裁费用。被申请人未派人参加仲裁程序。2017年8月,贸仲裁决被申请人向申请人支付785万美元,其中包括欠款、违约金、仲裁费及律师费。

由于被申请人未履行涉案裁决,申请人在俄罗斯向莫斯科市仲裁法院申请承认和执行涉案裁决。

申请人主张,贸仲依据2015年版《仲裁规则》第8条的规定,合理地将仲裁程序通知送达被申请人,通知文件被寄往了被申请人在俄罗斯法人国家统一登记簿中的注册地址。为证明这一点,申请人向法院提交了快递底单,然而底单上的收件地址与登记地址不符,且快递底单上没有被申请人的签名。被申请人则辩称,其从未收到仲裁通知。

争议的核心在于,被申请人是否收到了仲裁程序的通知。根据《纽约公约》和《俄罗斯联邦国际商事仲裁法》的相关规定,合理通知是承认和执行外国仲裁裁决的前提。在一审中,莫斯科市仲裁法院认定,仲裁通知的快递地址与被申请人的登记地址不符,且缺乏被申请人的签收,因此无法认定通知已被有效送达,驳回了申请人的请求。

申请人不服一审裁定,提起上诉至莫斯科大区仲裁法院,认为贸仲已尽到了合理通知的义务,并指出被申请人没有通知其地址变更。但二审法院维持了一审裁定,认为贸仲未将通知寄至被申请人的正确地址,因此裁决不应被承认和执行。

申请人继续上诉至俄罗斯联邦最高法院。最高法院审查了案件的证据,认定贸仲将仲裁通知寄往了合同中约定的地址,并且邮件由两位俄罗斯公民签收。根据《俄罗斯联邦国际商事仲裁法》的规定,将通知发送至被申请人最后已知的地址,即视为已送达。法院还指出,被申请人未在合同约定的期限内告知地址变更,因此应视为贸仲已尽到了合理的通知义务。

最终,俄罗斯联邦最高法院推翻了一审和二审法院的裁定,认定贸仲已经履行了合理通知的义务,裁决应当被承认和执行。2019 年 11 月 29 日,最高法院裁定承认和执行贸仲的仲裁裁决,并责令莫斯科市仲裁法院发出执行令。

本案是俄罗斯联邦最高法院首次裁定承认和执行外国仲裁裁决的案例。

第二部分 俄罗斯法院判决

一、莫斯科市仲裁法院(一审法院)裁定书①

中国A工程机械生产公司诉俄罗斯B公司

莫斯科市仲裁法院

判决日期:2019年3月15日

(一)查明事实

莫斯科市仲裁法院收到申请人的申请,要求承认和执行贸仲于2017年8月作出的第M20161×××号案件仲裁裁决。

第三人代理人未出庭,已适当通知其开庭时间和地点。

联邦金融监管局向法院提交了书面意见,请求在其代理人缺席的情况下审理申请。

被申请人代理人反对支持申请,并提交了书面答辩。被申请人提出反对意见所援引的理由是,其没有收到关于在中国进行仲裁程序的信息,仲裁院没有向他发送通知。

申请人代理人在庭审中坚持其在申请书中陈述的全部理由。

申请人提出申请的依据是,贸仲于2017年8月在北京作出的第M20161×××号案件仲裁裁决裁定被申请人向申请人支付:

1. 货款335万美元;

---

① 载 https://kad.arbitr.ru/Document/Pdf/a827a856-8bbf-4ad5-a664-6034b22790ed/5ee76f2d-8a9b-4c10-9bc5-c892d025c558/A40-217053-2018_20190315_Opredelenie.pdf?isAddStamp=True,最后访问日期:2024年11月28日。

2. 暂计至2016年8月31日的逾期付款违约金165万美元；

3. 自2016年9月1日起，针对20万美元的逾期付款违约金，按每日0.05%计算，直至货款付清之日；

4. 以20万美元为基数，按照6.4%上浮50%的年利率标准，从2013年7月2日起，计算至货款付款之日的逾期付款利息；

5. 律师费和差旅费人民币30万元；

6. 仲裁费人民币45万元。

该仲裁裁决是根据对基于申请人和被申请人之间订立的2013年1月16日的第ZLL－1301001、2013年1月16日的第ZLL－1301002、2013年1月28日的第ZLL－1301008、2013年2月20日的第ZLL－1302010、2013年3月4日的第ZLL－1302003、2013年3月28日的第ZLL－1303006、2013年4月26日的第ZLL－1304005合同未能适当履行所产生之争议的审理结果作出的。

由于被申请人至今未能履行涉案裁决，申请人提出了该申请。

（二）判决理由

在审查了该申请，听取了双方代理人陈述的理由，并研究了案件材料之后，本案法院认为申请不应该得到支持，理由如下：

对申请人和被申请人订立涉案合同的事实，当事人均没有提出异议。同样没有提出异议的是，按照涉案合同第14.2条的规定，双方约定了在仲裁机构即贸仲进行仲裁的仲裁条款。

根据《俄罗斯联邦仲裁程序法典》第241条第1款的规定，外国法院就在进行商事和其他经济活动中产生之争议和其他案件作出的裁决（外国法院），仲裁机构和国际商事仲裁机构就在进行商事和其他经济活动中产生之争议和其他案件在外国作出的裁决（外国仲裁裁决），在俄罗斯联邦由仲裁法院予以承认和执行，如果俄罗斯联邦的国际条约和联邦法律规定承认和执行此类裁决。

俄罗斯联邦和中国是《纽约公约》的成员国。

在俄罗斯联邦境内承认和执行外国仲裁裁决（外国仲裁机构的裁决）由

《纽约公约》(第1条)、特定的双边国际条约和俄罗斯法律(《俄罗斯联邦仲裁程序法典》第31章)的规定所规范。

根据《纽约公约》第3条的规定,各缔约方应承认仲裁裁决具有拘束力,并依援引裁决地之程序规则及下列各条所载条件执行之。承认或执行适用本公约之仲裁裁决时,不得较承认或执行内国仲裁裁决附加过苛之条件或征收过多之费用。

根据《纽约公约》第5条之规定,裁决仅在被申请一方当事人向申请承认及执行地的主管机关提出证据证明有下列情形之一时,才可以根据该当事人的请求对其拒绝承认和执行:被申请执行裁决的一方当事人没有得到指定仲裁员或仲裁程序的适当通知,或由于其他原因而未能就案件发表意见[第5条第1款(乙)项]。

1992年6月19日,《中华人民共和国和俄罗斯联邦关于民事和刑事司法协助的条约》(以下简称《中俄民事和刑事司法协助条约》)在北京订立。根据该条约,缔约双方应当根据条约规定的条件,在各自境内承认本条约生效后在缔约另一方境内作出的下列裁决,而根据裁决性质需要执行的,还要予以执行:(1)法院的民事裁决;(2)法院对刑事案件中有关损害赔偿作出的裁决;(3)仲裁庭作出的裁决(《中俄民事和刑事司法协助条约》第16条)。

此外,根据《中俄民事和刑事司法协助条约》第20条之规定,对有下列情形之一的法院裁决,不予承认与执行:根据作出裁决的缔约一方的法律,未出庭的当事一方未经合法传唤。

根据《俄罗斯联邦仲裁程序法典》第243条第3款之规定,仲裁法院将在庭审中查明,本案是否存在《俄罗斯联邦仲裁程序法典》第244条规定的拒绝承认和执行外国法院和外国仲裁裁决的理由。

根据《俄罗斯联邦仲裁程序法典》第244条第3款之规定,仲裁法院可以根据《俄罗斯联邦国际商事仲裁法》规定的拒绝签发强制执行国际商事仲裁裁决执行令的理由,拒绝全部或部分承认和执行外国仲裁裁决,除非俄罗斯联邦订立的国际条约另有规定。

根据1993年7月7日第5338－1号《俄罗斯联邦国际商事仲裁法》第36条第1款之规定，无论仲裁裁决在哪个国家作出，如果被执行人向请求承认或执行的管辖法院提供证据，证明其未被适当通知有关仲裁员的指定或仲裁程序，包括仲裁庭开庭的时间和地点，这将成为拒绝承认或执行该仲裁裁决的理由。

如对贸仲于2017年8月8日作出的第M20161×××号案件项下仲裁裁决所述，各方也未提出异议，该争议是在被申请人缺席的情况下进行审理的。

在通知方面，申请人在申请中指出："……被申请人已经得到关于仲裁程序的适当通知。"

贸仲2017年8月8日的第M20161×××案件项下仲裁的裁决文本显示，其已根据《仲裁规则》第8条之规定多次及时地向被申请人发送了通知和程序文件：

2016年12月8日，贸仲仲裁庭分别向申请人和被申请人发送了仲裁通知书、《仲裁规则》和《仲裁员名册》的通知。此外，还向被申请人发送了申请人提交的仲裁申请书和附件。查询结果显示，上述文件已被收到，并且收件人已经签收。贸仲于2017年3月17日在北京作出了本案开庭的决定。2017年2月13日，贸仲分别向申请人和被申请人送达了开庭传票及相关附件，并通知了本案的开庭日期。根据查询结果显示，上述文件已被收到，并且收件人在收到文件时签字确认了。2017年4月11日，申请人向贸仲仲裁庭提交了补充意见和证据。同一天，贸仲仲裁庭通过EMS快递向被申请人发送了上述材料，以书面形式通知了被申请人案件开庭时间，并告知被申请人若对上述文件或本案有任何意见或异议应以书面形式在规定期限内提出。在上述期限内，被申请人没有提出意见或者异议。根据《仲裁规则》第8条之规定，该案仲裁文件视为已经向双方送达。

经过审查上述理由，法院查明，贸仲向被申请人进行送达所有文件的地址是莫斯科市和平大街19号1号楼1号室。该地址是被申请人在签署争议合同时在“前言”和“各方法定地址”中注明的地址,并且直至2018年9月12日都是被申请人的有效法定地址。

这一事实被在本申请附件提交的截至2018年9月12日的国家法人统一登记簿摘录所证实,在此日期之前,贸仲已向被申请人发送了通知。

然而,申请人的前述理由与案件材料中提交的证据相互矛盾。

为了证实被申请人得到了适当通知的事实,申请人在案件材料中提交了编号为CT537981407CN、CT537978853CN、CT547724059CN和CT537975525CN的邮寄通知书。

但是,根据被申请人代表的解释,上述邮件的发送地址为工业街40号1号楼。

该地址与国家法人统一登记簿摘录中注明的被申请人地址及在2013年1月16日的第ZLL－1301001号合同、2013年1月16日的第ZLL－1301002号合同、2013年1月28日的第ZLL－1301008号合同、2013年2月20日的第ZLL－1302010号合同、2013年3月4日的第ZLL－1302003号合同、2013年3月28日的第ZLL－1303006号合同、2013年4月26日的第ZLL－1304005号合同中注明的地址均不相符。

此外,根据申请人提供的公证翻译(登记号:77/199－н/×××)得出结论,在编号为CT537981407CN、CT537978853CN、CT547724059CN和CT537975525CN的邮寄通知书的“收件人”一栏中,没有收件人签字。

申请人在对被申请人答辩的书面解释中提出的理由,并没有否定这些违规行为的存在(存在未向被申请人适当通知仲裁程序这一事实)。

以其他方式通知被申请人的证据,包括根据1992年6月19日《中俄民事和刑事司法协助条约》第12条至第15条规定的方式通知被申请人的证据,未向法院提交。

根据《纽约公约》《中俄民事和刑事司法协助条约》的上述规范和俄罗斯法

律(《俄罗斯联邦仲裁程序法典》第244条)规定,该违规行为已经构成拒绝支持关于执行外国仲裁裁决——贸仲于2017年8月作出的第M20161×××案件项下的仲裁裁决之申请的单独理由。

与此同时,对于申请人和被申请人的其他理由,法院均予以驳回,因为它们超出了《俄罗斯联邦仲裁程序法典》第31章所规定的范围。

根据《俄罗斯联邦宪法》第123条和《俄罗斯联邦仲裁程序法典》第8和第9条之规定,诉讼程序是在各方辩论和平等的基础上进行的。

根据《俄罗斯联邦仲裁程序法典》第9条、第65条之规定,当事人有责任证明其主张或反驳的事实,并承担履行或不履行程序行为的不利后果。

证据由案件当事人提交(《俄罗斯联邦仲裁程序法典》第66条第1款)。根据《俄罗斯联邦仲裁程序法典》第64条第1款、第71条和第168条之规定,仲裁法院根据提交的证据来认定,案件是否存在据以证明案件当事人主张和异议的事实,以及其他对案件正确审理具有重要意义的事实。

(三)判决结果

鉴于上述情况,申请人关于承认和执行贸仲于2017年8月作出的第M20161×××号案件仲裁裁决的申请应当予以驳回。

由于拒绝承认和执行上述仲裁裁决,不予签发执行令。

根据《俄罗斯联邦仲裁程序法典》第101条、第102条和第110条之规定,案件受理费由申请人承担。

根据《俄罗斯联邦仲裁程序法典》第123条、第184条、第185条、第241条、第239条和244条和《纽约公约》之规定,法院裁定如下:

驳回申请人关于承认和执行贸仲于2017年8月作出的第M20161×××号案件仲裁裁决的申请。

双方当事人可自本裁定作出之日起1个月内向莫斯科大区仲裁法院提起上诉。

二、莫斯科大区仲裁法院(二审法院)裁定书①

中国A工程机械生产公司诉俄罗斯B公司

莫斯科大区仲裁法院

判决日期:2019年5月31日

(一)查明事实

申请人向莫斯科市仲裁法院提出承认和执行贸仲于2017年8月作出的第M20161×××号案件仲裁裁决的申请。由于未适当履行在买卖合同(2013年1月16日第ZLL-1301001号、2013年1月16日第ZLL-1301002号、2013年1月28日第ZLL-1301008号、2013年2月20日第ZLL-1302010号、2013年3月4日第ZLL-1302003号、2013年3月28日第ZLL-1303006号和2013年4月26日第ZL-GXEX-1304005号)项下所应承担的义务,仲裁庭裁决被申请人向申请人支付:1.货款335万美元;2.暂计至2016年8月31日的逾期付款违约金165万美元;3.自2016年9月1日起,针对20万美元的逾期付款违约金,按每日0.05%计算,直至货款付清之日;4.以20万美元为基数,按照6.4%上浮50%的年利率标准,从2013年7月2日起,计算至货款付款之日的逾期付款利息;5.律师费和差旅费人民币30万元;6.仲裁费人民币45万元。

B公司作为被申请人参与了案件。

联邦金融监管局、联邦税务局莫斯科市第二税务分局作为针对案件标的没

① 载https://kad.arbitr.ru/Document/Pdf/a827a856-8bbf-4ad5-a664-6034b22790ed/b1b6ed0d-bc95-4df1-8826-7483eb5d4d72/A40-217053-2018_20190531_Reshenija_i_postanovlenija.pdf?isAddStamp=True,最后访问日期:2024年12月2日。

有提出独立请求权的第三人参与了案件。

莫斯科市仲裁法院于2019年3月15日作出不予支持申请人申请的裁定。

申请人不同意就案件作出的一审裁定,向莫斯科大区仲裁法院提起上诉,要求撤销一审法院的裁定,并将案件发回莫斯科市仲裁法院重新审理。申请人认为,一审法院关于被申请人未能得到适当通知的结论与案件事实不符。

被适当通知开庭地点和时间的第三人未能委派其代理人出席上诉庭审,根据《俄罗斯联邦仲裁程序法典》第284条第3款之规定,这并不妨碍法院在第三人代理人缺席的情况下审理案件。

根据《俄罗斯联邦仲裁程序法典》第121条第1款第2项之规定,关于本次上诉审理的信息已经公布在莫斯科大区仲裁法院的公开网站(http://www.fasmo.arbitr.ru 和 http://kad.arbitr.ru)上。

在审理上诉之前,申请人提交了对其上诉状的补充内容,包括:1992年的《中俄民事和刑事司法协助条约》中关于通知程序的相关条款不适用于贸仲审理的案件;B公司并未通知申请人其地址变更。补充内容已经由审判庭列入案件材料。

在上诉法院的庭审中,申请人代理人坚持包括补充内容在内的上诉理由。

被申请人代理人则反对支持上诉。

2019年5月23日,在上诉法院庭审中,根据《俄罗斯联邦仲裁程序法典》第163条之规定,法院宣布休庭至2019年5月29日。

(二)判决理由

在研究了案件材料,听取了申请人和被申请人代理人的陈述,讨论了上诉理由及对其反对的理由,并根据《俄罗斯联邦仲裁程序法典》第286条、第287条和第288条规定之程序审查了一审裁定的合法性之后,上诉法院认定裁定作出时所适用的法律是正确的,结论是一审裁定不应当被撤销。

根据《俄罗斯联邦仲裁程序法典》第241条第1款之规定,外国法院就在进行商事和其他经济活动中产生之争议和其他案件作出的裁决(外国法院),仲裁机构和国际商事仲裁机构就在进行商事和其他经济活动中产生之争议和其他案件在外国作出的裁决(外国仲裁裁决),在俄罗斯联邦由仲裁法院予以承认和执行,如果俄罗斯联邦订立的国际条约和联邦法律规定承认和执行此类裁决。

1958年6月10日联合国《纽约公约》规定了承认和执行外国仲裁裁决的程序。

根据《纽约公约》第3条之规定,各缔约方应承认仲裁裁决具有拘束力,并依援引裁决地之程序规则及下列各条所载条件执行之。

根据《纽约公约》第5条第1款(乙)项之规定,裁决仅在被申请一方当事人向申请承认及执行地的主管机关提出证据证明有下列情形之一时,才可以根据该当事人的请求拒绝承认和执行:被申请执行裁决的一方当事人没有得到指定仲裁员或仲裁程序的适当通知,或由于其他原因而未能就案件发表意见。

《俄罗斯联邦仲裁程序法典》第244条第1款规定了拒绝承认和执行外国法院裁决的全部理由。

在审查申请人的申请时,法院正确适用了《纽约公约》(第3条和第5条),《俄罗斯联邦仲裁程序法典》第241条、第243条、第244条和1993年7月7日第5358-1号《俄罗斯联邦国际商事仲裁法》第36条第1款之规定,根据这些规定,拒绝承认和执行外国法院或仲裁庭的裁决的理由之一是,向有管辖权的法院提交了反对仲裁裁决的一方当事人没有得到关于仲裁程序适当通知的证据。

在一审法院的裁定中,法院详细阐述了理由,并据以认定外国裁决的作出违反了通知被申请人的程序。申请人不同意这些理由,申请上诉法院对案件证据作出重新认定,根据《俄罗斯联邦仲裁程序法典》第286条和第287条第2款之规定,这已经超出了上诉法院的权限,也不能成为撤销一审法院裁定的依据。

(三)判决结果

鉴于上述情况,及基于职权范围而严格行事的要求,上诉法院合议庭认为,申请人提出的上诉请求不应得到支持。

上诉理由中提到,一审法院错误地将送达地址写为莫斯科市和平大街20号1号楼,这一点并不能成为撤销或更改裁定的依据,因为根据一审法院裁定的内容,这仅表明一审法院存在笔误(打印错误)。因为,法院基于案件材料得出的结论是,邮寄地址为工业街40号1号楼,该地址并不符合被申请人的实际注册地址。

同时,申请人仍然可以根据《俄罗斯联邦仲裁程序法典》第179条之规定向一审法院提出申请,要求纠正法院的笔误(打印错误)。

根据《俄罗斯联邦仲裁程序法典》第284条、第286条至第289条之规定,法院裁定如下:

维持莫斯科市仲裁法院2019年3月15日的第A40－217×××/×××号案件的裁定,驳回上诉。

三、俄罗斯联邦最高法院决定书(程序方面审查)[①]

中国A工程机械生产公司诉俄罗斯B公司

俄罗斯联邦最高法院

判决日期:2019年10月15日

(一)查明事实

贸仲于2017年8月作出的第M20161×××号案件仲裁裁决裁定被申请

① 载https://kad.arbitr.ru/Document/Pdf/a827a856－8bbf－4ad5－a664－6034b22790ed/917f7490－a606－4099－afee－4bb64e25b1b7/A40－217053－2018_20191015_Opredelenie.pdf?isAddStamp=True,最后访问日期:2024年12月2日。

人向申请人支付:(1)货款335万美元;(2)暂计至2016年8月31日的逾期付款违约金165万美元;(3)自2016年9月1日起,针对20万美元的逾期付款违约金,按每日0.05%计算,直至货款付清之日;(4)以20万美元为基数,按照6.4%上浮50%的年利率标准,自2013年7月2日起,计算至货款付款之日的逾期付款利息;(5)律师费和差旅费人民币30万元;(6)仲裁费人民币45万元。

在贸仲于2017年8月就案件编号M20161×××作出的裁决中,A公司向B公司索偿如下金额:主要债务335万美元;截至2016年8月31日的逾期支付罚金165万美元;自2016年9月1日起每天0.05%的逾期支付罚金,金额为20万美元,直至实际偿还之日;根据6.4%的年利率加50%计算的逾期支付利息,从2013年7月2日到完全支付产品成本之日;法律费用和出差费用人民币30万元;仲裁费用人民币45万元。

该仲裁裁决是根据对基于申请人和被申请人之间订立的2013年1月16日第ZLL-1301001、2013年1月16日第ZLL-1301002、2013年1月28日第ZLL-1301008、2013年2月20日第ZLL-1302010、2013年3月4日第ZLL-1302003、2013年3月28日第ZLL-1303006、2013年4月26日第ZLL-1304005建筑机械供货合同未能适当履行所产生之争议的审理结果作出的。

由于被申请人未能自行履行仲裁委员会的上述裁决,申请人向莫斯科市仲裁法院提出了承认和执行仲裁裁决的申请。

申请被莫斯科市仲裁法院2019年3月15日的裁定驳回,而该裁定被莫斯科大区仲裁法院2019年5月31日的裁定予以维持。

上述法院遵循了《俄罗斯联邦仲裁程序法典》第243条和第244条、1958年6月10日《纽约公约》的规定,并认为申请人未能证明被申请人得到了关于案件在外国仲裁庭审时间和地点的适当通知。

法院查明,在案材料中提交有寄往地址为工业街40号1号楼的邮政通知,编号为CT537981407CN、CT537978853CN、CT547724059CN、CT537975525CN。

法院认定,该地址与被申请人在国家统一法人登记簿中记载的地址不符,也与合同中的地址不符。

此外,法院还指出,邮政通知中“收件人签名”一栏未被填写。

在提交给俄罗斯联邦最高法院的上诉中,申请人以法院严重违法程序法规定为由,反对其作出的司法文书。申请人指出,在申请人与被申请人订立的合同中,被申请人注明的地址是:129226,莫斯科工业街40号1号楼。

根据合同条款的约定,所有与这些合同有关的通知都必须发送至对方的法律地址。如果任何一方的地址发生变更,应当在7个工作日内通知另一方。

贸仲通过国际快递服务向合同中注明的被申请人地址(莫斯科市工业街40号1号楼)发送了仲裁通知、仲裁规则、仲裁员名册、带有附件文件的申请书、开庭通知书、案件开庭安排通知和仲裁委员会的裁决书,对此有在案提交的第CT537981407CN、CT537978853CN、CT547724059CN、CT537975525CN号快递服务机构邮政通知单予以证。邮件由两位俄罗斯公民签收。

被申请人没有主张通知由未授权人员签收。

申请人认为,法院在认定被申请人没有得到关于仲裁程序的适当通知时,错误地适用了《俄罗斯联邦仲裁程序法》第244条的规定,且未考虑2005年12月22日俄罗斯联邦最高仲裁法院院主席团第96号《信息通报》第6条的规定,因为其在案卷中已提交了所有适当通知的证据。

在合同中,公司的地址为莫斯科市工业街40号1号楼。申请人并没有收到合同规定的关于地址变更的通知。

(二)判决理由

根据2018年12月26日俄罗斯联邦最高法院主席团批准的《法院审理与协助仲裁庭和国际商事仲裁相关案件实践指引》第17条之规定,发送至仲裁一方注明地址的通知,如果因该方原因未收到,则视为已送达。

(三)判决结果

认定申请人的理由值得关注,并依据《俄罗斯联邦仲裁程序法典》第291.6

条和第291.9条之规定,俄罗斯联邦最高法院法官决定如下:

将申请人的上诉和案件提交给俄罗斯联邦最高法院经济审判委员会审理。

四、俄罗斯联邦最高法院裁定书(实体方面审查)①

中国A工程机械生产公司诉俄罗斯B公司

俄罗斯联邦最高法院

判决日期:2019年11月29日

(一)查明事实

贸仲于2017年8月作出的第M20161×××号案件仲裁裁决裁定被申请人向申请人支付:(1)货款335万美元;(2)暂计至2016年8月31日的逾期付款违约金165万美元;(3)自2016年9月1日起,针对20万美元的逾期付款违约金,按每日0.05%计算,直至货款付清之日;(4)以20万美元为基数,按照6.4%上浮50%的年利率标准,从2013年7月2日起,计算至货款付款之日的逾期付款利息;(5)律师费和差旅费人民币30万元;(6)仲裁费人民币45万元。

该仲裁裁决是根据对基于申请人和被申请人之间订立的2013年1月16日第ZLL-1301001号、2013年1月16日第ZLL-1301002号、2013年1月28日第ZLL-1301008号、2013年2月20日第ZLL-1302010号、2013年3月4日第ZLL-1302003号、2013年3月28日第ZLL-1303006号、2013年4月26

① 载https://kad. arbitr. ru/Document/Pdf/a827a856 - 8bbf - 4ad5 - a664 - 6034b22790ed/21c57460 - 7476 - 44c3 - a6de-eb7bc49dd10b/A40 - 217053 - 2018 _ 20191129 _ Opredelenie. pdf?isAddStamp = TrueAddStamp = True",最后访问日期:2024年12月2日。

日第 ZLL-1304005 号建筑机械供货合同未能适当履行所产生之争议的审理结果作出的。

由于被申请人未能自动履行贸仲的上述裁决，申请人向莫斯科市仲裁法院提出了承认和执行仲裁裁决的申请。

申请被莫斯科市仲裁法院 2019 年 3 月 15 日的裁定驳回，而该裁定被莫斯科大区仲裁法院 2019 年 5 月 31 日的裁定予以维持。

上述法院遵循了《俄罗斯联邦仲裁程序法典》第 243 条和第 244 条、1958 年 6 月 10 日《纽约公约》的规定，并认为申请人未能证明被申请人得到了关于案件在外国仲裁开庭时间和地点的适当通知。

法院查明，在案材料中提交有寄往地址为工业街 40 号 1 号楼的邮政通知，编号为 CT537981407CN、CT537978853CN、CT547724059CN、CT537975525CN。法院认定，该地址与被申请人在国家统一法人登记簿中记载的地址不符，也与合同中的地址不符。

此外，法院还指出，邮政通知中“收件人签名”一栏未被填写。

然而，法院未考虑以下情况。

根据《俄罗斯联邦仲裁程序法典》第 241 条第 1 款的规定，仲裁机构和国际商事仲裁机构就在进行商事和其他经济活动中产生之争议和其他案件在外国作出的裁决（外国仲裁裁决），由俄罗斯联邦仲裁法院予以承认和执行，如果俄罗斯联邦订立的国际条约和联邦法律规定承认和执行此类裁决，

中华人民共和国和俄罗斯联邦于 1992 年 6 月 19 日订立《中俄民事和刑事司法协助条约》，根据该条约第 16 条之规定，缔约双方应当在各自境内执行包括在另一方境内作出的仲裁庭裁决。

根据《中俄民事和刑事司法协助条约》第 21 条之规定，缔约双方将根据 1958 年 6 月 10 日《纽约公约》的规定，相互承认和执行对方仲裁裁决。

《纽约公约》第 5 条规定，如果被裁决的一方向请求承认和执行裁决地之主管机关提供证据，证明被裁决的一方未能得到关于指派仲裁员或仲裁程序的

适当通知,或因其他原因未能提供其解释,那么法院可以拒绝承认和执行仲裁裁决。

根据《俄罗斯联邦仲裁程序法典》第244条第1款第2款之规定,如果被裁决的一方未能及时和适当地收到有关仲裁案件审理时间和地点的通知,或因其他原因未能向法院提供解释,则仲裁法院可以完全或部分拒绝承认和执行外国法院的判决。

被申请人(卖方)与申请人(买方)签订了7份合同,根据这些合同,申请人应当向被申请人供应建筑设备(沥青混合设备、履带式起重机、推土机、套管台、旋挖钻机),合同中指定了设备的名称、数量、型号、单价和总价。被申请人应当接受并支付货款。

在申请人和被申请人订立的合同中,被申请人注明的地址为:129226,莫斯科工业街40号1号楼。

合同条款规定,若因本合同产生或与之相关的任何争议、索赔或分歧,或因合同违约、合同取消或合同无效而引起的任何争议、索赔或分歧,双方应尽力通过友好协商和谈判解决此类争议、索赔和分歧。如果通过友好协商和谈判未能达成协议,双方应将争议、索赔和分歧提交贸仲处理,贸仲的裁决是最终的,并对双方具有法律约束力。双方均放弃对仲裁裁决提出上诉的权利。

与本合同有关的所有通知必须向对方的法定地址送达。如果一方的地址发生变更,该方必须在7个工作日内通知对方。

由于双方的营业地点位于不同的国家,双方关系源自包含仲裁条款的对外经济合同,双方的这一争议应当适用1993年7月7日第5338－1号《俄罗斯联邦国际商事仲裁法》。

为了保障国际商事仲裁参与者的仲裁权利,包括向仲裁庭陈述自己立场并了解对方立场,以便作出公正的仲裁裁决,《俄罗斯联邦国际商事仲裁法》规定了一系列保障措施,确保各方参与仲裁程序的条款。

根据《俄罗斯联邦国际商事仲裁法》第3条第1款之规定,除非当事人另有约定,任何书面通知,如果是当面递交收件人或投递至其营业地点、惯常住所或通信地址,则视为已被收到;当这些地址无法通过合理查询确定时,如果以挂号信或能提供作过投递企图的记录的其他任何方式投递到收件人最后一个为人所知的营业地点、惯常住所或通信地址,书面通知在投递之日视为已被收到。

贸仲通过 EMS 快递服务向被申请人发送了文件,地址为莫斯科工业街 40 号 1 号楼,该地址是被申请人在合同中注明的,并为仲裁和申请人所知的地址。

文件由两名俄罗斯公民签收,这在邮政通知中有所说明。从形势推断,这些人有权接收公司的邮政信件。

因此,莫斯科工业街 40 号 1 号楼的地址符合《俄罗斯联邦国际商事仲裁法》第 3 条第 1 款规定的当事人最后已知地址的标准。所以,贸仲向该地址发送文件的行为是合法的。

根据 2018 年 12 月 26 日俄罗斯联邦最高法院主席团批准的《法院审理与协助仲裁庭和国际商事仲裁相关案件实践指引》第 17 条之规定,签署仲裁协议的一方,若在合理和审慎的情况下行事,不可能不会意识到在相应情况下可能会启动仲裁程序。在包含仲裁协议的合同中和合同履行过程中的商业文件中注明自己的地址时,该方必须意识到,当启动仲裁程序时,国际商事仲裁机构就会按照这些地址发送相关信件。因此,为了实现自己的权利,合同当事方必须采取必要和充分的措施以收到发送至其注明地址的信件。否则,由于未收到或者未及时收到信件的所有风险,都由收件人承担。

如果仲裁协议当事方在仲裁协议订立之后变更了地址,但未通知仲裁协议的另一方,以及在仲裁开始后没有通知仲裁庭,该当事方将承担由于未收到或未及时收到通知而产生的风险,而在此情况之下,根据仲裁协议订立时注明的地址发送给该当事方的通知将被视为是适当的。

案卷有截至 2018 年 9 月 12 日的国家法人统一登记簿摘录,根据该摘录,被申请人的地址为:莫斯科和平大街 20 号 1 号楼,该记载于 2014 年 8 月 26 日被录入登记簿。

与此同时，在案件中缺乏关于通知中国方面变更地址的证据的情况下，被申请人的代表也未在审判委员会庭审中提交相应证据。

在仲裁委员会作出裁决之日（2017年8月8日），申请人和贸仲都没有关于被申请人其他地址的信息。

（二）判决理由

鉴于被申请人没有通知关于地址的变更，而贸仲发送到被申请人已知地址的文件已被收到，这一事实已经通过邮件通知确认，法院没有理由得出未合理通知被申请人参加仲裁程序的结论，也没有理由基于被申请人未能得到有关案件审理时间和地点的适当通知而拒绝承认和执行贸仲的裁决。

根据《俄罗斯联邦仲裁程序法典》第291.11条第1款之规定，在俄罗斯联邦最高法院法院审判委员会上诉程序中，撤销或变更法院司法文书的依据是严重违反实体法规范和（或）程序法规范，而这些违法行为影响了案件的结果，并且如果不予以纠正，则无法恢复和保护在商业和其他经济活动中被侵犯的权利、自由和合法利益，以及保护法律所维护的公共利益。

（三）判决结果

考虑上述情况，俄罗斯联邦最高法院审判委员会认为，被申请撤销的司法文书属于严重违反实体法和程序法规范而作出的，应当予以撤销。

同时，考虑除被申请人未能收到有关案件审理时间和地点的适当通知外，法院没有发现其他拒绝承认和执行贸仲裁决的理由，审判委员会认为，可以在不重新审理案件的情况下，作出关于支持申请人请求的新裁决。

根据《俄罗斯联邦仲裁程序法典》第167条、第176条、第291.11条至第291.15条之规定，俄罗斯联邦最高法院经济案件审判委员会裁定如下：

1. 撤销莫斯科市仲裁法院2019年3月15日第A40－217×××/×××号案件的裁定和莫斯科大区仲裁法院2019年5月31日针对同一案件所作裁定；

2. 承认和执行贸仲于2017年8月作出的第M20161×××号案件仲裁裁决；

3. 莫斯科市仲裁法院签发执行令。

第三部分 案例评述

一、在俄罗斯申请承认和执行外国仲裁裁决的法律依据

苏联在1958年12月29日签署了《纽约公约》，1960年8月24日批准了该公约，该公约在1960年11月22日对苏联生效。在批准《纽约公约》时，苏联作出了互惠保留，即对于非缔约方领土上作出的裁决，苏联适用《纽约公约》仅限于提供互惠待遇的国家。①

1991年12月25日，苏联解体。1992年1月13日，俄罗斯联邦外交部向各国驻莫斯科外交机构发出照会宣布，俄罗斯联邦将对苏联订立的国际条约继续行使权利并承担相应义务，即俄罗斯联邦继承苏联的全部国际条约。

1992年6月19日，中国与俄罗斯在北京签订《中俄民事和刑事司法协助条约》，其第21条规定，缔约双方应根据1958年6月10日签订的《纽约公约》，相互承认与执行在对方境内作出的仲裁裁决。

在俄罗斯商事仲裁立法的早期阶段，特别是在制定《俄罗斯联邦国际商事仲裁法》的过程中，完全以《示范法》为蓝本，体现了支持和鼓励仲裁的基本原则。同时，也是依据《纽约公约》的相应条款，《俄罗斯联邦仲裁程序法典》（第244条）、《俄罗斯联邦民事程序法典》（第412条）和《俄罗斯联邦国际商事仲裁法》（第36条）作为俄罗斯的国内法，对承认和执行外国仲裁裁决作出了相应规定，拒绝承认和执行外国仲裁裁决的依据与《纽约公约》保持了一致。但

① 载 https://uncitral. un. org/zh/texts/arbitration/conventions/foreign_arbitral_awards/status2，最后访问日期：2024年12月2日。

是，在俄罗斯的司法实践中，特别是在2015年仲裁改革之后（以2015年12月29日通过新的《俄罗斯联邦仲裁法》为标志），俄罗斯国家法院并不支持仲裁，所以在认定仲裁协议的有效性和可执行性时，经常作出不支持仲裁的司法裁决。

同时，在俄罗斯司法实践中，法院经常滥用公共秩序原则，对公共秩序作出扩大解释，以此来拒绝承认和执行外国仲裁裁决。在2014年克里米亚危机之后，针对乌克兰和其他西方对俄制裁国家的仲裁裁决，滥用公共秩序的情况更严重。

除上述《俄罗斯联邦仲裁程序法典》和《俄罗斯联邦民事程序法典》外，俄罗斯规范仲裁和仲裁裁决的法律依据还包括《俄罗斯联邦国际商事仲裁法》（1993年7月7日通过）和《俄罗斯联邦仲裁法》（2015年12月29日通过）[①]。

二、在俄罗斯申请承认和执行外国仲裁裁决的主要程序

《俄罗斯联邦仲裁程序法典》第31章对申请承认和执行外国仲裁裁决作出了具体规定，主要程序如下：

（一）申请人

外国裁决的胜诉方可以作为申请人向有管辖权的法院提出承认和执行外国仲裁裁决的申请。

（二）管辖法院

受理机关为被申请人住所地的俄罗斯联邦主体仲裁法院；若被申请人的住所地不明的，则由被申请人财产所在地俄罗斯联邦主体仲裁法院管辖。

《俄罗斯联邦仲裁程序法典》第241条第1款规定："外国法院就经营和其他经济活动中产生的争议和其他事由所作出的裁决、商事仲裁院和国际商事仲裁庭于其他国家境内就经营和其他经济活动中产生的争议和其他事由所作出

① 《俄罗斯联邦仲裁法》，周广俊、王天怡译，霍晓倩校对，载《仲裁与法律》第134辑，法律出版社2017年版，第155～188页。

的裁决,如果俄罗斯联邦订立的国际条约和联邦法律规定应予以承认和执行的,则其在俄罗斯联邦由仲裁法院承认和执行。”

(三)诉讼时效

外国裁决应自其生效之日起3年内申请强制执行。如超过该时效限制,则可以按照《俄罗斯联邦仲裁程序法典》规定的一般程序(第10章)向俄罗斯仲裁法院申请恢复申请时效。

(四)需要向法院提供的文件

1.申请人需要向法院提交承认和执行外国仲裁裁决的书面申请书,由申请人或其代理人签字确认。

2.除俄罗斯联邦订立的国际条约另有规定外,以下随附文件均应提供俄文翻译,域外文件需经领事认证或者海牙认证:

(1)外国仲裁裁决书原件或公证件;如果裁决书上未注明关于该裁决书的生效信息,则需另外提供证明该裁决书已生效的文件公证件;

(2)仲裁协议原件或公证件;

(3)证明已适当及时通知被申请人关于案件在外国仲裁机构审理的文件;

(4)证明申请人有权在承认和执行外国仲裁裁决书之申请书上签字的授权委托书或其他文件的公证件;

(5)证明承认和执行外国仲裁裁决书之申请书已送达被申请人的文件;

(6)承认和执行外国仲裁裁决申请的案件受理费的支付凭证。

(五)申请费用

根据《俄罗斯联邦税法典》第333.21条第1款第11项的规定,申请承认和执行外国法院判决或外国仲裁裁决的案件受理费为3000卢布。

(六)审理程序

关于承认和执行外国仲裁裁决的申请由独任法官按照仲裁法院一审程序进行审理,同时适用《俄罗斯联邦仲裁程序法典》第31章(承认和执行外国法院判决和外国仲裁裁决案件程序)的特殊规定,审理期限不得超过一个月。

仲裁法院会向案件当事人发出开庭通知,如果当事人得到关于开庭的适当通知,但拒绝参加开庭,并不妨碍仲裁法院继续审理案件并作出裁决。在审理案件时,仲裁法院不得对外国仲裁裁决进行实体审查,而只能根据当事人提交的申请、答辩和证据材料,或者仲裁机构作出的解释(在俄罗斯仲裁法院认为必要的情况之下),对是否存在拒绝承认和执行外国仲裁机构裁决的依据作出认定,并相应作出承认和执行外国仲裁裁决的裁决或拒绝承认和执行外国仲裁裁决的裁决。

如果被申请承认和执行的外国仲裁裁决在外国法院被申请撤销或终止执行,则仲裁法院可根据申请方当事人的申请中止审理案件,并可要求另一方按照《俄罗斯联邦仲裁程序法典》的规定程序提供担保。在外国法院案件审结之后,根据俄罗斯联邦订立的国际条约和联邦法律规定参考外国法院作出的相关司法文书,俄罗斯仲裁法院再对案件继续进行审理。

(七)申请被驳回的法定事由

《俄罗斯联邦仲裁程序法典》第244条第3款规定,除俄罗斯联邦订立的国际条约另有规定外,外国仲裁裁决的不予承认和执行理由根据《俄罗斯联邦国际商事仲裁法》规定执行。

《俄罗斯联邦国际商事仲裁法》第36条规定,外国仲裁机构仲裁裁决不予承认和执行的法定事由有以下几点。

1. 承认和执行外国仲裁裁决申请中的被申请人向受案法院提出以下证据之一的:

(1)订立仲裁协议的当事人属于不完全民事行为能力人的。

(2)根据仲裁协议中当事人约定的适用国法律,仲裁协议无效的;如果无此约定,则根据仲裁裁决作出国法律,仲裁协议无效的。

(3)承认和执行外国仲裁裁决申请中的被申请人未就仲裁员选任和仲裁审理得到适当通知的,其中包括仲裁庭开庭时间和地点,或者因正当理由未能作解释答辩的。

(4)仲裁裁决事项超出仲裁协议范围或不受仲裁协议条款约束的,或裁决事项含有超出仲裁协议范围之内容的。如果仲裁裁决中超出仲裁协议范围的裁决事项可以与仲裁协议范围内裁决事项相分离的,则对于未超过仲裁协议范围的事项可以予以承认和执行。

(5)仲裁庭组庭或仲裁程序违反当事人约定或违反仲裁地所在国法律规定的。

(6)外国仲裁裁决因该国管辖机关或依据法律适用国法律规定尚不对仲裁当事人具有强制约束力的、或已被撤销的或中止的。

2. 经申请的管辖法院判定:

(1)根据俄罗斯联邦法律,争议具有不可仲裁性的;

(2)外国仲裁裁决的承认和执行违反俄罗斯联邦公共秩序的。

如果承认和执行申请的被申请人以上述第1部分第(6)项的理由向受案法院申请撤销或中止执行外国仲裁裁决的,在法院认为理由充分的情况下,法院可以根据申请人提出的申请要求被申请人提供适当的担保。

出现第2部分规定的情形的,即使被申请人未提出申请,法院也有权根据该款驳回承认和执行外国仲裁裁决的申请。

(八)裁判结果形式及上诉

对于承认和执行外国仲裁裁决申请的判定结果,仲裁法院将根据《俄罗斯联邦仲裁程序法典》的一般规定作出裁定书。裁定书包含的内容有:作出裁决书的外国仲裁院名称及仲裁庭组成、债权人和债务人的名称、关于该外国仲裁裁决的信息、承认并执行或者不予承认并执行的裁判结果。

对于仲裁法院所作裁定书不服的,申请人应在裁定书作出日起算的1个月内按照上诉程序向大区级仲裁法院提出上诉。

(九)申请强制执行

1. 强制执行的依据(执行令)

外国仲裁裁决的强制执行,凭作出承认并执行外国仲裁裁决裁定书的仲裁法院签发的强制执行令进行。执行程序则按照《俄罗斯联邦仲裁程序法典》和《俄罗斯联邦执行程序法》的一般规定进行。

《俄罗斯联邦执行程序法》第11条规定,外国法院判决或裁决在俄罗斯联邦的执行程序按照俄罗斯联邦订立的国际条约、俄罗斯联邦法律规定和本联邦法进行。

2. 强制执行程序的启动

申请执行人依据强制执行令向司法警察局申请启动强制执行程序。

3. 强制执行程序的受理机关

(1)被申请人为自然人的,向被申请人住所地、现居地或财产所在地司法警察机关申请执行;

(2)被申请人为法人的,向被申请人登记地、财产所在地或其分公司、代表处所在地的司法警察机关申请执行。

4. 强制执行的申请要求

应向司法警察机关提交强制执行令和申请书。

申请书应由申请执行人或其代理人签字,代理人签字的,应随附相应的授权委托书。申请书中可以提出查封冻结被申请人财产、依法对被申请人实施限制性措施。申请人可以在申请书中注明其所知道的被申请人信息并随附关于被申请人、被申请人财产状况等有利于全面及时实现执行的相关信息。

5. 申请人必须在俄罗斯开立银行账户

根据《俄罗斯联邦执行程序法典》第8条第2款第1项(2022年12月29日第624号联邦法律修正)之规定,如果外国申请人提出申请承认和执行外国仲裁裁决,但没有在俄罗斯银行开立银行账户,将被视为违反俄罗斯公共秩序,俄罗斯法院将不予承认和执行该裁决,申请人当然也就无法启动执行程序。所以,如果中国当事人要在俄罗斯申请承认和执行外国仲裁裁决,应当先在俄罗斯银行开立账户,然后再向俄罗斯法院提出申请。

在目前的俄罗斯司法实践中,没有俄罗斯银行账户,不仅是无法执行的法律障碍,甚至已成为拒绝承认和执行外国仲裁裁决的理由(违反公共秩序)。

2023 年 10 月 16 日,在承认和执行伦敦国际仲裁院裁决的案件中(案号:A32-47×××/××××)①,北高加索大区仲裁法院作出终审裁定,确认外国仲裁裁决必须符合可执行标准,包括申请人必须在俄罗斯银行开立执行账户,才可能被俄罗斯法院承认和执行。因为申请人没有根据执行程序法律提供在俄罗斯银行开设银行账户或国库账户的证据,支持该申请将违反俄罗斯的公共秩序。

三、俄罗斯联邦最高法院涉案裁决的实践指导意义和风险

(一)俄罗斯联邦最高法院首次直接作出裁定承认和执行外国仲裁裁决

根据《俄罗斯联邦仲裁程序法典》第 242 条第 1 款之规定,所有归仲裁法院管辖的承认和执行外国仲裁裁决的案件,一审均由被申请人住所地或者其财产所在地的俄罗斯联邦主体仲裁法院负责审理,不会基于案件标的金额的大小或者是否具有涉外因素而由更高级别的法院进行一审。②

在这种管辖权划分体系之下,俄罗斯联邦最高法院是没有可能作为一审法院对申请承认和执行外国仲裁裁决案件作出实体裁决的。同时,作为上诉程序的审理法院,虽然根据《俄罗斯联邦仲裁程序法典》第 291.14 条第 1 款第 5 项之规定,俄罗斯联邦最高法院可以直接撤销下级法院的判决或者裁决,并且同时予以改判,作出实体裁决,但俄罗斯联邦最高法院一般都是将案件发回重审,而不是直接改判。

---

① 载 https://kkplaw.ru/files/Russian_courts_justify_efusal_to_enforce_arbitral_award.pdf,最后访问日期:2024 年 12 月 2 日。

② 载 https://www.consultant.ru/document/cons_doc_LAW_37800/ac6eeaa96abcf192d6d7172c19afabd9418092f1/,最后访问日期:2024 年 12 月 2 日。

在我们目前可以查询到的俄罗斯联邦最高法院法律文书范围内，本案裁决书是俄罗斯联邦最高法院作出的第一份承认和执行外国仲裁裁决的裁决书。

(二)俄罗斯联邦最高法院在刻意显示其支持商事仲裁的司法立场

与中国最高人民法院支持仲裁的司法实践不同，俄罗斯联邦最高法院(包括之前的俄罗斯联邦最高仲裁法院)对商事仲裁都是不予支持，甚至是排斥的，由此导致的司法实践就是，大量的仲裁裁决都由于并不严重甚至并不成立的所谓程序违法问题而在司法审查程序中被撤销或者不予执行。如果在程序方面找不到合适的理由，俄罗斯法院就会动用公共秩序原则将仲裁裁决予以撤销或者不予执行。

2016年9月1日，新《俄罗斯联邦仲裁法》生效之后，商事仲裁在俄罗斯的生存空间进一步恶化，俄罗斯商事仲裁与世界商事仲裁潮流渐行渐远。可能是意识到发展商事仲裁需要司法支持，也可能是希望扭转俄罗斯法院在涉外案件中不能保持公正的不佳形象，俄罗斯联邦最高法院在本案中一反常态，不仅在实体方面认定仲裁程序通知送达合法，而且在程序方面直接作出裁定承认贸仲的仲裁裁决，还直接责令莫斯科市仲裁法院签发执行令，相当于用一个裁定就解决了从承认到执行的所有问题，使下级法院再也没有任何机会去阻碍或者拖延这个仲裁裁决的承认和执行。

(三)俄罗斯联邦最高法院在本案中的立场被收入司法审判指引

在就本案作出裁定之后不到一个月的时间里，俄罗斯联邦最高法院全体会议于2019年12月10日作出第53号《关于俄罗斯联邦法院对仲裁程序和国际商事仲裁履行协助和监督职能的决议》(以下简称第53号决议)，对俄罗斯法院在履行司法监督职能过程的各种错误做法和法律适用不统一等问题予以纠正和明确，可以说是俄罗斯法制史上对商事仲裁最友好的一个司法解释。[①]

① 载https://rg.ru/documents/2019/12/25/plenum-dok.html，最后访问日期:2024年12月2日。

在第 53 号决议中，俄罗斯联邦最高法院将其在本案中的立场予以归纳和总结，使其成为该司法解释的第 48 条，规定如下：

“在审查仲裁程序一方当事人关于其未被适当通知仲裁员的选定（指定）或仲裁庭会议的时间和地点，或者由于其他合理原因未能向仲裁庭提供陈述[《俄罗斯联邦民事诉讼程序法典》第 417 条第 1 款第 1 项第 3 目、第 421 条第 3 款第 5 项、第 426 条第 3 款第 3 项，《俄罗斯联邦仲裁程序法典》第 233 条第 3 款第 5 项、第 239 条第 3 款第 3 项，《俄罗斯联邦国际商事仲裁法》第 34 条第 2 款第 1 项第 3 目，《纽约公约》第 5 条第 1 款（乙）项]的观点时，法院应考虑仲裁程序的自由处分性，双方有权设定任何书面通知的接收程序，或遵守双方同意适用的常设仲裁机构的规则中规定的程序。应当向仲裁程序另一方、仲裁庭或仲裁机构告知仲裁程序通知地址的一方当事人，自行承担未收到或未及时收到送达该地址的仲裁通知的风险（《俄罗斯联邦民法典》第 20 条、第 165.1 条）。

“因此，如果仲裁双方未达成其他协议，则文件和其他材料在按照已知的最后地址，以挂号信件附送达通知或其他规定尝试送达上述文件和材料的方式发送给作为仲裁程序一方当事人的组织，或按照公民的居住地发送给作为仲裁方的个人，即视为已被收到。

“按照仲裁程序一方当事人提供之地址向其发出的仲裁通知，如果由于该方当事人的原因未能收到（如不在居住地或拒绝领取邮政信件），则视为已送达。

“如果仲裁协议一方当事人在签订协议后更改了住所或地址，但未通知仲裁协议的另一方当事人，而在仲裁程序开始后也未通知仲裁庭，则承担未收到或未及时收到通知的风险，且发送到签订仲裁协议时注明的地址的通知视为有效。

“关于仲裁庭开庭时间和地点的通知，只有在发送时预留了足够的时间，使每一方都有合理的时间准备案件审理并出席开庭，方才视为有效。”

与此同时，由于俄罗斯法院滥用公共秩序原则对仲裁裁决不予承认和执行，俄罗斯联邦最高仲裁法院在第53号决议第51条中再次阐述适用公共秩序原则的适用条件，并且指出公共秩序原则只能作为特殊理由适用，而不能滥用，规定如下：

“如果法院认定仲裁裁决或其执行违反了俄罗斯联邦的公共秩序，则可以撤销仲裁裁决或拒绝签发执行该裁决的强制执行令[见《俄罗斯联邦民事诉讼程序法典》第412条第1款第5项、第417条第1款第2项、第421条第4款第2项、第426条第4款第2项，《俄罗斯联邦仲裁程序法典》第233条第4款第2项、第239条第4款第2项，《俄罗斯联邦国际商事仲裁法》第34条第2款第2项，《纽约公约》第5条第2款(乙)项]。

“在适用上述法律条款时，公共秩序是指具有最高强制性、普遍性、特殊社会和公共意义的基本法律原则，这些原则构成了俄罗斯联邦经济、政治和法律体系的基础。

“法院需要在证明两个条件同时存在时，才能以违反公共秩序为由撤销或拒绝执行仲裁裁决：首先，违反了俄罗斯联邦经济、政治、法律体系的基本原则；其次，这种违反可能会损害国家主权或安全，影响广大社会群体的利益，或侵犯自然人或法人宪法权利和自由。

“以下这些情况本身不构成违反俄罗斯联邦公共秩序的依据：仲裁庭适用外国法律的规定，且俄罗斯无类似法律；被申请人未参加仲裁程序；被执行人未对强制执行仲裁裁决提出异议。

“作为撤销仲裁机构裁决和拒绝执行仲裁机构裁决的理由，违反公共秩序仅在极端情况下被适用，不能替代国际条约和《俄罗斯联邦民事诉讼程序法典》及《俄罗斯联邦仲裁程序法典》规定的拒绝承认和执行的特别理由。例如，若一方当事人未收到开庭通知，导致其无法向法院提交解释，这是撤销或者拒绝执行仲裁裁决的独立依据，而无须动用公共秩序保留这种极端条款。”

(四)俄罗斯司法实践关于仲裁程序通知送达的要求

虽然俄罗斯联邦最高法院已经就送达问题作出了明确的司法解释，并且已经在个案中对相关问题作出了明确的认定，即如果仲裁协议的当事人改变了地址，但没有通知另外一方当事人，则该仲裁协议中注明的地址即为该当事人为人所知的最后地址，仲裁机构按照该地址发出仲裁通知即视为合法有效送达。

但在俄罗斯司法审判实践中，法院对商事仲裁的司法监督并非如此，而得到普遍认可的原则是：同样是上述的情况，仲裁机构不仅要按照仲裁协议中注明的地址向被申请人送达，还负有审慎义务去查明被申请人最后一个为人所知的地址。鉴于俄罗斯公司的注册信息都是被公示的，也是可以被公开查询的。所以，仲裁机构应当在俄罗斯法人国家统一登记簿［俄罗斯法人国家统一登记簿的查询链接：https://pb.nalog.ru/search.html#quick-result?query=500345077921&mode=quick-rdl&page=1&pageSize=10。根据被申请人在仲裁协议中注明的俄文名称、国家基础登记编码、纳税人识别码（俄罗斯公司的公章中也有显示），即可查询包括地址在内的公司登记信息。］去查询被申请人的最新地址，并且尝试按照这个地址向被申请人发出仲裁程序通知。如果仲裁机构没有按照前述程序查询被申请人的公开地址并且发出仲裁程序通知，则视为仲裁机构没有以适当程序向被申请人发出仲裁通知导致被申请人失去参与仲裁的机会，仲裁裁决将依据《纽约公约》第5条第1款（乙）项和《俄罗斯联邦仲裁程序法典》第244条第1款第2项的规定不被承认和执行。①

虽然司法实践的情况并不符合俄罗斯联邦最高法院的司法解释，但并非每一个案件都有机会被上诉到最高法院进行实体审查，所以，建议在仲裁程序中，针对被申请人是俄罗斯公司的情况，一定要查询被申请人在俄罗斯法人国家统一登记簿中的地址，如果显示的地址与仲裁协议中注明的地址不一致，一定要向已知的所有地址发送仲裁程序通知，以避免成为被俄罗斯仲裁法院不予承认和执行仲裁裁决的理由。②

---

① 载https://journal.arbitration.ru/ru/analytics/priznanie-i-ispolnenie-resheniy-cietac-v-rossii/，最后访问日期：2024年12月2日。

② 载https://sudact.ru/arbitral/doc/F0IZhJSjS5xx/，最后访问日期：2024年12月2日。

(五)俄罗斯联邦最高法院的裁决才是最终裁决

根据《俄罗斯联邦宪法》《俄罗斯联邦仲裁法院体系法》《俄罗斯联邦仲裁程序法典》的有关规定,一审法院作出判决之后,如果不在1个月之内向复审法院提出复审申请,则判决在作出之日起1个月之后发生法律效力,或者在复审法院作出裁决之后发生法律效力。发生法律效力的判决或者裁定,可以向俄罗斯联邦大区仲裁法院提起上诉。上诉法院作出裁决之后,如果不服,可以按照上诉程序向俄罗斯联邦最高法院提起第二次上诉。俄罗斯联邦最高法院会指定1名法官对上诉进行程序审查,只有该法官认可上诉理由成立之后,才会作出决定,将第二次上诉提交给俄罗斯联邦最高法院民事审判委员会进行实体审理,该委员会作出的裁决为最终裁决,作出之日即发生法律效力。

在仲裁裁决司法审查案件中,根据《俄罗斯联邦仲裁程序法典》第245条第3款之规定,一审裁决作出之后,没有复审,可以直接向联邦大区仲裁法院提起上诉;上诉法院作出裁决之后,如果不服,可以按照上述程序向俄罗斯联邦最高法院提起第二次上诉。在本案中,中国申请人就是按照这一程序向俄罗斯联邦最高法院提起了第二次上诉,在俄罗斯联邦最高法院法官认可上诉理由之后,本案被交由俄罗斯联邦最高法院民事审判委员会进行实体审查后,申请人获得最终胜诉。

虽然俄罗斯实行的也是二审终审制,但大多数案件都进入了三审程序(大区仲裁法院),而且案件被改判的比例很高。俄罗斯的司法实践中也存在地方保护主义和司法腐败的情况,但其三审法院办案水平和司法公正程度远高于下级法院,所以俄罗斯法院大多数案件都会进入三审程序。在涉及中国公司的案件中,很多案件也是先输后赢,改判的机会都是出现在三审法院。

俄罗斯很多案件最终都是由俄罗斯联邦最高法院改判,并且一般会形成相应的司法解释或者视频指引。所以,无论是一般的经济纠纷案件,还是仲裁裁决的司法审查案件,一直上诉至俄罗斯联邦最高法院,会有更大的胜诉机会。

中国A进出口公司诉俄罗斯B公司销售合同争议案仲裁裁决在俄罗斯的承认与执行

第一部分　导　读

2012年,中国A进出口公司(以下简称申请人)与俄罗斯B公司(以下简称被申请人)签订了第1号供货合同,之后签订了第01号和第02号补充协议,约定申请人向被申请人提供工程机械设备。申请人按合同约定向被申请人交付了货物,总货款为96,000美元,但被申请人始终未支付上述货款,形成拖欠。

因被申请人未支付货款,申请人向贸仲提起仲裁,要求支付上述货款及相关费用。贸仲受理了申请人的仲裁申请,并于2017年11月6日作出裁决,判定被申请人应向申请人支付合同第01号和第02号补充协议项下的货款96,000美元、律师费15,000美元、翻译费人民币1400元、公证费人民币4000元及仲裁费人民币40,000元。

俄罗斯新西伯利亚州仲裁法院于2016年11月11日作出判决,宣告被申请人破产,并按照破产案件简易程序对清算债务人启动了破产清算程序。2016年11月19日,被申请人进入破产清算程序的公告在《生意人报》发布。

2018年2月,申请人向新西伯利亚州仲裁法院提交了将1200万卢布(按照被申请人宣告破产之日的汇率换算为卢布)债权列入被申请人债权人名册的申请。

在案件的审理过程中,被申请人破产管理人对上述债务金额并没有提出异议,但指出申请人没有在破产清算公告发布之后的2个月内申报债权,已经逾期,因此其债权不应被列入债权人名册。对此,申请人请求法院恢复提交债权请求的期限。

申请人依据外国仲裁裁决提出将其债权列入债权人名册,相应的法律依据是《俄罗斯联邦破产法》第100条、第134条和第142条,但其债权依据是贸仲的仲裁裁决,所以,破产法院必须根据《俄罗斯联邦仲裁程序法典》第244条(拒绝承认和执行外国法院判决和外国仲裁裁决的理由)的规定对是否可以承认和执行该仲裁裁决作出实质性认定,然后才可以再审理基于该仲裁裁决的债权是否可以列入债权人名册。在本案中,作为被申请人在破产清算期间的法定代表人,破产管理人对于债权金额和贸仲的仲裁程序都没有提出异议,仲裁裁决的承认和执行并没有任何法律障碍,但基于该仲裁裁决所产生的债权是否可以按照俄罗斯破产法列入债权人名册则成为本案的焦点问题。

俄罗斯仲裁法院认为,根据《俄罗斯联邦破产法》第142条第1款之规定,在关于债务人宣告破产和破产清算程序开始的公告发布之日起2个月后,债权人名册登记结束。本案中,债务人宣告破产和破产清算程序开始的公告于2016年11月19日在《生意人报》上发布,因此债权人名册登记的截止日期为2017年1月19日。但申请人向仲裁法院提出债权请求的日期是2018年2月5日,这一请求的提交晚于债权人名册截止登记日,因此该债权不能被列入债权人名册。虽然申请人提出恢复提出请求的期限的申请,但俄罗斯法律没有相应规定可以支持这一请求。

俄罗斯仲裁法院最终认定,申请人主张的625万卢布欠款本金是有理由的,但根据《俄罗斯联邦破产法》第142条第4款之规定,属于在债权人名册登记结束后申报的债权,只能由债务人——被申请人清偿债权人名册在册债权之后的剩余财产予以清偿。

第二部分　俄罗斯破产法院（新西伯利亚州仲裁法院）判决[①]

中国A进出口公司诉俄罗斯B公司

新西伯利亚州仲裁法院

判决日期:2018年3月27日

(一)查明事实

新西伯利亚州仲裁法院于2016年11月作出判决,宣告被申请人破产,并按照简化破产程序对清算债务人启动了破产清算程序,指定俄罗斯公民D为破产管理人。

2016年11月19日,《生意人报》公告了被申请人作为债务人进入破产清算程序的信息。

2018年2月5日,申请人向新西伯利亚州仲裁法院提交了将1200万卢布债权列入被申请人债权人名册的申请。

破产管理人在债权请求材料中提交了书面意见,对债务金额没有异议,但破产管理人指出,申请人提交的关于将债权请求列入债务人债权人名册的申请已逾期。

申请人代理人解释说,法院应当支持全部债权请求,并请求恢复提交债权请求的期限。

根据《俄罗斯联邦民法典》第2条第2款的规定,民事立法确定民事交易

① 载https://kad.arbitr.ru/Document/Pdf/e88f4c2f-8854-415d-b33a-cc9affc90d1a/802bd571-8b4f-4622-8479-e78521363fc8/A45-20632-2016_20180327_Opredelenie.pdf?isAddStamp=True,最后访问日期:2024年12月3日。

参与者的法律地位,确定所有权、其他物权、对智力活动成果和与之相当的个别化手段的专属权利(知识产权)之产生依据和实现程序,调整合同义务和其他义务,以及调整其他基于平等、意思自治和参与者财产独立的财产性关系和非财产性人身关系。

公民和法人是民事立法调整的民事法律关系参与者。俄罗斯联邦、联邦主体和市政主体也可以是民事立法调整的民事法律关系参与者。

民事立法确立的规则适用于有外国公民、无国籍人士和外国法人参与的民事法律关系,除非联邦法律另有规定。

因此,国际合同关于适用法律的条款仅适用于与该协议当事人履行义务有关的关系。

同时,根据《俄罗斯联邦民法典》第1202条之规定,法人的属人法是其设立所在国的法律。根据法人的属人法,来确定法人的设立、改制和清算问题。

被申请人依据俄罗斯联邦现行法律设立并运营。对债务人的破产程序是按照《俄罗斯联邦破产法》的规定启动并进行的。

根据2002年10月26日第127号《俄罗斯联邦破产法》第1条第1款的规定,该法规定了认定债务人破产的理由,调整实施防止破产措施的条件和程序、破产案件适用制度的实施条件和程序和在债务人无力完全履行债权人主张的情况下所产生的其他关系。

《俄罗斯联邦破产法》第1条第5款规定,除俄罗斯联邦订立的国际条约另有规定外,本联邦法律规定适用于受本法调整的有外国债权人参与的破产程序。

因此,确定债务人的债权人债权请求,应当适用《俄罗斯联邦破产法》。

《俄罗斯联邦仲裁程序法典》第223条第1款和《俄罗斯联邦破产法》第32条规定,破产案件由仲裁法院按照法典的规定并结合联邦法律关于破产问题的特别规定进行审理。

根据《俄罗斯联邦破产法》第4条第3款之规定,经由仲裁法院按照《俄罗斯联邦破产法》程序确认的金钱债务或强制性税费金额,视为已被认定。

俄罗斯联邦最高仲裁法院全体会议2012年6月22日第35号《关于审理破产案件若干程序问题的决议》第26条作出解释,根据《俄罗斯联邦破产法》第71条第3款至第5款和第100条第3款至第5款,法院应独立地审查债权人的债权依据和债权金额,而无论作为一方的债务人以及有权对债权提异议的人士,与作为另一方申报债权的债权人之间是否对该债权存在分歧。在破产案件中认定债权人债权时,法院应基于以下原则:只有在申请人提供了足够的证据证明债务的存在和金额的情况下,法院才可以认定债权是确定的。

外国人参与诉讼程序的特别规定,包括《俄罗斯联邦仲裁程序法》第254条第3款之规定,外国人作为诉讼参加人应向仲裁法院提交关于其法律地位和有权从事商业及其他经济活动的证明文件;《俄罗斯联邦仲裁程序法》第255条第1款规定,在俄罗斯联邦域外形成的由外国主管机关依据外国法律针对俄罗斯组织和公民或外国人而出具、编制或认证的文件,经认证或海牙认证后,俄罗斯联邦内的仲裁法院可接受,但俄罗斯联邦订立的国际条约另有规定的除外。

根据《俄罗斯联邦民法典》第1202条之规定,法人的属人法是其设立所在国的法律,但《关于修订〈实施俄罗斯联邦民法典第一部分联邦法律〉的联邦法律》和《俄罗斯联邦民法典》第三部分第1202条另有规定的除外。

外国法人应提交经适当方式认证的由其所在国签发的能够证明其已注册和起诉时登记状态的官方文件,以证明其法人资格(俄罗斯联邦最高仲裁法院全体会议2013年7月9日通知函批准的第158号《仲裁法院审理涉外案件若干问题的审判实践指引》第24条)。

根据《俄罗斯联邦仲裁程序法典》第68条之规定,法律规定应由特定证据予以证明的案件情况,仲裁法院不得通过其他证据予以认定。

申请人提交的债权主张材料包括公司章程、设立文件、董事会决议、注册证、公司注册国法人登记册摘录且摘录中记载了有权代表公司签字的公司负责人(董事),以及商业活动许可证、公司注册证明、税务登记证、个人身份证明文件、授予签字权的授权委托书、出口许可证,并附有经过适当认证的俄文翻译。

根据《俄罗斯联邦仲裁程序法典》第255条第1款之规定,在俄罗斯联邦域外形成的由外国主管机关依据外国法律针对俄罗斯组织和公民或外国人而出具、编制或认证的文件,经认证或海牙认证后,俄罗斯联邦内的仲裁法院可接受,但俄罗斯联邦国际条约另有规定的除外。

根据俄罗斯联邦最高仲裁法院全体会议1999年6月11日第8号《关于俄罗斯联邦国际条约对仲裁程序问题效力的决议》第25条和第27条之规定所作的解释,在仲裁程序中作为证据提交的外国文件必须经认证,但认证并不排除法院对该证据所含内容之真实性进行实质性审查的权利。

申请材料显示,被申请人对申请人存在未履行的第1号供货合同项下第01号和第02号补充协议所供货物的支付义务,总额为96,000万美元。

被申请人未支付货款。因此,申请人不得不向贸仲提起仲裁,要求被申请人支付第1号供货合同项下第01号和第02号补充协议所供货物的欠款总额96,000美元和产生的支出。

2017年11月6日,贸仲作出裁决,判令被申请人向申请人支付:

1. 第1号供货合同之第01号和第02号补充协议项下所供货物欠款,总额96,000美元;

2. 律师费15,000美元;

3. 翻译费人民币1400元;

4. 公证费人民币4000元;

5. 仲裁费人民币40,000元。

贸仲的裁决书证实,该裁决为最终裁决,自作出之日起生效。

按照被申请人进入破产程序当日情况——2016年11月19日(在《生意人报》公告的日期),美元兑俄罗斯卢布的汇率为65;人民币兑俄罗斯卢布的汇率为95。

因此,结合上述情况,被申请人对申请人的上述欠款为:

1. 第01供货合同之第01号和第02号补充协议项下所供货物欠款(96,000×65)6,250,000卢布;

2. 律师费(15,000×65)1,001,000卢布;

3. 翻译费(1400×95)133,000卢布;

4. 公证费(4000×95)380,000卢布;

5. 仲裁费(40,000×95)3,800,000卢布。

(二)判决理由

根据《俄罗斯联邦破产法》第63条第1款之规定,自仲裁法院就受理的债务人破产申请作出施行监督程序裁定之日起,所有对债务人的财产请求只能按照法律规定的程序提出。

根据俄罗斯联邦最高仲裁法院全体会议2005年12月22日第96号通知函发布的《仲裁法院关于审理承认和执行外国法院判决案件、撤销仲裁裁决案件和申请支付令强制执行仲裁裁决案件的审判实践指引》第3条之规定,鉴于目前债务人已进入破产清算程序,所有对债务人的财产请求应向审理破产案件的仲裁法院提出。在这种情况下,财产请求将按照联邦法律规定的程序列入债权人名册和进行偿付。

因此,根据上述法律规范和法院解释,鉴于未就法院判决(包括外国法院判决)对债务人进行强制执行,申请承认和执行外国法院对破产债务人作出的判决,而且是在债务人破产案中提出的申请,其实质是申请将该法律文书认定的债权列入债权人名册,且无须将该请求作为一个独立案件予以审理。

在这种情况下,在审理关于将外国判决确认债权列入债权人名册的主张的同时,仲裁法院根据《俄罗斯联邦仲裁程序法典》第244条之规定来决定承认和执行外国法院判决的可能性。

根据《俄罗斯联邦仲裁程序法典》第244条第3款和第4款之规定,通过审查向法院提交的证据、主张债权和反对债权的理由,仲裁法院在庭审中认定是否存在《俄罗斯联邦仲裁程序法典》第244条规定的承认和执行外国法院判决和外国仲裁裁决的理由。

在审理承认和执行外国法院判决案件时,仲裁法院无权就外国法院判决进行实体审查。

申请人提出的基于外国仲裁裁决将金钱债权列入债务人债权人名册的请求,实际上是在破产案件中提出的承认和执行外国仲裁裁决的请求。

本院查明,争议是由供货合同约定的有管辖权的仲裁机构根据国际法规范审理的。

经过研究提交在案的证据,法院确认了对于审理所提债权主张具有意义的以下事实。

根据《俄罗斯联邦破产法》第142条第1款之规定,在关于债务人宣告破产和破产清算程序开始的公告发布之日起2个月后,债权人名册登记结束。债权人名册登记册在法律规定的情况出现时依法关闭。

案卷材料显示,债务人宣告破产和破产清算程序开始的公告于2016年11月19日在《生意人报》上发布,因此债权人名册登记的截止日期为2017年1月19日。

债权人向仲裁法院提出债权请求的日期是2018年2月5日。

因此,这一请求的提交晚于债权人名册截止登记日,不能被列入债权人名册。

根据俄罗斯联邦最高仲裁法院2005年7月26日第93号《关于破产案件中特定期限计算若干问题的批复》第3条之规定,法律没有规定可以恢复债权人对债务人提出请求的期限。

根据《俄罗斯联邦破产法》第142条第4款之规定,债权人名册登记结束后申报的债权,以在债权人名册在册债权受偿之后的债务人剩余财产进行清偿。破产管理人按照本条规定程序与该类债权的债权人进行结算。

因此,法院认定,申请人主张的625万卢布货款本金是有理由的,应当由债务人——被申请人清偿债权人名册在册债权之后的剩余财产予以清偿。

其他请求(由于仲裁费用系发生在债务人破产立案日2016年10月13日之后)不予债权登记,因为根据《俄罗斯联邦破产法》第5条、俄罗斯联邦最高仲裁法院全体会议2009年7月23日第63号《关于破产案件中金钱债务破产费用问题的决议》第2条之规定所述的解释,该债务属于应当按照《俄罗斯联邦破产法》第134条规定的通过特别顺序进行清偿的破产费用。[①]

债权人关于破产费用的主张不应被列入债权人名册(《俄罗斯联邦破产法》第134条第2款),而是应当按照特别程序予以清偿(《俄罗斯联邦破产法》第134条第1款)。

在进行相应的破产程序时,主张破产费用的债权人不被视为破产案件参加人(《俄罗斯联邦破产法》第5条第2款)。

根据俄罗斯联邦最高仲裁法院全体会议2004年12月15日第29号《关于适用〈俄罗斯联邦破产法〉若干实践问题的决议》第39条之规定,如果在审理破产案件债权请求时查明,该债权属于破产费用范畴,则仲裁法院应依照《俄罗斯联邦仲裁程序法典》第105条第1款第1项之规定,裁定终止对该债权请求的审理。

(三)判决结果

在对争议法律关系进行研究,依据实体法规范对债务产生证据和采取的责任措施进行审查之后,法院查明了事实,在对案卷证据进行全面、客观、直接审查的基础上,按照自己的内心确信对证据进行了评估,审查了提交的债务计算,并得出结论认为,这些债权请求是有理由的。

依据《俄罗斯联邦破产法》第5条、第100条、第134条、第142条和《俄罗斯联邦仲裁程序法典》第150条、第184条、第185条、第223条之规定,新西伯

---

① 载 https://www.consultant.ru/document/cons_doc_LAW_39331/a8949049844a8eb33dcc8f5ddb6b95e0c70112a3/,最后访问日期:2024年12月3日。

利亚州仲裁法院裁定如下：

认定申请人625万卢布货款本金的债权请求是有理由的，并且应当以债务人——被申请人清偿债权人名册在册债权之后的剩余财产进行清偿。

终止审理申请人关于将530万卢布（仲裁费用）列入被申请人债权人名册的申请。

申请人根据2018年3月14日第993号付款委托书所支付的0卢布诉讼费由联邦财政予以返还。

签发退还国家税证明。

可在本裁定作出之日起10日内向第七复审仲裁法院（托木斯克市）提出复审上诉。复审上诉状通过新西伯利亚州仲裁法院提交。

第三部分　案例评述

本案的债务人进入破产程序之后，申请人提出将其债权列入债权人名册，相应的法律依据是《俄罗斯联邦破产法》第100条、第134条和第142条，[①]但其债权依据是贸仲的仲裁裁决，所以，破产法院必须根据《俄罗斯联邦仲裁程序法典》第244条（拒绝承认和执行外国法院判决和外国仲裁裁决的理由）[②]对是否可以承认和执行该仲裁裁决作出实质性认定，然后才可以再审理基于该仲裁裁决的债权是否可被列入债权人名册。在本案中，作为被申请人的法定代表人的破产管理人对于债权金额和贸仲的仲裁程序都没有提出异议，仲裁裁决的承认和执行没有任何法律问题，而基于该仲裁裁决所产生的债权是否可以按照俄罗斯破产法列入债权人名册则成为本案的焦点问题。

---

① 载 https://www.consultant.ru/document/cons_doc_LAW_39331/，最后访问日期：2024年12月3日。

② 载 https://www.consultant.ru/document/cons_doc_LAW_37800/，最后访问日期：2024年12月3日。

一、申请承认和执行外国仲裁裁决案件的管辖权

在俄罗斯现行的司法体系中,存在两套并行的法院系统,其中的普通管辖法院负责根据《俄罗斯联邦民事诉讼程序法典》审理民事案件,而仲裁法院负责根据《俄罗斯联邦仲裁程序法典》审理商事主体之间的经济纠纷案件。所以,俄罗斯不同法院系统管辖权划分基本依据是诉讼主体,与商事主体有关的经济纠纷案件一般归仲裁法院管辖。根据这一原则和相应的法律规定,申请承认和执行商事仲裁裁决的案件一般由俄罗斯仲裁法院管辖。

需要特别注意的是,俄罗斯的仲裁法院虽然带有“仲裁”字样,但实质上是国家法院,不是商事仲裁机构。在 2014 年 8 月 6 日前,俄罗斯仲裁法院体系也有自己的最高法院,被称为俄罗斯联邦最高仲裁法院(Supreme Arbitration Court of the Russian Federation),与俄罗斯联邦最高法院(Supreme Court of the Russian Federation)是两个完全平级且相互独立的最高司法审判机关。根据俄罗斯总统普京的建议,俄罗斯联邦最高仲裁法院于 2014 年 8 月 1 日并入俄罗斯联邦最高法院,但俄罗斯联邦最高仲裁法院之前发布的司法解释依然在仲裁法院具有法律效力并被广泛适用。

受俄罗斯法律的影响,同样的情况也出现在白俄罗斯、乌克兰、哈萨克斯坦、乌兹别克斯坦等国家。这些国家都有在普通管辖法院之外独立运行的专门审理经济纠纷案件的法院,但都被称为“经济法院”,而没有像俄罗斯一样使用“仲裁法院”这样的名称,这使与商事仲裁机构混淆的可能性大大降低。

根据《俄罗斯联邦仲裁程序法典》第 38 条第 4 款、第 9 款和《俄罗斯联邦破产法》第 33 条第 1 款、第 63 条第 1 款之规定申请人承认和执行外国仲裁裁决的案件一般是由被申请人的住所地或者其财产所在地的仲裁法院受理,但如果被申请人已经进入破产程序,则被申请人住所地的仲裁法院作为破产案件的专属管辖法院,针对破产债务人的一切权利主张都要向破产法院提出,包括以破产债务人为被申请人的承认和执行外国仲裁裁决的申请。仲裁法院作为管辖法院在审理破产案件时,如果俄罗斯破产法有特殊规定,那么应当优先适用

破产法的规定。

二、被申请人破产时应当及时申报债权(申请承认和执行外国仲裁裁决)

在俄罗斯,债务人进入破产程序之后,即使债权人已经取得胜诉的仲裁裁决,也并不意味着可以高枕无忧,一定要及时按照《俄罗斯联邦破产法》规定的期限及时申报债权。在破产案件中,外国仲裁裁决认定的债权也须通过破产程序进行确认和登记,不享有优先权。因此,本案中申请人通过贸仲获得的仲裁裁决,也需要先进行债权登记,方可通过俄罗斯破产程序获得清偿。

按照《俄罗斯联邦破产法》第142条第1款第3项的规定,在债权人进入破产清算程序之后,所有债权人一定要在破产公告发布之日起2个月内申报债权,然后由破产法院裁定是否可以列入债权人名册。只有列入债权人名册的债权才可以获得及时清偿,而逾期申报的债权,即使最终被破产法院认定,但只能以前述债权人名册债权清偿之后的剩余财产进行清偿,获得清偿的机会是微乎其微的。

上述2个月的债权申报期限,按照俄罗斯破产法和相应司法解释的规定(本案判决之时),没有任何理由可被恢复,逾期会导致失权的法律后果。

俄罗斯法人的破产公告可以通过以下网络资源公开查询,不需要注册,也不需要任何费用,只要输入破产债务人的名称或者纳税人识别码即可:

《生意人报》:https://bankruptcy.kommersant.ru/search/index.php;

俄罗斯法人信息公开网:https://bankrot.fedresurs.ru/。

如果债权人需要对俄罗斯公司启动仲裁程序或者通过其他法律程序主张权利,可以通过上述网站关注和了解债务人的经营状况和公司状态,并根据具体情况确定合理的维权方式,以确保债权人利益的最大化。

2024年5月29日,俄罗斯联邦总统普京签署第107号联邦法律,对《俄罗斯联邦破产法》第142条第1款第3项予以修正,规定俄罗斯仲裁法院在具有正当理由的情况之下可以对逾期的债权申报予以恢复。虽然根据最新的俄罗斯法律规定,上述2个月的债权申报已经不再是绝对的除斥期间,但依然建议债权人要及时申报债权，避免出现由于逾期申报而导致债权不被俄罗斯法院认定的风险。[①]

三、被申请人破产时优先通过俄罗斯仲裁法院（破产法院）确认债权

如果在仲裁程序开始前或开始后较短的时间内，俄罗斯债务人已进入破产程序，鉴于俄罗斯破产法院由此取得了针对债务人一切案件的专属管辖权，应当优先考虑向俄罗斯负责破产案件的仲裁法院主张债权，关注俄罗斯债务人的破产程序进展情况，而不是仅根据双方之间的仲裁条款申请或推进仲裁。这一建议主要是基于三个方面的原因：

第一，如果被申请人已经进入破产程序，依据《俄罗斯联邦破产法》第 63 条第 1 款之规定，所有对债务人的财产请求只能按照破产法规定的程序向债务人所在地的俄罗斯仲裁法院提出。即使存在有效的仲裁协议，申请人依然可以依据《俄罗斯联邦破产法》通过破产法院（俄罗斯仲裁法院）直接向被申请人主张权利，而不需要再根据仲裁协议确认和主张债权。这种债权主张方式应当是最快速的，既可以减少当事人提起或推进仲裁程序的额外开支，也可以使债权人在开始阶段介入破产程序，更好地保护自身的权利。

第二，当债务人进入破产程序后，如果债务人是仲裁案件中的被申请人，其参与境外仲裁程序的可能性已不大，但有关仲裁程序进行的通知需要根据俄罗斯法律的规定送达破产管理人。如果在这种情况之下债权人基于其他考虑，还要坚持启动和继续仲裁程序，其也应该充分认识到，仲裁程序结束之后还是必须在俄罗斯仲裁法院的破产案件中去申报债权，由俄罗斯仲裁法院对其债权进行最终确认，其所提出的仲裁主张应该考虑俄罗斯破产法中的相关规定，并综合评估仲裁程序的拖延和费用的增加的情况。

在俄罗斯破产法院审理债权申报时，如果针对债权出现争议，即使当事人

---

① 载 https://www.consultant.ru/document/cons_doc_LAW_39331/9f7dd5ffc46b7e05caec5829696c1917d6c76de6/，最后访问日期：2024 年 12 月 3 日。

之间存在仲裁协议,也已经没有必要根据仲裁协议再去申请仲裁,因为基于上述专属管辖权的法律规定,债权是否被列入债权人名册还是要由破产法院依据俄罗斯破产法律规定独立作出最终裁决,而不会受仲裁裁决的约束。

第三,即使债权人在俄罗斯境外拿到了胜诉的仲裁裁决,也不能保障其债权被破产法院当然列入债权人名册,破产法院将对其进行实体审查后才认定其是否可被列入债权人名册,而不会完全遵守或者限制于仲裁裁决的结果。即胜诉仲裁裁决仅能作为破产债权认定的参考证据,而不是必须遵循的依据。俄罗斯的司法实践已经证明,如果破产法院认为仲裁裁决使仲裁申请人获得相对其他债权人优先清偿的机会,即使境外仲裁程序没有任何问题,俄罗斯破产法院也可以在进行实体审查之后,裁定将相应的债权不予列入债权人名册,或者仅将破产法院认为合理的部分债权列入债权人名册。

在俄罗斯债务人进入破产程序之后,即使债权人已经取得胜诉的仲裁裁决,也并不意味着可以高枕无忧,一定要及时按照《俄罗斯联邦破产法》规定的期限及时申报债权。只有列入债权人名册的债权才可以获得及时清偿,而逾期申报的债权,即使最终被破产法院认定,但只能以前述债权人名册债权清偿之后的剩余财产进行清偿,获得清偿的机会是微乎其微的。

新加坡

Singapore

中国 A 贸易公司诉新加坡 B 公司货物销售合同争议案仲裁裁决在新加坡的承认与执行

第一部分　案例导读

本案涉及贸仲仲裁庭作出的一个货物销售合同争议的裁决在新加坡的承认和执行。案件基本事实背景为:2013 年 7 月 4 日,中国 A 贸易公司(以下简称 A 公司)与新加坡 B 贸易公司(以下简称 B 公司)签订了一份买卖合同(以下简称涉案合同),约定 A 公司按照 C&F(Cost and freigh)贸易术语从 B 公司购买原产于美国的玉米(以下简称涉案货物),涉案货物由 B 公司安排运输。B 公司交付的单据包含原产地国检验机构出具的质检报告,报告显示货物符合质检要求,但货物抵港后进行的出入境检疫和商检结果显示,货物存在严重霉变和含有转基因成分等质量问题。双方因此产生纠纷,该纠纷按照约定被提交贸仲在北京进行仲裁。2016 年 5 月 6 日,仲裁庭作出涉案裁决书,裁决 B 公司向 A 公司返还部分货款约 77 万美元及利息,并赔偿预期利益损失及发生的费用损失等合计约人民币 422 万元。

在仲裁过程中,双方当事人就涉案争议适用的准据法提出不同主张。A 公司认为,涉案合同未约定准据法,应适用中国法和《联合国国际货物销售合同公约》(以下简称 CISG),B 公司认为涉案合同援引了谷物及饲料贸易协会(Grain and Feed Trade Association, GAFTA)某标准合同并将其并入了涉案合同中,应根据该标准合同包含的法律选择条款适用英格兰法。涉案仲裁庭最终在涉案裁决中认定,该标准合同并未被并入涉案合同,英格兰法仅适用于援引了该标准合同的特定条款,对涉案合同其他部分,双方当事人未就法律适用达成一致,因双方当事人营业地为中国和新加坡,都是 CISG 缔约方,合同其他部分应适用 CISG,对公约没有约定的事项,按照最密切联系原则适用中国法律。

B 公司认为,英格兰法应当适用于整个合同,仲裁庭未按照约定的准据法审理案件,违反了贸仲《仲裁规则》,遂以此为由向中国某法院申请撤销涉案裁决。中国某法院裁定认为,申请理由不属于中国《仲裁法》和《民事诉讼法》规定的涉外仲裁裁决撤销理由,因此驳回了 B 公司的撤裁申请。

A 公司此后向新加坡法院申请强制执行涉案仲裁裁决并获得批准。B 公司以准据法错误构成超裁以及违反公共政策为由申请撤销强制执行令,被助理司法常务官(the assistant registrar)驳回,B 公司遂向新加坡高等法院提起上诉。2017 年 8 月 14 日,新加坡高等法院蔡利民法官(Chua Lee Ming)就该案作出判决,认定准据法属于提交涉案仲裁庭审理的争议事项,仲裁庭对准据法的决定无论是否存在错误均不构成超裁,亦不因此违反公共政策,由此驳回 B 公司的上诉。

新加坡法院对该案的判决,显示了新加坡法院对国际商事仲裁的普遍支持态度,表明了新加坡法院在司法审查过程中遵循最低限度司法干预的原则,尽量减少对仲裁的干预以保护仲裁裁决的终局性以及促进仲裁裁决的执行。

第二部分 新加坡法院判决

A公司诉B公司案[①]

新加坡高等法院普通法庭

判决发布日期:2017年8月14日

一、介绍

在本案中,B公司就助理司法常务官(assistant registrar,AR)驳回其申请的判决提起上诉,其申请内容是要求撤销法院作出的准许A公司执行外国仲裁裁决的命令。

本案主要的争议是,涉案仲裁庭如果在决定涉案合同的准据法时犯了错误,是否超越了其管辖范围。本人得出的结论是,仲裁庭没有超越其管辖范围。因此,本人驳回了B公司提起的上诉。

B公司已对本人的上述判决提起上诉。[②]

二、背景

2013年7月4日,A公司和B公司签订了一份A公司从B公司购买玉米的涉案合同。随后,双方就涉案货物的质量发生了争议。这一争议在中国北京根据贸仲《仲裁规则》进行了仲裁。

2016年5月6日,仲裁庭作出裁决,要求B公司支付给A公司772,957.41美元和人民币4,223,702.69元以及利息。

---

① 载https://www.elitigation.sg/gd/gd/2017_SGHC_199/pdf,最后访问日期:2024年8月13日。

② B公司若对新加坡高等法院普通法庭在该案中的判决不服,可向新加坡高等法院上诉庭或者新加坡上诉法院提出上诉,关于新加坡上诉程序,参见下文案例评述部分介绍。关于该案,在新加坡法院网站未检索到进一步上诉的相关判决,不排除B公司最终未获得上级法院的上诉许可,或者最终撤回了其进一步上诉。

2016 年 10 月 17 日,A 公司获得法院作出的一项准许其对 B 公司执行涉案裁决的法院命令(以下简称执行令)。执行令于 2016 年 10 月 24 日送达 B 公司。

2016 年 11 月 7 日,B 公司提交了 2016 年第 5409 号传票(以下简称 SUM 5409/2016),请求法院撤销执行令(除其他事项外)。

2017 年 1 月 5 日,北京市第四中级人民法院驳回了 B 公司撤销涉案裁决的申请。①

2017 年 3 月 7 日,AR 驳回了 B 公司提出的撤销执行令的申请。AR 同时判决,在上诉期间在满足如下条件时暂缓执行令的执行:B 公司提供担保(通过银行保函或向法院支付的方式),担保金额为 772,957.41 美元和人民币 4,223,702.69 元。

2017 年 3 月 17 日,B 公司递交了针对 AR 在 SUM 5409/2016 的审理中作出的全部决定提出上诉的通知。B 公司还提供了法院所要求的担保。

三、执行令是否应被撤销

在本人面前,B 公司提出法院应根据以下理由撤销执行令:

(1)涉案裁决中包含了针对某一超出提交仲裁范围的事项的一项决定(《国际仲裁法》(the International Arbitration Act, IAA)(2002 年修订版)第 143A 章第 31(2)(d)条);

(2)执行涉案裁决将违反新加坡的公共政策(《国际仲裁法》第 31(4)(b)条)。

四、涉案仲裁庭的行为是否超越了其管辖范围

《国际仲裁法》第 31(2)(d)条规定,法院在出现如下情形时可以拒绝执行外国仲裁裁决,“裁决处理的争议不在提交仲裁范围内,或者裁决含有对提交

① 北京市第四中级人民法院于 2017 年 1 月 3 日作出(2016)京 04 民特 58 号裁定,驳回 B 公司要求撤销贸仲作出的〔2016〕中国贸仲京裁字第 0517 号仲裁裁决的申请。

仲裁范围以外事项的决定”。

《国际仲裁法》第31(2)(d)条的规定类似《示范法》第34(2)(a)(iii)条的规定。根据《国际仲裁法》第3条的规定,《示范法》在新加坡具有法律效力。第34(2)(a)(iii)条适用于如下情形:仲裁庭错误地决定了未提交其仲裁的事项或其未就已提交仲裁的事项作出决定。法律或事实错误不足以导致法院根据《示范法》第34(2)(a)(iii)条的规定撤销仲裁裁决。参见“CRW Joint Operation 诉 PT Perusahaan Gas Negara(Persero) TBK 案”①判决第31段和第33段。如果问题明确属于提交仲裁的范围之内的事项,即使仲裁庭就该问题作出错误甚至明显错误的结论,也不能视其超出提交仲裁的范围。参见“Sui Southern Gas Co Ltd. 诉 Habibullah Coastal Power Co(Pte) Ltd. 案”②判决第37段。这些原则同样适用于《国际仲裁法》第31(2)(d)条。

在本案中,毫无争议的是,合同的准据法问题完全在提交仲裁庭审理的范围内。本案并未出现如下情形,即双方均以英国法为准据法将争议提交仲裁。在涉案仲裁程序中,B公司的主张是涉案合同应当适用英国法。A公司则主张准据法是中国法,因为它是与涉案合同有最密切联系的国家的法律。涉案仲裁庭裁决,涉案合同仅有一个章节适用英国法,而其余部分适用中国法。

B公司并未对上文所述原则提出异议。然而,B公司认为,在涉及准据法的问题上,仲裁庭的错误将导致其超越管辖范围,因为仲裁庭会无视双方对准据法的明确约定。因此,B公司主张,在本案中,法院可以审查涉案仲裁庭对涉案合同准据法的决定;若法院发现仲裁庭的决定存在错误,可以撤销涉案裁决。

本人不认同B公司的主张,即仲裁庭在决定准据法方面存在的错误会导致其超越其管辖范围。在本人看来,B公司的主张在原则上是站不住脚的。如前文所述,这方面的法律原则是非常明确的。仲裁庭并不会因为其对在提交仲

---

① CRW Joint Operation v. PT Perusahaan Gas Negara(Persero) TBK [2011] 4 SLR 305.

② Sui Southern Gas Co Ltd. v. Habibullah Coastal Power Co(Pte) Ltd. [2010] 3 SLR 1.

裁范围内的问题作出错误结论而被认为超越其管辖范围。没有理由认为有关准据法的问题应该与提交仲裁的其他问题区别对待。

B公司的主张也没有得到案例法的支持。类似的主张在"Quarella SpA 诉 Scelta Marble Australia Pty Ltd. 案"[①](以下简称"Quarella 案")中被驳回。在"Quarella 案"中,法律选择条款规定,协议"应受1980年4月11日《联合国国际货物销售合同公约》(维也纳)(以下简称CISG)管辖,如不适用该公约,则适用意大利法律"。在该案仲裁庭过程中,原告(Quarella SpA)主张准据法是CISG,而被告(Scelta Marble Australia Pty Ltd.)主张准据法是意大利法。仲裁庭同意被告的意见。原告申请撤销仲裁裁决。原告的依据之一是《示范法》第34(2)(a)(iii)条之规定。原告主张,仲裁庭关于准据法的决定是错误的,由于未能适用当事人选择的法律,仲裁庭超出了当事人请求仲裁的事项范围而行事。原告承认法律错误不是撤销裁决的理由,但主张适用错误的法律是一种不同的情况。法院驳回了原告的主张。法院指出,法律适用问题已提交仲裁庭审理,并且裁决书明确处理了这个问题。法院认为,原告的申请完全是基于其不同意仲裁庭对法律选择条款的解读,并最终认定该争议并不涉及《示范法》第34(2)(a)(iii)条。本人赞成法官在"Quarella 案"中的决定。

B公司试图将本案区别于"Quarella 案",理由是"Quarella 案"中的法律选择条款明确提到了CISG和意大利法。B公司表示,这赋予了仲裁庭决定适用哪种法律的权力。而在本案中,涉案合同只提及了GAFTA 88(第88号合同,一份由谷物及饲料贸易协会制定的标准格式合同),GAFTA 88的准据法是英国法。涉案合同并未提及中国法律。

这一区别并不能让B公司走得太远。"Quarella 案"中的法律选择条款同时提到了CISG和意大利法,这一事实对法院的判决结果并不重要。显然,"Quarella 案"认为,当一个问题已提交仲裁时,不能仅仅因为仲裁庭对该问题

---

① Quarella SpA v. Scelta Marble Australia Pty Ltd. [2012] 4 SLR 1057.

的决定是错误的，就认为仲裁庭超出了其管辖范围，即使该问题涉及适用的法律。

实质上，B公司是在对仲裁庭就合同准据法的决定提出上诉。这样的争议并不涉及《国际仲裁法》第31(2)(d)条。因此，本人得出结论，B公司无权依据《国际仲裁法》第31(2)(d)条的规定申请撤销执行令。

五、涉案裁决的执行是否违反新加坡的公共政策

《国际仲裁法》第31(4)(b)条规定，如果"执行仲裁裁决将违反新加坡的公共政策"，法院可以拒绝执行外国仲裁裁决。

B公司的辩护理由是，执行涉案裁决将违反新加坡的公共政策，因为仲裁庭在决定涉案合同(除合同的某一章节外)适用中国法律时超出了其管辖范围。由于本人已经认定涉案仲裁庭没有超出其管辖范围，因此，B公司基于《国际仲裁法》第31(4)(b)条的辩护理由也不成立。

六、结论

本人驳回上诉，并命令B公司支付包括垫付费用在内的上诉费用，共计6000美元。

七、关于上诉期间的暂缓执行问题

B公司口头申请在上诉期间暂缓执行，或者在其向上诉法院申请在上诉期间暂缓执行期间临时暂缓执行。B公司辩称，若不如此，如果上诉成功，其将无法从A公司那里收回款项，因为A公司是一家总部位于中国的实体企业，而北京市第四中级人民法院已拒绝撤销仲裁裁决。[①]

A公司是外国实体，导致寻求赔偿不便或费用昂贵，这一事实并不构成需要暂缓的特殊情况。没有证据表明，如果B公司成功上诉，A公司将无法向B公司退还相关款项。也没有证据表明，若新加坡法院作出要求A公司向B公

① 北京市第四中级人民法院于2017年1月3日作出(2016)京04民特58号裁定，驳回B公司要求撤销贸仲作出的〔2016〕中国贸仲京裁字第0517号仲裁裁决的申请。

司退还相关款项的判决,中国法院将不会执行该判决。因此,本人驳回B公司在上诉期间暂缓执行的申请,对其暂缓申请的替代请求(在其向上诉法院申请在上诉期间暂缓执行期间临时暂缓执行)亦予以驳回。

第三部分 案例评述

一、新加坡关于仲裁的法律框架

(一)《仲裁法》与《国际仲裁法》

新加坡现行仲裁制度分为国内仲裁与国际仲裁两套不同的法律制度。国内仲裁涉及根据国内仲裁协议进行的仲裁,受《仲裁法》(the Arbitration Act, AA)(2002年颁布)管辖。国际仲裁涉及根据国际仲裁协议进行的仲裁,受《国际仲裁法》(2020年修订版)管辖。需要注意的是,《国际仲裁法》也适用于当事人书面约定适用《国际仲裁法》第二部分或《示范法》的非国际仲裁。①

新加坡的《仲裁法》于2002年3月1日生效②,取代了之前的《仲裁条例》(the Arbitration Ordinance)。《仲裁条例》于1953年生效,是新加坡第一部规范仲裁的国内法令,以英国1950年《仲裁法》为基础制订。1953年《仲裁条例》经多次修订,直到其最后一版1985年《仲裁条例》被2002年3月1日生效的《仲裁法》所废除。2002年颁布的《仲裁法》的目的,是使新加坡的国内仲裁法与《示范法》(1985年版)保持一致。

---

① 《国际仲裁法》第5(1)条原文规定:"This Part and the Model Law do not apply to an arbitration which is not an international arbitration unless the parties agree in writing that this Part or the Model Law is to apply to that arbitration."

② 《仲裁法》的条文内容可查阅新加坡法规在线(Arbitration Act 2001 – Singapore Statutes Online)网站:https://sso.agc.gov.sg//Act/AA2001。

新加坡的《国际仲裁法》颁布于1994年,旨在实施《示范法》。[①]《国际仲裁法》通过在《国际仲裁法》附表1中列出《示范法》来实施《示范法》。同时,《国际仲裁法》的主文优先于其附表,在某些方面对《示范法》作了修改,例如仲裁员的豁免权、法院协助取证、仲裁程序的保密性、撤销裁决的理由等。因此,在《国际仲裁法》下,《示范法》除第8章外在新加坡具有法律效力,同时必须遵守《国际仲裁法》的特别约定。[②]《国际仲裁法》在其有效期内经过多次修订(最新修订为2020年),加强了新加坡作为国际仲裁中心的地位。

(二)《国际仲裁法》与《纽约公约》

新加坡加入了《纽约公约》,是缔约方之一。在《国际仲裁法》颁布之前,在新加坡以外的《纽约公约》缔约方领土内作出的外国仲裁裁决依据1985年《仲裁(外国裁决)法》[the Arbitration(Foreign Awards) Act(Cap. 10A)]在新加坡被承认和执行。1994年颁布的《国际仲裁法》取消了《仲裁(外国裁决)法》,将其内容并入《国际仲裁法》作为其第三部分,其条文内容基本和《纽约公约》相应条款相对应。

《国际仲裁法》第31条列明了新加坡法院不予执行外国仲裁裁决的几种情形,其内容在实质上与《纽约公约》第5条的规定相同。《国际仲裁法》第31条将不予执行外国仲裁裁决的情形划分为被申请执行人需举证的情形(第31条第2款)和法院依职权判断的情形(第31条第4款)。

概括而言,被申请执行人需举证的不予执行仲裁裁决情形包括:(1)仲裁协议的当事人欠缺行为能力;(2)仲裁协议无效;(3)其未收到选定仲裁员或仲裁程序的适当通知或无法在仲裁程序中陈述案情;(4)裁决的事项不属于提交

---

① 《示范法》根据新加坡《国际仲裁法》(IAA)第143A章第3(1)条之规定在新加坡具有法律效力,其第8章除外。《国际仲裁法》的条文内容可查阅新加坡法规在线(International Arbitration Act 1994 - Singapore Statutes Online)网站:https://sso.agc.gov.sg/Act/IAA1994。

② 《国际仲裁法》(IAA)第143A章第3(1)条原文规定:"Subject to this Act, the Model Law, with the exception of Chapter VIII of the Model Law, has the force of law in Singapore."

仲裁的范围(但超裁部分与裁决其他部分可分离的,可仅执行属于提交仲裁范围的该部分裁决);(5)仲裁庭的组成或仲裁程序违反当事人约定或(无当事人约定时)违反仲裁地国法律;(6)仲裁裁决未生效或已被撤销。法院依据职权判断的不予执行仲裁裁决情形包括:(1)所涉事项在新加坡不可仲裁;(2)该裁决的执行将违背新加坡公共政策。

《国际仲裁法》规定,外国仲裁裁决可通过另行提起诉讼的方式得到执行,[①]或以《国际仲裁法》第19条下新加坡仲裁裁决执行相同的申请法院准许方式得到执行。[②] 根据该条可予执行的外国仲裁裁决应被认定为对所涉当事人具有约束力,当事人可依赖裁决作出辩护、抵销或用于新加坡的其他法律程序。[③]

二、在新加坡承认与执行外国仲裁裁决的主要程序

(一)申请执行外国仲裁裁决需要提供的文件

由于新加坡为《纽约公约》的缔约方,在新加坡以外的《纽约公约》缔约方领土内所作出的外国仲裁裁决,可以依据《纽约公约》在新加坡申请承认和执行。

---

① 在此情况下,裁决债权人(award creditor)可以向法院主张裁决债务人(award debtor)负有合同下的义务以执行仲裁裁决所判债务。

② 《国际仲裁法》第29条第1款原文规定,即"29.—(1) Subject to this Part, a foreign award may be enforced in a court either by action or in the same manner as an award of an arbitrator made in Singapore is enforceable under section 19"。根据《国际仲裁法》第19条的规定,在获得新加坡高等法院或其法官批准后,有关仲裁协议的裁决可以以具有同等效力的判决或命令相同的方式获得执行,并且在获得许可的情况下,可以根据裁决内容作出判决。"19. An award on an arbitration agreement may, by leave of the High Court or a Judge thereof, be enforced in the same manner as a judgment or an order to the same effect and, where leave is so given, judgment may be entered in terms of the award."载https://sso.agc.gov.sg/Act-Rev/IAA1994/Published/20211231?DocDate=20021231&ProvIds=P1II-#pr19-,最后访问日期:2024年12月17日。

③ 《国际仲裁法》第29条第2款原文规定,即"29.—(2) Any foreign award which is enforceable under subsection(1) must be recognised as binding for all purposes upon the persons between whom it was made and may accordingly be relied upon by any of those parties by way of defence, set-off or otherwise in any legal proceedings in Singapore"。

向新加坡法院申请准许执行仲裁裁决应提交支持性的誓章(affidavit),其内容应包括:(1)仲裁协议和仲裁裁决(原件或经过认证的复印件,如非以英文拟就,需提供经认证的英文翻译件);(2)各方主体信息;(3)对被申请执行人在何种程度上未履行仲裁裁决的说明。[①]

(二)申请执行外国仲裁裁决的方式

《国际仲裁法》第24条规定,原告应提交原诉传票开始申请执行仲裁裁决的诉讼程序。在执行程序上,寻求执行仲裁裁决的一方可以在不通知对方的情况下向新加坡高等法院提出单方申请,并附有誓章,请求法院单方面命令允许执行仲裁裁决(单方面命令,ex parte order)。[②]

如法院作出准许执行仲裁裁决的命令(执行令,enforcement order),在执行令送达被申请执行人的14日内(如送达至新加坡以外的地址,法院可另行决定合适的期间),被申请执行人可向颁发执行令的法院申请撤销执行令。被执行方可以在单独的程序(撤销程序)中申请撤销执行令,从而对其提出质疑,寻求停止执行程序。[③] 如在该期间内被申请执行人没有申请撤销执行令,仲裁裁决将按照与新加坡法院判决或裁定同样的方式得到执行。[④]

---

① 参见《2021年法院规则》第48号命令第6(2)条[Rules of Court 2021,Order 48, r.6(2)],条文内容可查阅新加坡法规在线(Rules of Court-Singapore Statutes Online)网站:https://sso.agc.gov.sg/SL-Supp/S914-2021;同时参见《国际仲裁法》第30条第(1)款[IAA,S 30(1)],条文内容可查阅新加坡法规在线(International Arbitration Act 1994 - Singapore Statutes Online)网站:https://sso.agc.gov.sg/Act/IAA1994。

② 单方面命令是一项行政性申请(an administrative application),高等法院在进行形式审查后通常会批准单方面命令。

③ 参见《2021年法院规则》第48号命令第6(5)条[Rules of Court, Order 48, r.6(5)]。条文内容可查阅新加坡法规在线(Rules of Court-Singapore Statutes Online)网站:https://sso.agc.gov.sg/SL-Supp/S914-2021。

④ 《国际仲裁法》第19条原文规定,"19. An award on an arbitration agreement may,by permission of the General Division of the High Court,be enforced in the same manner as a judgment or an order to the same effect and,where permission is so given,judgment may be entered in terms of the award"。

一方当事人可通过提交上诉通知对法院就撤销申请作出的判决提出上诉。[①] 根据《最高司法法院法》(第322章)的规定,对高等法院普通庭AR的裁决提出的民事上诉由高等法院普通庭法官审理,而对高等法院普通庭法官的裁决提出的民事上诉由高等法院上诉庭或上诉法院审理。部分上诉需经许可,如争议的标的物的价值(不包括利息及讼费)不超过25万新加坡元或法律有规定的。除非法院另有指示,上诉不得暂缓执行下级法院/法官作出的决定。上诉方需提交诉讼费用保证金。[②]

三、关于该案执行的争议焦点评析

(一)超越仲裁权限

本案中,B公司向新加坡法院申请不予执行的主要依据之一是新加坡《国际仲裁法》第31(2)(d)条[该条款内容与《纽约公约》第5条第1款(丙)项相同],即仲裁裁决包含对提交仲裁范围以外事项的决定。B公司认为,英格兰法是双方约定的准据法,应当被适用于整个合同,仲裁庭在裁决中适用双方约定之外的法律作为准据法审查案件争议,超出了双方提交仲裁的范围。

对此,新加坡法院认为,B公司向仲裁庭主张合同受英国法管辖,A公司则向仲裁庭主张根据与合同最密切相关原则适用中国法,因此合同的准据法毫无疑问是属于明确提交仲裁庭审理范围内的争议,并且仲裁庭在裁决书中明确处理了这个问题。

在本案中,新加坡法院重申了新加坡上诉法院在"Sui Southern Gas Co

---

① 新加坡《最高司法法院法》(the Supreme Court of Judicature Act)(第322章)列出了部分不可上诉的判决(《最高司法法院法》附表3和附表4)以及其他上诉需经许可的判决(《最高司法法院法》附表5)。

② 针对高等法院普通法庭法官所作决定的民事上诉(自2022年4月1日起),载新加坡法院网,https://www.judiciary.gov.sg/civil/civil-appeals-(from-1-april-2022)/civil-appeals-against-decisions-of-the-general-division-of-the-high-court-and-the-appellate-division-of-the-high-court-(from-1-april-2022)/civil-appeals-against-decisions-made-by-a-judge-in-the-general-division-of-the-high-court-(from-1-april-2022),最后访问日期:2024年8月13日。

Ltd. v. Habibullah Coastal Power Co(Pte) Ltd. 案”①中确立的原则，即如果一个问题完全在提交仲裁的范围内，即使仲裁庭的裁决有误，哪怕是明显的错误，也并不导致其超出仲裁范围。此外，新加坡法院认定，只要某一问题属于提交仲裁的范围，即使这个问题涉及准据法，也不会构成超越管辖范围。本案说明，新加坡法院在审查仲裁庭是否超越管辖权时的关注点在于仲裁庭是否严格在提交仲裁范围内进行审理。

在确定提交仲裁的范围时，新加坡的法院倾向对此进行宽泛的解释，不仅参考仲裁协议的条款，而且也会参考当事方在仲裁程序中的诉状。例如，在“PT Prima Int Development 诉 Kempinski Hotels SA & Others 案”中，法官在判定提交仲裁的范围时指出，仲裁程序中的诉状提供了一个由当事人通过确认其提交仲裁审理的争议的性质和范围来定义仲裁员管辖权范围的便捷的方式。②

在本案争议中，从新加坡法院引述的裁决书段落可以看出，双方当事人在仲裁程序中就合同准据法各自表明了立场，已经明确将准据法方面的争议提交仲裁庭审理，因此双方的诉讼文件明确无误地证明了合同的准据法属于提交仲裁的范围。

对于《纽约公约》第5条第1款(丙)项，各国的普遍实践是对其进行限制性解释，并且该条款不应当导致对仲裁裁决实体内容作重新审查。③ 新加坡法院在该案判决中明确指出，实质上B公司是在对仲裁庭就合同准据法的决定

---

① [2010] 3 SLR 1.

② PT Prima Int Development v. Kempinski Hotels SA & Others, [2012] 4 SLR 98 p.33, “[t]he role of pleadings in arbitral proceedings is to provide a convenient way for the parties to define the jurisdiction of the arbitrator by setting out the precise nature and scope of the disputes in respect of which they seek the arbitrators' adjudication”.

③ 参见[美]Gary Burn:《国际仲裁:法律与实践》，威科法律译丛，商务印书馆，第513页注释4(对《纽约公约》第5条第1款c项必须作限制解释，并且它不应当导致对仲裁裁决实体内容的重新检查，这是公认的)，第514页[实践中依据第5条第1款c项对裁决提出的异议，有时候(但是错误地)是针对仲裁员对合同的实体解释、法律结论，或仲裁员对程序问题作出的裁定提出的。这些只是被告试图提出的对仲裁庭裁定的实体性异议(这不为《纽约公约》第5条所允许)]。

提出上诉。这样的争议并不涉及《国际仲裁法》第31(2)(d)条,采取了类似的不对仲裁裁决实体内容作重新审查的立场。

(二)违反当事人约定的程序

仲裁庭未按照当事人约定的准据法判案,有时被用来作为《纽约公约》第5条第1款(丁)项下拒绝承认和执行裁决的理由,即仲裁程序未能遵从仲裁协议或仲裁程序法的程序性要求。①

在本案中,新加坡B公司在新加坡的执行程序中并未援引《纽约公约》第5条第1款(丁)项请求不予承认和执行的规定,但其在此之前曾向北京市第四中级人民法院申请撤销仲裁裁决,理由是合同约定该案适用贸仲《仲裁规则》(2012年),其第47条第(2)项规定,"当事人对于案件实体适用法有约定的,从其约定"。仲裁庭未适用双方当事人约定的法律作出裁决,违反了贸仲《仲裁规则》,而贸仲《仲裁规则》属于当事人约定的仲裁程序,由此该案的仲裁程序违反了当事人的约定。

对B公司的撤裁申请,北京市第四中级人民法院经审查后认定,仲裁裁决首先就《买卖合同》中的"Others"条款适用双方当事人明确约定选择的英格兰法,合同其他部分,由于双方当事人就法律适用未达成一致,因双方当事人营业地为中国和新加坡,都是CISG缔约方,适用CISG,对CISG没有约定的事项,按照最密切联系原则适用中国法律。北京市第四中级人民法院据此裁决认为:"上述涉及确定仲裁当事人实体权利义务内容的法律适用问题,不属于《中华人民共和国仲裁法》第七十条、《中华人民共和国民事诉讼法》(2012年修正)

① 参见[美]Gary Burn:《国际仲裁:法律与实践》,威科法律译丛,商务印书馆,第514页[实践中依据第5条第1款c项对裁决提出的异议……(有些)是作为一种管辖性主张而对仲裁程序的公平性或者规则性提出的诉求(这应适用第5条第1款b项或d项),而不是真正满足第5条第1款c项规定的抗辩理由]。

第二百七十四条规定的涉外仲裁裁决撤销理由,[①]对此本院不予审查。”也就是说,北京市第四中级人民法院认为,本案涉及当事人就法律适用未达成一致的情形,仲裁庭就法律适用作出的裁决(无论其错误与否)不属于撤销涉外仲裁裁决的法定司法审查事由,继而对贸仲裁决采取了不予审查的方式。

总体而言,在双方当事人并未明确约定准据法的情况下,对于是否存在默示约定或对标准条款的引用是否导致其法律选择条款被并入主合同等问题涉及对合同条款的解释。如巴西等国的法院指出,此类准据法问题更多涉及事实争议而非程序问题,不宜进行严格的司法审查。[②] 北京市第四中级人民法院在上述案件中关于不予审查的裁定,符合这一种司法审查观点,是一种合理的司法监督态度。

值得注意的是,本案适用的仲裁规则明确给予了仲裁庭在当事人约定准据法不明时的裁量权。贸仲《仲裁规则》(2012年)第47条第2项规定:“当事人没有约定或其约定与法律强制性规定相抵触的,由仲裁庭决定案件实体的法律适用。”在本案中,当事人在买卖合同中未明确约定争议发生时适用的准据法,双方当事人对准据法提出不同主张,因此该案应当适用上述贸仲《仲裁规则》(2012年)第47条第2项的规定。本案仲裁庭在对案件事实进行审查后,对于法律适用问题作出的裁决,符合仲裁规则“由仲裁庭决定案件实体的法律适用”的规定,无论裁决本身对法律适用的裁量是否存在争议,均不导致违反仲裁规则。

---

① 《仲裁法》第70条规定:“当事人提出证据证明涉外仲裁裁决有民事诉讼法第二百五十八条第一款规定的情形之一的,经人民法院组成合议庭审查核实,裁定撤销。”《民事诉讼法》(2012年修正)第274条规定:“对中华人民共和国涉外仲裁机构作出的裁决,被申请人提出证据证明仲裁裁决有下列情形之一的,经人民法院组成合议庭审查核实,裁定不予执行:(一)当事人在合同中没有订有仲裁条款或者事后没有达成书面仲裁协议的;(二)被申请人没有得到指定仲裁员或者进行仲裁程序的通知,或者由于其他不属于被申请人负责的原因未能陈述意见的;(三)仲裁庭的组成或者仲裁的程序与仲裁规则不符的;(四)裁决的事项不属于仲裁协议的范围或者仲裁机构无权仲裁的。人民法院认定执行该裁决违背社会公共利益的,裁定不予执行。”

② See Recognition and Enforcement of Foreign Arbitral Award-The Interpretation and Application of the New York Convention by National Courts, George A. Bermon 23, Section 4.2.4.2, p.51.

(三)最低限度司法干预的原则

总体而言,本案显示了新加坡法院对于国际仲裁采取大力支持的司法政策。新加坡法院在对国际仲裁的司法审查过程中遵循最低限度司法干预的原则,如新加坡上诉法院在"Soh Beng Tee & Co Pte Ltd. 诉 Fairmount Development Pte Ltd. 案",[①]以及其他类案中宣告的,"现行法律框架规定,法院不应无正当理由干预仲裁程序。这种通过尊重仲裁程序的终局性而尽量减少司法干预的政策,承认了当事方明确选择的争议解决机制应具有首要地位"。从法院在本案的裁决中可以看出,新加坡法院在审查外国仲裁裁决在新加坡的执行申请时,只有在新加坡《国际仲裁法》规定的拒绝执行理由明确成立时才会对其进行干预。新加坡高等法院蔡利民法官在本案中的决定,代表了新加坡法院对国际仲裁的普遍态度,即尽量减少对仲裁的干预以保护仲裁裁决的终局性以及促进仲裁裁决的执行。

① Soh Beng Tee & Co Pte Ltd. v. Fairmount Development Pte Ltd. [2007] 3 SLR(R)86.

南非

South Africa

英国A公司诉南非B公司销售合同争议案仲裁裁决在南非的承认和执行

第一部分　案例导读

本案涉及贸仲仲裁庭作出的一个关于国际货物买卖争议的裁决在南非获得承认和执行。

涉案仲裁的基本事实背景为：2011～2014年，注册在英国的A公司和注册在南非的B公司就芯线买卖签订了多份合同。A公司向B公司交付芯线之后，B公司未能支付全部货款。A公司按照销售合同的仲裁条款将争议诉诸贸仲仲裁，要求B公司支付其所欠的货款。

本案由3名贸仲仲裁员组成仲裁庭适用中国法进行审理，仲裁地为中国。2020年6月12日，涉案裁决作出并送达双方。仲裁庭支持了A公司的仲裁请求，要求B公司向其清偿所欠的芯线货款。

由于B公司未能执行该裁决，A公司向南非的高等法院申请在南非承认和执行涉案裁决。B公司辩称，A公司在英国犯有逃税罪，以违反公共政策为由，主张南非法院应拒绝承认和执行涉案裁决。南非高等法院认为，B公司没有证明其所称的非法性，在英国逃税是由英国当局管辖的事。而且，涉案仲裁庭已经对该问题进行了考虑并予以驳回。南非法院必须“高度尊重”仲裁庭的裁决，“这是全世界的传统”。南非高等法院裁定，B公司没有证明执行涉案裁决违反公共政策,并宣布根据南非《国际仲裁法》的规定,涉案裁决成为南非法院的命令并获得执行。

随后,B公司申请就该承认涉案裁决的命令提出准予上诉的许可。A公司则申请无论B公司是否申请上诉准许,该承认涉案裁决的命令应仍然有效并可完全执行。南非高等法院驳回了B公司的上诉准许申请,同意A公司关于继续执行该承认涉案裁决命令的申请。南非高等法院指出:其一,当一方以违反公共政策为由寻求避免合同后果时,该方负有举证责任,而在该案中B公司没有履行举证责任。此外,B公司的上诉没有合理的胜诉前景,也没有其他令人信服的理由证明应当审理上诉,因此其上诉申请应被驳回。其二,允许B公司拖延其按照判决支付债务的义务是滥用法院程序,违反了公共政策和南非《国际仲裁法》的宗旨。

南非高等法院作出的本案判决体现出其对国际仲裁持强有力的支持态度。仲裁败诉方关于胜诉方在另一司法管辖区逃税的指控未经证实,且这一主张在仲裁中已被驳回,因而执行该裁决不构成对公共政策的违反,也不能导致南非法院对涉案裁决的拒绝承认和执行。南非《国际仲裁法》将确保外国仲裁裁决得到《纽约公约》项下的承认和执行,从而承认仲裁作为国际商业争议的有效解决程序。本案同时也表明,南非法院倾向将《纽约公约》及其《国际仲裁法》所规定的公共政策作狭义解释,对以此为由提出的拒绝承认和执行外国仲裁裁决的主张采用严格审查的标准。

第二部分 南非法院判决

一、关于A公司诉B公司要求承认和执行涉案裁决的判决

A公司诉B公司案①

南非高登省高等法院约翰内斯堡豪登地方法院

判决书日期:2023年6月2日

这是一个有关承认和执行外国仲裁裁决的申请。该申请源于2020年6月12日在北京作出的一个仲裁裁决。根据涉案裁决,B公司应:(1)向A公司支付1,088,488.63美元以及以前述款项为本金按照3%利率、向A公司支付自2014年1月27日至2018年11月26日的利息;(2)赔偿A公司支付的律师费65,500美元;(3)赔偿A公司支付的仲裁费236,521美元;(4)承担反请求的仲裁费21,776.3美元。

(一)双方当事人

涉案仲裁程序中的A公司是一个在英国根据英格兰和威尔士法律登记注册的公司。B公司是根据南非的法律注册登记的南非公司。

涉案仲裁是属于《示范法》第1(3)条规定下的国际仲裁,因为在签署仲裁协议时,双方的主要营业地位于不同国家。

(二)事实背景

A公司在其主誓章中陈述了涉案仲裁程序的事实背景。A公司是一个从事进出口国际贸易的实体公司。B公司专门从事钢铁合金等金属产品的生产

① Case No.: 55273/2021 [2023] ZAGPJHC 620(2 June 2023).

和销售。2011~2014年,A公司与B公司签订了多份销售合同。双方按照约定的价格,由B公司向A公司订购、A公司向B公司供应销售芯线(9毫米或者13毫米)。

在每一笔交易中,均由B公司向A公司下订单购买一定数量的芯线,以此达成销售协议。订单是一种特定表格,以电子邮件的方式发送。双方通过如下方式按照销售确认书的条款达成书面协议:A公司接受订单,通过电子邮件把经适当签署的销售确认书的发送给A公司以表示接受,B公司再签署销售确认书,并通过电子邮件将其发回给A公司。

A公司按照销售协议通过海运向B公司交付芯线。然而,B公司未能按照销售协议的条件支付商定好的对价,且在A公司提出要求之后仍然拒绝支付。B公司违反了16份销售协议的约定,未能清偿到期货款,对于这一点已并无异议。相应地,A公司和B公司之间因此产生了争议。

双方均认可,A公司寻求的救济主要是基于南非《国际仲裁法》中关于承认和执行的条款,该法将《示范法》和《纽约公约》并入其中,南非因此需承担《纽约公约》项下的义务。修改后的《示范法》(2006年修改版本)作为《国际仲裁法》的附录一,已成为南非国内法的一部分。

双方签署了书面仲裁协议,同意适用中国法。各份销售确认书中的第9条就是《示范法》规定的仲裁条款,双方对此均是认可的。

每一份销售确认书第9条规定了争议解决机制,即就双方关于合同解释、各自权利义务、违约以及由合同引起的各项争议,双方首先应通过友好磋商解决,如果磋商未果,则将其提交贸仲按照其有关仲裁规则进行仲裁。双方同意适用中国法,仲裁裁决是终局性的,对双方均有拘束力。通过同意仲裁,双方放弃进一步的权利。B公司未能向A公司支付销售确认书项下货款,双方由此产生争议,且友好磋商未果。

因此,2017年11月10日,A公司将争议提交至贸仲。A公司后修改了其仲裁请求,要求B公司支付剩余16份销售确认书项下货款。2018年5月15

日，贸仲仲裁院通过快递向双方发送了仲裁通知、《仲裁规则》和贸仲仲裁员名册，并向B公司发送了A公司提交的仲裁申请书以及有关证据材料。《仲裁规则》第25(2)条规定："除非当事人另有规定或者本规则另有规定，仲裁庭将由三名仲裁员组成。"

B公司指定L先生担任仲裁员。A公司没有指定仲裁员，因此，根据《仲裁规则》第27(1)条的规定，贸仲主任指定T先生担任B公司方仲裁员。双方未能共同指定首席仲裁员，因此，根据《仲裁规则》第27(4)条的规定，贸仲主任指定S先生担任首席仲裁员。仲裁庭的组成合法正当并无疑义。总之，仲裁庭应该：(1)对双方之间的合同作出解释；(2)适用中国法律；(3)考虑双方之间的合同条款；(4)考虑所有可被接受的证据。

2019年1月15日，仲裁庭进行开庭审理。双方均出庭。此后，2020年6月12日，涉案裁决被作出并送达双方。根据销售确认书第9条的规定，仲裁裁决是终局性的。然而，尽管知悉仲裁结果和裁决，B公司仍然未执行涉案裁决。B公司拒绝按照涉案裁决付款，理由将在下文中予以说明。

在本案中，B公司既没有质疑仲裁庭组成的合法性，也没有质疑程序的公平性，也没有挑战裁决的合法有效性。此外，由于涉案裁决是在中国作出的，B公司也未对涉案裁决属于南非《国际仲裁法》第14(d)条规定的"外国仲裁裁决"提出异议。

（三）答辩意见

B公司宣称，A公司是一个休眠的实体公司，并不从事贸易，也不拥有任何实质性财产。在其答辩誓章中，B公司指出，根据A公司的指示，芯线货款被要求支付至英格兰境外的一个账户。B公司指出，A公司主誓章的宣誓人M先生作为"A公司的所有人和控制者，早就消失，并且仅在2015年10月才再次出现"，当时他开始要求B公司和其他公司按照已开出的发票金额付款。

实际上，B公司的答辩理由就是A公司犯逃税罪，因为其未能向英国税务机关申报其向B公司销售芯线所产生的收入。B公司主张，如果要求其向A

公司英国境外的银行账户付款,货款进入A公司在中国香港特别行政区的账户,将会产生一个现实风险,即此种付款将被视为对2017年英国《刑事金融法》下企业犯罪规则(CCO)的违反,导致被视为帮助、怂恿A公司逃避英国的税收。B公司还主张,执行涉案裁决将使其违反南非《组织犯罪防制条例》(以下简称POCA)。

B公司还辩称,参与A公司运营的人已经因为欺诈海关而被罚款,并且其已经向英国海关报告A公司涉嫌逃税。然而,最高上诉法院在"Knoop NNO诉Gupta案"[①]中也提示过,"进行事实推论必须基于被证明的事实,而不是猜测"。

B公司的主张到现在仍然不变。除非A公司可以证明其未逃税且不存在B公司因共谋而被刑事追责的实质性风险,否则B公司将拒绝付款。B公司所依据的POCA第1条将"非法活动"界定为"任何构成犯罪或者违反法律的行为,无论该行为在本法实施前或后发生,也无论该行为发生在南非或其他地方"。

(四)成文法的法律框架

南非《国际仲裁法》第2章第6条规定,"按照本法的规定,《示范法》适用于南非"。就国际仲裁协议,该法第20(1)条的过渡性条款规定,"本法第2章规定适用于国际商事仲裁协议,无论该协议是在本法第2章生效之前或者之后缔结并生效,并适用于所有此种协议下的所有仲裁,但是本条规定不适用于本法第2章生效前已经开始的仲裁程序"。

关于承认和执行外国仲裁裁决,该法第16条规定如下:"(1)按照本法第18条的规定,南非必须按照《纽约公约》承认和执行外国仲裁裁决,在满足本章规定的条件下。(2)外国仲裁裁决对于该裁决的当事人有拘束力,当事方可以以此为依据,在任何法律程序中,提出答辩、主张抵销或者类似主张。(3)外国

① 2021(3)SA 88(SCA).

仲裁裁决必须基于申请而获得法院的命令,然后可以像其他的法院判决或者命令一样获得执行,在满足本条、第17条和第18条规定的条件下。(4)《示范法》第8条,经过必要的修改,适用于第(1)小节规定的仲裁协议。”

南非《国际仲裁法》第17条规定,申请外国仲裁裁决执行的一方必须出示外国裁决的正本和作出该裁决所依据的仲裁协议的正本,以供高等法院使用,或者经认证的裁决书和协议副本以及两者经宣誓的文本翻译。在本案中,经认证的含有仲裁协议的原始销售确认书之副本,已被附在A公司的主誓章中作为附件FA3至FA32。裁决原件的副本也作为A公司的主誓章的附件FA1,宣誓过的裁决文本翻译则作为附件FA2。仲裁裁决和仲裁协议的真实性不存在疑义。

南非《国际仲裁法》第14条把法院定义为“2013年《高级法院法》(Superior Courts Act 10 of 2013)第6(1)条所指的高等法院的任何分支或其当地法庭”。《示范法》第35条规定:“(1)仲裁裁决不论在何国境内作出,均应当承认具有约束力,而且经向管辖法院提出书面申请,即应依照本条和第36条的规定予以执行。”

南非《国际仲裁法》第18条规定了反对申请执行外国仲裁裁决一方可以依据的理由:“(1)法庭仅在以下条件下可以拒绝承认和执行外国仲裁裁决(a)法院认为……(ii)承认或执行判决与南非的公共政策相违背。”

B公司反对该申请,但是仅基于一个非常有限的理由,即南非《国际仲裁法》第18(1)(a)(ii)条之规定。B公司主张,本法院不应该把裁决变成一项法院命令,承认或执行该裁决将违背南非的公共政策。B公司的律师认为,法院应该拒绝把裁决变成法院命令,这样法院命令就不会违背有关逃避所得税方面的法律,因为公司必须全面向主管机关申报贸易事项是一项公共政策。

在A公司提起本次申请后,B公司从Smith and Williamson公司获得了一份落款日期为2022年3月11日的专家会计师报告,该报告认为,没有充分的证据支持A公司参与了根据英国法律应该申报的税收计划这一结论,尽管A

公司未能将有关账户进行登记,这对其税收合规身份有潜在影响。根据该建议,基于B公司自己的说法,法庭不能认定A公司逃税的事实。逃税的答辩在仲裁中曾被提出,仲裁庭考虑了这一主张但认为其与本争议无关。

POCA在前言中明确规定,随着有组织犯罪数量的快速增加,国内和国际的洗钱和黑社会活动对国际安全造成威胁。该法进一步承认,"有组织犯罪、洗钱和黑社会犯罪活动侵犯了《权利法案》(Bill of Rights)中规定的人民权利"。制定POCA的目的之一就是"引入措施来打击有组织犯罪、洗钱和黑社会犯罪活动;禁止诈骗相关的活动;禁止洗钱并且建立有关报告制度;对黑社会相关的活动实施刑事制裁;规定非法活动收益的返还;规定用于犯罪的刑事财产的民事没收制度……"POCA第4条至第8条处理的是与不法活动收益相关的犯罪。

B公司所依赖的POCA第5条规定,任何人如果知道或者应该合理地知道另一人获得了不法活动的收益,并且与任何人缔结了合同或者从事任何安排或者交易,以此(1)为另一人或者代表此另一人的一方保留或者控制不法收益的活动提供便利;或者(2)以上所述的不法活动的收益被用于向另一人提供资金,或代表其购买财产,或者以任何方式使其获得利益,将被认定为犯罪。

再次需要重申的是,本案中的基础交易或者仲裁裁决不存在违法问题。没有人曾就此提出主张,也没有人主张含有仲裁条款的基础交易协议的缔结意图是为了从事不法行为且因此涉及公共政策考量。在适用国际法方面,1996年南非《宪法》第233条规定得很清楚,即"当解释任何立法的时候,每一个法院应优先作出符合国际法律的法律解释,而不是不符合国际法律的法律解释"。与之相反,法院作出执行裁决的命令并不构成POCA第1条规定的非法行为。考虑本案基础协议在本质上是商业性的,这是国际法所承认的。因此,本人认为B公司对POCA的依赖并不正确,也不会产生任何影响。

仲裁员权力的唯一来源是双方的仲裁协议。本人认可A公司律师的主张,即税收事项对仲裁协议的有效性、基础的诉由或者仲裁裁决本身没有影响。

如果A公司在国外存在违法行为,那么应由相应机构管辖,而不是本院。根据"Seton Co 诉 Silveroak Industries Ltd. 案"(以下简称"Seton Co 案")的判决,法院不应该以欺诈为理由拒绝承认外国裁决,如果拒绝承认裁决的一方没有用尽其在外国司法辖区或者适当场所可以获得的救济。

V法官在"Commissioner of Taxes Federation Rhodesia 诉 McFarland 案"①中指出,南非法院无权受理涉及执行另一国税收法律的法律诉讼,"征税产生的义务不能与任何其他债务相提并论。财政权的属性是主权"。本人也赞成A公司律师的主张,即A公司是否遵守了英国有关法律的规定,诸如2006年《公司法》、2004年《金融法》,或者是否违反了2017年《金融犯罪法》,是英国机关调查和处理的事项。B公司也对此表示承认。

B公司是一个国际仲裁协议的当事方,A公司与B公司通过协议决定了适用的实体法、仲裁地、仲裁员以及适用的程序法。长久以来,双方将争议提交至其自己选择的仲裁庭进行仲裁的权利就是我们普通法的一部分。仲裁裁决是终局性的,这是一项确定的法律原则。仅在例外的、被列明的情况下,法院才会不认可仲裁裁决的效力。未能支付几年前已购买并交付的商品之货款仅仅构成对合同的违反。

一般来说,公共政策要求缔约方履行自由及自愿承担的合同义务。正如宪法法院在"Beadica 231 CC and Others 诉 Trustees, Oregon Trust And Others 案"②等中所指出的,"关于自由并且自主缔结合同的公共政策必须被遵守"。此外,条约必须被信守的原则也对"自由和尊严这些核心的宪法价值"赋予了效力。总之,法院认为,一般而言,公共政策要求缔约方履行他们自由和自愿承担的义务。在"Telcordia Technologies 案"③中,最高上诉法院(Supreme Court of Appeal)强调了,在考虑确认仲裁裁决的时候,有必要遵守当事人意思自治

---

① 1965(1) SA 470(W).

② [2020] ZACC 13;2020(5) SA 247(CC);2020(9) BCLR 1098(CC).

③ Telcordia Technologies Inc. v. Telkom SA Ltd. [2006] ZASCA 112;2007(3) SA 266(SCA).

的原则。要求较高程度地遵守仲裁裁决,这也是一个世界范围内的传统。

B公司提出的抗辩是拖延性的。涉案裁决并不与销售确认书的条款相冲突或者背离。在个体和商业交易之间给予公正,以便个体可以相信所有缔约方将会受到自愿承担义务的约束,这一点对于经济发展来说很重要。同时,B公司未能提供任何事实或法律依据以证明对涉案裁决的执行将违反公共政策。

总之,基于对南非《国际仲裁法》的恰当解读,依据其第18(1)(a)(ii)条的规定,拒绝按照涉案裁决支付货款是不合理的,而且本身是对公共政策的背离。因此,A公司应该胜诉。

(五)保留的费用

本人现在考虑费用的问题。对于与主申请相关的费用,本人应按照通常规则,根据诉讼结果来决定。律师在每一个申请中都要求获得对其有利的关于费用的法院命令,两名律师的费用主张应被支持。

2023年3月1日,M法官移除这一申请且保留了费用问题,[①]费用问题对于庭审来说并不成熟。相关事件的时间顺序如下:2022年9月26日,诉费评定官(Taxing Master)决定了有利于B公司的费用担保,金额为35万兰特,[②]并且就此发布了诉讼费评定证明书(allocatur)。[③] 2022年11月7日,A公司提供了费用担保。随后,2022年12月5日,B公司要求增加担保金至302.3万兰特,[④]理由之一是35万兰特的费用担保不够充分。

2022年12月20日,A公司做出回复,根据南非《法院统一规则》第30A条

---

① 在南非,诉讼费用的确定与诉讼进程相对独立,既遵循由败诉方承担诉讼费用的一般原则,也并不必然依据诉讼结果而在当事人之间进行分配。法院将费用问题保留至诉讼较晚阶段进行讨论和审理,通常是在案件结束时对这一问题作出裁决。See Shiells & Beverly, *The Impasse of Reserved Costs-The Winning Party Does Not Take It All*, De Rebus(Mar. 1, 2018), https://www.derebus.org.za/impasse-reserved-costs-winning-party-not-take/.

② 约为19,148.5美元。

③ 诉讼费评定是一项法律程序,程序中诉费评定官会评定应当支付的诉讼费用数额并确认双方支付责任,最终签章确认作为背书,形成诉讼费评定证明书。

④ 约为165,388.33美元。

(以下简称《规则30A》)的规定[①]提交了一份通知,对B公司额外费用担保的要求提出异议,认为B公司的通知不合常规,也没有遵守法院的规则。2023年2月13日,诉费评定官告知双方评定日期定为2023年2月27日。作为对该评定日期的回应,A公司根据南非《法院统一规则》第30条(以下简称《规则30》)的规定向B公司发送了新的通知。由于A公司发送第二份通知以及根据《规则30A》和《规则30》的规定提起申请,费用评定工作并未推进,而是被无限期推迟,原因是A公司的起诉被要求先解决。

在《规则30》和《规则30A》申请启动前,即分别在2023年2月14日和16日,B公司律师致信A公司律师,要求把主申请移出费用单,理由是优先解决增加费用担保的问题。2023年2月17日,作为对B公司前述要求的直接回应,A公司的律师致信诉费评定官,认为费用担保的评定是不成熟并且不合常规的,要求将该事项于2023年2月27日移出费用单。

2023年3月1日,在主申请的听证会上,A公司的律师放弃了根据《规则30》和《规则30A》提出的申请。M法官强烈反对A公司的行为,认为这是"非常机会主义的并且是完全不能接受的",因为费用评定完全可以在之前确定的日期进行听证,主申请也仍然可以在2023年3月1日进行。

2023年4月24日,A公司增加了70万兰特的费用担保,B公司接受了。被申请人有权获得费用担保,登记官也可以根据《规则47(6)》[②]的规定增加费用担保的金额。A公司根据《规则30》和/或《规则30A》提出的申请是中间的,

---

① 该案判决书中的"Rule 30A"以及"Rule 30"指的是南非《法院统一规则》(Uniform Rules of Court)第30条及第30A条。第30条"不正常的诉讼进程"规定,如果其他任何一方采取不正常步骤,则当事人可以向法院申请撤销该诉讼。第30A条"不遵守规则"规定,如果一方当事人未能遵守本规则,或未能遵守根据本规则提出的请求或发出的通知,或未能遵守规则37A所述司法案件管理进程中作出的命令或指示,任何其他当事人均可在发出此类通知之日起10天后通知违约方,其将申请命令(a)遵守该规则、通知、要求、命令或指示;或(b)将主张或抗辩剔除。载 https://www.saflii.org/images/superiorcourts/Uniform%20Rules%20of%20Court%20[F].pdf,最后访问日期:2024年8月15日。

② 南非《法院统一规则》第47(6)条规定:"如果登记官认为原提供的担保金额已不够,可以根据被担保人的申请并通知利害关系人,增加担保金额;其决定为最终决定。"

在主要申请继续进行之前,必须先处理好该申请。因此,2023 年 3 月 1 日,A 公司向法院表示放弃申请并不令人意外。在那时,A 公司已使诉费评定官在 2023 年 2 月 27 日就是否增加费用担保的听证无法举行。B 公司已经因此遭受了损害和不便,B 公司有权获得保留的费用。

法院最后判定:

1. 兹宣布贸仲 2020 年 6 月 12 日在中国北京就 A 公司和 B 公司作出的仲裁裁决,成为法院的一项命令。

2. B 公司支付 A 公司的费用,包括两位律师的费用。

3. B 公司有权获得主申请移除后的保留费用,包括 2023 年 3 月 1 日撤回根据《规则 30》/《规则 30A》提出的申请而产生的相关费用。[①]

二、关于 B 公司诉 A 公司关于申请准予上诉以及暂停履行法庭命令的判决

B 公司诉 A 公司[②]

裁决书日期:2023 年 8 月 24 日

南非高登省高等法院约翰内斯堡豪登地方法院

(一)B 公司的上诉申请

本院收到两份申请:一是 B 公司请求准许对本院下达的承认和执行《示范

---

① 南非法院在诉讼费用的确定和分配上享有较高的自由裁量权,在确定何为公平的诉讼费用分配时,法院应当考虑所有相关的法律因素。南非《法院统一规则》第 67A 条规定,在分配诉讼费用时,法院应当考虑不必要的程序、在辩论上花费的不必要的时间等因素。就原则上而言,胜诉方有权获得对其参与诉讼费用的补偿,但若法院有充分的理由,则可在行使酌处权时剥夺或减损其获得补偿的权利。

② 载 https://www.saflii.org/za/cases/ZAGPJHC/2023/946.html#_ftn4,最后访问日期:2024 年 7 月 5 日。

法》和南非《国际仲裁法》所规定的外国仲裁裁决的命令提出上诉。二是A公司根据《高级法院法》第18(3)条的规定提出申请,要求下达一项命令,宣布执行令的实施和执行并未中止,并将继续全面实施和执行,无论是否有任何上诉准许和上诉申请,也无论是否有任何针对上述命令的上诉准许申请。

《高级法院法》第17(1)(a)条规定,只有当法院认为上诉有合理的胜诉希望,或有其他令人信服的理由,包括对所审议事项的判决相互矛盾,才可准许上诉的申请。上诉只能针对法院的命令,而不能针对其理由。[①]

本人不打算逐一讨论准许上诉的理由。然而,B公司辩称,法院没有认定A公司有责任证明承认和执行该命令不会违反公共政策,这是错误的。在这方面,法院必须完成主要的调查,以确定承认或执行裁决是否违反南非的公共政策,而这一调查并不要求被申请人承担责任。B公司辩称法院犯了错误,即没有认定《国际仲裁法》第18(1)(a)(ii)条责成法院保护南非的公共政策,而依据第18(1)(b)条的规定则明确被申请人负有责任。B公司的依据是本院之前判决的"Industrius D. D. O. 诉 IDS Industry Service and Plant Construction South Africa(Pty) Ltd. 案"。[②] 在本案中,S法官正确地指出,"寻求抵制执行仲裁裁决的一方有责任提出并证明南非《国际仲裁法》第18条和《示范法》中规定的任何理由"。

南非《国际仲裁法》第17条与此相关。该条规定如下:"寻求承认或执行外国仲裁裁决的一方必须出示(a)(i)裁决书正本和据以作出裁决的仲裁协议正本,以外国文件必须经过认证才能在任何法院出示的方式认证;或(ii)该裁决书和该协议的核证副本;以及(b)如果仲裁协议或仲裁裁决所使用的语言不是南非的官方语言之一,则该协议或裁决的经宣誓的译本,该译本须以外国文

① 根据《高级法院法》第16条和第17条的规定,南非上诉案件需要得到上诉准许才可立案,如果上诉有合理的成功机会,或存在令人信服的理由说明法院应当受理上诉的原因,且上诉判决会对争议事项产生实际影响或结果,则法官可以准予上诉。上诉准许原则上由原审法官批准。

② Industrius D. O. O. v. IDS Industry Service and Plant Construction South Africa(Pty) Ltd. (2020/15862) [2021] ZAGPJHC 350(20 August 2021).

件在法庭上出示时必须认证的方式进行认证;但法院可在其认为适当的情况下接受有关外国仲裁裁决和仲裁协议存在的其他书面证据作为充分证据。"

A 公司遵守了南非《国际仲裁法》第 17 条规定的义务,这一点无可争议。

B 公司辩称,在南非支付外国仲裁裁决的金额以支持逃税将违反南非的公共政策,因为南非的公共政策是法院将不执行具有支持逃税效果的仲裁裁决。

B 公司坚持认为,在 A 公司证明向其付款不会违反南非的公共政策之前,它完全有权援引这一延期抗辩。B 公司还依据了"Cool Ideas 1186 CC 诉 Hubbard and Another 案"(以下简称"Cool Ideas 案")①和"Blacher 诉 Josephson 案"(以下简称"Blacher 案")②。

在"Cool Ideas 案"中,多数法官认为,由于裁决违反了涉及刑事制裁的法定禁令,因此违反了公共政策且不可被执行。同样,在"Blacher 案"中,合议庭得出结论,执行认可非法信贷协议的仲裁裁决将颠覆南非《国家信贷法》(2005 年第 34 号),因此,该裁决违反了公共政策。

这两起案件和该案是存在区别的,因此法院并不能支持 B 公司的主张。众所周知,如果一方当事人以合同后果违反公共政策为由寻求避免承担合同后果,那么由该方当事人而非寻求执行协议的另一方当事人承担责任。

正如 A 公司所指出的,仲裁庭和本院都审议了有关在英国逃税的抗辩,均以与本案无关为由予以驳回。在目前的诉讼程序中,以及在任何其他涉及执行相关合同、仲裁裁决和执行令的诉讼程序中,这一抗辩意见仍然无关紧要。

正如本院在主判决中所指出的,这也是上诉准许的主题:"本案中的基础交易或者仲裁裁决不存在违法问题。没有人曾就此提出主张,也没有人主张含有仲裁条款的基础交易协议的缔结意图是为了从事不法行为且因此涉及公共政策考量。"

---

① (CCT 99/13) [2014] ZACC 16; 2014(4) SA 474(CC); 2014(8) BCLR 869(CC).

② 2023(3) SA 555(WCC).

该法院遵循本院在"Commissioner of Taxes, Federation Rhodesia 诉 McFarland 案"中的先例,认为"(南非法院)无权受理涉及执行另一国税收法律的法律诉讼",并认为"征税产生的义务不能与任何其他债务相提并论。财政权的属性是主权"。

鉴于此,B公司关于准许上诉的申请不能得到支持。上诉没有合理的胜诉可能,也没有任何令人信服的理由可支持对此事提出上诉。

(二)第18(3)条申请

根据《高级法院法》第18(1)条的规定,待决的准许上诉申请的一般效果是法院命令暂停执行,但第18(3)条授权法院作出相反命令。本院在"Incubeta Holdings(Pty) Ltd. and Another 诉. Ellis and Another 案"(以下简称"Incubeta案")[①]中指出了适用于根据第18(3)条提出申请的原则,该案是由S法官作出的判决。其判决第16段指出:"在本人看来,第18条确实将检验标准引入了一个新的层面。该标准有两个方面。这些要求是:第一,是否存在'特殊情况';第二,申请人提交的关于平衡以下两种可能性的证据,即对寻求实施和执行命令的申请人/胜诉方造成的不可挽回的损害,以及不会对寻求准许上诉的被申请人/败诉方造成不可弥补的损害。"

在这一问题上,没有争议的是,B公司收到了货物,在其业务中使用了这些货物,保留了这些货物,并从中获利,而且没有将货物退还给A公司,也没有向A公司提出退还上述货物。在至少12年的时间里,B公司一直拒绝偿还债务。在反对该申请时,B公司辩称,已成为法院命令的仲裁裁决是一项关于金钱的决定。金钱索赔源于国际仲裁这一事实不会改变也不应影响对A公司是否满足第18(3)条要求的调查。B公司辩称,A公司在上诉期间寻求执行的金钱判

---

① Incubeta Holdings(Pty) Ltd. and Another v. Ellis and Another 2014(3) SA 189(GJ) endorsed by the SCA in Ntlemeza v. Helen Suzman Foundation and Another(402/2017)[2017] ZASCA 93;2017(5) SA 402(SCA) at paras 35 - 36 and in University of the Free State v. Afriforum and Another(929/2016) [2016] ZASCA 165;2018(3) SA 428(SCA) at paras 9 - 10.

决并无特殊之处。

本人同意S法官在“Incubeta案”中提出的如下观点:“在本人看来,无论上诉结果如何,都无法获得救济的困境构成了特殊情况,值得考虑执行命令。由于程序上的拖延而丧失实质性救济,即使诉讼当事人并非恶意拖延,也应足以满足‘特殊情况’的要求。”

此外,S法官在其判决第28段中指出:“胜利者的困境可能是通过审查所需的全部条件。尽管如此,本人并不是没有意识到法院给予的救济成为一种空洞的姿态这种不可取的结果。法院的命令不应该轻易消失,在本人看来,这会削弱法院在社会关系秩序中的作用。”

正如A公司的律师所言,南非《国际仲裁法》规定,执行和承认外国仲裁裁决,确保外国仲裁裁决得到《纽约公约》缔约方的承认和执行,从而认可一种关于国际商事争议的有效争议解决程序。

还有一个额外的考虑因素,那就是至关重要的公共政策考虑因素和条约必须被遵守的宪法要求。除上述考虑因素外,还有一个压倒一切的公共政策考虑因素,即南非法院应执行并承认外国仲裁裁决,除非存在南非《国际仲裁法》规定的例外情况。根据南非《宪法》及其所推崇的价值,公共政策还要求南非法院一般应执行使仲裁协议生效的仲裁裁决。

在“AB and Another 诉 Pridwin Preparatory School and Others 案”[①]中,最高上诉法院阐述了有关私人合同和公共政策的原则,即:

“以《宪法》为基础,私人合同与法院通过公共政策对私人合同的控制这两者之间的关系现已明确确立。我们没有必要重复我国法院在这一问题上的所有经验”。

我们只需列出其中最重要的原则即可:

(1)公共政策要求必须遵守自由地、有意识地签订的合同;

① (1134/2017) [2018] ZASCA 150(SCA); 2019(1) SA 327(SCA).

(2)法院将宣布表面上与宪法价值或原则相抵触或与公共政策相违背的合同无效;

(3)如果合同表面上不违反公共政策,但在特定情况下执行时违反了公共政策,法院将不予执行;

(4)攻击合同或合同执行的一方有责任证明事实;

(5)法院将慎用宣布合同无效或不执行合同的权力,只有在对公众造成的损害于实质上无可争议,且不取决于少数司法人员的个人推论时,法院才会使用这一权力;

(6)当一方当事人直接依赖公平合理的抽象价值观来逃避合同后果时,法院将拒绝使用这一权力,因为这些价值观并非可用于此目的的实质性规则。

允许B公司来延迟支付其债务是对法院程序的滥用,将违反公共政策以及南非《国际仲裁法》的范围和目的。因此,本人认为,本案符合《高级法院法》第18(3)条的要求。此外,以下的法院命令也考虑了被申请人可能遭受的任何损害。

(三)法院发布的命令

在此情况下,特发布如下命令:

1. 准许上诉的申请被驳回,并承担费用,包括因聘请两名律师而产生的费用。

2. 本院于2023年6月2日发出的法院命令在任何上诉或对法院命令的准许上诉申请作出最终裁定之前继续有效。

3. B公司在本命令下达之日起5日内将裁决中裁定A公司胜诉的如下款项存入E公司的信托账户,E公司应向B公司的指定律师披露该账户的详细情况,在任何上诉或对法院命令的准许上诉申请作出最终裁定之前,该信托账户将被代管。

(1)1,088,488.63美元,以及自2014年1月27日至2018年11月26日按3.00%利率计算的利息;

(2)65,000.00 美元;

(3)人民币 236,521.00 元;

(4)21,776.30 美元。

4. 在任何上诉得到最终裁定之前,B 公司将以上第 3(1)段至第 3(4)段所述的款项自 2023 年 6 月 2 日起至全额付款之日的利息按规定利率(11.25%)存入 E 公司的信托账户。

5. 在任何上诉或对法院命令的准许上诉申请作出最终裁定或期满后 5 日内,E 公司应将代管资金连同代管账户贷记和累积的所有利息支付给以下任一方:

(1)如果任何上诉被驳回或期满,或对法院命令的上诉准许申请被驳回或期满,A 公司;或

(2)如上诉获准,B 公司。

6. 命令 B 公司按照律师与委托人之间的额度表支付本申请的费用,包括两名律师的费用。

第三部分 案例评述

一、在南非执行外国仲裁裁决的相关法律框架

在南非,国内仲裁受 1965 年第 42 号《仲裁法》规范,该法仅适用于南非国内不具有涉外因素的仲裁程序。

南非于 1976 年 5 月 3 日加入《纽约公约》,该公约在 1976 年 8 月 1 日对南非生效,南非加入《纽约公约》时没有作出保留。① 为了履行其在《纽约公约》项下的义务,南非于 1977 年制定了《承认和执行外国仲裁裁决法》,以国内立法

① 载 https://newyorkconvention1958.org/index.php?lvl=cmspage&pageid=11&menu=609&opac_view=-1,最后访问日期:2024 年 7 月 22 日。

的形式将《纽约公约》的主要条款转化为其国内立法。

2017年12月20日,南非《国际仲裁法》正式颁行,这部立法不仅适用于以南非作为仲裁地的国际仲裁,还同时为承认和执行外国仲裁裁决作出了专门的规定。该法在开头部分就明确规定"将联合国国际贸易法委员会通过的《示范法》(2006年修订版本)纳入南非法律;重新规定承认和执行外国仲裁裁决;废除1977年《承认和执行外国仲裁裁决法》……"南非将《示范法》作了一定修改之后将其作为附件一纳入了南非《国际仲裁法》。南非《国际仲裁法》的实施开启了南非国际仲裁立法的新时代,而且实现了与《示范法》的接轨。

南非《国际仲裁法》第三章专门就"仲裁协议和外国仲裁裁决的承认和执行"作出了规定,其内容主要包括:第17条规定了申请承认和执行外国仲裁裁决需要提供的文件;第19条则规定,第三章的规定不影响依赖或执行外国仲裁裁决的任何其他权利,包括《示范法》第35条[①]赋予的权利;第18条则是关于拒绝承认和执行外国仲裁裁决之理由的重要条款,内容基本和《示范法》第36条保持一致。第18条主要内容如下:

> (1)法院仅在如下情形下拒绝承认和执行外国仲裁裁决:
>
> (a)法院认定有如下情形:(i)根据南非的法律,争议事项不能通过仲裁解决;或(ii)该裁决与南非的公共政策相抵触。
>
> (b)援用的裁决所针对的当事人向法院提出证据,证明有下列任何情况:
>
> (i)根据适用于仲裁协议的一方当事人的可适用法,该方某种无行为能力情形;

① 《示范法》第35条规定:"(1)仲裁裁决不论在何国境内作出,均应承认具有约束力,而且经向管辖法院提出书面申请,即应依照本条和第36条的规定予以执行。(2)援用裁决或申请对其予以执行的一方当事人,应当提供裁决书正本或其副本。裁决书如不是以本国一种正式语文做成的,法院可以要求该方当事人出具该文件译成这种文字的译本。"

(ii)根据各方当事人所同意遵守的法律或在未指明何种法律的情况下根据裁决地所在国法律,该协议是无效的;

(iii)未向援用的裁决所针对的当事人发出指定仲裁员的适当通知或仲裁程序的适当通知,或因他故致使其不能发表意见;

(iv)裁决处理的争议不是提交仲裁意图裁定的事项或不在提交仲裁的范围之列,或者裁决书内含对提交仲裁的范围以外事项的决定;

(v)仲裁庭的组成或仲裁程序与当事人的约定不一致;无此种约定时,与仲裁地所在国法律不符;

(vi)裁决对当事人尚无约束力,或者已经由裁决地所在国或裁决依据的法律的所属国的法院所撤销或中止。

(2)如裁决包含对未提交仲裁的事项所作的决定,只要该裁决包含对提交仲裁的事项所作的决定,而这些决定又能与对未提交仲裁的事项所作的决定区分开来,则该裁决可得到承认或执行。

(3)如已向第(1)(b)(vi)款所提及的主管机关提出撤销或中止裁决的申请,则寻求承认或执行裁决的法院可在其认为适当的情况下:(a)延期作出关于执行裁决的决定;及(b)根据要求执行裁决的一方当事人的申请,命令另一方当事人提供适当的担保。

二、在南非执行外国仲裁裁决的主要程序

(一)申请执行外国仲裁裁决需要提供的文件

根据南非《国际仲裁法》第17条的规定,寻求承认或执行外国仲裁裁决的当事人应提供如下文件:

(a)(i)裁决书正本和据以作出裁决的仲裁协议正本,并以外国文件必须认证的方式认证(authenticated),使之能够在任何法院出示;或(ii)该裁决和协

议的被证明(certified)的副本;

(b)仲裁协议或仲裁裁决书的宣誓译本,该译本须按外国文件须经认证方能在法庭上出示的方式认证,如果该协议或裁决书所使用的语言不是南非的官方语言之一。但是,在法院认为适当的情况下,法院可接受有关外国仲裁裁决和仲裁协议存在的其他书面证据作为充分证据。

(二)申请执行外国仲裁裁决的方式

申请人(希望执行裁决的一方)向对该事项有管辖权的南非高等法院提交申请通知书(notice of motion)和主誓章(founding affidavit)。[①] 管辖权通常是根据被申请人(裁决执行所针对的一方)的主要营业地或资产所在地来确定的。

申请书由高等法院书记官签发,并由法院送达被申请人。然后,被申请人可以选择是否反对申请。如果被申请人选择反对申请,则必须在申请通知书中规定的期限内(5~10日)提交反对意向通知书。此后,被申请人须在其反对意向通知书被送达后15日内向申请人提交答辩誓章(answering affidavit)。此后,申请人将有机会在收到被申请人的答辩誓章后10日内提交相应回复意见。

此外,申请人有权按照南非《法院统一规则》第6(12)条的规定向法院提出紧急申请。在这种情况下,适用于申请的时限被缩短了,适用于该申请的一般程序也将被缩短。但是,申请人必须说明事情紧急的原因,例如,被告正在处理其在南非的所有资产。如果法院认为不存在紧急理由,该事项将被列入普通动议名单。[②]

关于诉讼时效问题,南非《诉讼时效法》(the Prescription Act)并未对向法

---

① 暂章是一份事实陈述书,以宣誓人的宣誓证明其属实性。暂章一般适用于法律程序中,在法律认可或者规定暂章作为其内容的证据的情况下作出。

② See *The Know How to Enforcing Foreign Arbitration Awards in South Africa*, Accessed July 8, 2024, https://arbitrationblog.kluwerarbitration.com/2019/02/17/the-know-how-to-enforcing-foreign-arbitration-awards-in-south-africa/.

院申请外国仲裁裁决的承认和执行的诉讼时效专门作出规定。该法第 11 条规定,一般债权的诉讼时效为 3 年;该法第 12(3)条规定,诉讼时效从债权人知道债务人身份和债务产生事实之日起开始计算(债权产生)。[①]

三、关于是否认可和执行裁决的争议焦点评析

在本案中,B 公司根据南非《国际仲裁法》第 18(1)(a)(ii)条的规定要求法院拒绝承认和执行涉案裁决。根据该条规定,如果承认或执行涉案裁决与南非的公共政策相违背,那么法院应拒绝承认和执行涉案裁决。

B 公司的主要理由是:A 公司要求把芯线货款支付至其位于英格兰境外的一个账户,且未能向英国税务机关申报其销售芯线所获的收入。此种付款可能被视为对英国 2017 年《刑事金融法》下企业犯罪规则的违反,进而被视为帮助、怂恿 A 公司逃避英国的税收的行为。除非 A 公司可以证明其未逃税且不存在 B 公司因共谋而被刑事追责的实质性风险,否则 B 公司将拒绝付款。B 公司主张,公司必须全面向主管机关申报贸易事项是一项公共政策。在南非支付外国仲裁裁决的金额以支持逃税计划将违反南非的公共政策,因为南非的公共政策是法院将不执行具有支持逃税效果的仲裁裁决。

南非《国际仲裁法》第 18(1)(a)(ii)条允许南非法院以违反公共政策为理由来拒绝承认和执行外国仲裁裁决。这一条和对《纽约公约》第 5 条第 2 款(乙)项的规定保持一致。《纽约公约》第 5 条第 2 款(乙)项明确规定的"承认或执行裁决有违该国公共政策者"是拒绝承认和执行外国仲裁裁决的理由之一。《示范法》第 36 条也遵循《纽约公约》的规定,第 36(1)(b)(ii)条明确规定在"承认或执行该仲裁裁决与本国的公共政策相抵触"时可拒绝承认和执行仲裁裁决。

《纽约公约》本身并未给"公共政策"一个确定的概念,因此产生的一个问题就是公共政策究竟是一国国内还是国际上的公共政策。从《纽约公约》和

① 载 https://www.saflii.org/za/legis/consol_act/pa1969171/,最后访问日期:2024 年 7 月 15 日。

《示范法》的以上条款措辞可见,“公共政策”是指“该国”即执行地所在国及地区的公共政策。实际上,《纽约公约》在此设置了一个例外条款,即允许缔约方例外地依据国内法而非第5条第1款的国际标准来拒绝承认裁决。[①] 这一点也体现在南非《国际仲裁法》第18(1)(a)(ii)条所使用的措辞中,即在违反南非公共政策时,法院将会拒绝承认和执行裁决。因此,公共政策作为例外的适用,在很大程度上取决于执行地法院如何定义其本国的公共政策。国际的公共政策概念通常要比国内的公共政策概念要狭窄。在本案中,就公共政策的解读,南非法院整体呈现非常克制的态度以及支持仲裁的强烈倾向。

另外,需要指出的是,《示范法》作为附录一被并入南非《国际仲裁法》。南非《国际仲裁法》附录一中的《示范法》第36条是针对拒绝承认和执行裁决的理由所做的规定。其中,第36(1)(b)(ii)条规定,如果裁决违反了南非的公共政策,那么应该被拒绝承认和执行。而且,第36条的第3款还对何谓第(1)(b)(ii)条中构成拒绝承认和执行事由的公共政策作了说明,即“为避免疑问,在不限制本条(1)(b)(ii)的一般适用性的情况下,在以下情况下裁决与南非的公共政策相抵触:(a)仲裁庭在作出裁决时违反了公平行事的义务,已经或将对申请人造成实质性不公;或(b)裁决的作出是由欺诈或腐败引起的或影响的”。从以上定义可以看出,南非对于作为撤销事由的本国公共政策的界定本身就是比较严格的,仅适用于裁决的作出对于申请人造成实质性不公或者是裁决是受欺诈或腐败所影响的两种情形。

(一)胜诉方在其他国家有逃税风险不构成对公共政策的违反

B公司辩称,南非的公共政策是法院将不执行具有支持逃税效果的仲裁裁决。但是,南非法院指出,本案中的基础交易或者仲裁裁决并不存在违法问题,税收事项对仲裁协议的有效性、基础的诉由或者仲裁裁决本身没有影响。在本案中,没有证据表明含有仲裁条款的基础交易协议的缔结意图是为了从事不法

① [美]加里·B.博恩:《国际仲裁法律与实践》,白麟等译,商务印书馆2015年版,第531页。

行为,该案并不涉及对公共政策的考量。因此,南非法院并不认可裁决的胜诉一方在其他国家存在逃税嫌疑,就使该裁决的承认和执行违反南非的公共政策。

南非法院在本案判决中引用了2000年的“Seton Co.案”[①]。该案涉及一个法国仲裁裁决在南非的承认和执行,被申请人主张南非法院应拒绝承认这一有利于申请人的损害赔偿裁决,理由是申请人对仲裁庭实施了欺诈。被申请人辩称,如果南非法院承认一个通过欺诈获得的裁决,那么将导致对公共政策的违反。但是,被申请人承认,其誓章中没有证据证实欺诈指控,但如果传唤某人提供口头证据,此人会提供必要的证据。在本案审理时,南非《国际仲裁法》尚未颁布,南非法院依据当时有效的《承认和执行外国仲裁裁决法》就公共政策作出了认定。南非法院认为,《承认和执行外国仲裁裁决法》第4(1)(a)(ii)条规定,只有在外国仲裁裁决和仲裁协议表面明显违反公共政策的情况下,法院才会拒绝承认该裁决。要成功地声称裁决是通过欺诈手段获得的以及因此违反了公共政策,就不应该有任何外在证据来说服法院相关协议是非法协议。被申请人必须以涉嫌欺诈为由,向法国法院申请撤销裁决,并在被申请人申请在法国撤销仲裁裁决的结果出来之前,申请中止申请人要求执行仲裁裁决的申请。但是,在南非的承认和执行诉讼程序中,南非高等法院认为,没有理由不承认该裁决,并最终支持了申请人的执行申请。

南非法院关于“Seton Co.案”的判决体现出其认为,如果拒绝承认的一方没有用尽其在外国司法辖区或者适当场所可以获得的救济,那么南非法院不会以欺诈违反公共政策的理由拒绝承认外国裁决。

虽然“Seton Co.案”涉及的是关于欺诈的指控,但是其所体现的裁判思路和该案是相符的。正如本案法院所指出的,即使A公司真的违反了英国有关税收法律的规定,这也是应当由英国机关调查和处理的事项。因此,B公司需用

---

① Seton Co. v. Silveroak Industries Ltd. 2000(2) SA 215(T).

尽在英国的各种救济形式。更何况,“征税产生的义务不能与任何其他债务相提并论”。针对税收问题,应由英国主管机关进行相应地管辖。南非法院并不认为胜诉方在其他国家有逃税风险,就可以适用公共政策例外来拒绝裁决的执行。

(二)南非法院在该案中对公共政策的正面解读

在否定B公司关于公共政策的主张之后,南非法院在该案中也从正面角度解读了何谓南非《国际仲裁法》第18(1)(a)(ii)条规定的公共政策。因此,本案判决对于理解南非法院对于《纽约公约》项下公共政策的界定具有重要意义。

1. 南非法院在本案中体现出对仲裁的高度尊重和支持

法院指出,本案双方通过协议决定了仲裁地、仲裁员以及可适用法。长久以来,双方将争议提交至其自己选择的仲裁庭进行仲裁的权利就是南非普通法的一部分。仲裁裁决是终局性的,这是一项确定的法律原则。仅在例外的、被列明的情况下,法院才会不认可仲裁裁决的效力。

另外,南非法院还指出,A公司关于执行涉案裁决的法院命令满足了《高级法院法》第18(3)条所规定的特殊情况,从而无须在上诉申请期间暂停执行。法院作出这一决定正是考虑了B公司的上诉申请理由不充分,如果过分拖延执行程序,将使当事人丧失实质性的救济,从而使执行裁决的法院命令给予的救济将“成为一种空洞的姿态”。南非《国际仲裁法》规定了执行和承认外国仲裁裁决,确保外国仲裁裁决得到承认和执行,从而认可一种关于国际商事争议的有效争议解决程序。

综上可见,对仲裁这一争议解决方式的尊重以及仲裁裁决终局性的认可,是南非法院长期所遵守的原则,这也是南非法院在界定《纽约公约》和南非《国际仲裁法》项下公共政策时的重要前提。

2. 条约必须被信守是关于公共政策的重要考虑

根据1996年南非《宪法》第233条的规定,“当解释任何立法的时候,每一个法院应优先作出符合国际法律的法律解释,而不是不符合国际法律的法律解释”。南非已经加入《纽约公约》,并在2017年通过南非《国际仲裁法》,确保对公约项下成员方义务的实施。南非法院将按照《纽约公约》承认并执行外国仲裁裁决,从而认可仲裁作为国际商事争议有效争议解决程序的意义。南非法院明确地指出,除非存在南非《国际仲裁法》规定的例外情况,否则裁决就应当得到承认和执行。这本身就是南非“压倒一切的公共政策考虑”。

此外,考虑南非作为《纽约公约》的成员国,以及1996年南非《宪法》及其体现的价值观,公共政策要求南非法院一般应执行使仲裁协议生效的仲裁裁决。

南非法院这一决定体现出对国际条约的尊重。由此也可以看出,“条约必须被信守”这一原则是其关于公共政策的重要考虑。

3. 公共政策要求缔约方应履行自由及自愿承担的合同义务

在“AB and Another 诉 Pridwin Preparatory School and Others 案”①中,南非最高上诉法院阐述了有关私人合同和公共政策之间关系的原则,例如,公共政策要求必须遵守自由地、有意识地签订的合同。法院将慎用宣布合同无效或不执行合同的权力,只有在对公众造成的损害于实质上无可争议,且不取决于少数司法人员的个人推论时,法院才会使用这一权力。如果一方主张某一合同或其执行违反了公共政策,则该方应就此承担举证责任。

在本案中,双方之间缔结了有效的货物买卖合同,B公司收到了货物,也从未对货物提出过异议。涉案裁决并不与销售合同的条款相冲突或者背离。南非法院认为,有必要在个体和商业交易之间给予公正,以便个体可以相信所有缔约方将会受到其自愿承担义务的约束,这一点对于经济发展来说很重要。由此可见,对合同以及商业交易的尊重和保护也是南非法院关于公共政策的重要考虑。

---

① See (1134/2017) [2018] ZASCA 150 (SCA); 2019 (1) SA 327 (SCA), Accessed Aug. 9, 2024, https://www.saflii.org/za/cases/ZASCA/2018/150.html.

在公共政策的界定问题上，大多数国家法院在适用《纽约公约》时都采用了较窄的国际公共政策标准。国际法律联盟（International Law Association，ILA）于 2002 年发布的有关公共政策的建议（以下简称 ILA 建议）已被认为反映了最佳国际实践。[①] ILA 建议包括："除特殊例外情况，国际商事仲裁裁决的终局性应当被尊重。"ILA 建议，将国际公共政策指定为由国家认可的一系列原则和规范，其性质可以阻碍国际商事仲裁裁决的承认或执行，倘若承认或执行该裁决将导致违反其程序（程序上的国际公共政策）或其内容（实体上的国际公共政策）。而综合以上分析可见，在本案中，南非法院对于公共政策的解读，体现出其对于《纽约公约》成员方义务的认可以及对合同及商业交易的尊重，同样也呈现其对适用公共政策例外的谨慎态度。南非法院这一态度体现出其认同上述 ILA 建议的倾向，也和《纽约公约》所鼓励的支持仲裁、支持执行的原则保持高度一致。

① 参见《国际法协会关于公共政策作为执行国际仲裁裁决的障碍的决议》，载《国际仲裁》第 19 卷，第 2 期，2003 年 6 月 1 日，第 213～215 页，载 https://doi. org/10. 1093/arbitration/19. 2. 213。转引自《商事仲裁国际理事会之 1958 年纽约公约释义指南：法官手册》（第 2 版），第 17 页，载 https://cdn. arbitration-icca. org/s3fs-public/document/media document/ICCA%20NY%20Convention%20Guide Chinese2nd%20edition final ONLINE. pdf，最后访问日期：2024 年 9 月 15 日。

英国

The United Kingdom of Great Britain and Northern Ireland

英国B公司诉中国A物流公司货物销售合同争议案仲裁裁决在英国的承认与执行

第一部分 案例导读

2010年4月，卖方A公司与买方B公司订立《买卖合同》，B公司随即开出了符合买卖合同要求的信用证。2010年5月，双方修改《买卖合同》，使B公司可在装船前或装船期间安排检验货物。2010年6月，开证行根据B公司指示提出修改信用证，拟将装船期由原先的2010年7月修改为2010年7月20~30日，A公司没有同意。2010年7月5~6日，A公司完成装船并取得真实提单，并通知B公司真实装船日期。

之后，A公司凭日期为2010年7月20~21日的伪造提单要求开证行付款，B公司申请荷兰法院做出止付令。A公司随后在中国起诉开证行，索赔信用证款项。2013年6月，法院以虚假提单为由驳回A公司诉请。

另外，2010年8月，A公司以B公司实质违约为由终止《买卖合同》，同月将货物低价出售。

2012年4月，B公司提起涉案仲裁，称A公司在货物装船后伪造并提交较晚装船日期的提单，阻止B公司验货，违反《买卖合同》检验条款，应赔偿B公司损失。A公司基于B公司试图单方修改信用证的行为提出违约损害赔偿的反请求。

涉案仲裁庭接受了荷兰法院和中国法院关于A公司伪造提单事实的认定,但同时认定B公司并未因此受到欺骗,因为A公司已经告知了实际装船日期。《买卖合同》终止与货物质量没有任何关系,B公司没有提供符合合同的信用证这一违约行为才是A公司无法取得货款与《买卖合同》被解除的主要或根本原因。涉案仲裁庭于2014年6月作出裁决,驳回了B公司的仲裁请求,支持了A公司关于差价损失的请求。

2016年2月,A公司向英国法院申请执行涉案裁决。2016年3月,英国法院签发执行命令。B公司向王座法院(商事庭)提出撤销申请,理由是:在狭义上,A公司仲裁请求的依据是其伪造的提单;在广义上,英国法院不应成为伪造单据者的帮凶。B公司主张执行涉案裁决将违反公共政策。

2017年2月,王座法院驳回了B公司的申请,因为涉案裁决支持A公司仲裁请求的理由并不是伪造的提单,而是B公司的在先违约。法院认为,B公司主张的狭义理由对涉案裁决的表述不当,B公司的目的是试图避开其中关于损失成因的认定。而且,B公司主张的广义理由为伪造单据的A公司不得因B公司在先的违约行为获得损害赔偿,这种对公共政策的扩大理解将带来不确定性并破坏当事人的自治,因而不能成立。①

B公司不服上述判决,提起上诉。英国上诉法院(民事庭)于2018年4月就该上诉案件作出判决,驳回了B公司的上诉。

根据《纽约公约》第5条第2款(乙)项的规定,如果被请求承认和执行仲裁裁决的国家或地区的主管机关认为"承认或执行裁决违反其的公共政策",可以拒绝承认和执行。这一措辞意味着,即使一个《纽约公约》下的裁决满足了公约规定的所有执行条件,被请求承认和执行裁决的缔约方主管机关仍然可能无视仲裁裁决的准据法、仲裁地法的规定,仅根据其本国或地区法拒绝承认和执行裁决。显然,如果缔约方不加限制地适用这一"逃脱机制"(escape

① [2017] EWHC 251(Comm).

device),不仅会妨害《纽约公约》的宗旨,也会损害其他缔约方的利益,并最终伤及本国或地区的利益。下文判决展示了英国法院在这方面的某些做法,有助于理解英国法中公共政策的丰富内涵,以及不同领域公共政策之间的张力,并领悟"权衡"在公共政策问题领域的重要意义。

不仅如此,"公共政策"作为一个法律概念,其内涵和外延都没有得到清晰的界定。"违反公共政策"这个看似简单的题目,其实牵涉许多复杂并且充满争议的问题。本案A公司伪造提单就构成一种违反公共政策的典型"不法行为"(illegality)——欺诈。[①] 不法行为违反公共政策,那么涉及不法行为的仲裁裁决也违反公共政策吗?如果仲裁裁决的准据法、仲裁地法与申请执行国国内法对不法行为的认定标准不同,那么判断违反公共政策应以哪个为准?下文判决引述了英国法中这个领域的权威判例,梳理了涉及不法行为的法律原则,具有一定参考价值。

另外,涉案仲裁庭在作出涉案裁决过程中所面临的挑战,也是该案值得关注之处。一方面,A公司伪造提单的不法行为发生在《买卖合同》的履行过程中,是审理案件无法绕开、必须给予交代的事实;另一方面,该行为发生在作为受益人的A公司与开证行之间的信用证法律关系中,超出了《买卖合同》中仲裁条款的适用范围。无论是王座法庭的判决,还是上诉法院的判决,都提到了"欺诈破坏一切"(fraud unravels all)的格言。面对这一格言,相信普通人都会萌生出一种希望"快刀斩乱麻"的强烈愿望。那么,涉案仲裁庭又是如何应对这一挑战的呢?

---

① Gary B. Born, *International Commercial Arbitration* (Third Edition), Kluwer, 2021, p. 6063.

第二部分　英国法院判决

B 公司诉 A 公司案[①]

英国上诉法院(民事庭)

发布日期:2018 年 4 月 23 日

一、介绍

该上诉案关涉一项《纽约公约》下的仲裁裁决的可执行性,而涉案裁决中存在与基础请求相关的一些不法行为的问题。

该份落款日期为 2014 年 6 月 30 日的涉案裁决由贸仲作出。该裁决确认被上诉人卖方中国 A 公司因上诉人买方英国 B 公司违反它们之间签订的冷轧钢卷买卖合同而获得 480 余万美元的损害赔偿金。

B 公司主张,承认和执行涉案裁决会违反公共政策,因此应根据英国《1996 年仲裁法》(Arbitration Act 1996)第 103(3)条的规定予以拒绝。

二、事实和程序背景

根据 2010 年 4 月 15 日签订的《买卖合同》中的约定,A 公司同意以 870 美元/公吨的成本加运费价格(C&F)向 B 公司出售 14,500 公吨冷轧钢卷(以下简称涉案货物),最迟应于 2010 年 7 月将涉案货物从中国装船运往墨西哥。货款以一份由 B 公司严格按照《买卖合同》开立的不可撤销信用证支付。《买卖合同》还约定,争议应根据中国法律,用中文,在中国由贸仲仲裁裁决。

2010 年 4 月 22 日,根据 B 公司的指示,C 银行于荷兰开出一份总额为 126.16 万美元的合格信用证。该信用证适用《跟单信用证统一惯例》(以下简

---

① [2018] EWCA Civ 838.

称UCP600)的规定。

2010年5月7日,双方修改了《买卖合同》,规定B公司在装船前或装船期间安排对涉案货物的质量和数量进行检验。2010年6月12日,按照B公司的指示,C银行声称将签发对信用证的修改书,从而将规定的装船期间修改为2010年7月20~30日。

2010年7月5~6日,涉案货物在中国装船,A公司取得签发日期为2010年7月5日和6日的真实提单。该船于2010年7月7日离港,A公司于当天向B公司发出了一份装船通知,说明提单日期为2010年7月6日。

2010年7月22日,A公司的托收银行提交了日期为2010年7月20~21日的数份提单,要求C银行根据信用证付款。目前的共识是该等提单均系伪造。尽管A公司未对虚假提单的存在或其提交提供任何解释,但该等提单的提交似乎是为了符合据称已被修改的信用证中的装船日期条款。

2010年7月26日,荷兰某法院授予一项临时禁令,禁止C银行根据虚假提单的交单支付信用证下款项。随后,在2010年8月13日,A公司在中国法院对C银行提起诉讼,请求就C银行拒付信用证项下的款项的行为获得损害赔偿。该请求于2013年6月26日被驳回,理由是要求付款时提交的提单是虚假的。A公司在中国对这一裁定提起了上诉,目前尚未开庭审理。

A公司以2010年8月20日的函件提出终止《买卖合同》,理由是B公司"未能履行其买卖合同条款义务,构成实质违约"。B公司接受了合同终止,但保留其请求违约损害赔偿的权利。

根据2010年8月26日的一份合同的约定,A公司将涉案货物以670美元/公吨的价格出售给第三方D公司。涉案货物于2010年8月30日抵达美国某港,2010年9月3日被美国当局依B公司申请所扣押,直至2010年10月21日,依美国地区法院的一项判决被解押。2011年3月29日,涉案货物价格根据与D公司签订的一项补充协议的约定被降至535美元/公吨。

2012年4月11日,B公司在贸仲开始了对A公司的仲裁程序,请求就A

公司违反《买卖合同》下的检验条款的违约行为获得损害赔偿。B公司指称,A公司早在2010年7月5~6日就将涉案货物装船,以阻止B公司对涉案货物进行检查,然后出示伪造的提单以虚假地呈现一个符合信用证修改书的较晚的装船日期。B公司从该等行为推断涉案货物质量不符合要求。A公司基于B公司单方面试图修改信用证的行为提出违约损害赔偿的反请求。

三、涉案裁决

经过2013年4月10日和8月9日的两次庭审,贸仲仲裁庭于2014年6月30日作出涉案裁决。涉案仲裁庭认定如下:

(1)B公司并未在装船前或装船期间要求检查涉案货物。A公司已给予充分的装船通知。因此,A公司并未违反检验条款。而且,由于合同终止的原因是双方关于对信用证的试图修改是否符合《买卖合同》的约定这一问题无法取得共识,而不是关涉涉案货物质量或检验的问题,所以即便存在违约也不可能给B公司造成损失。

(2)B公司指示C银行对信用证所作修改书不符合《买卖合同》的约定,与B公司在仲裁中的主张相矛盾,并且没有得到A公司的认可,已经构成了违反《买卖合同》约定的行为。

(3)虽然涉案仲裁庭认定其不具备审理提单是否伪造这一问题的管辖权,但它曾提到荷兰法院和中国法院都对该问题作出了裁决的事实,并且完全接受这些法院的判决。

(4)涉案仲裁庭接着分析了上述认定对A公司在仲裁案中的地位所产生的影响:

> ……仲裁庭认为在本仲裁中重要的任务是去决定在此事实认定的基础上,卖方对于该伪造装船提单在买卖合同下是否是伪造与是否要承担责任。

(5)B公司在仲裁案中主张,其受到了欺诈,后果十分严重。具体而言,即使其已付款,也不可能用伪造的提单取得涉案货物,并且该等提单不可能被转让给它的下家买方,进而使B公司违反转售合同。涉案仲裁庭认为,A公司在涉案货物装船日期的问题上并未欺骗B公司,因为B公司已经通过A公司于2010年7月6日发出的装船通知得知了实情:

> 卖方在信用证下提交给开证银行的装船提单为伪造的提单……卖方在信用证下提供伪造提单给开证银行以取得货款等同于隐瞒事实对开证银行的欺骗,这也是信用证能被荷兰法院止付的唯一原因。这种欺诈或欺骗是存在于信用证法律关系中受益人与银行之间的事实,但欺骗银行不代表欺骗买方。卖方到底有否欺骗买方还是要看本案的事实与证据。结合本案的证据来看,卖方早在2010年7月6日已经将真实提单的签发日期告知了买方(见第13段)。至于在上述62段的证据C中,买方主动向E承运人查问也是在明知货物实际装运期的情况下去取得来自承运人的证据以利向荷兰法院申请止付令。前述还有很多其他证据也能够证明买方对于货物的动向是十分清楚的。这都显示了买方对货物的实际装船日期这一个事实问题是完全了解,又何来卖方对买方的欺骗之说(参见涉案裁决第65~66段)。

(6)涉案仲裁庭认同B公司关于A公司"可以做得更好"的观点,特别是,其原本可以坚持主张根据UCP 600的规定,B公司的单方面修改不发生效力,并提交符合原始的、未经修改的信用证要求的单据:

> 仲裁庭完全同意卖方可以做得更好的观点,如根据UCP600第10条a款的规定坚持该修改不对卖方产生效果,卖方仍然按照买方第一次开立的信用证的内容行事与交单,而不是出此下下策(参见涉案裁

决第68段)。

(7)涉案仲裁庭的结论是,导致《买卖合同》终止以及A公司未获得付款的根本原因是B公司未经A公司同意擅自修改所形成的不合格信用证。这一点可从涉案裁决中的一些段落得到证实,特别是:

①第32段:

……根据上述对于案件事实背景的描述,仲裁庭认为导致该案买卖合同最终被解除的直接原因与货物的质量没有任何关系,是因为双方无法就修改后的信用证是否符合买卖合同对装运期的约定达成一致,进而导致卖方无法结汇取得货款并解除合同。

②第56段:

(3)根据信用证使用规则的UCP600的第10条e款的规定,即"不允许部分接受修改,部分接受修改将被视为拒绝接受修改的通知",卖方认为其对于买方第二次信用证中修改的部分并没有全部接受,只是部分接受,可以被视为是拒绝修改。

仲裁庭决定:

56)仲裁庭再次重申这个争议才是该案的关键争议,也是与后来卖方没有获得货款、合同被解除和造成的损失之间具有最直接的因果关系。

③第68段:

……买方开立不符合合同规定的信用证而导致卖方陷入困境。

这一个买方没有提供符合买卖合同信用证的违约仍是造成卖方无法取得货款与买卖合同被解除的主要或根本原因。

(8)涉案仲裁庭以A公司提交虚假提单存在不当操作为由,驳回了其关于利息的请求:

作为从事国际贸易多年的公司应当熟悉信用证的有关惯例,将经其修改过日期的提单交银行议付存在风险,卖方的不当操作产生的风险应当自负。故对卖方主张的利息损失不予支持。

尽管作为一家外国公司,B公司被限制只能基于程序理由提出异议,但在2014年12月24日,B公司向中国法院申请撤销涉案裁决。上述申请于2015年3月18日被驳回,这意味着B公司已经用尽了对涉案裁决的异议权。

四、一审判决

A公司于2016年2月15日提交申请书,申请在本司法管辖区执行涉案裁决。F法官按照英国《1996年仲裁法》第101(2)条的规定,于2016年3月2日根据《纽约公约》作出了执行命令。B公司申请撤销该执行命令,理由是执行涉案裁决将违反公共政策,因为A公司的请求是基于伪造的提单。抗辩理由包括两个方面:首先,基于狭义理由,即由于对信用证的试图修改不发生效力,A公司原本可以提交真实的提单并获得信用证项下的付款,也就是说,A公司仲裁请求的依据是其自己的欺诈行为;其次,基于广义理由,即英国法院不会帮助一个提交伪造的信用证项下单据的卖方。

此事项于2016年10月5日被提交G法官进行口头听证。根据2017年2月17日的判决,初审法官驳回了B公司的申请,支持执行涉案裁决。

初审法官指出,考量B公司的主张必须依据以下事实,即没有迹象表明《买卖合同》本身具有欺诈性或在其他方面违反了公共政策;而且,在表面上,涉案裁决并未支持一项凭交付伪造单据获得支付的请求。相反，由于B公司违反《买卖合同》的行为发生在伪造或出示提单之前，所以涉案仲裁庭认定该违约才是造成损失的原因。

初审法官认定，狭义理由对涉案裁决的描述是失当的，并且/或者试图避开涉案裁决对损失成因的认定。

关于广义理由，适用“欺诈破坏一切”的格言是以开证行负有凭表面相符的单据即按信用证付款的严格义务为前提的。尽管存在公认的例外情况，即银行不应对欺诈性单据付款，但这并不支持B公司所依赖的更宽泛的理解，即提交了伪造单据的当事人不得因其他理由就该交易从法院获得救济，即使他的请求是针对在先的违约行为获得损害赔偿。所谓这“玷污”了一项裁决以致公共政策将反对其执行的说法将带来不确定性并破坏当事人的自治。

最后，初审法官还处理了在听证期间出现的一个有关承诺的问题，双方当事人就该问题提交了进一步的书面意见。B公司担忧，A公司可能将因其在中国针对C银行提出的尚未结案的上诉案件而获得双重赔偿。A公司作出了其不会超过涉案裁决总金额获偿的承诺，但拒绝放弃在中国的诉讼程序。B公司辩称，这意味着A公司缺乏诚信，并且/或者法院不应接受一项与已知具有欺诈性的诉讼程序有关的承诺，并且上述两点均构成拒绝执行涉案裁决的充分理由。B公司进一步提出，该承诺的本质表明，在A公司看来，针对B公司的请求与针对C银行的请求可以相互替代，这就支持了B公司关于狭义理由的主张。初审法官认为，该承诺是可接受的，该承诺足以防止双重受偿，并且作出该承诺并不要求A公司推进其欺诈性索赔。

五、上诉理由

上诉的理由有4项：

(1)初审法官在评估A公司不法行为的后果时适用了错误的检验标准。

他采用了"Tinsley 诉 Milligan 案"[1]中规定的过于狭隘(现已被抛弃)的检验标准,来判断A公司提出的请求是否依赖于其自身的欺诈行为。他本应适用最高法院在"Patel 诉 Mirza 案"[2]中确定的更灵活的处理方式。

(2)如果初审法官适用了正确的不法行为检验标准,那么他通过适用"Patel 诉 Mirza 案"确定的考量因素,原本可以不同的方式运用他声称在判决第44段和第47段中所作的权衡。而这将引导他拒绝执行涉案裁决。

(3)初审法官认定A公司的请求并非以其自身的不法行为为基础,这无论如何都是错误的。A公司的损失是由于其自己在《买卖合同》约定付款机制的信用证项下向银行提交伪造单据,这一故意的(A公司已承认)决定所造成的。

(4)初审法官执行涉案裁决是错误的,因为初审法官已经(正确地)发现,A公司正在中国进行两起明显具有欺诈性的平行争议解决程序,两起案件主张的是同一损失。他应当至少要求A公司放弃那些欺诈性诉讼,以此作为法院同意在本司法管辖区执行涉案裁决的条件。

六、与英国《1996年仲裁法》第103条有关的法律

《1996年仲裁法》第103条规定:

> 除下列情形外,不得拒绝承认或执行一项《纽约公约》下的裁决
>
> ……
>
> 如果裁决所涉事项不能通过仲裁解决,或者如果承认或执行裁决违反公共政策,可拒绝予以承认或执行裁决。

我们被建议参考若干案例,这些案例涉及法院得以基于涉及不法行为的公共政策理由拒绝承认或执行仲裁裁决的情况。这些案件包括"Soleimany 诉

① [1994] 1 AC 340.

② [2016] UKSC 42, [2016] 3 WLR 399.

Soleimany 案”(以下简称 Soleimany 案)、[①]“Westacre Investments Inc. 诉 Jugoimport-SPDR Holding Co Ltd. 案”(以下简称 Westacre 案)、[②]“Omnium de Traitement et de Valorisation SA 诉 Hilmarton Ltd. 案”、[③]“Honeywell International Middle East Limited 诉 Meydan Group LLC 案”,[④]以及“National Iranian Oil 诉 Crescent Petroleum 案”(以下简称 National Iranian Oil 案)[⑤]。

戴西、莫里斯和柯林斯的《冲突法》(第 15 版)第 16 ~ 150 页对来自权威判例的法律原则作出了颇有助益的总结:

……有几个判决都涉及一个有争议的问题,即基于一份基础合同作出的一个外国仲裁裁决,如果该基础合同的执行(区别于仲裁裁决的执行)可能违反英国的公共政策,那么执行这个仲裁裁决会在多大程度上违反英国公共政策。根据权威判例,可以得出以下原则。第一,在考虑是否基于公共政策不执行一项外国仲裁裁决时,法院有权考虑裁决所依据的基础合同。第二,如果该合同本身违反公共政策(如分享犯罪收益的合同这一经典例子),那么该裁决可能会因违反公共政策被拒绝执行。第三,区分英国法中的国内公共政策,与英国法院为拒绝适用外国法或拒绝执行仲裁裁决所考量的国际公共政策,这是很重要的。因此,仅凭英国法可能得出不同结果这一点,并不足以支持适用英国公共政策。第四,如果不考虑更多事实,仅凭合同的履行在合同履行地可能违法这一事实,并不足以使基于该合同作出的裁决在英国无法被执行,前提是根据合同准据法和仲裁地法的规定,该合同是合法的。第五,如果裁决明显表明,合同是出于违反外国友好国家法律的意图而订立的,那么执行根据该合同作出的裁决就可能违反英国的公共政策。第六,法院必须在仲裁裁决表面上,尤其是对那些同意将争议提交仲裁的人所应该具有的一裁终局性,与确保英国法院的

① [1999] QB 785(CA).
② [2000] QB 288(CA).
③ [1999] 2 All ER 146.
④ [2014] 2 Lloyd's Rep 133.
⑤ [2016] 2 Lloyd's Rep 147.

执行权力不被滥用的政策之间进行权衡。不法行为的性质,支持不法行为主张的理由的充分程度,以及仲裁庭对已证实的不法行为做出处理的程度,这些都是权衡一裁终局性和不法行为这两种相互竞争的公共政策的考量因素。

就该上诉的目的而言,下列事项尤其相关。

(1)正如戴西、莫里斯和柯林斯在其著作中所强调的那样,普遍被接受的观点是,公共政策理由应受到限制性解释。这一点在英国法律权威判例中得到了认可。如约翰·唐纳森爵士(Sir John Donaldson MR)在"Deutsche Schachtbau 诉 National Oil 案"①中所说,"公共政策的考量永远无法被详尽地定义,但在处理它们时应极其谨慎";法官格罗斯(Gross J.)在"IPOC(Nigeria)诉 Nigerian National Petroleum 案"②中说,"……毫无疑问,英国《1996 年仲裁法》第 103 条体现了有利于执行《纽约公约》下的裁决的倾向,这反映了《纽约公约》本身的基本宗旨。事实上,即使拒绝执行的理由得到证实,法院仍保留执行裁决的自由裁量权。马斯蒂尔和博伊德(Mustill & Boyd)著《商事仲裁》第 2 版的 2001 年《指南》卷,第 87 页"。

(2)如果仲裁庭对审理不法行为的相关问题拥有管辖权,并且已经根据事实确定不存在不法行为,那么除非出现可能的例外情况,否则英国法院不得重新审理这些事实。关于这个问题,本人认为,在"Westacre 案"中法院多数意见对这一问题表达的观点优于大法官沃勒(Waller L. J.)在同一案件和"Soleimany 案"中提出的观点。正如大法官曼特尔(Mantell L. J.)在第 316 页 G–H 中所说:

> 评价仲裁中的多数决定和瑞士联邦法院的裁判是至关重要的,因为瑞士法既是合同的准据法也是仲裁的程序法,而且瑞士同英国一样

① [1987] 3 WLR 1023 at p. 1035D.

② [2005] 2 Lloyd's Rep 326 at [11].

都是《纽约公约》的缔约国。从裁决本身可以清楚地看出，贿赂是一个核心问题。这一指控被提出、审理并最终驳回。如果贿赂指控没有被驳回，那么请求早就败诉了，在这方面瑞士和英国的公共政策是没有区别的。如果不考虑权威判例，在那种情况下，如果没有新的证据，本人会认为没有拒绝执行裁决的正当理由。

然而，大法官沃勒引用的"Soleimany 诉 Soleimany 案"①判决的附带章节似乎暗示着，只要"有一方当事人有初步证据表明裁决所依据的是非法合同……"就应该开始进行某种初步调查，假如不能全面审判的话。就本人而言，我难以接受这种概念，对它在实践中的应用更为担忧。但是，在目前阶段如果完全接受提供给本人的指导原则，那么就该案的情况而言，任何此类初步调查都不可避免会得出同样的结论，即应断然拒绝对事实进行重新调查的企图……

正如马斯蒂尔和博伊德在 2001 年《指南》卷第 95 页所评论的那样：

……多数意见最符合国际仲裁的信念，也体现了信任外国仲裁员和仲裁地法院对于国际商事活动的巨大重要性，即使在被要求执行裁决的法官有理由感到担忧的情况下也是如此。

(3) 如果根据所查明的事实，适用准据法并不存在不法行为，但适用英国法却存在不法行为，只有当这种不法行为反映了对国际公共政策，而非纯粹的国内公共政策的考量时，才触及公共政策问题。这与普通法规则以及《罗马条例Ⅰ》第 21 条关于以公共政策理由拒绝适用准据法的规则相符。参见戴西、莫里斯和柯林斯《规则》第 229 条 32R～181。在"Lemenda Trading Co Ltd. 诉

① [1999] Q. B. 785, 800.

African Middle East Petroleum Co Ltd. 案”(以下简称“Lemenda 案”)[1]中,菲利普斯法官(Phillips J.)将所涉公共政策的中心原则描述为“以共同的道德准则为基础”。在“Westacre 案”中,法院在判决第 304 页 F 指出“Lemenda 案”所确立的规则是,“有一些公共政策规则,一旦违反,则无论其准据法是什么,也无论其履行地点在哪里,都将导致英国法院不予执行,但另一些规则则纯粹基于国内公共政策考虑”。

(4)在考虑是否触及公共政策以及触及公共政策的程度大小等问题时,寻求执行的请求与相关不法行为之间的关联程度将至关重要。法院以不法行为为由拒绝执行裁决的主要例子是“Soleimany 案”,在该案中,根据仲裁庭查明的事实,该案合同因违反涉及国际公共政策理由(它是一份将货物走私出伊朗的合同)的英国法律而被认定为非法。相比之下,虽然法院承认一份支持执行贿赂合同的裁决是不会得到执行的,但法院已经执行了下述一些裁决,即它们的基础合同被指称是通过贿赂缔结的。参见“Wilson 诉 Hurstanger 案”[2]和“National Iranian Oil 案”。正如伯顿法官(Burton J.)在“National Iranian Oil 案”判决第 49 段中所说:

> (2)没有英国公共政策要求法院拒绝执行通过贿赂缔结的合同。法院可能会在一方当事人的请求下决定执行该合同。合同不是由于公共政策而不可执行,而是公共政策的影响不涉及合同,但会涉及一方或另一方当事人的行为。
>
> (3)当然没有英国公共政策会拒绝执行成立于一起未遂的企图贿赂行为之后,且未受该行为影响的合同,仅仅因为有人指称该合同或其中的一方或多方当事人受到先前行为的玷污……

---

① [1998] 1 Lloyd's Rep 361.

② [2007] 1 WLR 2351.

依本人之见,如上文提及的权威判例所规定的,"Patel 诉 Mirza 案"并没有影响根据英国《1996 年仲裁法》第 103 条的规定考虑承认和执行仲裁裁决时所适用的原则。事实上,在初审法官面前进行辩论时,B 公司并未主张,甚至没有暗示这一点。与"Patel 诉 Mirza 案"有关的是,根据查明的事实,是否存在任何英国法上的不法行为。为作出该决定而考虑的政策因素可能与适用英国《1996 年仲裁法》第 103 条应考虑的政策因素相重叠,但"Patel 诉 Mirza 案"并未试图也的确没有考量或决定在适用该条规定的案件中应当采取的适当的处理方式。特别是:

(1)在"Patel 诉 Mirza 案"之前,依据英国《1996 年仲裁法》第 103(3)条的规定反对执行一项仲裁裁决所适用的处理方式,与反对执行一项实体请求所适用的处理方式截然不同。

(2)在"Patel 诉 Mirza 案"中,最高法院并没有考虑任何与英国《1996 年仲裁法》第 103(3)条中不法行为和公共政策有关的权威判例。这些权威判例既没有在辩论中被引用,也没有在判决中被提及。判决书中没有任何内容表明最高法院曾认为它所提出的处理方式可能也能适用于该条的情况。

(3)对于实体请求和执行请求采用不同的处理方式具有充分的正当性,这反映了法院在两种情况下所扮演的不同角色。这一点在上文提到的权威判例以及"Westacre 案"中大法官沃勒在其判决第 36 段所作的以下评论中均得到体现:

> ……尽管该裁决并非孤立于基础合同,但重要的是,英国法院考虑的是该裁决的执行,而非基础合同的执行……英国法院认识到,根据该裁决及其理由所显示的事实,该基础合同并未违反那些使英国法院得以无视合同准据法或履行地而拒绝执行该合同的公共政策中的任何一条。英国法院有权认为,该仲裁庭已经考虑了可能存在的国内公共政策考量。如果一个仲裁庭裁决执行一份合同,根据该合同的准据法或仲裁地法并不违反国内公共政策,那么合理结论是,即使根据

英国国内公共政策可能有不同的看法,其中也不存在违反英国公共政策的情况。

(4)"Patel 诉 Mirza 案"可能已经让用不法行为理由抗辩实体请求的法理更接近于在用不法行为理由作为公共政策抗辩执行请求时一直适用的多因素处理方式,但背景和涉及的因素仍然存在差异。特别是正如权威判例所表明的那样,支持执行始终是一种强有力的公共政策。

七、对该案事实的适用

上诉的前两个理由建立在B公司下述新论点的基础上,即初审法官适用了错误的法律检验标准,并且未能遵循"Patel 诉 Mirza 案"中规定的灵活处理方式。正如本人所总结的,如果"Patel 诉 Mirza 案"不是根据英国《1996 年仲裁法》第103(3)条的规定应适用的相关检验标准,那么这些上诉理由就不成立。以上分析未涉及第三个上诉理由,即根据涉案裁决中的事实认定,初审法官本应得出该请求是以A公司的不法行为为基础的结论。

关于不法行为的性质,B公司指出,涉案仲裁庭认可以下事实的真实性,即A公司向C银行提交的提单是伪造的。B公司指出,拒绝向在信用证项下出示伪造提单的一方提供协助,是一项非常强有力的国际公共政策。关于这一点,它提到了丹宁(Denning L. J.)大法官在"Edward Owen Engineering Ltd. 诉 Barclays Bank International Ltd. 案"[①]中将信用证描述为"国际贸易的命脉"这一广为人知的表态。它还提到了迪普洛克(Dlplock L. J.)大法官在"UCM 诉 Royal Bank of Canada 案"[②]判决中的以下段落:

> 上述关于保兑行对卖方(付款)的合同义务原则的一般性表述,

① [1978] QB 159 at p.171.
② [1983] 1 AC 168 at p.183G-184B.

> 存在一个确定的例外,即卖方为取得信用证项下款项的目的,向保兑行欺诈性地提交载有,无论明示或暗示,其明知不真实事实的实质性陈述的单据。尽管在英国权威判例中并无任何适用这一例外的案例,但在美国的案例中这一例外已经得到很好的确立,其中最重要的或里程碑式的案例是“Sztejn 诉 J. Henry Schroder Banking Corporation 案”①。英国上诉法院在“Edward Owen 案”中引用了纽约上诉法院的上述判决并表示赞同……将受益人试图利用信用证实施欺诈的情况作为例外是对“不法行为不产生诉因”(ex turpi causa non oritur actio)或者,用通俗易懂的话来说,就是“欺诈破坏一切”这一法律格言的明确适用。法院不会允许其程序被不诚实的人用来进行欺诈。

B 公司认为,A 公司的欺诈行为与涉案裁决有足够充分的联系,以至于英国法院有若干理由不得执行涉案裁决,特别是:

(1)根据《买卖合同》的约定,涉案货物的唯一付款方式是信用证。A 公司曾试图通过提交欺诈性单据来获得该信用证项下的付款,但直到 C 银行显然不打算对伪造的单据付款后,才选择终止《买卖合同》。我们认为,事件的这种发生顺序显示出,A 公司的欺诈行为对其在《买卖合同》项下的履约行为何其重要。如果 A 公司的请求确实是针对 B 公司发出不合格信用证的指示所造成的损失,它本应在当时(2010 年 6 月或之后)终止合同。相反,它伪造了提单上的日期,然后等着看它能否凭伪造的单据获得付款,直至明显看出银行不会对伪造的单据付款,才于 8 月终止了《买卖合同》。

(2)由于 A 公司从未同意对信用证的修改,根据 UCP 600 第 10a 条的规定,该修改无效。因此,信用证上的装船日期仍为“最迟装船日期为 2010 年 7 月 31 日”,并且《买卖合同》项下的装船日期(始终)保持“2010 年 7 月”未变。

---

① [1941] 31 NYS 2d 631.

假如 A 公司提交了真实的提单，那么它原本会因此免遭任何损失，因为它本来有权根据信用证从 C 银行获得全部销售价款。

(3) 相反，A 公司选择的是提交伪造的信用证项下单据，然后在其未能凭这些文件获得付款后终止《买卖合同》。它没有资格获得信用证项下的付款，因为它选择提交伪造的信用证项下单据。

(4) 因此，A 公司的真实请求是针对 C 银行未对伪造提单付款所提出的，而正是提交伪造提单的行为才实际造成了它的损失。

依本人之见，有若干理由说明，A 公司提交伪造提单的欺诈行为与其关于执行涉案裁决的请求之间的联系程度，尚不足以触及公共政策，或者，即便触及公共政策，也不足以构成以公共政策为由拒绝执行的正当理由。

第一，正如初审法官所认为的那样，涉案仲裁庭明确考虑了因果关系问题，并认定造成《买卖合同》终止，以及 A 公司未能获得涉案货物款项并由此遭受损失的原因是 B 公司提供的不合格信用证，参见前文对认定事实的总结。涉案仲裁庭还明确考虑了伪造提单引发的后果，却发现没有后果，因为 B 公司并没有受骗，而且它已经阻止了信用证项下的付款。

B 公司提出，这些结论反映了涉案仲裁庭的推理，而不是事实认定，但在本人看来，它们显然是关于因果关系的事实认定。B 公司进一步或另行*提出，这些认定至多只是对"若非"因果关系（but-for causation）的认定，并且本案法院有权就请求和损失的实际原因得出自己的结论。这是不正确的。很明显，涉案仲裁庭将因果关系视为案件中的关键争议，并且它的认定都是针对主要或根本原因作出的。这些都是对实际因果关系的认定。无论如何，因果关系是一个适用中国法律，而非英国法律的问题。

根据 B 公司自己的主张，它并不寻求避开涉案仲裁庭作出的认定，但在本人看来，它需要这样做，以支持它试图提出的因果关系的主张。正如初审法官

---

* 将下述主张作为前述主张的替代观点。——译者注

所认定的那样,这样做无论如何都是不合适的。

第二,即便本院对涉案仲裁裁决所认定事实进行审核是合法且适当的,B公司的主张仍面临下述根本性的难题,即其在履行《买卖合同》和进行仲裁时的立场是A公司已同意修改信用证,并且付款必须符合修改后的信用证条款。涉案仲裁庭认定的事实,与B公司的主张相反,即该修改并未达成一致。很难想见B公司如何能够在目前阶段主张涉案仲裁庭原本应该认定造成请求和损失的实际原因是A公司未能根据原始信用证提交单据,而此前B公司的主张从始至终都是A公司没有权利这样做。

第三,无论根据中国法律抑或英国法律,均看不出也不可能找到《买卖合同》或其所要求的履约行为涉及任何不法行为的迹象。

第四,这至多只是一次企图的欺诈。B公司没有受骗,C银行也没有受骗。C银行没有付款,伪造的提单也没有流通。A公司没有从其企图的不法行为中获得任何利益。A公司的请求并未因其不法行为而得到支持,恰恰相反,尽管A公司存在不法行为,但其请求却得到了支持。

就执行涉案裁决而言,法院并不是在允许其程序被不诚实的人用来实施欺诈。在本案中,并不存在欺诈行为,只存在一次企图欺诈的行为。没有任何公共政策会拒绝执行这样一份裁决,即其基础合同在履行过程中曾出现过一次未遂的企图欺诈行为。正如初审法官所认为的那样,这种情况类似"National Iranian Oil案"的情况,该案中存在一次未遂的企图贿赂行为。

尽管B公司没有受到欺骗,但它认为它仍然遭受了损害,因为它没有收到其能在转售合同项下提交的任何提单。然而,解决这个问题的办法始终掌握在它自己手中。如果B公司在此前任何时候曾亮明其准备遵守原信用证条款的态度,那么合格的提单原本可能甚至毫无疑问地会提交到它手上。

鉴于上述所有原因,本人接受A公司的观点,即根据涉案仲裁庭的事实认定,企图欺诈的行为不是其请求或损失的依据,基本上只是附带性的。即使法律允许法院审核仲裁裁决关于因果关系的事实认定,也会得出同样的结论。

这些情况对公共政策均未有所触及。或者,正如初审法官所认为的,如果触及公共政策,一裁终局性的利益显然要压倒对任何公共政策的考量。

为避免遗漏任何细节,即便援用"Patel 诉 Mirza 案"中规定的处理方式是适当的,也会得出同样结论。根据该处理方式,一项重要的考量是,相关行为对合同或其履行究竟有多重要。在本案中,根据已阐明的理由,相关行为毫不重要,基本上是附带性的。

基于上述所有理由,本人将驳回根据前3个理由提出的上诉。

八、第四个上诉理由

依本人之见,根据所提供的承诺决定是否拒绝中止执行,在本质上是一个由法官自由裁量的事项,并且没有证据表明初审法官在法律上犯了错误,或者超出其自由裁量权的宽泛范围而作出任何决定。初审法官确信所提供的承诺消除了对可能出现获得双重赔偿的担忧,而且正如他所说,B公司无法指明任何可能或将阻止法院接受这种承诺的法律原则。还需注意的是,B公司试图将涉案仲裁裁决作出后出现的,涉及第三方当事人而非B公司的事项作为其所依赖的依据。

九、结论

基于上述原因,本人将驳回上诉。

大法官X:

本人同意驳回上诉。

大法官Y:

本人亦同意驳回上诉。

第三部分 案例评述

一、英国承认和执行外国仲裁裁决的法律制度

《纽约公约》对英国于1975年12月23日生效,英国在其加入声明中作出

了互惠保留。[①] 英国将其在《纽约公约》项下的承诺转化为国内成文法,其中,在英格兰、威尔士和北爱尔兰,《纽约公约》的相关规定载于《1996 年仲裁法》(Arbitration Act 1996)[②]第 100 ~ 104 条;在苏格兰,则载于《2010 年仲裁(苏格兰)法》[Arbitration(Scotland) Act 2010]第 18 ~ 22 条。[③] 本文以下分析不涉及在苏格兰承认和执行《纽约公约》下的裁决的问题,特此说明。

(一)有关承认和执行外国仲裁裁决的法律机制

1.《1996 年仲裁法》第三部分

《1996 年仲裁法》第三部分(Part Ⅲ)是关于承认和执行特定外国裁决(recognition and enforcement of certain foreign awards)的规定。根据该部分规定,所谓"特定外国裁决"包括《纽约公约》下的裁决(New York Convention awards)和《日内瓦公约》下的裁决(Geneva Convention awards)。该法第 99 条规定,属于《日内瓦公约》下的裁决,但不同时属于《纽约公约》下的裁决,应根据《1950 年仲裁法》第二部分(Part Ⅱ)执行,而不能适用该法第 100 ~ 104 条的规定。

根据《1996 年仲裁法》第 100 条的规定,《纽约公约》下的裁决,是指根据书面仲裁协议在《纽约公约》缔约方(英国除外)境内作出的仲裁裁决。[④] 这一规定反映了英国在加入《纽约公约》时所作的互惠保留。[⑤]

根据《1996 年仲裁法》第 101(1)条的规定,《纽约公约》下的裁决对裁决的

---

① 载 https://uncitral.un.org/en/texts/arbitration/conventions/foreign_arbitral_awards/status2,最后访问日期:2024 年 8 月 19 日。

② 载 https://www.legislation.gov.uk/ukpga/1996/23/contents,最后访问日期:2024 年 8 月 19 日。

③ 载 https://www.legislation.gov.uk/asp/2010/1/contents,最后访问日期:2024 年 8 月 19 日。

④ Sec. 100 of Arbitration Act 1996.

⑤ 2014 年 2 月 24 日,英国提交了一份通知,以将《纽约公约》的领土适用范围扩大至英属维尔京群岛。英国已就以下领土提交了扩大领土适用范围的通知,并声明《纽约公约》仅适用于在另一缔约方领土内作出的裁决的承认和执行:直布罗陀(1975 年 9 月 24 日)、马恩岛(1979 年 2 月 22 日)、百慕大(1979 年 11 月 14 日)、开曼群岛(1980 年 11 月 26 日)、根西岛(1985 年 4 月 19 日)、泽西岛(2002 年 5 月 28 日)。

当事人具有约束力,裁决的当事人可以在(英国)任何法律程序中以该裁决为依据提出抗辩、抵销,或者以其他方式加以援用。根据第101(2)条的规定,依据法院的认可(leave),《纽约公约》下的裁决可以与法院判决或命令相同的方式执行,具有相同的效力。根据第101(3)条的规定,当法院给予认可时,可根据裁决的内容中作出判决,此时裁决与判决合二为一。[①]

该法第102条规定了当事人申请承认或执行《纽约公约》下的裁决时需要提交的证据,第103条则是关于拒绝承认或执行的规定。关于该两条的具体内容,详见下文分析。

值得注意的是,那些既不属于《纽约公约》下的裁决,也不属于《日内瓦公约》下的裁决的外国仲裁裁决(foreign arbitral award),是不能依据《1996年仲裁法》第100~104条的规定得到执行的。如果该等仲裁裁决在其作出地具有得以与判决相同方式执行的可执行性,则可能依据英国关于外国判决登记的规定予以执行。[②] 此外,当事人还可以基于该等仲裁裁决提起普通法上的诉讼,如针对不履行仲裁裁决的行为提出合同索赔,通过这种方式来执行。[③]

本文以下分析仅涉及《纽约公约》下的裁决的承认与执行,特此说明。

2.《1998年民事诉讼规则》第62编第三部分

在英国,申请承认与执行《纽约公约》下的裁决,当事人必须遵照《1998年民事诉讼规则》(The Civil Procedure Rules 1998)的相关规定。该规则第62编(Part 62)"仲裁请求"(Arbitration Claims)第三部分(Section Ⅲ)"执行"(Enforcement)是关于所有仲裁执行程序的规则,适用于《纽约公约》下的裁决

---

① Sec. 101 of Arbitration Act 1996.

② 如依据英国《1933年外国判决(互惠执行)法》[Foreign Judgments(Reciprocal Enforcement) Act 1933]基于英国与其他国家的互惠执行安排得以执行。See George A. Bermann ed., *Recognition and Enforcement of Foreign Arbitral Awards: The Interpretation and Application of the New York Convention by National Courts*, Springer, 2017, p. 978 – 979.

③ Oliver Marsden & Rebecca Zard, *What is the applicable procedural law for recognition and enforcement of an arbitral award in your jurisdiction?*, Global Arbitration Review (April 8, 2024), https://globalarbitrationreview.com/insight/know-how/challenging-and-enforcing-arbitration-awards/.

的执行。[①]

3. 普通法

在英格兰、威尔士和北爱尔兰申请承认和执行外国仲裁裁决，还应遵循普通法权威依据(authorities)确立的规则。关于本案涉及的权威依据，详见下文分析。

(二)在英格兰、威尔士和北爱尔兰申请承认和执行《纽约公约》下的裁决的主要程序

1. 需要向法院提供的文件

英国《1996年仲裁法》第102条规定了在英国寻求承认或执行《纽约公约》下的裁决的当事人必须提供的证据，这些要求与《纽约公约》第4条的规定相同。具体包括：(1)原裁决之正本或经正式认证的副本；(2)仲裁协议的正本或经正式认证的副本。同时，如果上述裁决或协议是以外国语言作出的，申请承认及执行裁决的当事人应提供这些文件的译本，译本应经官员、宣誓的翻译员、外交官或领事官员认证。[②]

此外，《1998年民事诉讼规则》第62.18条具体规定了执行仲裁裁决申请所采取的形式、申请书的内容及书面证据材料、执行命令的制作与内容以及相关法律文件的送达程序等各方面的要求。[③]

当事人的申请只有同时满足《1996年仲裁法》和英国《1998年民事诉讼规则》的全部要求，法院才有可能做出执行仲裁裁决的认可。比如，本案A公司于2016年2月向英国法院申请执行涉案裁决的认可时，所提交的证据材料包括其在涉案仲裁中代理律师的证人证言和其英国代理律师的证人证言。[④] 英国《1996年仲裁法》第102条所要求提供的证据是作为上述证言的附件一并被

① 载https://www.legislation.gov.uk/uksi/1998/3132/part/62，最后访问日期：2024年8月19日。

② Sec. 102 of Arbitration Act 1996.

③ 载https://www.legislation.gov.uk/uksi/1998/3132/rule/62.18，最后访问日期：2024年8月19日。

④ [2017] EWHC 251(Comm), para. 21.

提交英国法院的。

2. 诉讼时效

英国《1980年时效法》(Limitation Act 1980)第7条规定了执行裁决诉讼的时效,即"若执行裁决的诉讼并非依据签字蜡封的文件提出,则在诉因产生之日起6年后不得提起"。[①] 需要指出的是,这里所说的"诉因"是执行诉因,不同于仲裁裁决项下标的争议的诉因。所谓执行诉因,是指仲裁裁决的当事人拒绝履行仲裁裁决,从而违反仲裁协议中关于"裁决应当得到履行"这一隐含条款所构成的诉因。因此,上述6年的时效期间应当从相关当事人未能履行仲裁裁决之日起开始计算。[②]

3. 管辖法院

根据英国《1996年仲裁法》第105条的规定,承认和执行《纽约公约》下的仲裁裁决的申请,在英格兰和威尔士应当向高等法院(High Court)提出,在北爱尔兰应当向县法院(County Court)提出。[③] 本案A公司就是向高等法院中的王座法庭申请承认和执行涉案裁决的。

在英国,当事人可就法院关于承认和执行外国仲裁裁决的判决提起上诉,本案判决就是由英国上诉法院对来自王座法庭的上诉案件作出的。

二、关于是否承认和执行裁决的争议焦点评析

以下将首先梳理本案所涉及的相关英国法法律规则,然后根据B公司的主张以及法院的意见具体分析本案判决是如何适用有关规则的。

(一)本案判决反映出对于公共政策理由的限制

英国《1996年仲裁法》第103条是对《纽约公约》第5条的转化,其关于公

① 载 https://www.legislation.gov.uk/ukpga/1980/58/section/7,最后访问日期:2024年8月19日。

② George A. Bermann ed., *Recognition and Enforcement of Foreign Arbitral Awards: The Interpretation and Application of the New York Convention by National Courts*, Springer, 2017, p. 991.

③ Sec. 105 of Arbitration Act 1996.

共政策理由的表述是“如果承认或执行裁决违反公共政策，可拒绝承认或执行裁决”。如果仅从理论上分析，这种基于公共政策理由不执行裁决的例外规定势必会引发许多复杂的问题。然而，正如前文“案例导读”中所述，出于维护《纽约公约》宗旨以及各方利益的考虑，缔约方会对这种例外的适用严加限制。本案判决援引了戴西、莫里斯和柯林斯的《冲突法》，指出“普遍被接受的观点是公共政策理由应受到限制性解释”。就本案判决所引用的权威判例和著作而言，对公共政策理由的限制，大致集中在两个方面。

1. 限制法官的自由裁量权

“Deutsche Schachtbau 诉 National Oil 案”①判决中指出，“公共政策的考量永远无法被详尽地定义，但在处理它们时应极其谨慎”；“IPOC (Nigeria) 诉 Nigerian National Petroleum 案”②判决中指出，“……毫无疑问，《1996 年仲裁法》第 103 条体现了有利于执行《纽约公约》下的裁决的倾向，这反映了《纽约公约》本身的基本宗旨。事实上，即使拒绝执行的理由得到证实，法院仍保留执行裁决的自由裁量权”。

上述权威判例表明，英国法对于《1996 年仲裁法》第 103 条赋予法官“可拒绝承认或执行”的这种自由裁量权是有所限制的，法官应当极其谨慎地行使这种权力，必须不忘第 103 条支持《纽约公约》下的裁决执行的初心，不可将第 103 条规定的以公共政策为由拒绝承认和执行外国仲裁裁决这种“例外”(exception) 理解为拒绝执行《纽约公约》下的裁决的开放式逃避途径 (an open-ended escape route)。

需要指出的是，自由裁量有两面倾向：一面是支持执行，另一面是不支持执行。上面所述的主要是对不支持执行裁量权的限制。我们不能就此片面地认为，英国法律只限制不支持执行的自由裁量权。该案一审判决就指出，在拒绝

① [1987] 3 WLR 1023 at p. 1035D.

② [2005] 2 Lloyd's Rep 326 at [11].

执行裁决的理由成立时，如仲裁裁决存在基本或结构性的缺陷时，法官支持执行仲裁裁决的自由裁量权也应受到限制。只有在当事人反对执行的权利已经因某种原因丧失，如以协议放弃，或因禁止反言或其他公认的原则而无法行使时，法官才有可能行使支持执行的自由裁量权。[①]

2. 区分国际公共政策和国内公共政策

戴西、莫里斯和柯林斯在《冲突法》一书中指出，“区分英国法中的国内公共政策，与英国法院为拒绝适用外国法或拒绝执行仲裁裁决所考量的国际公共政策，这是很重要的”。“Lemenda 案”[②]判决中指出，国际公共政策的中心原则是“以共同的道德准则为基础”。“Westacre 案”[③]裁判中指出，国际公共政策规则“一旦违反，则无论其准据法是什么，也无论其履行地点在哪里，都将导致英国法院不予执行，但另一些规则则纯粹基于国内公共政策考虑”。

根据上述权威判例和著作，将公共政策作出国际（international）与国内（domestic）的区分，意味着在涉及《纽约公约》这样的国际条约时，公共政策的内涵有别于在纯粹国内情形下公共政策的内涵。这种区分的本质在于，在以公共政策为由拒绝承认与执行外国仲裁裁决时，作为公共政策来源的英国本国法的作用或适用范围会因这种区分而受到限制。

需要指出的是，尽管上述权威判例和著作普遍支持区分国际公共政策和国内公共政策，但并未说明二者内涵的区别，当然也无从清晰界定二者外延或者说界线。有专家指出，要在英国执行外国仲裁裁决，安全的做法是必须同时考虑国际和国内两种公共政策。[④]

基于以上对英国法限制公共政策理由的相关规则的梳理，虽然无法得出简明清晰可操作的结论，但至少有两点收获：其一，英国法限制公共政策理由在承

① [2017] EWHC 251(Comm), para. 28.

② [1998] 1 Lloyd's Rep 361.

③ [2000] QB 288(CA).

④ George A. Bermann ed., *Recognition and Enforcement of Foreign Arbitral Awards: The Interpretation and Application of the New York Convention by National Courts*, Springer, 2017, p. 990.

认与执行外国仲裁裁决领域的适用,基于公共政策理由拒绝执行只是例外;其二,法官的自由裁量权以及国际公共政策都是限制公共政策理由的重要手段,它们的运用必须结合案件的具体情况具体加以分析。

(二)不法行为触及公共政策理由的规则

这里所说的不法行为,是指仲裁裁决所依据的基础合同(underlying contract)牵涉的不法行为,如本案判决提到的涉及分享犯罪收益、行贿或者走私的基础合同。即将梳理的规则是用来解决下述问题:如果一个外国仲裁裁决的基础合同的执行可能违反英国的公共政策,那么这个仲裁裁决的执行会在多大程度上违反英国公共政策?或者说,这个仲裁裁决会在多大程度上因公共政策理由被拒绝执行?

评价外国仲裁裁决基础合同的执行是否违反英国公共政策,英国法院需要对基础合同进行考察。但面对一个现成的仲裁裁决,英国法院是否有权这么做?如果有权,英国法院该如何考察?以及如何根据考察结果适用公共政策理由?

1. 英国法院是否有权考察基础合同

该案判决引用了戴西、莫里斯和柯林斯的《冲突法》,指出根据权威判例,“在考虑是否基于公共政策不执行一项外国仲裁裁决时,法院有权考虑裁决所依据的基础合同”。

2. 考察仲裁裁决基础合同的规则

如果仲裁庭对审理不法行为的相关问题拥有管辖权,并且已经根据事实确定不存在不法行为,那么英国法院是否有权重新审理这些事实?

“Westacre 案”[①]的多数意见认为:“从裁决本身可以清楚地看出,贿赂是一个核心问题。这一指控被提出、审理并最终驳回……如果不考虑权威判例,在那种情况下,如果没有新的证据,我会认为没有拒绝执行裁决的正当理由。”马

---

① [2000]QB 288(CA).

斯蒂尔和博伊德在《商事仲裁》(第2版)2001年《指南》卷中表明:“(Westacre案)多数意见最符合国际仲裁的信念,也体现了信任外国仲裁员和仲裁地法院对于国际商事活动的巨大重要性,即使在被要求执行裁决的法官有理由感到担忧的情况下也是如此。”

根据上述权威判例和著作,该案判决指出:“除非出现可能的例外情况,否则英国法院不得允许重新审理这些事实。”这里所说的“例外情况”,根据“Westacre案”,一般是指出现了新的证据。

此外,在考察仲裁裁决基础合同时,英国法院还可能遇到国际公共政策与国内公共政策相冲突的情况。具体而言,当根据准据法不存在不法行为,但根据英国法却存在不法行为时,英国法院是否会限制英国法(国内公共政策)的适用,接受准据法的认定(国际公共政策)?关于国际公共政策与国内公共政策的区分,上文已有分析,此处不赘。这里只补充一点,戴西、莫里斯和柯林斯的《冲突法》一书认为:“仅凭英国法可能得出不同结果这一点,并不足以支持适用英国公共政策。”该案判决也指出:“只有当这种不法行为反映了对国际公共政策,而非纯粹的国内公共政策的考量时,才触及公共政策问题。”

3. 适用公共政策理由的规则

根据戴西、莫里斯和柯林斯的《冲突法》对权威判例的总结,适用公共政策理由应当区分两种不同的情况。具体而言:

其一,如果基础合同本身违反公共政策,仲裁裁决就可能会因公共政策原因被拒绝执行。正如“Westacre案”所指出的,英国法律不会承认那些“忽视显而易见、无可争辩的不法行为”的外国裁决。

其二,如果基础合同根据合同准据法和仲裁地法是合法的,那么仅凭合同的履行在合同履行地可能违法这一事实,并不足以使基于该合同的裁决在英国无法执行。“National Iranian Oil案”①指出:“没有英国公共政策要求法院拒绝

① [2016] 2 Lloyd’s Rep 147.

执行通过贿赂缔结的合同。法院可能会在一方当事人的请求下决定执行该合同……当然没有英国公共政策会拒绝执行成立于一起未遂的企图贿赂行为之后,且未受该行为影响的合同,仅仅因为有人指称该合同或其中的一方或多方当事人受到先前行为的玷污……"

根据上述权威判例与著作的观点可知,如果仲裁裁决所依据的基础合同是违法的,则该裁决很有可能因公共政策理由被拒绝执行;如果基础合同合法,而履行基础合同的行为构成不法行为,则该裁决未必会因公共政策理由被拒绝执行。该案判决将上述区别背后的政策概括为:在考虑是否触及公共政策以及触及公共政策的程度大小等问题时,寻求执行的请求与相关不法行为之间的关联程度将至关重要。

以上就是本案判决述及的法律规则,尽管这些表述仅服务于该案争议的解决,不能展示此领域英国法的全貌,但这并不妨碍我们领会个中要义。正如戴西、莫里斯和柯林斯的《冲突法》所总结的:"法院必须在仲裁裁决……所应该具有的一裁终局性,与确保英国法院的执行权力不被滥用的政策之间进行权衡。不法行为的性质,支持不法行为主张的理由的充分程度,以及仲裁庭对已证实的不法行为作出处理的程度,这些都是权衡一裁终局性和不法行为这两种相互竞争的公共政策的考量因素。"

(三)该案的争议焦点

经过上文对相关法律规则的梳理,无论 B 公司的诉讼策略,还是该案判决的审理思路,都显得脉络清晰、一目了然。本案的核心争议只有一个:A 公司寻求执行的仲裁请求与其伪造提单的不法行为之间的关联程度究竟有多大?是否足以触发对公共政策理由的适用?

1. B 公司的诉讼策略分析

B 公司要以 A 公司伪造提单的不法行为为事实依据,以第 103 条关于违反公共政策的规定为法律依据,申请不予执行涉案裁决。就 B 公司的上述诉求而言,其既具有有利方面,也具有不利方面。

有利的方面包括：A公司确实实施了伪造提单的行为，无须英国法院再次考察。无论根据涉案裁决的准据法、仲裁地法——中国法，还是根据该案公共政策的来源——英国法，伪造提单行为均属不法行为，违反公共政策。

不利的方面包括：涉案裁决所依据的基础合同是《买卖合同》，基础合同本身不存在违反公共政策之处。A公司伪造提单的行为，只是履行基础合同所涉及的行为，而且该行为以失败而告终。涉案裁决并没有将A公司伪造提单的行为纳入其所认定的《买卖合同》项下"违约—损失"的因果链条。

基于以上分析，B公司的诉讼策略呼之欲出：一方面，在A公司伪造提单的不法行为与其仲裁请求（基础请求）之间建立充分的联系，争取坐实基础请求违反公共政策；另一方面，强调A公司伪造提单行为的欺诈性，引发英国法院关于其执行权力被滥用的担忧。

相应地，B公司的狭义理由是，A公司仲裁请求的依据是其伪造的提单；其广义理由是"欺诈破坏一切"，法院程序不应被用于欺诈。

2. 本案判决的审理思路

"在考虑是否触及公共政策以及触及公共政策的程度大小等问题时，寻求执行的请求与相关不法行为之间的关联程度将至关重要"，本案判决紧紧围绕关联程度这一核心，并最终得出结论：A公司提交伪造提单的欺诈行为与其关于执行涉案裁决的请求之间的联系程度，尚不足以触及公共政策，或者，即便触及公共政策，也不足以构成以公共政策为由拒绝执行的正当理由。具体分析如下。

(1)根据"如果仲裁庭对审理不法行为的相关问题拥有管辖权，并且已经根据事实确定不存在不法行为，那么除非出现可能的例外情况，否则英国法院不得重新审理这些事实"的规则，本案判决认可了涉案仲裁庭关于A公司损失的成因以及伪造提单行为后果这两方面因果的事实认定，否定了B公司关于A公司损失与伪造提单行为之间存在因果关系的主张。有两点值得注意。

其一，本案判决包含"无论如何，因果关系是一个适用中国法律，而非英国法律的问题”的表述,这无疑表达了对国际公共政策的尊重;但还包含“即使法律允许法院审核仲裁裁决关于因果关系的事实认定,也会得出同样的结论”的表述。这是否在暗示英国法院并非在消极接受涉案裁决的事实认定?并且/或者是否在试图防止对该案判决的过度解读?都是值得思考的。

其二,本案判决在指出了B公司在涉案仲裁与执行诉讼两个程序中主张的相互矛盾之处后,便没有继续分析。这是否在暗示B公司的主张应受制于禁止反言原则?这对法官行使英国《1996年仲裁法》第103条赋予的自由裁量权有无影响?也是值得思考的。

(2)根据“如果该合同本身违反公共政策(如分享犯罪收益的合同这一经典例子),那么该裁决可能会因公共政策原因被拒绝执行”的规则,本案判决区分了涉案仲裁的基础合同——《买卖合同》与伪造提单的不法行为,并且排除了基础合同违反公共政策的可能性。

(3)“当然没有英国公共政策会拒绝执行成立于一起未遂的企图贿赂行为之后,且未受该行为影响的合同,仅仅因为有人指称该合同或其中的一方或多方当事人受到先前行为的玷污。”据此,本案判决基于A公司伪造提单只是一次企图欺诈的事实,得出该行为不足以触发公共政策理由的结论。

(4)“法院必须在仲裁裁决……所应该具有的一裁终局性,与确保英国法院的执行权力不被滥用的政策之间进行权衡”,对于这个公共政策领域的终极问题,本案判决权衡公共政策的答案是维护一裁终局性。

(四)涉案仲裁裁决对因果关系的认定

本案判决表明,B公司在英国两审中败诉的原因在于,两审中英国法院都不认可B公司关于A公司的不法行为与其仲裁请求之间存在因果关系的主张。相反,两审法院都接受了涉案仲裁裁决关于B公司违反《买卖合同》修改信用证的违约行为导致损失发生的因果关系认定。毫不夸张地说,这一认定乃是涉案裁决最终得以执行的关键。但如前所述,对于伪造提单的不法行为,涉案仲裁庭面临“既绕不开,又管不了”的局面。下面,简单分析涉案仲裁庭是如何在这种情况下作出令两审英国法院信服的因果关系认定的。

前文第二部分“英国法院判决”中“三、涉案裁决”比较清晰地勾勒出涉案仲裁庭认定因果关系的思路。涉案仲裁庭明确其对审理提单是否伪造这一问题不具备管辖权，并且完全接受这些法院（荷兰法院和中国法院）的判决，同时指出，涉案仲裁的“重要任务”是根据法院的事实认定来决定伪造提单行为在《买卖合同》法律关系中的性质及法律责任。

然后，涉案仲裁庭分析了B公司的主张，即A公司伪造提单的行为使B公司受到欺诈，并产生了严重后果。涉案仲裁庭根据B公司始终掌握货物动态的事实，得出“欺骗银行不代表欺骗买方”的结论，进而否定了B公司关于其受到欺诈的主张及其在此基础上构建的因果关系。

最终，涉案仲裁庭得出结论，导致《买卖合同》终止以及A公司未获得付款的根本原因是，B公司未经A公司同意擅自修改所形成的不合格信用证。尽管A公司“可以做得更好”，无须在陷入B公司造成的“困境”后作出伪造提单这样的“下下策”，但伪造提单这一信用证法律关系中的欺诈行为毕竟不是导致《买卖合同》终止以及A公司未获得付款的根本原因。

综上，涉案仲裁庭在区分《买卖合同》法律关系与信用证法律关系的前提下，鞭辟入里地分析了伪造提单行为在《买卖合同》法律关系中的性质，抽丝剥茧地梳理了《买卖合同》项下各方当事人行为与损失之间的因果关系，避免了对“欺诈破坏一切”这一法律格言的过度适用。

上述关于因果关系的认定是一个不可多得的经典范例。必须承认，成功做到这一点不仅有赖涉案仲裁庭在驾驭案件事实、实体规则和程序规则方面的丰富经验和娴熟技巧，更离不开的是仲裁庭为当事人定分止争的责任心和担当意识。

美国

The United States of America

中国A公司诉美国B公司销售合同争议案仲裁裁决在美国的承认与执行

第一部分　案例导读

A公司是一家位于中国的公司,B公司是一家美国纽约州的公司。2013年12月,A公司与B公司签订了涉案合同。该合同约定,由A公司向B公司出售涉案货物,B公司向A公司支付货款。随后,A公司依约按时交付了货物,B公司对货物的质量未提出异议,但B公司未能按期支付货款。经A公司催告,B公司仍未支付到期应付的货款。2015年3月,A公司在贸仲提起仲裁,请求B公司向A公司支付货款、赔偿利息损失及仲裁费等。

2015年10月15日,仲裁庭在北京对本案进行了开庭审理。A公司委派仲裁代理人出席了庭审,B公司经合理通知未出庭参加庭审,亦未说明理由。2015年12月14日,贸仲作出裁决,要求B公司向A公司支付其拖欠的货款、相应的利息以及仲裁费等。

由于B公司未执行涉案裁决,2017年7月12日,A公司在美国联邦地区法院(纽约东区)提起诉讼,请求该法院确认并执行涉案裁决。2018年5月30日,美国联邦地区法院(纽约东区)作出判决,确认该贸仲裁决并驳回了B公司提出的驳回申请的动议。B公司不服,向美国第二巡回上诉法院提起上诉。2019年6月4日,美国第二巡回上诉法院经审理判决维持原判,驳回了B公司的上诉。

此后,A 公司又在美国联邦地区法院(纽约东区)起诉 B 公司,向 B 公司索赔因其不履行涉案裁决而使其发生的律师费和法院登记费。2019 年 9 月 30 日,美国联邦地区法院(纽约东区)作出了判决,支持了 A 公司的诉讼请求,即要求 B 公司向其支付因其不履行涉案裁决而发生的律师费和法院登记费。

在本案中,B 公司就拒绝承认和执行涉案裁决主要提出了 3 项抗辩理由:第一,B 公司在涉案仲裁程序中未被适当地通知;第二,涉案合同系伪造的;第三,A 公司未能履行其在涉案合同下的相关义务,即没有在启动仲裁前尝试与 B 公司通过协商解决争议。但是,这些辩护理由均被法院认定不能成立。本案两个判决文书反映了美国联邦地区法院(纽约东区)和美国第二巡回上诉法院在以上 3 个问题上的态度:第一,在判断当事人是否得到了《纽约公约》第 5 条第 1 款(乙)项规定的"适当通知"时,该法院并不以当事人约定的仲裁规则作为判断标准,而是直接以美国国内法中的程序性正当程序标准作为依据;根据美国的正当程序标准,一方当事人有权获得如下特定通知,即"在任何情况下,该通知就其方式而言,系经过合理计算,并告知利益相关方诉讼的未决情况,且给予了他们(或者它们)提出反对意见的机会"。第二,有关构成仲裁争议标的的基础合同是否是伪造的或是因欺诈而订立的问题,是由仲裁员全权决定的事项。第三,如果仲裁协议中约定了协商作为仲裁前置程序,就这一条件是否已满足,美国法院倾向尊重仲裁庭对此已作出的决定。

第二部分 美国法院的裁判文书

一、美国联邦地区法院(纽约东区)的裁判文书

中国A公司诉美国B公司[①]

美国联邦地区法院(纽约东区)

判决日期:2018年5月30日

A公司根据《纽约公约》,即《美国法典》第9编第2章第201条,* 向本法院提出申请,请求本法院确认并执行一项贸仲在中国作出的针对B公司的仲裁裁决。目前,本法院待办的事项是,审理B公司向本法院提出的请求驳回A公司申请书(Petition)的动议(motion)。

尽管B公司没有作直接陈述,但本法院认为,该动议是根据《联邦民事诉讼规则》第12(b)(6)条提出的。[②] 基于下述理由,B公司的动议应被全部驳回。

(一)案件背景

事实背景[③]

A公司是一家从事特定膳食补充剂销售的中国公司,其经销的商品包括:

---

① 本案例索引号为:17 - CV - 4130 (JS)(AYS) (E. D. N. Y. May. 30, 2018)。该判决为美国联邦地区法院(纽约东区)(United States District Court Eastern District of New York)S法官作出的法庭备忘录与判决(Memorandum and Order)。备忘录判决是美国法院的一种判决类型,是一种非常简短直接的法院判决。法院发布备忘录判决时,只会陈述案件结果,而不会提供任何详细的解释或判决背后的理由。

* 《美国法典》第9编第2章第201条(9 U. S. C. § 201)规定,《纽约公约》应依照本章规定在美国法院执行。——译者注

② See Federal Rule of Civil Procedure 12(b)(6).

③ 美国联邦地区法院(纽约东区)在该判决的脚注中特别注明,本判决陈述的事实来自A公司的申请书(Petion)、双方签订的销售合同以及贸仲于2015年12月14日作出的仲裁裁决。

一水肌酸、无水甜菜碱和肌酸盐酸盐。B公司是一家根据纽约州法律注册的美国国内公司,其主要营业地位于纽约州的法明代尔。

2013年12月16日,A公司与B公司订立了一份货物买卖合同(以下简称涉案合同)。在涉案合同中,B公司同意以480,000美元的价格从A公司购买5000千克的一水肌酸、4000千克的无水甜菜碱和9000千克的肌酸盐酸盐(以下统称为涉案货物)。

涉案合同规定,B公司应在90日内向A公司支付货款。A公司按时交付了涉案货物。B公司在收到货物之后未对货物的质量提出任何异议,但在涉案合同规定的付款期届满时,B公司未能支付约定的480,000美元款项。A公司提醒B公司履行其付款义务,但是B公司拒绝与A公司的代表会面,同时拒绝支付到期应付的货款。

涉案合同包含了如下仲裁条款:"与本合同或本合同的执行有关的一切争议应通过协商友好解决。如果双方无法达成和解……争议案件应提交中国国际经济贸易仲裁委员会,根据申请仲裁时该委员会现行有效的仲裁规则进行仲裁,仲裁地点为中国D城市。贸仲作出的裁决应为终局裁决,对双方均有约束力。除非仲裁庭另行裁决,仲裁费用应由败诉方承担。"

由于没有收到B公司的付款,2015年3月19日,A公司在贸仲启动仲裁程序。

2015年5月13日,贸仲向B公司发送了仲裁通知、《仲裁规则》,以及一份《仲裁员名册》。

贸仲确认,在2015年5月18日,上述文件已被正式送达B公司。2015年6月17日,贸仲通过特快专递方式向A公司与B公司同时发送了仲裁费用缴费通知。在该通知中,贸仲告知当事人应缴纳的与仲裁程序相关的费用。贸仲还于2015年7月14日向当事人发送了组庭通知书和开庭通知书。上述向B公司发送的缴费通知、组庭通知书以及开庭通知书,全部被邮局退回贸仲。其理由是:企业拒绝接收文件,因为收件人并未在此工作。此后,A公司向贸仲提供了B公司的另一地址。[①] 上述文件被全部寄送至B公司的新地址。贸仲进一步核实,这些文件在2015年9月4日已被正式送达给B公司。

2015年10月15日,涉案仲裁庭在中国北京进行了开庭审理。在庭审中,A公司向仲裁庭出示了支持其仲裁请求的证据,并回答了涉案仲裁庭提出的问题。B公司未出庭,也未给出任何不出庭的理由。

2015年10月20日,贸仲向B公司寄送了A公司在仲裁过程中提交的材料,并通知B公司:若有任何异议,须在指定的时间内提出。经贸仲核实,这些文件在2015年10月23日被正式送达给B公司。之后,B公司未提出任何异议。

2015年12月14日,涉案仲裁庭作出涉案裁决。根据涉案裁决,B公司应向A公司支付480,000美元及其利息以及仲裁费用;前述款项应当在涉案裁决作出之日后的20日内支付完毕。到本判决作出之日为止,B公司仍未支付涉案裁决确定的任何款项。

2017年7月12日,A公司向本院提出申请,请求确认涉案裁决。B公司未对A公司提交的《申请书》作出回复,也未到庭。

2017年8月23日,本院书记员对B公司作出了一项"缺席记录"(notation of default)。此后,A公司向本院提出动议,请求作出"缺席判决"(default judgement)。在该动议待决时,B公司提交动议,请求本院撤销"书记员的缺席记录"(Clerk's Entry of Default),并请求允许其针对A公司的申请书提交答辩意见。

2017年11月14日,本案双方参加了美国联邦地区L法官主持的会议,他在先前被指派审理本案。

在此次会议上,L法官撤销了"书记员的缺席记录",终止了A公司提出的

---

① 美国联邦地区法院(纽约东区)在该判决的脚注中特别注明,尽管涉案裁决没有明确说明,但A公司向贸仲提供的新地址正是B公司在纽约州务卿处登记的地址。

请求作出缺席判决的动议,并指示B公司在30日内提交其对A公司的申请书的答辩。

不久,B公司又向本法院寻求准许其提出的一项动议,即驳回A公司申请书的动议,但遭到了A公司的反对。2017年12月14日,L法官确定了本案的简要日程安排。

本院需要审理的事项是,B公司提出的驳回A公司《申请书》的动议。

在其提交的动议中,B公司提出了3个应当驳回A公司《申请书》的理由:(1)在涉案仲裁程序中,其从未被适当送达;(2)涉案合同系伪造的;(3)A公司在启动涉案仲裁程序之前未曾根据涉案合同,尝试与B公司友好协商解决双方之间的争议。

B公司同时请求本法院,根据《联邦民事程序规则》第54(d)条的规定,判令A公司向其支付律师费和其他费用。A公司对B公司的动议全部予以反对。

(二)讨论

1. 法律标准

根据《联邦民事程序规则》第12(b)(6)条的规定,为使一项驳回申请的动议能够成立,一个起诉状(complaint)必须包含足够的、可被视为真实情况的、事实上的事项,从而阐明"在表面上似乎合理"(plausible on its face)的救济请求。"在表面上似乎合理"已被满足的情形是:原告提出事实上的主张,而其内容允许法官合理推定,被告对原告所指控的不当行为负有责任。[①] 作为一般规则,法院被要求将所有包含在起诉状中的主张确认为真实的,从而作出有利于原告的合理推断。[②]

① See Ashcroft v. Iqbal, 556 U. S. 662, 678 (2009) [quoting Bell Atl. Corp. v. Twombly, 550 U. S. 544, 570 (2007)].

② See Bueno v. LR Credit 18, LLC, 269 F. Supp. 3d 16, 18 (E. D. N. Y. 2017) (quoting Johnson v. Rowley, 569 F. 3d 40, 43 (2d Cir. 2009).

然而,"对诉因的构成要素进行俗套的描述,并仅靠总结性的陈述予以支持,是无权获得真实性的假定的"。[①] "虽然,法律上的结论可以为起诉状提供框架,但是,法律结论必须依靠阐明救济请求的事实上的主张而获得支持。"[②] "仅提出'赤裸裸的断言'而缺乏'进一步的事实依据'"的起诉状,是不能满足要求的。[③]

2. 根据《纽约公约》执行外国仲裁裁决

"《纽约公约》的各缔约方,包括美国与中国在内,同意承认彼此的仲裁裁决,并且依照申请执行裁决地的程序规则执行。"[④]"联邦地区法院对于仲裁裁决的审查持尊重态度,并且,在涉及审查外国仲裁裁决时,这种尊重态度是极为恰当的。"[⑤]确认外国仲裁裁决的程序被视为是一项"简易程序"(summary proceeding),[*]在该程序中仅将一个终局决定转化为一项法院判决。

为了获得对外国仲裁裁决的强制执行,寻求强制执行的一方仅应提交原裁决书之正本或经过正式认证的副本、仲裁协议。如果裁决书采用的语言为英语之外的其他语言,还应提交经过正式认证的英文翻译件。[⑥] 一旦申请方提交了这些材料,举证责任便转移至被申请方,后者须承担举证责任,证明存在《纽约

---

① See Ashcroft v. Iqbal, 556 U. S. at 678 – 679. Bell Atl. Corp. v. Twombly, 550 U. S. at 555 (stating that the court is "not bound to accept as true a legal conclusion couched as a factual allegation").

② Ibid, at 679.

③ Ibid, at 678(quoting Twombly, 555 U. S. at 557).

④ See Jiangsu Changlong Chem., Co., Inc. v. Burlington Bio-Medical & Sci. Corp., 399 F. Supp. 2d 165, 168 (E. D. N. Y. 2005) [citing Geotech Lizenz AG v. Evergreen Sys., Inc., 697 F. Supp. 1248, 1252 (E. D. N. Y. 1988)].

⑤ OOO FC Grand Cap. v. Int'l Pharm. Servs. Ltd., No. 16 – CV – 6156, 2017 WL 8813135, at *5 (E. D. N. Y. Dec. 15, 2017) R&R adopted, 2018 WL 879027, at *1 (E. D. N. Y. Feb. 14, 2018) (quoting Korean Trade Ins. Corp. v. Eat It Corp., No. 14 – CV – 3456, 2015 WL 1247053, at *4[E. D. N. Y. Mar. 16, 2015)] (alteration in original).

* 如果法律程序比诉讼中的普通步骤更短、更简单,则该程序被视为简易程序。简易程序通常适用于需要迅速采取行动且通常涉及少量明确问题的案件。——译者注

载 https://legal-dictionary. thefreedictionary. com/Summary + Proceedings,最后访问日期:2024 年 8 月 20 日。

⑥ 《纽约公约》第4条。

公约》列举的不予强制执行的其中一种情形。但是,这些例外情形是有限的,且“考虑到支持仲裁的强力公共政策,例外情形需要被限制解释”。①

3. B 公司拒绝执行的理由

正如前文所述,B 公司提出了 3 项涉案裁决不应被强制执行的辩护论点:(1)其未收到涉案仲裁程序的适当通知;(2)涉案合同系伪造的;(3)A 公司未能在启动涉案仲裁程序之前尝试与 B 公司“友好地协商解决”双方之间的争议。②

(1)贸仲是否提供适当通知

《纽约公约》第 5 条第 1 款(乙)项规定,拒绝确认仲裁裁决的一方必须证明其“未收到有关仲裁的适当通知”或“因他故未能就案件发表意见”。“基于公约第 5 条第 1 款(乙)项的规定,反对确认仲裁裁决的一方须证明该仲裁裁决是根据与法院地国的正当程序(due process)标准不一致的程序作出的。”③为了满足正当程序的要求,仲裁当事人必须获得“通知方式系经过合理计算的通知”(notice reasonably calculated),该通知告知其已经发生的仲裁程序并让其享有听证的机会。④

本院确信,贸仲为 B 公司提供了以有意义的方式(in a meaningful manner)参与涉案仲裁的机会。如涉案裁决所载,仲裁通知及所有文件均按在涉案合同上所列的地址提供给了 B 公司。当部分文件(并非全部)后来被退回到贸仲之

---

① See Jiangsu Changlong Chem., Co., Inc. v. Burlington Bio-Medical & Sci. Corp., 399 F. Supp. 2d, at 168.

② 美国联邦地区法院(纽约东区)在该判决的脚注中特别指出,B 公司提出的第二个和第三个辩护论点非常矛盾。B 公司首先辩称,涉案合同是伪造的因而是无效的,然后又声称 A 公司未能履行其所指控的无效合同项下的义务,该义务为:一方在提起仲裁之前必须与另一方“友好协商解决”双方之间的争议。该法院查明,很难调和这些相互对立的论点。

③ See Sonera Holding B. V. v. Cukurova Holding A. S., 895 F. Supp. 2d 513, 521 (S. D. N. Y. 2012) [citing Iran Aircraft Indus. v. Avco Corp., 980 F. 2d 141, 145 (2d Cir. 1992), rev'd on other grounds, 750 F. 3d 221 (2d Cir. 2014)].

④ See Jiangsu, 399 F. Supp. 2d at 168 [quoting Anhui Provincial Imp. and Exp. Corp. v. Hart Enters. Int'l, Inc., No. 96 - CV - 0128, 1996 WL 229872, at *3 (S. D. N. Y. May 7, 1996)].

后,A公司提供了B公司在纽约州州务卿处登记的地址,随后贸仲将上述文件再次按该新地址发送给了B公司。这些文件并未被退回,且贸仲验证了该等文书已被正式送达给B公司。B公司仅是选择不参加涉案仲裁程序而已。

综上所述,本法院认为,涉案仲裁是依照符合本法院所在国正当程序标准的程序进行的并进而由仲裁庭作出了涉案裁决。因此,B公司以未收到有关仲裁程序的适当通知为由、提出的请求驳回A公司的《申请书》的动议,本院予以驳回。

(2)涉案合同的效力

为支持其动议,B公司还辩称,涉案合同是伪造的,因而是无效的。正如联邦上诉第二巡回法院已经认定的,"有关构成仲裁争议标的的基础合同是否是伪造的或是因欺诈而订立的问题,是由仲裁员全权决定的事项"。[①] 如果反对确认仲裁裁决的一方"未能将协议涉嫌伪造的问题向仲裁员主张,则其放弃了主张该问题的权利"。[②] 进言之,如果反对确认仲裁裁决的一方"确实曾向仲裁员提出该问题,但是其在本院不能寻求重新审理该事项"。[③]

在本案中,B公司未参加涉案仲裁,相应地,其未向涉案仲裁庭提出涉案合同是否因欺诈而签订这一问题。然而,B公司本应在那个阶段向仲裁庭提出该问题。故结论是,B公司已经放弃了提出该问题的权利,因而也不能在本院将其作为拒绝执行涉案裁决的辩护理由而提出。B公司基于涉案合同涉嫌伪造而提出的驳回A公司的《申请书》的动议被否决。

(3)当事人对双方争议进行和解的义务

尽管事实上B公司主张涉案合同存在欺诈因而无效,但其最后一项辩护论点却是,A公司未能遵守涉案合同规定的义务,即未能在提起涉案仲裁程序

① See Europcar Italia, S. p. A. v. Maiellano Tours, Inc., 156 F. 3d 310, 315 (2d Cir. 1998).

② Ibid. [citing Nat'l Wrecking Co. v. Int'l Bhd. of Teamsters, Local 731, 990 F. 2d 957, 960 (7th Cir. 1993)].

③ Ibid. [citing Barbier v. Shearson Lehman Hutton Inc., 948 F. 2d 117, 120 - 21 (2d Cir. 1991)].

前与B公司进行谈判并“友好地协商解决”(amicably settle)双方的争议。但在涉案裁决中,仲裁庭特别地查明,在提起仲裁前,A公司“提醒B公司进行支付,但是B公司的负责人回避与A公司的代表见面,同时拒绝履行其在合同项下的付款义务”。因此,正如仲裁庭已查明的,A公司的确曾在提起涉案仲裁前尝试与B公司协商解决争议,然而,B公司未能合作。B公司基于所谓A公司未能在启动涉案仲裁程序之前尝试与B公司“友好协商解决”双方之间的争议而提出的驳回A公司的《申请书》的动议,因此被否决。

4. B公司提出的其他驳回A公司申请的理由

在B公司提交的回复备忘录中,其第一次提出了若干新的要求驳回A公司申请的辩护理由,其中包括贸仲与A公司有所勾结因而“不可信赖”。先不论B公司的这一说法是否令人难以置信,“在回复意见中某种辩护论点不得被首次提出”是一项明文法律规定。相应地,“在回复意见中为支持一项动议而首次提出的新的辩护论点将不会被考虑”。[①]

5. 律师费用与开支

综上所述,本院认定,B公司提出的驳回A公司申请的动议,其理由都没有事实依据。相应地,没有必要考虑B公司提出的律师费与开支的诉请。

(三)结论

基于上述原因,B公司请求驳回A公司提起的有关确认2015年12月14日作出的涉案裁决的申请的动议被拒绝。因B公司不能对涉案裁决的执行提供任何可能成功的辩护理由,本院在此批准A公司提出的确认涉案裁决的《申请书》。A公司应依指示在10日内提交一份建议的判决,该判决应当与涉案裁决相符。

---

① See Zirogiannis v. Seterus, Inc., 221 F. Supp. 3d 292, 298 (E. D. N. Y. 2016).

二、美国第二巡回上诉法院的裁判文书

美国B公司诉中国A公司[①]

美国第二巡回上诉法院

判决日期:2019年6月4日

经考虑,特此命令、裁定和判决,维持美国联邦地区法院(纽约东区)的判决。

B公司(上诉方)就美国联邦地区法院(纽约东区)S法官的一项判决向本法院提起上诉。该判决批准了A公司(被上诉方)根据《纽约公约》(《美国法典》第9编第2章第201条)提起的确认中国仲裁裁决的动议,并驳回了B公司提出的驳回A公司申请的动议。

涉案仲裁产生于一家销售膳食补充剂的中国A公司与一家总部位于纽约的B公司之间的合同纠纷。B公司为制造商、工厂和经销商提供膳食补充剂。根据涉案合同,B公司同意以480,000美元的价格从A公司购买涉案货物。A公司交付了涉案货物,但B公司未付款。2015年3月,A公司向贸仲提起仲裁。B公司没有应诉。涉案仲裁庭裁决,B公司应向A公司支付货物价款、利息和仲裁费。

A公司随后向美国联邦地区法院(纽约东区)请求确认涉案裁决。该法院

---

① 该案索引号为:771 Fed. Appx. 36 (Mem)。该判决为美国第二巡回上诉法院作出的简易判决(Summary Order)。该法院在该判决上声明,其不具有先例约束力。根据美国第二巡回上诉法院的程序规则,当某一案件的判决获得合议庭的一致通过,且合议庭中的每个法官都认为该判决意见不具有任何法理目的时(一项具有先例效力的判决),合议庭可通过简易命令作出判决。载 https://www. ca2. uscourts. gov/clerk/case_filing/rules/title7/iop_32_1_1. html,最后访问日期:2024年8月20日。

根据《纽约公约》确认了涉案裁决,并查明B公司的辩驳理由本应向涉案仲裁庭以适当方式提出,而不应向该法院提出。该法院还同时查明B公司未能证明贸仲向B公司发送仲裁程序通知的方式不符合美国正当程序的标准。

在上诉中,B公司辩称,其未收到仲裁通知,且涉案合同是伪造的。[①] 假定双方已经熟悉涉案事实和先前的诉讼记录,我们仅在必要时引用这些记录来解释我们的确认判决。

美国联邦地区法院(纽约东区)认定,B公司已获得充分的仲裁通知(adequate notice of the arbitration),是没有任何错误的。根据《纽约公约》第5条第1款(乙)项的规定,缺乏通知是有效的辩护理由。我们已认识到,《纽约公约》中该条款规定的辩护理由"实质上准许对法院地国正当程序标准的适用"。[②] 根据美国的正当程序标准,一方当事人有权获得如下特定通知:"在任何情况下,该通知就其方式而言,系经过合理计算,并告知利益相关方诉讼的未决情况,且给予了他们(或者它们)提出反对意见的机会。"[③]

在本案中,贸仲最初将通知与仲裁材料寄送至B公司位于美国纽约州的某一个地址。该地址在涉案合同中已经载明,B公司在本诉讼程序中也采用了该地址。当其中的一些文件被退回后,贸仲又将这些文件寄送到另外两个地址:一个是B公司在纽约州州务卿登记的位于纽约州A处的地址,该地址用于纽约州向其邮寄程序的地址;另一个是位于纽约州B处的地址。贸仲寄送至上述两个地址的文件均未被退回。后贸仲确定,上述文件已经正式送达给B公司。但B公司声称,其从未收到仲裁通知,并提交了相应的声明书。但是,

---

① 美国第二巡回上诉法院在该判决的脚注中指出,B公司在美国联邦地区法院(纽约东区)还辩称,A公司未履行其在涉案合同项下的义务,即在启动涉案仲裁程序之前未曾尝试与B公司协商友好解决双方之间的争议。由于B公司在其上诉状中的事实陈述部分仅用一句话提及该辩护论点,美国第二巡回上诉法院认为,B公司已经放弃提起该辩护论点的权利。See Zhang v. Gonzales, 426 F. 3d 540, 545 n. 7(2d Cir. 2005).

② See Iran Aircraft Indus. v. Avco Corp., 980 F. 2d 141, 145 (2d Cir. 1992).

③ See Jones v. Flowers, 547 U. S. 220, 226 (2006) [quoting Mullane v. Cent. Hanover Bank & Tr. Co., 339 U. S. 306, 314 (1950)].

直接邮寄到一家实体的通知足以使其获得正当程序,并且我们同意美国联邦地区法院(纽约东区)的意见,即B公司的声明书没有满足《纽约公约》对主张拒绝承认和执行的一方所施加的"沉重的"举证负担。①

美国联邦地区法院(纽约东区)还正确地认定,B公司由于没有在涉案仲裁程序中辩称,涉案合同系因欺诈而签订的,因此而放弃了提出这一辩护论点的权利。②

我们已经考虑了B公司的其他辩护论点,并得出结论:这些理由均毫无根据。基于上述理由,维持美国联邦地区法院(纽约东区)的判决。

第三部分 案例评析

一、美国承认和执行外国仲裁裁决的法律制度

(一)美国仲裁立法概况

美国采用联邦政府体制。联邦国会享有联邦宪法明确规定的立法权,而各州议会享有对其他所有事项的立法权。美国的法律体系为普通法体系。美国法律渊源主要包括:联邦和州两个层面的宪法、立法、行政法规以及司法判决。③ 美国大多数州的法院系统与联邦法院系统相似。④

基于美国的联邦制,美国的仲裁立法包括联邦和州两个层面的立法。在联

---

① See Encyclopaedia Universalis S. A. v. Encyclopaedia Britannica, Inc., 403 F. 3d 85, 90 (2d Cir. 2005).

② See Europcar Italia, S. p. A. v. Maiellano Tours, Inc., 156 F. 3d 310, 315 – 16 (2d Cir. 1998).

③ 载 https://sourcesofamericanlaw. lawbooks. cali. org/chapter/the-united-states-legal-system/,最后访问日期:2024年9月8日。

④ Excerpt reproduced from American Legal Systems: A Resource and Reference Guide by Toni M. Fine,载 https://www. lexisnexis. com/en-us/lawschool/pre-law/intro-to-american-legal-system. page,最后访问日期:2024年10月30日。

邦层面,最主要的仲裁立法为美国联邦国会于 1925 年制定的《联邦仲裁法》。[①]《专利法》[②]和《外国主权豁免法》[③]等联邦立法中也包含了仲裁的相关规定。在州层面,各州议会制定并实施了适用各州的仲裁立法,例如,加利福尼亚州的仲裁立法可参见《加利福尼亚州民事诉讼法典》第 1280 条等条款;[④]部分州还制定了本州的国际仲裁立法。

1.《联邦仲裁法》

《联邦仲裁法》由美国联邦国会于 1925 年颁布实施,是美国仲裁法的基石,适用国内仲裁和国际仲裁。该立法旨在消除司法界对仲裁的敌意,将仲裁协议置于与其他合同同等的地位,确保私人仲裁协议的可执行性,并提供快速且相对便宜的争议解决方式。但是,美国联邦层面至今未采纳《示范法》。

《联邦仲裁法》构成美国法典第 9 编(Title 9),共有 4 个章节,[⑤]总计 33 个条文。其主要章节包括如下:

第 1 章为"一般规定",共有 16 个条文。[⑥] 该章包含适用于该法调整的全部仲裁的一般原则,规定了该法适用于以下任何的仲裁协议:以书面形式签订的协议,以及涉及海事交易、州际或对外贸易的交易。该部分还涉及仲裁协议的执行,以及仲裁员的任命、证人证词的获取以及仲裁裁决在美国境内的承认和执行等问题。

第 2 章为"承认及执行外国仲裁裁决公约"(《纽约公约》),共有 8 个

---

① The Federal Arbitration Act, U. S. Code: Title 9, 载 https://www.law.cornell.edu/uscode/text/9, 最后访问日期:2024 年 10 月 30 日。

② See The Patent Act, Accessed Oct. 30, 2024, https://www.wipo.int/wipolex/en/legislation/details/22357.

③ See The Foreign Sovereign Immunities Act: A Guide for Judges, 2nd Edition, Accessed Oct. 30, 2024, https://www.govinfo.gov/content/pkg/GOVPUB-JU13 - PURL-gpo116477/pdf/GOVPUB-JU13 - PURL-gpo116477.pdf.

④ Cal. Code Civ. Proc. § § 1280 - 1294.4.

⑤ 9 U.S.C. § § 1 - 16; 9 U.S.C. § § 201 - 208; 9 U.S.C. § § 301 - 307; 9 U.S.C. § § 401 - 402.

⑥ 9 U.S. Code Chapter 1 - General Provisions.

条文。[①] 美国联邦国会于 1970 年 9 月 30 日批准加入了《纽约公约》,该公约随后于 1970 年 12 月 29 日在美国生效。《联邦仲裁法》第 2 章纳入了《纽约公约》的规定,并建立了在美国承认和执行国际仲裁裁决的简化程序。该章第 201 条规定:"《纽约公约》应依照本章规定在美国法院执行。"

第 3 章为"美洲国家间关于国际商事仲裁的公约"(《巴拿马公约》),共有 7 个条文。[②] 美国国会于 1978 年 6 月签署并于 1986 年 11 月批准加入了《巴拿马公约》。《联邦仲裁法》第 3 章纳入了《巴拿马公约》的内容。该章第 301 条规定:"1975 年 1 月 30 日的《巴拿马公约》应根据本章在美国法院执行。"该章仅调整适用《巴拿马公约》的仲裁裁决和仲裁协议。[③]

关于第 3 章与第 2 章之间的关系,美国国会在批准加入《巴拿马公约》的决议中规定,除非仲裁协议的当事人有相反的明确约定,在同时满足《巴拿马公约》和《纽约公约》的适用条件的情况下,如果这些当事人的多数为已批准或加入《巴拿马公约》的成员的公民,并且是美洲国家组织的成员,则适用《巴拿马公约》;在其他情况下,应适用《纽约公约》。

美国在加入《巴拿马公约》时作出了互惠保留,仅承认和执行在另一缔约方领土内作出的仲裁裁决。[④]

第 4 章为"性侵犯和性骚扰纠纷仲裁",共有 2 个条文。该章规定了涉及性骚扰或性侵犯的索赔不能根据《联邦仲裁法》强制进行仲裁。[⑤]

2. 各州仲裁立法

美国每个州都颁布了本州仲裁立法,其适用于仲裁地在本州的仲裁,并对本地仲裁协议和仲裁裁决的执行作了规定。美国统一法律委员会(the Uniform

---

① 9 U. S. Code Chapter 2 – Convention On The Recognition And Enforcement Of Foreign Awards.

② Inter-American Convention on International Commercial Arbitration (the Panama Convention).

③ 9 U. S. Code Chapter 3 – Inter-American Convention On International Commercial Arbitration.

④ 载 https://www. congress. gov/treaty-document/97th-congress/12/resolution-text,最后访问日期:2024 年 10 月 30 日。

⑤ 9 U. S. Code Chapter 4 – Arbitration Of Disputes Involving Sexual Assault And Sexual Harassment.

Law Commission)于1955年颁布并于1956年修订了《统一仲裁法》(Uniform Arbitration Act)(该法是以《联邦仲裁法》为基础草拟的),它成为美国49个司法管辖区的仲裁立法。在2000年,美国统一法律委员会推出了更现代的《修订统一仲裁法》(Revised Uniform Arbitration Act)(该法纳入了与《示范法》大致相似的条款),到2024年9月为止,美国已经有23个州通过立法修正案采纳了《修订统一仲裁法》。[①]

美国有部分州还制定了本州的国际商事仲裁立法,其法律蓝本各有不同。目前,美国有8个州以《示范法》为蓝本,以提升本地仲裁立法与国际规则的一致性,鼓励在该州进行国际仲裁。[②] 这8个州分别为加利福尼亚州、康涅狄格州、佛罗里达州、佐治亚州、伊利诺伊州、路易斯安那州、俄勒冈州和得克萨斯州。[③]

值得一提的是,加利福尼亚州在国际仲裁立法方面走在美国各州之前列。加利福尼亚州有两部独立的仲裁立法:一部是国内仲裁立法,即《加利福尼亚州仲裁法》,参见《加利福尼亚州民事诉讼法典》第1280条及以下条款;[④]另一部是国际仲裁立法,即《加利福尼亚州国际仲裁与调解法》,[⑤]具体参见《加利福尼亚州民事诉讼法典》第1297.11条等条款。[⑥]《加利福尼亚州国际仲裁与调解法》于1988年颁布,是美国出台的第一部国际仲裁立法。加利福尼亚州这一开创性的立法,以《示范法》为基础,旨在确保国际从业者能够选择其熟悉和公平的程序在加利福尼亚州进行仲裁。加利福尼亚州立法机构于2018年对《加

---

① 载 https://www.uniformlaws.org/committees/community-home? communitykey = a0ad71d6 - 085f - 4648 - 857a-e9e893ae2736,最后访问日期:2024年10月30日。

② 载 https://uncitral.un.org/en/texts/arbitration/modellaw/commercial_arbitration/status,最后访问日期:2024年10月30日。

③ George A. Bermann, *the UNCITRAL Model Law at the US State Level*, 2023, Accessed Oct. 30, 2024, https://scholarship.law.columbia.edu/cgi/viewcontent.cgi? article = 4966&context = faculty_scholarship.

④ Cal. Code Civ. Proc. § § 1280 - 1294.4.

⑤ California International Arbitration and Conciliation Act("CIACA").

⑥ Cal. Code Civ. Proc. § § 1297.11 - 473.

利福尼亚州国际仲裁与调解法》进行了首次修订;在2024年又对该立法进行了一次修订,并纳入了《示范法》(2006年版)的大部分内容。修订后的《加利福尼亚州国际仲裁与调解法》将在2025年1月1日生效,它将使加利福尼亚州仲裁立法更加现代化,并使其与大多数领先仲裁管辖区的法律保持一致。[①]

（二）美国有关承认和执行《纽约公约》下的外国仲裁裁决的法律机制

1.《联邦仲裁法》第2章

由于《纽约公约》被并入《联邦仲裁法》第2章,自1971年以来,在美国承认和执行《纽约公约》项下的外国仲裁裁决,应当适用《联邦仲裁法》第2章的规定。

美国在加入《纽约公约》时作出了"互惠保留"和"商事保留"。据此,美国仅承认和执行在另一缔约方境内作出的裁决;美国也仅将《纽约公约》适用于因以下法律关系而产生的分歧:根据美国国家法律被视为商业性质的法律关系,无论是否具有合同性质。[②]

《联邦仲裁法》第202条规定:"因被视为商业性质的法律关系(无论是否具有合同性质)而产生的仲裁协议或仲裁裁决,包括本篇第2章中所述的交易、合同或协议,均属于本公约的管辖范围。完全由美国公民之间的关系产生的协议或裁决应被视为不属于本公约的管辖范围,除非该关系涉及位于国外的财产、设想在国外履行或执行,或与一个或者更多外国有某种其他合理的关系。就本节而言,如果公司在美国成立或主要营业地点在美国,则该公司是美国公民。"因此,根据《联邦仲裁法》第202条的规定,受该条管辖的外国仲裁裁决必须产生于商业性的法律关系,无论是否具有合同性质,但还需具备如下条件:(1)至少有一方当事人不是美国公民;或者(2)如果双方都是美国公民,但是法

① 载https://calarb.org/faqs/#:~:text=In%20addition%20to%20the%20U.S.%20Federal%20Arbitration%20Act%2C,Cal.%20Code%20Civ.%20Proc.%2C%20%C2%A7%201297.11%20et%20seq,最后访问日期:2024年8月20日。

② 载https://www.newyorkconvention.org/contracting-states,最后访问日期:2024年8月20日。

律关系涉及位于国外的财产、设想在国外履行或执行,或与一个或者更多外国有某种其他合理的关系。

关于《联邦仲裁法》第 2 章与第 1 章之间的关系,根据《联邦仲裁法》第 208 条的规定,该法第 1 章"一般规定"亦可以适用于根据第 2 章(《纽约公约》)提起的诉讼和程序,但是前提条件是,第 1 章不与第 2 章或《纽约公约》相抵触。[①] 依据该条规定,对外国仲裁裁决的承认与执行案件,在第 2 章(《纽约公约》)无规定的情况下,可以有限度适用《联邦仲裁法》第 1 章"一般规定"中的相关规定。[②]

2. 联邦和各州的民事程序立法

如果在美国联邦法院申请承认和执行外国仲裁裁决,应适用《联邦民事诉讼规则》。[③] 如果在美国某一州法院申请承认和执行外国仲裁裁决,除上文提到的《联邦仲裁法》外,还需适用该州的民事诉讼规则中的相关规定。

3. 普通法

由于美国是普通法系国家,美国法院的判决通过如下方式补充《联邦仲裁法》,即:(1)解释《联邦仲裁法》中的明示规定;(2)弥补《联邦仲裁法》中的空白,以解决制定法没有涉及的问题。因此,在美国联邦法院或者州法院申请承认和执行外国仲裁裁决时,需要适用先例。

在考察美国某一联邦上诉法院和美国联邦最高法院的先例约束力的问题时,必须要了解美国联邦法院系统的结构对其产生的影响。美国联邦法院结构由初审级法院(地区法院)、中级上诉法院(上诉法院)和最终的美国最高法院

---

① FAA, 9 U. S. C. § 208, "Chapter 1 applies to actions and proceedings brought under this chapter to the extent that chapter is not in conflict with this chapter or the Convention as ratified by the United States".

② See "Chapter 2: The Federal Arbitration Act and State Arbitration Acts: Impact of Federalism on International Arbitration in the U. S. ", Alexandra Dosman and Clara Flebus, in Laurence Shore, Tai-Heng Cheng, et al. (eds), International Arbitration in the United States (© Kluwer Law International; Kluwer Law International 2017), p. 40.

③ Federal Rules of Civil Procedure.

组成。地区法院和上诉法院被分为12个地理巡回法院(和一个专题巡回法院)。例如,第二巡回上诉法院是纽约州、佛蒙特州、康涅狄格州的地区法院的上诉法院。如果某一律师在纽约东区地区法院代理一起适用联邦法律的案件,则强制性先例将包括第二巡回上诉法院和美国最高法院的先例。由于纽约东区地区法院的案件只能上诉至第二巡回上诉法院,因此其他巡回上诉法院的先例仅具有说服力,即使这些法院是高级法院。同样,如果该律师在第二巡回上诉法院代理地区法院案件的上诉,则只有最高法院的先例才是强制性的,因为最高法院是联邦系统中唯一高于上诉法院的法院。[①]

(三)在美国申请承认和执行《纽约公约》项下的外国仲裁裁决的主要程序

1. 需要向法院提供的证明文件

正如美国法院已经指出的,仲裁裁决并非法院的判决,仲裁裁决不像法院判决那样具有自我执行效力(self-executing)。[②] 因此,一项外国仲裁裁决要在美国获得承认和执行,申请人须向有管辖权的法院提交书面动议(motion)或者申请(petition),请求法院作出确认判决。

在向美国联邦法院申请承认和执行外国仲裁裁决时,申请人必须根据《纽约公约》第4条[③]的规定提交相关证明文件,即其仅应提交原裁决书之正本或经过正式认证的副本、仲裁协议。如果裁决书采用的语言为英语之外的其他语言,还应提交经过正式认证的英文翻译件。一旦申请人提交了这些材料,举证责任便转移至被申请人,后者须承担举证责任,证明存在《纽约公约》第5条列举的不予强制执行的其中一种情形。

---

① The United States Legal System,载 https://sourcesofamericanlaw.lawbooks.cali.org/chapter/the-united-states-legal-system/.最后访问日期:2024年10月30日。

② Fotochrome, Inc. v. Copal Co., 517 F.2d 512 (2d Cir. 1975).

③ 《纽约公约》第4条规定:“一、为了获得前条所称的承认和执行,申请承认和执行裁决的当事人应该在申请的时候提供:(甲)原裁决之正本或经正式认证的副本。(乙)第二条所提到的协议正本或经正式认证的副本。二、如果上述裁决或协议不是以被申请承认与执行地的官方语言做成的,申请承认和执行裁决的当事人应该提供这些文件的官方语言的译本。译文应经官员、宣誓的翻译员、外交官或领事官员认证。”

2. 诉讼时效

根据《联邦仲裁法》第 2 章(《纽约公约》)和第 3 章(《巴拿马公约》),申请人请求法院确认外国仲裁裁决,必须在仲裁裁决作出之日起 3 年内向法院提交申请。①

需要注意的是,根据《联邦仲裁法》第 1 章的规定,申请人请求法院确认除受第 2 章和第 3 章所调整的其他仲裁裁决外,必须在仲裁裁决作出之日起 1 年内向法院提交申请。② 此外,各州仲裁法也对诉讼时效作了规定。例如,在加利福尼亚州,根据《加利福尼亚州仲裁法》请求法院确认仲裁裁决,申请人必须在收到已签署的裁决副本之日起 10 日后但不迟于 4 年内提交确认仲裁裁决的申请。③

3. 管辖法院

在决定向某一法院(联邦法院或者州法院)提起确认外国仲裁裁决的诉讼时,申请人应当首先考虑管辖权问题。④ 而且,申请人应首先确定哪一个法院同时拥有属人管辖权和标的管辖权。⑤

---

① 9 U. S. C. § §207, 302.

② 9 U. S. C. § 9.

③ Cal. Civ. Proc. Code § § 1288, 1288.4.

④ 法院必须具有管辖权才能对诉讼请求作出有效且可执行的判决。如果缺乏管辖权,判决的有效性可能会受到追溯质疑。管辖权可分为两类:属人管辖权(personal jurisdiction)和标的管辖权(subject matter jurisdiction)。属人管辖权规定了当事人的审理地点,而标的管辖权规定了法院可以具体受理哪些案件。属人管辖权,是指法院审理被告的权利和责任的权力。美国宪法规定,在法院对某一方行使权力之前,该方必须与法院所在地保持最低限度的接触。标的管辖权(subject matter jurisdiction)是法院审理特定类型标的并提供所需救济措施的权力。联邦法院是享有有限管辖权的法院。若要在联邦法院提起诉讼,原告必须找到宪法或国会规定的管辖权基础,以便联邦法院审理诉讼。大多数州法院都是具有一般管辖权的法院。州法院被推定有权审理根据联邦或州法律提出的几乎所有诉讼,但属于联邦法院专属管辖权的诉讼除外。联邦法院的标的管辖权的两个主要来源是多元化管辖权和联邦问题管辖权。多元化管辖权通常允许个人在联邦法院提起诉讼,但诉讼金额必须超过 75,000 美元,且诉讼双方是不同州的公民。联邦问题管辖权允许个人,无论索赔价值多少,根据联邦立法(包括美国宪法)向联邦法院提起诉讼。联邦问题管辖权通常源自联邦立法的授权。载 https://www. law. cornell. edu/wex/subject_matter_jurisdiction,最后访问日期:2024 年 8 月 20 日。

⑤ See William E. Thomson, Perlette M. Jura, Dana L. Craig & Allison K. Kostecka, *Gibson, Dunn & Crutcher LLP*, *With Pratical Law Litigation*, *Enforcing Arbitration Awards in California*, Accessed Aug. 20, 2024, https://www. gibsondunn. com/wp-content/uploads/documents/publications/Thomson-Jura-Craig-Kostecka-Enforcing-Arbitration-Awards-in-California-Practical-Law – 2. 2015. pdf.

根据《联邦仲裁法》第2章的规定，联邦地区法院对《纽约公约》所调整的外国仲裁裁决享有初审管辖权。《联邦仲裁法》第203条规定："属于《纽约公约》范畴内的诉讼或程序应视为根据美国法律和条约提起。美国联邦地区法院(包括第28编第460条所列的法院)对此类诉讼或程序拥有初审管辖权(original jurisdiction)，不受争议金额多少的限制。"[①]该条规定赋予了联邦地区法院对承认和执行属于《纽约公约》调整的外国仲裁裁决的标的管辖权。

如果申请人将此类案件起诉至州法院，被申请人有权根据《联邦仲裁法》第205条的规定请求将该类案件移送至联邦法院审理。《联邦仲裁法》第205条规定："如果州法院未决诉讼或程序的标的涉及《纽约公约》范围内的仲裁协议或裁决，被告可在听证前任何时候将该诉讼或程序移送至诉讼或程序未决地所在地区和分区的美国联邦地区法院。"[②]但是，《联邦仲裁法》第2章并未排除州法院审理此类案件的管辖权。如果双方当事人都同意在州法院审理该类案件，即等同被申请人放弃了将案件移送至联邦法院审理的权利，则州法院对此类案件享有管辖权。[③]

在向法院申请对外国仲裁裁决的承认与执行时，申请人除需要证明该法院对案件享有标的管辖权外，还需要证明该法院对被申请人拥有属人管辖权。为了确保法院对被申请人拥有属人管辖权，申请人应当首先确定被申请人是否与法院所在地有最低限度的接触，如在那里居住或从事经营。法院通常认为，当事人同意在某一法院地仲裁争议或参与该法院地的仲裁，即表示同意该法院地

---

① 9 U. S. C. § § 203.

② 9 U. S. C. § § 205.

③ See "Chapter 2: The Federal Arbitration Act and State Arbitration Acts: Impact of Federalism on International Arbitration in the U. S.", Alexandra Dosman and Clara Flebus, in Laurence Shore, Tai-Heng Cheng, et al. (eds), International Arbitration in the United States (© Kluwer Law International; Kluwer Law International 2017), p. 41.

的属人管辖权。[①]

申请人如果发现法院对被申请人缺乏属人管辖权,若可以确定被申请人在法院所在地拥有财产,可以基于准对物管辖权(quasi-in-rem jurisdiction)[②]向法院寻求仲裁裁决的承认与执行。[③]

4. 外国仲裁裁决被法院确认后的后果

如果某一外国仲裁裁决被法院确认,法院因此作出的判决应同该法院在其他诉讼中作出的判决一样,被记入案卷(docketed)并享有同等效力,并受与诉讼中的判决有关的所有法律规定的约束;并且该判决可以像其他在该法院的诉讼中作出的判决一样被执行。[④]

二、关于是否承认和执行裁决的争议焦点评析

(一)关于贸仲是否已经向B公司提供了"适当通知"

在本案中,B公司辩称,其在涉案仲裁程序中未得到适当通知。在初审程序中,美国联邦地区法院(纽约东区)通过审查贸仲作出的涉案裁决,认定贸仲为B公司提供了以有意义的方式参与仲裁的机会,而B公司只是选择不参与仲裁程序而已。该法院查明,B公司未能证明贸仲向B公司发送仲裁程序通知的方式不符合美国正当程序的标准。在上诉程序中,美国第二巡回上诉法院认定,美国联邦地区法院(纽约东区)判决B公司已充分获悉涉案仲裁并无

---

① See, e. g., NGC Network Asia, LLC v. PAC Pac. Grp. Int'l, Inc., 09 CIV 8684 PGG, 2010 WL 3701351, at *2 (S. D. N. Y. Sept. 20, 2010) [citing Doctor's Assocs. v. Stuart, 85 F. 3d 975, 983 (2d Cir. 1996)]. ("A party who agrees to arbitrate in a particular jurisdiction consents not only to personal jurisdiction but also to venue of the courts within that jurisdiction.")

② "准对物管辖权"是一个法律术语,是指法院根据某人对位于法院管辖范围内的财产的权利或利益作出裁决的权力。这意味着,如果一个人在某个地点拥有财产,该地区的法院可以对该人作出具有约束力的决定,即使该人不住在那里。准对物管辖权侧重财产本身,允许法院根据该财产的存在采取行动。

③ See Frontera Res. Azerbaijan Corp. v. State Oil Co. of Azerbaijan Republic, 582 F. 3d 393 (2d Cir. 2009).

④ 9 U. S. C. § § 13, 208.

错误。

通过本案判决,值得关注下问题:

1. 涉及《纽约公约》第5条第1款(乙)项中的"适当通知"的要求,美国法院采用的审查标准是美国宪法中程序性的正当程序标准(procedural standard of due process)。

《纽约公约》第5条第1款(乙)项规定,被要求执行裁决的一方,必须已经收到"关于仲裁员的任命或仲裁程序的适当通知",并且必须"能够陈述其案情"。但是,该条规定本身并没有指明这一"适当通知"应当满足什么具体要求。

本案体现出美国第二巡回上诉法院在适用和解释《纽约公约》的上述条款时,适用了美国的正当程序标准。美国第二巡回上诉法院早在"Iran Aircraft Indus. v. Avco Corp., 980 F. 2d 141, 145 (2d Cir. 1992)案"中,就已确立了如下规则:"我们已经认识到,第5条第1款(乙)项规定的辩护,本质上准许法院所在州的正当程序标准的适用。根据我们的法律,正当程序的基本要求是,有机会'在有意义的时间以有意义的方式'发表意见"。

"正当程序"的概念来自美国宪法第五条修正案和第十四条修正案。该两条修正案分别规定,美国与各州"非经正当法律程序,不得剥夺任何人的生命、自由或财产"。"正当程序"是美国法下特有的概念。美国的联邦最高法院解释说,宪法上的"程序性正当程序规则的目的不是保护人们免遭剥夺,而是免遭错误或不合理地对生命、自由或财产的剥夺"。因此,正当程序的必备要素是"通过允许个人对国家提议剥夺他们受保护利益的依据提出异议,从而最大限度地减少实质性的不公平或错误的剥夺"。[①]

根据美国法,程序性正当程序的核心要素主要包括:(1)通知;(2)听证;

---

① 载 https://www. law. cornell. edu/constitution-conan/amendment - 14/overview-of-procedural-due-process-in-civil-cases,最后访问日期:2024年8月20日。

(3)由公正法庭进行裁判。对这些核心要素的具体要求,要视每种情况所涉及的特定利益而不同。程序性的正当程序还可能要求提供其他程序性的保护,例如,对质和交叉质证的机会、证据的发现、基于记录的决定以及有权聘请律师代理等。[①] 这一标准的适用高度依赖事实。[②]

关于指控通知和正当程序,美国最高法院解释说,"在任何具有终结性的程序中,正当程序的一项基本要求是,在任何情况下,一方当事人有权获得如下通知,该通知其方式系经过合理计算,并告知利益相关方诉讼的未决情况,并给予他们(或者它们)提出反对意见的机会"。[③]

适当通知的要求还包括,在获悉发送通知失败后,有义务采取"合理的后续措施"("reasonable follow-up measures")。[④]

此外,通知必须足够充分,以使接收者能够确定,被提议解决的问题内容是什么,以及他(或者它)必须采取哪些措施来防止其利益被剥夺。[⑤] 另外,通知的送达还必须合理结构化,以保证接收者能够收到通知。[⑥]

关于有机会参与有意义的听证,是指当事人有机会参加进行审理的听证会,如果该听证会涉及对其受保护利益的剥夺。联邦最高法院认定,"在个人最终被剥夺财产或自由权益之前,需要进行某种形式的听证会"。因此,必须在有意义的时间以有意义的方式提供听证通知和听证机会。[⑦] 然而,所需的听

---

① 载 https://www.law.cornell.edu/constitution-conan/amendment - 14/overview-of-procedural-due-process-in-civil-cases,最后访问日期:2024 年 8 月 20 日。

② 载 https://www.law.cornell.edu/constitution-conan/amendment - 14/due-process-test-in-mathews-v-eldridge,最后访问日期:2024 年 8 月 20 日。

③ See Mullane v. Cent. Hanover Bank & Trust Co., 339 U.S. 306, 314 (1950).

④ See Jones v. Flowers, 547 U.S. 220, 235 (2006).

⑤ See Goldberg v. Kelly, 397 U.S. 254, 267 - 68 (1970).

⑥ See Armstrong v. Manzo, 380 U.S. 545, 550 (1965); Robinson v. Hanrahan, 409 U.S. 38 (1972); Greene v. Lindsey, 456 U.S. 444 (1982).

⑦ See Armstrong v. Manzo, 380 U.S. 545, 552 (1965).

证类型以及听证时间取决于所涉及的具体情况。[1]

关于公正的决策者,正当程序条款要求,剥夺一个人的受保护利益的决定必须委托给公正的决策者。联邦最高法院解释说,"中立要求有助于保证生命、自由或财产不会因对事实或法律的错误或扭曲的理解而被剥夺",并且"既维护了公平的表象,也维护了公平的实质……确保没有人会在没有进行诉讼程序的情况下被剥夺自己的利益,而在该诉讼程序中,当事人可以陈述自己的案件"。[2]

2. 在本案中,美国联邦地区法院(纽约东区)和美国第二巡回上诉法院在适用正当程序标准时,并没有考察贸仲向B公司发送仲裁程序的通知时是否符合贸仲《仲裁规则》。

美国联邦地区法院(纽约东区)通过审查涉案裁决发现,仲裁通知及所有文件均按照在涉案合同上所列的地址提供给了B公司。当部分文件(并非全部)后来被退回贸仲之后,A公司提供了B公司在纽约州州务卿处登记的地址,随后贸仲将上述文件再次按该新地址发送给了B公司。这些文件并未被退回,且贸仲验证了该等文书已被正式送达给B公司。B公司仅是选择不参加涉案仲裁程序而已。因此,该法院认定,贸仲为B公司提供了以有意义的方式(in a meaningful manner)参与涉案仲裁的机会。美国第二巡回上诉法院亦通过审查涉案裁决,认定美国联邦地区法院(纽约东区)的认定是正确的。

但是,根据美国联邦地区法院(纽约东区)和第二巡回上诉法院所作判决可见,美国法院并未以当事人约定的仲裁规则作为出发点,来判断向当事人所发的通知是否是合理的,反而是直接以法院所在国即美国国内法的正当程序标准作为判断依据。

---

① 载https://www.law.cornell.edu/constitution-conan/amendment-14/opportunity-for-meaningful-hearing,最后访问日期:2024年8月20日。

② See Marshall v. Jerrico, 446 U.S. 238, 242 (1980); Schweiker v. McClure, 456 U.S. 188, 195 (1982).

因此,对于管理程序的仲裁机构或者仲裁庭来说,为减少裁决在美国被拒绝执行的风险,在处理送达问题时,需要注意的是,送达不仅需要符合所适用的仲裁规则对于送达问题的要求,同时也应满足美国国内法中关于程序性正当程序的要求,尽可能以各种方式对当事人进行充分、有效的送达,保证当事人有机会“在有意义的时间以有意义的方式”发表意见。

(二)关于法院可否审查涉案合同的效力

在本案中,B公司主张,涉案合同是伪造的、是因欺诈而签订的,因而是无效的。在初审程序中,美国联邦地区法院(纽约东区)认定,由于B公司未参与涉案仲裁,并且B公司实际没有向涉案仲裁庭主张这一问题。因此,B公司便放弃了主张这一问题的权利,并且B公司不能在该法院主张涉案合同涉嫌伪造或者欺诈,从而以此作为拒绝执行涉案裁决的理由。美国第二巡回上诉法院同意美国联邦地区法院(纽约东区)的上述观点。

本案判决与美国第二巡回上诉法院的先例是一致的。在“Europcar Italia, SpA 诉 Maiellano Tours, Inc. 案”中,拒绝执行的一方援引了《纽约公约》第5条第2款(乙)项的规定,并主张,执行基于伪造而签订的合同的仲裁裁决将违反美国的公共政策。[①] 联邦第二巡回上诉法院判决,执行该裁决不会违反公共政策。该法院还在其判决中区分了两个不同的争议问题,即:(1)涉及以欺诈手段获得的仲裁协议或仲裁裁决的问题,该问题可能涉及违反公共政策并因此妨碍承认与执行;(2)涉及作为仲裁争议标的的基础合同是否是伪造的或因欺诈而签订的问题,该问题仅由仲裁庭决定。该法院认为,不应当将前述两个问题混同。在“Buckeye Check Cashing, Inc. 诉 Cardegna 案”中,联邦最高法院认定,对整个合同有效性的质疑必须向仲裁庭主张。[②]

通过“Europcar Italia, SpA 诉 Maiellano Tours, Inc. 案”“Buckeye Check

---

① See 156 F. 3d 310, 315 (1998).

② See 546 U. S. 440 (2006).

Cashing, Inc. 诉 Cardegna 案”以及本案判决可见,美国第二巡回上诉法院和联邦最高法院在适用《纽约公约》时,对实体问题和程序问题进行了严格区分,并且只审查程序问题。这反映了它们坚决执行《纽约公约》下“不审查仲裁案件实体问题”的基本原则。

基于上述美国法院确立的规则以及我国法院目前的做法,在处理具体的仲裁案件时,仲裁当事人或者代理人应当注意如下问题:

第一,关于基础合同有效性的问题。

被申请人如果认为基础合同是无效的,即认为基础合同是伪造的或因欺诈而签订的、因而是无效的,应当在仲裁程序中向仲裁庭提出该问题,并由仲裁庭来进行裁判,而不应选择在仲裁程序中对该问题保持沉默,甚至拒绝出庭应诉。根据《纽约公约》的规定,由于该问题属于实体问题,等到在执行阶段向执行法院提出该问题并拒绝予以承认与执行仲裁裁决时,是不能得到法院的支持的。

此外,被申请人即使曾在仲裁程序中主张过该问题,但是对裁决结果并不满意,根据《纽约公约》的规定,由于该问题属于实体问题,也不能在执行阶段向执行法院提出该问题并拒绝予以承认与执行仲裁裁决。

第二,关于仲裁裁决因欺诈而作出的问题。

被申请人如果认为仲裁裁决是因欺诈而作出的,由于该问题属于程序问题,在仲裁裁决执行阶段被申请人可以援引《纽约公约》第5条第2款(乙)项的规定,以违反公共政策为由,要求法院对该问题进行审查。

第三,关于仲裁协议无效的问题。

在通常情况下,被申请人如果对仲裁协议的效力有异议,一般会在仲裁开始阶段就对效力问题提出异议,包括向有管辖权的法院提起诉讼,要求法院对仲裁协议的效力进行审查,而不会等到仲裁裁决作出后,在执行阶段进行抗辩。被申请人如果在仲裁开始阶段未对仲裁协议的效力提出异议,无论是否参与仲裁,均被视为被申请人认同了仲裁协议的效力,除非在执行阶段被申请人发现了新的有说服力的证据能够证明仲裁协议是无效的,从而援引《纽约公约》第5

条第 1 款(甲)项或者第 5 条第 2 款(乙)项的规定,要求执行法院对仲裁协议的效力进行审查。

根据中国法院的判决,在仲裁协议没有成立的情况下,被申请人可以在承认与执行阶段以仲裁协议为无效这一事由进行抗辩。此类案件通常涉及,在没有证据证明当事人之间的仲裁协议已经达成的情况下,某一仲裁机构根据单方申请受理案件并作出仲裁裁决的情形。例如,我国最高人民法院在关于江苏省高级人民法院就普莱克斯棉花有限公司申请承认和执行英国国际棉花协会仲裁裁决一案请示的复函[(2016)最高法民他 31 号(2017 发布)]中指出,仲裁协议是否成立是仲裁协议是否有效的前提;仲裁协议是否成立属于《纽约公约》第 5 条第 1 款(甲)项规定的仲裁协议效力审查范畴。在该案中,最高人民法院根据应当适用的英国法查明,金昉公司(被申请人)与普莱克斯公司(申请人)就《买卖合同》的内容一直进行协商,却并未在《买卖合同》上确认签字,故金昉公司并未签订《买卖合同》,亦未接受其中的仲裁条款。因此,根据涉案合同签订的事实,并不足以认定金昉公司与普莱克斯公司之间就仲裁协议达成一致意见。根据英国法的规定,双方当事人达成将争议提交仲裁的合意是仲裁协议成立并生效的要件。最终,最高人民法院同意了江苏省最高人民法院、盐城市中级人民法院关于案涉仲裁裁决具有《纽约公约》第 5 条第 1 款(甲)项规定的情形,应予拒绝承认及执行的意见。

(三)关于涉案仲裁程序的前置条件是否已经被满足的审查

在仲裁条款中,约定仲裁前置的协商程序是一种常见做法,由此也经常引发败诉方以此为理由要求撤销或者不予执行仲裁裁决的案例。本案中的仲裁条款也正是因为约定了双方争议应通过协商友好解决,如无法达成和解再提交仲裁裁决,B 公司在执行过程中就提出主张,A 公司未在开始仲裁之前尝试“友好协商解决”双方之间的争议。在初审程序中,美国联邦地区法院(纽约东区)强调了贸仲在涉案裁决中已经查明的事实,即在提起仲裁前,A 公司“提醒 B 公司进行支付,但是 B 公司的负责人回避与 A 公司的代表见面,同时拒绝履行其在合同项下的付款义务”。该法院实际上认为,A 公司向 B 公司催款的行为表明,其已经履行了“争取协商解决双方之间的争议的义务”,只是 B 公司没有合作而已。此外,该法院指出,B 公司的第二个和第三个论点从根本上来说是相互矛盾的,即 B 公司一方面声称涉案合同是无效的,但在另一方面又声称,A 公司未能履行其所谓的无效合同项下的义务,即未在开始仲裁之前与 B 公司“友好地协商解决”双方之间的争议。总之,B 公司的这一论点没有被初审法官采信。在上诉审程序中,第二巡回上诉法院认为 B 在上诉中放弃了这一论点,故没有再审理这一问题。

协商作为仲裁前置程序是否影响仲裁程序的合法性,取决于执行地法院对此的司法态度。中国法院处理这一问题的态度可以通过《全国法院涉外商事海事审判工作座谈会会议纪要》第 107 条“未履行协商前置程序不违反约定程序”得到体现,即人民法院适用《纽约公约》审理申请承认和执行外国仲裁裁决案件时,当事人在仲裁协议中约定“先协商解决,协商不成再提请仲裁”的,一方当事人未经协商即申请仲裁,另一方当事人以对方违反协商前置程序的行为构成《纽约公约》第 5 条第 1 款(丁)项规定的仲裁程序与各方之间的协议不符为由,主张不予承认和执行仲裁裁决的,人民法院不予支持。

基于对这一案件的观察,美国法院对此的态度则是将这一问题视为是仲裁庭应作出的认定。从本案判决可见,美国联邦地区法院(纽约东区)并未重新审查 A 公司在启动涉案仲裁程序前是否已经履行了和解义务,而是尊重了涉案仲裁庭对此问题的认定,并认为涉案仲裁程序的前置条件已经满足。美国联邦地区法院(纽约东区)这一认定与美国联邦最高法院在“BG Group Plc. 诉 The Republic of Argentina 案”中的认定是一致的。在该案中,美国联邦最高法院认定:“仲裁员应对有关仲裁程序的前置条件的含义和适用的争议作出裁决……法院在审查仲裁庭的解释时应该持尊重态度。”①

① See 134 U. S. 1198 (2014).

结合美国法院的这一司法审查态度,对于仲裁当事人或者代理人来说,在提起仲裁程序前,应注意审查仲裁协议或者仲裁条款中的规定,若其对仲裁程序的启动规定了和解或其他前置程序,为了保证执行,比较保险的做法是,应根据约定提前采取相应的措施,例如,向仲裁的另一方当事人发出书面通知要求进行和解,在和解未果的情况下再提起仲裁;并且,在提起仲裁程序之后,还要向仲裁庭证明其已经根据仲裁协议的约定尝试与另一方进行和解。

此外,对于仲裁庭来说,为减少裁决被拒绝执行的风险,若仲裁条款规定了前置程序,仲裁庭应查明仲裁启动之前当事人是否已经据此履行相应程序并在仲裁裁决中对此予以认定。

中国A公司等诉中国自然人D增资协议争议案仲裁裁决在美国的承认与执行

第一部分 案例导读

T公司原有两家注册股东，即E公司和F公司，本案被申请人自然人D是E公司和F公司的全资所有人或大股东。2017年3月，T公司为了上市与本案申请人A企业、B企业和C企业分别签订《增资协议》，约定申请人各投资人民币5亿元以取得T公司相应比例的股权。各申请人还分别与自然人D和E公司签订了《补充协议》，规定了T公司的“原始股东”有义务回购申请人在T公司中股权的各种情形。各《增资协议》和《补充协议》均含有将争议提交贸仲解决的仲裁条款。

至2017年6月，申请人依约完成了向T公司的投资，总投资金额达人民币15亿元。2020年3月，申请人主张E公司、F公司、T公司和自然人D(以下合称仲裁被申请人)违反《增资协议》和《补充协议》项下义务，在贸仲提起涉案仲裁。2021年4月，贸仲作出了涉案裁决，支持了申请人的大部分仲裁请求。

2021年11月，申请人向纽约南区的美国联邦地区法院[以下简称(纽约南区)联邦地区法院]提起诉讼以确认涉案裁决。2021年12月，申请人根据(纽约南区)联邦地区法院的要求改以提出简易判决动议(motion for summary judgement)来确认涉案裁决，自然人D提出异议。2022年9月，(纽约南区)联邦地区法院作出《理由和命令》，支持申请人的简易判决动议；10 月，（纽约南区）联邦地区法院作出了有利于申请人的判决。

2022 年 11 月，自然人 D 根据 2022 年 9 月《理由和命令》中的一处事实错误主张其没有获得适当的仲裁通知，请求（纽约南区）联邦地区法院重新审议《理由和命令》中的有关内容，并撤销判决。（纽约南区）联邦地区法院于 2023 年 3 月作出《理由和命令》，说明该事实错误系当事人提交材料中一处密文处理所致，予以纠正并拒绝了自然人 D 的请求。

自然人 D 不服，以未得到充分仲裁通知以致其无法参与仲裁员选定为由上诉至美国联邦第二巡回上诉法院。经审理，后者于 2024 年 3 月作出简易判决，维持了（纽约南区）联邦地区法院的判决。

诉讼之初，自然人 D 总共提出了 4 项反对确认涉案裁决的抗辩理由，分别是：第一，依据《纽约公约》第 5 条第 1 款（甲）项的规定提出抗辩主张《补充协议》无效；第二，依据《纽约公约》第 5 条第 1 款（乙）项的规定主张自然人 D 未得到有关仲裁的适当通知且未能就案件进行申辩；第三，依据《纽约公约》第 5 条第 1 款（丁）项的规定主张涉案仲裁程序未按照《补充协议》的条款进行；第四，依据《纽约公约》第 5 条第 2 款（乙）项的规定主张执行涉案裁决将违反美国公共政策。

（纽约南区）联邦地区法院认为自然人 D 的第一项、第三项、第四项抗辩不能成立，主要是因为自然人 D 没有提供权威法律依据或提供了不恰当的法律依据，或者抗辩过于笼统，缺乏具体事实依据。在此后的诉讼过程中，自然人 D 放弃了上述 3 项抗辩，而将力量集中于其未得到有关仲裁的适当通知即第二项抗辩理由。但最终，美国两级联邦法院均未接受自然人 D 的观点，而是认可了贸仲送达仲裁通知的适当性，确认了涉案裁决。

第二部分　美国法院的裁判文书

一、(纽约南区)联邦地区法院2022年9月裁判文书

A合伙企业、B合伙企业和C合伙企业诉D先生案[①]

美国(纽约南区)联邦地区法院

发布日期:2022年9月26日

理由和命令(opinion and order)

J法官,联邦地区法院:

3家中国企业,中国A合伙企业(以下简称A企业)、中国B合伙企业(以下简称B企业)和中国C合伙企业(以下简称C企业)(以下统称为申请人),向中国T有限公司(以下简称T公司或者目标公司)投资了人民币15亿元,以期该公司在中国主要的股票市场公开上市。几年后,申请人在北京对T公司及其若干关联主体提起仲裁,指控其违反了相关投资协议下的义务。仲裁庭最终作出了对申请人有利的仲裁裁决。在中国获得胜诉裁决后,申请人目前在纽约请求本院确认涉案裁决对被申请人D先生(以下简称自然人D)的效力。基于以下原因,本院批准申请人提出的简易判决动议并对涉案裁决予以确认。

(一)案件背景

1.事实背景

(1)合同关系

本案争议发生在T公司的原始股东和后来注资该公司的投资者之间。T

① See 2022 WL 4485277 (S. D. N. Y. Sept. 26, 2022).

公司是一家拥有并运营电影院的中国有限责任公司。2017 年,该公司仅有两名注册股东:中国 E 有限公司(以下简称 E 公司),持有 T 公司 51% 的股权;中国 F 有限公司(以下简称 F 公司),持有剩余的 49% 股权。自然人 D 全资拥有 E 公司,并且是 G 公司的大股东,而 G 公司间接持有 F 公司 100% 的股权。

为了在中国主要的股票市场上市,T 公司与申请人签订了一系列投资协议,申请人均是在中国注册的有限合伙企业。为此,2017 年 3 月 15 日,各申请人分别与 T 公司、E 公司和 F 公司签署了一份《增资协议》。通过这些协议,每个申请人承诺向 T 公司投资人民币 5 亿元,以换取公司相应比例的股权。

同日,每位申请人分别与自然人 D 和 E 公司签订了一份《补充协议》。与此相关的是,《补充协议》详细规定了 T 公司的"原始股东"必须回购申请人在 T 公司中股权的情形。例如,如果 T 公司未能达到特定业绩目标,或者未能在约定的时间内成功上市,申请人可以要求进行股权回购。

每份《增资协议》和《补充协议》均包含仲裁条款。每份《增资协议》的第 14.3 条均规定:如果各方未能在争议发生之日起 60 日内通过友好协商解决争议,则应将争议提交贸仲(北京)根据申请仲裁时有效的《仲裁规则》进行仲裁。

同样,《补充协议》第 14.2 条规定:本协议各方之间因本协议的履行引起的任何争议应通过协商解决。如果协商未果,各方同意将争议提交位于北京的贸仲仲裁,且除非有效的裁决另有规定,仲裁应根据提交争议时有效的《仲裁规则》进行。各方为解决争议实际支付的费用(包括但不限于仲裁费用和合理的律师费用)应由败诉方承担。

截至 2017 年 6 月,每位申请人已按承诺向 T 公司投资了人民币 5 亿元,总投资金额达人民币 15 亿元。

(2)贸仲审理的仲裁案件

约 3 年后,2020 年 3 月 30 日,申请人在贸仲对 E 公司、F 公司、T 公司和自然人 D(以下合称仲裁被申请人)提起仲裁。申请人声称仲裁被申请人违反了《增资协议》和《补充协议》下的义务。

贸仲曾3次尝试向自然人D送达仲裁材料。2020年5月26日,贸仲首次以邮寄方式向自然人D发出仲裁通知。该邮件因无法送达被退回。随后,申请人向贸仲提供了自然人D位于北京市××区×里×号的地址(以下简称乙地址)。《补充协议》专门注明乙地址是自然人D的地址。在2020年6月或7月,贸仲两次尝试通过乙地址向自然人D送达材料。贸仲确定第二次向乙地址送达的尝试是成功的。此外,根据涉案裁决,在2020年7月有机会提出异议时,任何一方都没有对送达的适当性提出质疑。

2020年8月24日,贸仲组成了一个由3名仲裁员组成的仲裁庭来裁决该争议。仲裁庭最初由自然人W、自然人X和自然人Y 3名仲裁员组成。自然人W于2020年9月25日辞任仲裁员,贸仲安排自然人Z接任。

2020年11月11日,自然人D和E公司请求贸仲向其重新发送仲裁文件。作为回应,贸仲向自然人D和E公司邮寄了仲裁通知、仲裁庭组成通知、程序通知及相关文件的额外副本。贸仲将该等邮寄行为视为一种礼遇,而不是重新送达。贸仲还将定于2020年11月12日举行的庭审推迟至2020年12月22日。

涉案仲裁庭于2020年12月22日在北京举行了一场持续数小时的庭审。包括自然人D在内的所有各方当事人均有律师代理出庭,并且均获得了就其立场提交书面证据和说明的机会。在庭审中,申请人和仲裁被申请人均就他们的请求发表了口头意见,涉案仲裁庭也就他们的立场对他们进行了询问。通过其律师,自然人D向涉案仲裁庭提出了包括但不限于以下争辩观点:①申请人参与了一个欺诈计划,目的是剥夺T公司的资产并迫使自然人D回购毫无价值的T公司股票;②自然人D并非T公司的原始股东,因此不受《补充协议》中股票回购条款的约束;③自然人D未获得适当的仲裁通知的送达。2021年2月,各方当事人就其立场向涉案仲裁庭提交了补充证据和说明。

涉案仲裁庭于2021年4月22日作出了书面裁决。涉案仲裁庭认定,《增资协议》和《补充协议》依据中国法律是有效的,并对仲裁各方当事人具有约束力。涉案仲裁庭还认定自然人D是T公司的“原始股东”,因此受《补充协议》回购条款的约束。

在涉案裁决中,仲裁庭还审查了申请人提出的7项仲裁请求,并逐一阐明了其理由和决定。最终,涉案仲裁庭认定仲裁被申请人未履行其合同义务,并裁决申请人获得损害赔偿金。具体而言,涉案仲裁庭完全支持了申请人的第1项、第2项、第5项和第6项仲裁请求,并部分支持了第3项、第4项和第7项仲裁请求。涉案仲裁庭裁决仲裁被申请人在30日内向申请人支付赔偿款。

据本院所知,仲裁被申请人迄今尚未支付根据涉案裁决应付给申请人的任何损害赔偿金。

2. 程序背景

2021年11月8日,申请人通过提交申请书(Petition)提起本诉讼,寻求确认涉案仲裁裁决;申请人同时提交的文件还包括一份支持该申请书的法律备忘录以及一份支持性声明。本院命令申请人改为通过提出简易判决动议的形式,寻求确认仲裁裁决。申请人于2021年12月8日提交了该动议,而自然人D于2022年4月5日对此动议提出反对意见。申请人随后于2022年4月19日提交了答复意见。自然人D随后提交了一项动议,请求本院准许其对上述答复意见作出答复,但该动议被本法院拒绝。至此,申请人的动议已论述充分并可待解决。

(二)案件讨论

1. 适用的法律

《联邦仲裁法》确立了对适用《纽约公约》的仲裁裁决的联邦管辖权。[①] 如果一起仲裁案件产生于这样一种商事关系,即该关系涉及至少一名外国公民或者以其他方式与某外国有合理联系,则该仲裁案件受《纽约公约》调整。如果一家公司的注册地或主要营业地点位于美国境外,则该公司属于外国公民。由

① See 9 U. S. C. § § 201 – 208.

于A企业、B企业和C企业均在中国注册成立,因此他们的申请适用《纽约公约》。[①]

为使法院拒绝承认和执行一个外国仲裁裁决,反对执行的一方当事人必须证明存在《纽约公约》列出的7项抗辩情形之一。[②] 具体而言,法院仅可以在出现以下情形时拒绝执行仲裁裁决:

(1)协议的当事人根据对其适用的法律处于某种无行为能力情形,或根据当事人约定的准据法协议无效;

(2)被申请执行裁决的一方当事人没有得到指定仲裁员或仲裁程序的适当通知,或由于其他原因而未能就案件发表意见;

(3)裁决处理了不属于提交仲裁的、未包括在提交仲裁范围内的争议;或者裁决含有对提交仲裁范围以外事项的决定;

(4)仲裁庭的组成或仲裁程序与当事人之间的约定不清;

(5)裁决对当事人尚无约束力,或裁决已由作出裁决的或依据其法律作出裁决的国家的主管机关撤销或停止执行;

(6)争议事项根据该国法律不能通过仲裁解决;

(7)承认或执行裁决将违反该国的公共政策。[③]

反对执行仲裁裁决的一方当事人承担着沉重的证明责任。[④] 由于"强烈支持国际仲裁的公共政策",[⑤]法院对外国仲裁裁决给予"高度尊重"。[⑥] 因此,对

---

① See Scandinavian Reins. Co. Ltd. v. Saint Paul Fire & Marine Ins. Co. , [668 F. 3d 60, 71(2d Cir. 2012)](将《纽约公约》适用于牵涉一家外国公司的争议); Yusuf Ahmed Alghanim & Sons, W. L. L. v. Toys "R" Us, Inc. ,[126 F. 3d 15, 19 (2d Cir. 1997)](将《纽约公约》适用于牵涉一家外国公司的争议)。

② Europcar Italia, S. p. A. v. Maiellano Tours, Inc. , (156 F. 3d 310, 313 [2d Cir. 1998]); see 9 U. S. C. § 207. (除非法院认定了《纽约公约》中规定的拒绝或推迟承认或执行裁决的理由之一,否则法院应确认该裁决。)

③ 1958年6月10日《纽约公约》第5条第1款、第2款。

④ See Telenor Mobile Commc'ns AS v. Storm LLC, 584 F. 3d 396, 405 (2d Cir. 2009).

⑤ See Encyclopaedia Universalis S. A. v. Encyclopaedia Britannica, Inc. , 403 F. 3d 85, 90 (2d Cir. 2005).

⑥ See Duferco Int'l Steel Trading v. T. Klaveness Shipping A/S, 333 F. 3d 383, 388 (2d Cir. 2003).

仲裁裁决的确认程序通常是“一个简易程序,其仅将一项终局的仲裁裁决转化为一项法院判决”。[①]

确认外国仲裁裁决的请求被视为简易判决动议。[②] 当“动议方证明对任何重大事实均不存在真实的争议[③]且动议方依法有权获得判决(judgement as a matter of law)”时,即应作出简易判决。[④] 若“按照适用的法律,某事实可能影响诉讼结果”,则该事实是“重大”的;同时,若“案件证据足以让合理的陪审团作出支持非动议方的裁定”,则该事实是真实的争议。[⑤]

虽然动议方承担了证明“不存在真正的有关重要事实的问题”的最初责任,[⑥]反对简易判决的一方“必须做的不仅仅是简单地表明,对有关重要事实存在一些形而上学的怀疑”。[⑦] 相反,非动议方“必须提出具体事实,表明确实存在需要审判的问题”。[⑧]

“在就简易判决动议作出判决时,联邦地区法院必须以最有利于非动议方的方式解释事实,并且必须以不利于动议方的方式解决所有含糊之处,作出所有合理的推论。”[⑨]然而,在考虑从记录中的证据“可以合理地推断出什么结论”时,法院不应让非动议方受益于“不合理的推断,或与无争议的事实相冲突的推断”。[⑩] 此外,“虽然法院必须接受反对简易判决动议一方的指控为真……但

---

① See Florasynth, Inc. v. Pickholz, 750 F. 2d 171, 176 (2d Cir. 1984).

② See D. H. Blair & Co., Inc. v. Gottdiener, 462 F. 3d 95, 109 (2d Cir. 2006).

③ 本案法官在该判决的脚注中注明如下:2010 年《联邦民事诉讼规则修正案》将简易判决标准从真正的重要事实“问题”修改为真正的重要事实“争议”。“争议”更好地反映了简易判决的判决焦点。本院使用修正案后的标准,但继续以修正案前的最高法院和第二巡回法院的先例为指导,这些先例提到“关于重要事实的真正问题”。

④ See Fed. R. Civ. P. 56(a). 5.

⑤ See Anderson v. Liberty Lobby, Inc, 477 U. S. 242, 248 (1986).

⑥ See Celotex Corp. v. Catrett, 477 U. S. 317, 323 (1986).

⑦ See Matsushita Elec. Indus. Co. v. Zenith Radio Corp., 475 U. S. 574, 586 (1986); Brown v. Henderson, 257 F. 3d 246, 252 (2d Cir. 2001).

⑧ See Parks Real Estate Purchasing Grp. v. St. Paul Fire & Marine Ins. Co., 472 F. 3d 33, 41(2d Cir. 2006). [引用《联邦民事诉讼规则》第 56(e)条。]

⑨ See Dallas Aerospace, Inc. v. CIS Air Corp., 352 F. 3d 775, 780 (2d Cir. 2003).

⑩ See County of Suffolk v. Long Island Lighting Co., 907 F. 2d 1295, 1318(2d Cir. 1990).

非动议方的结论性陈述、猜测或假设将无法阻却简易判决的作出”。[①]

2. 分析

仲裁裁决并非自身具有强制执行力，它们“通过法院转化为司法命令才具有强制力和效力”。[②] 自然人D提出了4个理由，说明为何本院不应根据《纽约公约》的规定在美国赋予涉案贸仲仲裁裁决以法律效力：(1)《补充协议》是无效的；(2)自然人D未得到有关仲裁的适当通知且未能就案件发表意见；(3)仲裁程序未按照《补充协议》的条款进行；(4)执行涉案裁决将违反美国公共政策。正如本节在剩余部分所讨论的，上述理由均不能支持其结论。

(1)《补充协议》是有效的

自然人D首先根据《纽约公约》第5条第1款(甲)项的规定反对确认涉案裁决，该条款允许法院在基础仲裁协议“根据当事人约定的准据法无效”的情况下，拒绝执行仲裁裁决。[③] 具体而言，自然人D主张《补充协议》根据中国法律无效，其理由是该协议未得到《增资协议》[④]所有当事人的签署，以及该协议对他施加了其不能履行的义务。

自然人D未能提出任何支持这些观点的中国法的权威依据，这对他根据《纽约公约》第5条第1款(甲)项的规定提出的抗辩来说是致命的。“要援引第5条第1款(甲)项，反对执行的一方必须向法院提供证据证明，当事人之间的协议根据应当适用的法律不构成有效的仲裁协议。”[⑤]因此，如果被申请方没有提供适用法的任何渊源供法院在作裁判时加以考虑，则法院惯常会驳回其依

① Kulak v. City of New York, 88 F. 3d 63, 71 (2d Cir. 1996).

② See 462 F. 3d at 104.

③ See New York Convention art. V(1)(a).

④ 本案法官在本案判决的脚注中注明如下：《增资协议》由E公司、F公司、T公司及申请人签署。《补充协议》由E公司、自然人D和申请人签署。自然人D辩称，《补充协议》中没有T公司和F公司的签字。因此，《补充协议》无效。

⑤ See Henry v. Murphy, No. M-82 (JFK), 2002 WL 24307, at *3 (S. D. N. Y. Jan. 8, 2002).

第5条第1款(甲)项的规定做出的抗辩。[①]《增资协议》和《补充协议》明确规定,T公司、其所有者和其投资者之间的争议适用中国法律。自然人D没有提供任何一个法律渊源——无论是中国的还是其他的——来证明《补充协议》因缺少签名或履行不能而无效,且本法院的检索也未找到相关依据。在没有这种权威依据的情况下,自然人D根据第5条第1款(甲)项的规定提出的抗辩不能成立。

自然人D的观点不能成立还有第二个原因。自然人D主张《补充协议》不能对他有效执行,因为他并非T公司的原始股东。经查,《补充协议》的回购条款要求T公司的"原始股东"在特定启动事件发生时,必须回购申请人的股票。自然人D解释称,因为他从未直接持有T公司的股权,而只是控制持有T公司股票的公司,所以他不是原始股东。无论怎样表述,自然人D的主张都不涉及合同的有效性的观点,而是试图就涉案仲裁庭所认定的实质内容重新起诉。

基础仲裁案的实体问题已超出本院的审查范围,正如第二巡回上诉法院明确指出的那样:

审查法院不得"仅仅因为其确信仲裁庭在法律上作出了错误的决定就撤销裁决。相反,如果所达成的结果勉强有道理,即使法院不同意裁决的实体内容,该裁决也应得到执行"。[②] 本院是否同意涉案仲裁庭对《补充协议》的解释并不重要;只要涉案仲裁庭考虑了这一问题并得出了合理的结论,其决断就具

① 例如,由于被申请人对其无效主张"没有提供支持",因此驳回了依据第5条第1款(甲)项规定提出的抗辩; Arbitration Between Overseas Cosmos, Inc. & NR Vessel Corp., No. 97 Civ. 5898 (DC), 1997 WL 757041, at *3 (S. D. N. Y. Dec. 8, 1996) ("被申请人完全未能……引用任何有说服力的权威依据来支持其主张,即各方之间的基础协议根据英国法是不可执行的。"); Skandia Am. Reins. Corp. v. Seguros Law Republica, No. 96 Civ. 2289 (SS), 1996 WL 622559, at *6 (S. D. N. Y. Sept. 20, 1996) [驳回依据第5条第1款(甲)项的规定提出的抗辩,因为被申请人就合同无效"没有提供任何证据"]。

② See Matthew v. Papua New Guinea, 398 F. App'x 646, 648 (2d Cir. 2010) (summary order) [cite Stolt-Nielsen S. A. v. AnimalFeeds Int'l Corp., 548 F. 3d 85, 92 (2d Cir. 2008)].

有决定性作用。[①]

涉案仲裁庭远远满足了这一最低要求。为了解释《补充协议》中"原始股东"这一短语,涉案仲裁庭考察了该条款的文本内容、该条款与整体合同的关系以及各方当事人缔约的意图。考虑这些因素,涉案仲裁庭得出如下结论,"原始股东不仅指签署协议当天T公司的注册股东,还包括作为实际控制人的自然人D",因为他持有T公司两个股东的多数股权。尽管这可能不是解释该短语的唯一方式,但涉案仲裁庭的结论无疑是有理可寻的。[②] 因此,自然人D未能满足《纽约公约》第5条第1款(甲)项下的举证责任。

(2)自然人D能够申辩

自然人D接着援引《纽约公约》第5条第1款(乙)项规定。该条款规定,如果"被申请执行裁决的一方当事人没有得到指定仲裁员或仲裁程序的适当通知,或者由于其他原因而未能就案件发表意见",可依据该条款提出执行抗辩。"第5条第1款(乙)项本质上认可适用法院所在国的正当程序标准。"[③]在美国,"正当程序的基本要求是'在一个有意义的时间点和以一种有意义的方式'获得被听证的机会"。[④] 这一要求的关键在于,"在所有情况下,通知都必须被合理安排,使其了解诉讼的待决状态并给予其机会提出其异议"。[⑤]

贸仲向自然人D送达文件所用程序并非"根本性的不公平",足以致其违

---

① See HDI Glob. SE v. Phillips 66 Co., No. 20 Civ. 631 (RMB) (GWG), 2020 WL 2415588, at * 3 (S. D. N. Y. May 12, 2020). ("仲裁庭对合同的解释或被申请人对合同的解释哪个正确并不重要——法院无权审查仲裁员对合同解释的合理性。")

② See Stati v. Republic of Kazakhstan, 302 F. Supp. 3d 187, 204 (D. D. C. 2018). (驳回被申请人的论点,即因为申请人不是争议投资协议下的"投资者",所以裁决不应得到执行,因为在法院"极端受限"的审查下,"没有理由对仲裁庭的结论提出质疑"。)

③ See Iran Aircraft Indus. v. Avco Corp., 980 F. 2d 141, 145 (2d Cir. 1992) [cite Parsons & Whittemore Overseas Co., Inc. v. Societe Generale De L'Industrie du Papier (RAKTA), 508 F. 2d 969, 975 (2d Cir. 1974)].

④ See Iran Aircraft Indus. v. Avco Corp., 980 F. 2d 141, 145 (2d Cir. 1992) [cite Mathews v. Eldridge, 424 U. S. 319, 333 (1976)].

⑤ See Mullane v. Cent. Hanover Bank & Tr. Co., 339 U. S. 306, 314 (1950).

反正当程序。[①] 经查,贸仲前两次通过邮寄方式向自然人D送达文件的尝试均未成功。贸仲第三次尝试向自然人D送达文件时,其将通知邮寄至《补充协议》所载的自然人D地址,即乙地址。贸仲也核实了文件在该次尝试中已被正式送达自然人D。

在这种情况下,向自然人D的这个地址邮寄通知并非不合理。尽管通知问题需要具体情况具体分析,但普遍认为向当事人已知地址邮寄通知的做法,根据宪法当属充分。[②] 至少本巡回区中另外一个法院认定,根据《纽约公约》的规定,向基础协议中列出的地址邮寄仲裁文件,构成充分的通知。[③] 而且,自然人D联系贸仲请求获取仲裁文件的额外副本的事实表明他对该仲裁程序是知情的。[④]

在自然人D对贸仲关于第三次送达符合《仲裁规则》的结论提出质疑的范围内,本院尊重涉案仲裁庭的结论,即"仲裁庭已根据《仲裁规则》第8条的规定,将所有与本案有关的文件和书面通知实际送达了所有当事人"。[⑤] 毕竟,"涉及仲裁所运用的特定程序性先决条件的含义及适用的争议……包括诸如……通知等先决条件是否满足",应该由"仲裁员而不是法院来裁断"。[⑥] 自然人D没有完成其证明通知不适当的严格举证责任。

自然人D也未能证明他"由于其他原因而未能"向涉案仲裁庭"发表意见"。[⑦]

---

① See Abu Dhabi Inv. Auth. v. Citigroup, Inc., No. 12 Civ. 283 (GBD), 2013 WL 789642, at *7 (S. D. N. Y. Mar. 4, 2013) [cite Tempo Shain Corp. v. Bertek, Inc., 120 F. 3d 16, 20 (2d Cir. 1997)].

② See Weigner v. City of New York, 852 F. 2d 646, 650 (2d Cir. 1988). ("最高法院一贯认为,邮寄通知符合正当程序的要求。")

③ See Tianjin Port Free Trade Zone Int'l Trade Serv. Co., Ltd. v. Tiancheng Chempharm, Inc., No. 17 Civ. 4130 (JS) (AYS), 2018 WL 2436990, at *4 (E. D. N. Y. May 30, 2018).

④ See CBF Industria de Gusa S/A v. Amci Holdings, Inc., 316 F. Supp. 3d 635, 653 (S. D. N. Y. 2018) 3. (考虑仲裁被申请人请求给予额外时间对初始诉状作出答辩,"这表明被申请人已获得了仲裁的适当通知"。)

⑤ See BG Grp., PLC v. Republic of Argentina, 572 U. S. 25, 34 – 35 (2014).

⑥ See BG Grp., PLC v. Republic of Argentina, 572 U. S. 25, 34 – 35 (2014).

⑦ 《纽约公约》第5条第1款(乙)项。

自然人D一再声称,涉案仲裁庭"甚至都不理睬"其律师指称申请人实施欺诈行为的主张。但他没有提供驳回简易判决请求所必需的"具体事实"来支撑上述说法。[①] 涉案裁决清楚确认,自然人D的律师向涉案仲裁庭发表了上述欺诈行为的主张。涉案仲裁庭认为,该主张超出了双方同意提交仲裁的合同解释争议的范围。"被申请人依旧不认同仲裁庭的决定,这并不意味着他被剥夺了公平发表意见的机会。"[②]

自然人D还简要地提到,他没有被准许向仲裁庭提供证人证词。正当程序并不总是要求赋予这种程序权利,"己方的证人不能在仲裁庭前作证是同意进行仲裁的一个固有风险。当事人同意将争议提交仲裁,就失去了其法庭权利——包括传唤证人的权利——而转向仲裁,接受其全部广为人知的优势和缺点"。[③]

综上,自然人D没有证明仲裁程序缺乏基本的公平。他获得了合理的通知和充分的机会来出示证据和发表论点。因此,自然人D援引《纽约公约》第5条第1款(乙)项的规定提出的主张不能成立。

(3)自然人D对仲裁程序的质疑不成立

自然人D还根据《纽约公约》第5条第1款(丁)项的规定,反对确认涉案裁决。该条规定,如果"仲裁庭的组成或仲裁程序不符合当事人之间的约定",法院可以拒绝承认仲裁裁决。[④]

在这方面,自然人D坚称他被剥夺了选定仲裁庭中一名仲裁员的合同权

---

① See Anderson, 477 U. S. at 248.

② See BSH Hausgeräte GMBH v. Kamhi, 291 F. Supp. 3d 437, 442 (S. D. N. Y. 2018).

③ See Parsons, 508 F. 2d at 975 [cite Wash. – Balt. Newspaper Guild v. Wash. Post Co., 442 F. 2d 1234, 1238 (D. C. Cir. 1971)]. See Nat'l Football League Mgmt. Council v. Nat'l Football League Players Ass'n, 820 F. 3d 527, 545 (2d Cir. 2016). ("在仲裁过程中出现的程序问题,例如应听取哪些证人的证言以及应接受或排除哪个证据,这些问题交由仲裁员自主裁量,不应由法院事后批评,这是公认的。")

④ 《纽约公约》第5条第1款(丁)项;See Encyclopaedia Universalis, 403 F. 3d at 91. [述及以下内容,虽然根据第5条第1款(丁)项的规定,仲裁裁决的执行可能会"重形式而轻实质……但事实仍然是,各方当事人明确约定了一种形式,并且《纽约公约》要求他们的承诺得到尊重"。]

利。《增资协议》规定,仲裁庭"应由三名仲裁员组成,仲裁双方各自选定……一名仲裁员,首席仲裁员……由贸仲指定"。协议还规定,仲裁应依照贸仲的规则进行。这些规则允许仲裁各方当事人自收到仲裁通知时起15日的时间内选定一名仲裁员。如果没有完成,规则就授权贸仲代替未指定仲裁员的当事人指定一名仲裁员。

这正是本案中所发生的情况。申请人提起涉案仲裁后,自然人D和其他仲裁被申请人未能及时向贸仲提交共同选定的仲裁员人选。未获得被申请人的选定结果,贸仲自行指定了涉案仲裁庭。自然人D在仲裁过程中对此指定提出了异议,但贸仲认为选任过程符合其规则。

本法院并不接受这种说法,即自然人D被剥夺了依《增资协议》规定的程序进行仲裁的权利。自然人D没有在贸仲《仲裁规则》规定的时间内指定仲裁员,就丧失了自己的这一权利。[①] 这里真正的争议点不是贸仲是否遵守了自身的程序,而是自然人D所称其没有收到正在进行仲裁的通知的说法是否属实。毕竟,如果自然人D在2020年7月并不知晓该仲裁案件,他就不可能及时选定仲裁员。但如前文所述,[②]本院不会推翻贸仲关于自然人D在2020年6月已得到适当送达并原本能够及时回应仲裁通知的认定。

自然人D为支持其主张所提供的权威依据并不恰当。在"Encyclopaedia Universalis案"中,第二巡回上诉法院认定一个外国仲裁裁决未按照双方约定的程序作出。[③] 该案中的仲裁协议规定了一个由两名当事人选定的仲裁员组成的仲裁庭,并且只有当该两名仲裁员在实质问题上存在分歧并且无法就投决

---

① See Major League Baseball Props., Inc. v. Corporacion de Television y Microonda Rafa, S. A., No. 19 Civ. 8669 (MKV), 2020 WL 5518361, at *3 (S. D. N. Y. Sept. 14, 2020)(驳回类似异议,执行仲裁裁决); Belize Bank Ltd. v. Belize, 191 F. Supp. 3d 26, 36 – 37 (D. D. C. 2016)(驳回类似异议,执行仲裁裁决).

② 参见前文"2. 分析"中"(2)自然人D能够申辩"部分的内容。

③ See 403 F. 3d at 91.

定票的第三名仲裁员人选达成一致时,才允许仲裁机构指定第三名仲裁员。[①] 尽管有这些规则,但仲裁机构直接指定了第三名仲裁员,并没有提前给予该两名当事人选定的仲裁员一个选择他们更欣赏的同事的机会。[②] 这种过早的任命"忽视了约定的仲裁程序",违反了《纽约公约》第5条第1款(丁)项。[③] 不出所料,自然人D强调的是"Encyclopaedia Universalis案"的训诫,即仲裁庭的任命"不仅仅是一个无关紧要的形式问题"。但在本案中并不存在类似的程序规避情况,贸仲在任命涉案仲裁庭之前,给予了仲裁被申请人其《仲裁规则》规定的完整的15日时间。

依据"CEEG (Shanghai) Solar Science & Technology Co., Ltd. 诉 Lumos LLC案"(以下简称"CEEG案")[④],同样无法作出支持自然人D主张的裁断。该案同样涉及一起由贸仲在中国进行的仲裁案件,该案中一位位于科罗拉多州的仲裁被申请人收到了以中文书就的仲裁通知。[⑤] 当该被申请人将通知翻译成英文时,提名仲裁员的截止日期已过。[⑥] 第十巡回上诉法院拒绝确认该仲裁裁决,部分原因是使用中文的邮寄行为直接违背了各方当事人的明确约定,即任何与其合同相关的仲裁均应以英语进行。[⑦] "CEEG案"是无视当事人约定适用于其争议的规则的明显例子。在本案中,如前所述,贸仲遵循了其关于仲裁员任命的规则。在审查了自然人D的主张后,本法院认为涉案仲裁庭的组建是适当的。

自然人D对涉案仲裁过程提出了另一个异议,声称申请人没有履行在诉诸仲裁前尝试协商解决争议的合同义务。然而,与之前的异议不同,自然人D

---

① See 403 F.3d at 90 - 91.
② See 403 F.3d at 91.
③ See 403 F.3d at 91 - 92.
④ 829 F.3d 1201 (10th Cir. 2016).
⑤ See 829 F.3d 1201 (10th Cir. 2016), at 1204.
⑥ See 829 F.3d 1201 (10th Cir. 2016), at 1204 - 05.
⑦ See 829 F.3d 1201 (10th Cir. 2016), at 1203, 1207.

未曾向涉案仲裁庭提出过这一主张。由于未能在仲裁过程中提出该观点，自然人D丧失了在本确认程序中提出该观点的权利。[①]

自然人D未能证明“仲裁庭的组成或仲裁程序不符合当事人之间的约定”，因此本法院不得根据《纽约公约》第5条第1款(丁)项的规定不确认贸仲的仲裁裁决。

(4)支持确认仲裁裁决的公共政策考量

最后，自然人D主张了《纽约公约》第5条第2款(乙)项，该条允许法院在“承认或执行某一裁决将违反”美国的“公共政策”时拒绝确认该裁决。[②] 考虑《纽约公约》倾向执行仲裁裁决，以及担心外国法院会经常以政策原因拒绝确认美国仲裁裁决，这种抗辩的适用范围被解释得非常狭窄。[③] 该条款仅适用于“执行裁决将违反我们最基本的道德和正义观念的情况”。[④] 而且，案件牵涉的公共政策必须是“界定清晰且占主导地位，并且应根据法律和判例来确定，而不是来自对想当然的公共利益的一般考量”。[⑤]

自然人D就涉案裁决为什么违反美国公共政策提出了两点理由，但是均不能成立。他首先主张，确认涉案裁决将为申请人侵占T公司资产的不法计划提供协助，并主张“利用法院来实施欺诈是违反公共政策的”。但自然人D没有在美国法律中指出任何“界定清晰的”依据来支持对政策的这种宽泛解释。[⑥]

---

① See ConnTech Dev't Co. v. Univ. of Conn. Educ. Props., Inc., 102 F. 3d 677, 685 (2d Cir. 1996).[“被申请人等到……才在地区法院提出这一主张，就放弃了基于申请人违反(仲裁)先决条件提出异议的权利。”]

② 《纽约公约》第5条第2款(乙)项。

③ See Parsons, 508 F. 2d at 973 - 74.

④ See Europcar Italia, S. p. A, 156 F. 3d at 315.

⑤ See Yukos Capital S. A. R. L. v. OAO Samaraneftegaz, 963 F. Supp. 2d 289, 299 (S. D. N. Y. 2013) [cite United Paperworkers Int'l Union, AFL - CIO v. Misco, Inc., 484 U. S. 29, 30 (1987)]; see Parsons, 508 F. 2d at 974. (“将公共政策抗辩理解为保护国家政治利益的狭隘手段，将严重损害公约的效用。”)

⑥ See Yukos Capital S. A. R. L., 963 F. Supp. at 299.

由于反对确认外国仲裁裁决的一方负有举证责任,[①]所以完全缺乏权威依据的支持令自然人D的主张不能成立。[②]

自然人D关于公共政策的第二点主张表述得更好一些。他认为,涉案裁决不应被执行,因为它是由一个有偏见的仲裁庭作出的。作为支持,他提供了联合国解释《纽约公约》的指南作为上述政策利益的依据。[③] 仅凭这一指南可能无法界定美国的公共政策,因为它是由一个国际组织发布的,并未成为美国的制定法或判例法。但是,第二巡回上诉法院已经承认,通过欺诈获得的仲裁裁决"可能违反公共政策,因此不能强制执行"。[④] 因此,自然人D已经大概指出了一个相关的政策利益。

自然人D的论点因不同的原因而失败,他没有说明具体的事实,从而足以令仲裁员偏见问题成为审判的一个真正的争议问题。他声称,涉案仲裁庭的原成员自然人W是某律师事务所的管理合伙人,该律所雇用的律师也在申请人母公司的董事会任职,这种关联关系使自然人W在处理仲裁案中倾向偏向申请人。但是,自然人D也承认自然人W在2020年9月——仅在被指定一个月后——就从涉案仲裁庭辞任,并未参与案件的庭审或决定。尽管如此,自然人D声称自然人W"可能已对其他仲裁员的意见产生了重大影响"。

虽然仲裁员存在偏见是令人担忧的合理原因,但这种"结论性指控"不足

① See Telenor Mobile Commc'ns AS, 584 F. 3d at 405.

② See DiRussa v. Dean Witter Reynolds Inc., 121 F. 3d 818, 825 (2d Cir. 1997) ("因被申请人提供的法律依据'极不明确',所以拒绝认定涉及公共政策"); United Paperworkers Int'l Union, 484 U. S. at 44 (因为下级法院"没有尝试审查现有的法律和判例,以证明它们规定了'界定清晰且占主导地位'的政策",所以推翻了关于仲裁违反公共政策的认定).

③ 联合国国际贸易法委员会秘书处关于《承认及执行外国仲裁裁决公约》(1958年,纽约)的指南(2016年版),第197页。

④ See Europcar Italia, S. p. A., 156 F. 3d at 315.

以产生一项有争议事实的真正问题。[1] 如果没有关于偏见如何影响仲裁程序的更具体的指控,陪审团无法认定仲裁裁决是通过欺诈获得的。

这不是那种执行外国仲裁裁决"会违反我们最基本的道德和正义观念"的罕见情形之一。[2] 因此,自然人 D 援引《纽约公约》第 5 条第 2 款(乙)项的主张不成立。

(三)结论

基于上述理由,申请人关于确认外国仲裁裁决的简易判决动议被予以批准。法院书记员被指示在案卷记录第 15 项终结该动议。

并特此指示申请人在 14 日内提交一份与涉案裁决一致的拟议判决书。该判决书应将所有金额以提交之日的人民币兑美元汇率折算成美元计算。[3]

判决如上。

---

① See Fujitsu Ltd. v. Fed. Express Corp., 247 F. 3d 423, 428 (2d Cir. 2001); Pompano-Windy City Partners, Ltd. v. Bear Stearns & Co., Inc., 794 F. Supp. 1265, 1278 – 79 (S. D. N. Y. 1992)("关于偏见的笼统指控和对仲裁结果的不满,并不足以成为撤销裁决的依据"); Beljakovic v. Melohn Props., Inc., No. 04 Civ. 3694 (JMF), 2012 WL 5429438, at *3 (S. D. N. Y. Nov. 7, 2012)("就申请人指控仲裁员对其有偏见而言,他的主张不成立,因为他除了笼统的陈述和猜测之外,没有提供仲裁员有偏见、偏袒或腐败的证据"), aff'd, 542 F. App'x 72 (2d Cir. 2013) (summary order).

② See Europcar Italia, S. p. A, 156 F. 3d at 315.

③ See Comm'ns Imp. Exp. S. A. v. Republic of the Congo, No. 14 Misc. 187 (AJN), 2020 WL 4040753, at *2 (S. D. N. Y. July 17, 2020) [指出,根据纽约法律,"判决……应以判决或法令入册之日的汇率折算为美元"(cite N. Y. Jud. Law § 27(b)].

二、(纽约南区)联邦地区法院2022年10月裁判文书

A合伙企业、B合伙企业和C合伙企业诉D先生案①

美国(纽约南区)联邦地区法院

发布日期:2022年10月11日

判　决

兹判决如下:根据本法院于2022年9月26日发布的《理由和命令》中所述的理由,对贸仲仲裁庭于2021年4月22日作出的涉案裁决予以确认;并在此基于涉案裁决作出支持申请人中国A企业、B企业和C企业针对被申请人自然人D请求的如下判决:

1. 关于按照下述合计金额(代表涉案裁决支持的总金额,计算方法下详)向申请人支付金钱损害赔偿:

申请人A企业的判决金额:148,648,643.71美元,加持续计算的约定每日利息29,311.88美元;申请人B企业的判决金额:147,428,491.49美元,加持续计算的约定每日利息29,348.48美元;申请人C企业的判决金额:147,382,728.28美元,加持续计算的约定每日利息29,350.67美元。具体包括以下方面:

(1)为回购每位申请人所持有的T公司3.12%的股权向申请人支付股权收购价款[计算公式为:每位申请人支付的人民币5亿元收购价款×(1+15%×n÷360)-人民币1亿元,n=自每位申请人的投资日——分别为2017

---

① See 2022 WL 4485277 (S. D. N. Y. Sept. 26, 2022).

年5月8日、6月26日和6月28日——起至被申请人实际付款日止的天数],上述款项计算至2022年10月5日的金额为:

①向申请人A企业支付:126,739,038.79美元(代表按7.1160的汇率换算成美元的人民币901,875,000.00元);

②向申请人B企业支付:125,304,478.17美元(代表按7.1160的汇率换算成美元的人民币891,666,666.67元);

③向申请人C企业支付:125,245,924.68美元(代表按7.1160的汇率换算成美元的人民币891,250,000.00元)。

(2)就延迟支付股权收购价款向每位申请人赔偿损失21,079,258.01美元(代表按7.1160的汇率换算成美元的人民币150,000,000元)。

(3)向每位申请人退还保证金(金额分别为人民币1,000,000.00元、人民币2,041,666.67元和人民币2,104,166.67元),并在足额支付之前按照9%的年利率计付利息(自保证金支付日——分别为2017年5月9日、6月28日和7月1日——起算)。截至2022年10月5日,保证金金额加上按每年9%的利率持续计算的利息为:

①向申请人A企业支付:209,949.41美元(代表按7.1160的汇率换算成美元的人民币1,494,000.00元);

②向申请人B企业支付:425,060.31美元(代表按7.1160的汇率换算成美元的人民币3,024,729.17元);

③向申请人C企业支付:437,850.59美元(代表按7.1160的汇率换算成美元的人民币3,115,744.80元)。

(4)赔偿申请人在仲裁程序中发生的费用,金额为:

①赔偿申请人A企业:43,797.92美元(代表按7.1160的汇率换算成美元的人民币311,666元);

②赔偿申请人B企业:43,095.42美元(代表按7.1160的汇率换算成美元的人民币306,667元);

③赔偿申请人C企业:43,095.42美元(代表按7.1160的汇率换算成美元的人民币306,667元)。

(5)偿付申请人向仲裁委员会支付的仲裁费,金额为1,729,798.74美元(代表按7.1160的汇率换算成美元的人民币12,309,247.80元),该款项在申请人之间平均分配。

2.关于实际履行,判令自然人D将其与E公司持有的T公司5%的股权转让给申请人,在申请人之间平均分配。

本判决应按照《美国法典》第28卷第1961条的规定计算判决后利息。

日期:2022年10月11日

于纽约州纽约市

J联邦地区法院法官

三、(纽约南区)联邦地区法院2023年3月裁判文书

A合伙企业、B合伙企业和C合伙企业v.D先生案①

美国(纽约南区)联邦地区法院

发布日期:2023年3月31日

理由和命令

J法官,联邦地区法院:

申请人提起本诉讼,以强制执行在一起中国仲裁中判令其获偿数亿美元的裁决。本院先前以2022年9月26日《理由和命令》确认了该中国仲裁裁决,并

① See 2023 WL 2734433 (S. D. N. Y. Mar. 31, 2023).

授予申请人简易判决。现被申请人请求本法院重新审议上述裁判文书中的一部分并撤销本法院先前的裁判文书。根据下述原因,本院纠正了原先理由中的一个事实错误,该错误是由各方当事人提交的简易判决材料中一处令人遗憾的密文处理所造成的,但本院拒绝重新审议本法院原先的法律结论。

(一)案件背景

1. 事实背景

本院熟悉本案的事实,这些事实在本院的简易判决意见中已有详细叙述。[①] 此处重复述及的仅为涉及被申请人的仲裁通知——本动议的主题——的事实。以下事实补充了本法院对事实的初步陈述,并在一处对其进行了纠正。

贸仲,即作出了有利于申请人的基础仲裁裁决的中国仲裁机构,曾3次尝试通过邮件通知被申请人参加仲裁。2020年5月26日,贸仲向被申请人位于北京市××区××里×号(甲地址)邮寄了仲裁通知书。《补充协议》将该地址归属于被申请人,并且规定寄往该地址的通知"应视为实际送达"。除在《补充协议》中列明外,甲地址还是被申请人在中国政府部门的"注册地址",尽管被申请人证明"该房产已被出售",且自2003年起他已不在那里居住。贸仲按照甲地址发送给被申请人的邮件"被邮政服务机构退回"。

贸仲将邮件送达不成功的情况通知了申请人,并敦促他们"以合理方式查询"被申请人以及另外两个仲裁被申请人(F公司与T公司)的"有效的通信地址",因为最初寄给后者的邮件亦被退回。申请人告知贸仲,被申请人可以经由"北京市××区×里×号"(乙地址)H先生代收,或经由"北京市××区×里×号自然人D收"(丙地址)被送达。2019年另一起牵涉F公司的中国民事诉讼的案卷将乙地址描述为F公司的办公室地址以及被申请人的居住与通信地址。

---

① See No. 21 Civ. 9221 (KPF), 2022 WL 4485277 (S. D. N. Y. Sept. 26, 2022).

在2020年6月或7月前后,贸仲向申请人提供的新地址重新邮送仲裁通知。经丙地址向被申请人发送的文件被邮政服务机构退回,但是贸仲经乙地址发送给被申请人的邮件则成功送达。仲裁文件也经乙地址成功送达F公司以及T公司。2020年7月,贸仲给予了当事各方确认各自地址和对送达提出异议的机会。贸仲最终认定"有关于本案的全部文件与书面通知已由贸仲根据《仲裁规则》第8条相关规定实际送达全部当事人"。

2020年8月,贸仲组成了一个3人仲裁庭,仲裁程序启动。2020年11月11日,案件预定开庭审理的前1日,贸仲收到了来自被申请人与E公司的关于要求重新发送仲裁文件的请求。贸仲作为礼遇(而非送达的再次尝试)迅速地满足了其请求。贸仲同时将开庭日期推迟至2020年12月22日。在律师的协助下,被申请人参与到了涉案仲裁中。被申请人在涉案仲裁中的律师还代理了其他的仲裁被申请方。2021年4月,贸仲作出了一份支持申请人大部分请求的书面裁决。

2. 程序背景

本院于2022年9月26日作出了支持申请人的简易判决。[①] 2022年10月11日,本院作出了有利于申请人的最终判决。之后是引发争议的判决后证据开示程序。本院在此不赘述申请人收集证据的努力,但指出在本院作出简易判决决定后的几个月里,被申请人一再拒绝申请人的开示证据请求,且几乎没有提供答复信息。被申请人的判决后行为是否恰当的问题目前作为一起申请制裁的动议的主题另案处理。

本次动议的书面辩论与申请人在判决后证据开示程序中的工作同时进行。被申请人于2022年11月8日提交了其撤销该判决的动议及随附文件。申请人于2022年11月28日提交了反对意见及随附文件。被申请人于2022年12月7日提交了回复。现在,本院对该已充分论证的动议进行裁决。

---

① See 2022 WL 4485277.

(二)案件讨论

被申请人无权获得《联邦民事程序规则》第60条(b)款(1)项规定的救济。

1. 适用的法律

《联邦民事程序规则》第60条(b)款允许“一方在有限的情形下寻求免受最终判决的约束,并请求再审其案件”。[①] “第60条(b)款在追求公正与维护判决终局性之间取得平衡。”[②]根据第60条的规定提出免受判决约束的动议“属于联邦地区法院的自由裁量权的范围”,[③]且通常仅在证明“例外情形”时方获批准。[④]

根据第60条(b)款(1)项的规定,一方当事人可以寻求免受基于“错误、疏忽、意外或可谅解的过失”作出的判决的约束。[⑤] 该错误条款“允许一方当事人免受一个改变了法院判决结果的实质错误的影响”。[⑥] 该规定允许法院纠正其自身事实与法律上的错误。[⑦] 但是,该规定不是“进行辩论或者试图就已经‘仔细分析和公正处理’的争议点反败为胜的额外机会”。[⑧] 第60条(b)款(1)项下的动议须在所质疑的判决作出后的1年内提出。[⑨]

2. 被申请人已获得仲裁的适当通知

虽然被申请人最初基于多个理由反对确认贸仲的裁决,但如本部分其余内容所述,被申请人仅关注本院先前意见中的一个细微、无关紧要的事实错误,以

---

① See Gonzalez v. Crosby, 545 U. S. 524, 528 (2005).

② See Tapper v. Hearn, 833 F. 3d 166, 170 (2d Cir. 2016) [cite Nemaizer v. Baker, 793 F. 2d 58, 61 (2d Cir. 1986)].

③ See Stevens v. Miller, 676 F. 3d 62, 67 (2d Cir. 2012).

④ See Ruotolo v. City of New York, 518 F. 3d 184, 191 (2d Cir. 2008); See Nemaizer, 793 F. 2d at 61. [解释称,尽管第60条(b)款“应广泛解释为实现实质公正……但最终判决不应轻易再审”]。

⑤ 《联邦民事程序规则》第60条第(b)款第(1)项。

⑥ See In re Bulk Oil (USA), Inc., No. 93 Civ. 4492 (PKL), 2007 WL 1121739, at *10 (S. D. N. Y. Apr. 11, 2007) [cite Matura v. United States, 189 F. R. D. 86, 89 (S. D. N. Y. 1999)].

⑦ See Kemp v. United States, 142 S. Ct. 1856, 1862 (2022); In re 310 Assocs., 346 F. 3d 31, 34 – 35 (2d Cir. 2003).

⑧ See In re Bulk Oil, 2007 WL 1121739, at *10 (cite Matura, 189 F. R. D. at 90).

⑨ 《联邦民事程序规则》第60条第(c)款第(1)项。

至于只见树木不见森林。

如果"被申请执行裁决的一方当事人没有得到指定仲裁员或仲裁程序的适当通知,或者由于其他原因而未能就案件发表意见",《纽约公约》允许不执行外国仲裁裁决。[①] 该抗辩"实质上认可了使用法院所在国的正当程序标准"。[②] "根据美国的正当程序标准,一方有权获得'在所有情况下均安排合理的通知,以告知有关各方诉讼的进行,并为其提供提出异议的机会'。"[③]在评估通知是否合理时,应当调查的是发出通知的一方"在选择可能通知的方式时行事是否合理……而非对象是否实际收到了通知"。[④] 因为正当程序问题要求对具体情形进行全面的考虑,这实际上是按照个案情况具体确定的。由于正当程序调查需要对所有情况进行考虑,因此它必然是一种针对具体事实的判断。[⑤]

对第5条第1款(乙)项的调查不应与其他通知与送达标准相混淆。即使一方当事人未按照《联邦民事诉讼规则》规定的程序获得送达,其仍可能获得足够的通知而满足正当程序的要求,进而满足第5条第1款(乙)项的要求。[⑥] 同样,即使通知不符合仲裁本身的规则,一方当事人也可能获得足够满足第5

---

① 《纽约公约》第5条第1款(乙)项。

② See Iran Aircraft Indus. v. Avco Corp., 980 F. 2d 141, 145 (2d Cir. 1992) [cite Parsons & Whittemore Overseas Co., Inc. v. Societe Generale de L'Industrie du Papier (RAKTA), 508 F. 2d 969, 975 – 76 (2d Cir. 1974)].

③ See Pagaduan v. Carnival Corp., 830 F. App'x 61, 62 (2d Cir. 2020) (summary order) [cite Jones v. Flowers, 547 U. S. 220, 226 (2006)]; See Iran Aircraft Indus., 980 F. 2d at 146. ["正当程序的基本要求是在'一个有意义的时间点和以一种有意义的方式'获得被听证的机会。" cite Mathews v. Eldridge, 424 U. S. 319, 333 (1976)]

④ See Weigner v. City of New York, 852 F. 2d 646, 649 (2d Cir. 1988).

⑤ See Clermont v. Intra-Op Monitoring Servs., LLC, No. 16 Civ. 6037 (DAB), 2017 WL 2239564, at *6 (S. D. N. Y. Mar. 29, 2017) (cite Flowers, 547 U. S. at 234).

⑥ See Karaha Bodas Co., L. L. C. v. Perusahaan Pertambangan Minyak Dan Gas Bumi Negara, 364 F. 3d 274, 299 (5th Cir. 2004). ["正当程序权并不包括《联邦民事诉讼规则》所保障的一整套程序性权利。"(内部引文省略)]

条第 1 款(乙)项要求的通知。[①] 因为正当程序调查“仅限于判定所采用的程序是否根本上不公正”,[②]所以其要求往往低于其他两种标准对通知措施的要求。

本院先前认定“贸仲向被申请人送达文件所用程序并非‘根本性的不公平’,足以致其违反正当程序”。[③] 在作出上述认定时,本院认为贸仲 3 次尝试向被申请人邮寄送达的行为根据宪法当属充分,尤其是第三次邮寄至“《补充协议》所载被申请人的地址,即乙地址”。本法院解释“向基础协议中列出的地址邮寄仲裁文件根据《纽约公约》构成充分的通知”。本院认定“被申请人联系贸仲请求获取仲裁文件的额外副本的事实”进一步证明了被申请人对该仲裁程序是知情的。

被申请人认为,本院最初的认定是错误的,因为他认为该认定是基于本法院的一个错误认识,即《补充协议》把乙地址作为被申请人的地址,尽管事实上协议列出的是甲地址。他进一步辩称,向甲地址的送达根据宪法是否构成充分送达,是一个推翻简易判决的有实质争议的事实,因为被申请人和 T 公司的雇员自然人 H,即发往乙地址的邮件的收件人,均作证证明他们实际上并未收到该邮件。作为回应,申请人辩称,仅是贸仲最初向甲地址发送邮件的行为根据宪法已经构成了充分通知,并且无论如何,被申请人已实际上获知了仲裁程序,因为他已经出庭并参与了仲裁程序,并且因为他与其他仲裁被申请人(包括其全资子公司 E 公司)聘请了相同的律师,而这些均说明被申请人已经成功收到了通知。终究,申请人的法律分析是正确的。

本院借此机会澄清并纠正在原先法庭意见中的一个事实错误。《补充协

---

① See P. T. Reasuransi Umum Indonesia v. Evanston Ins. Co., No. 92 Civ. 4263 (MGC), 1992 WL 400733, at *3 (S. D. N. Y. Dec. 23, 1992). (得出以下结论,即便被申请人“没有按照仲裁协会规则的要求获得仲裁程序开始或仲裁员任命的适当通知”,但该通知仍符合正当程序的要求。)

② See BSH Hausgeräte, GMBH v. Kamhi, 282 F. Supp. 3d 668, 673 (S. D. N. Y. 2017) [cite Abu Dhabi Inv. Auth. v. Citigroup, Inc., No. 12 Civ. 283 (GBD), 2013 WL 789642, at *7 (S. D. N. Y. Mar. 4, 2013), aff'd, 557 F. App'x 66 (2d Cir. 2014) (summary order)].

③ 2022 WL 4485277.

议》中规定的被申请人地址是甲地址,而不是乙地址。本院并没有意识到这一关键事实在申请人的初始提交材料中被密文处理了。

但是,这一表述错误没有改变本院关于被申请人已获得适当仲裁通知的结论。因为《补充协议》规定,按甲地址向被申请人所作送达是充分的,同时因为被申请人从未变更或更新其在该协议下的送达地址,所以申请人关于贸仲最初仅向该地址邮寄通知即符合正当程序的说法还是有一定道理的。[①] 但是,尽管向当事人基础协议中列出的地址邮寄通知通常满足正当程序的要求,但一旦清楚邮件未送达,贸仲有义务"采取额外合理步骤通知被申请人……如果这样做切实可行",如通过不同的送达方式再次邮寄。[②]

与这项义务的要求相一致,贸仲"本着对本案可行性与特殊性应有的关注"采取了额外合理的措施。[③] 在对被申请人第一次邮寄的文件被退回后,贸仲将仲裁通知发送到了被申请人的另外两个地址(丙地址与乙地址)。虽然发送至丙地址的邮件因无法投递被退回,但贸仲核实了发送到乙地址的邮件送达成功,且该成功邮寄的送达回执已记录在案。

在这种情况下,将通知文件邮送到甲地址、丙地址和乙地址的做法是为使被申请人了解相关程序而"合理安排"的。[④] 申请人(以及贸仲)有充分理由相信可以在乙地址联系到被申请人;他们知道该地址是他在当时一起中国民事诉讼中的送达地址,且他所控制的两家公司——由他的律师代理——均无异议地

---

① See Yukos Cap. S. A. R. L. v. OAO Samaraneftegaz, 963 F. Supp. 2d 289, 297 – 98 (S. D. N. Y. 2013), aff'd, 592 F. App'x 8 (2d Cir. 2014) (summary order). (告知仲裁机构其首选送达方式的任何变更是仲裁被申请人的责任。)

② See Flowers, 547 U. S. at 234 – 35; see CKR Law LLP v. Anderson Invs. Int'l, LLC, 525 F. Supp. 3d 518, 524 – 25 (S. D. N. Y. 2021). (因在同一地址送达文件的首次尝试未成功,而认定邮寄送达的提议根据宪法不构成充分送达。)

③ See Mullane v. ent. Hanover Bank & Tr. Co. , 339 U. S. 306, 314 – 15 (1950).

④ See Pagaduan, 830 F. App'x at 62.

接受了在此地址的送达。[①] 被申请人根据《纽约公约》第5条第1款(乙)项的规定提出的质疑之所以不能成立,并不是因为贸仲的任何一次邮寄尝试根据宪法都足够充分,而是因为贸仲首先向当事人合同中列出的地址邮寄文件,然后向另外两个已知的地址邮寄文件的做法,符合正当程序所提出的相对较低的要求。

进一步支持本法院结论的是,这些通知方面的努力无疑使被申请人有机会出庭,并对送达和仲裁实体问题提出异议。仲裁前一天,被申请人联系贸仲请求重新邮寄仲裁文件以及延期开庭,这表明他实际上已经知晓了涉案仲裁程序。[②] 仲裁机构同意其请求且将庭审推迟了超过1个月的时间。在重新安排的庭审上,被申请人有充分的机会在律师的协助下参与并发表主张。

被申请人其余的反驳意见均不成立。即使接受被申请人的主张,即其在乙地址收到了邮件是一个存在争议的事实,该争议对于正当程序的调查并不重要。"正当程序并不要求完美的或实际的通知。"[③]被申请人也没有证明他受到了不公平对待。虽然实际通知的缺失可以解释他为何未能在贸仲《仲裁规则》规定的时间内提名自己选择的仲裁员,但被申请人在涉案基础仲裁中多次获得了对送达的充分性以及仲裁庭的组成提出异议的机会。涉案仲裁庭最终不同意被申请人的立场并不重要。正当程序只关注通知是否安排合理,以便被申请人能够提出异议,而不关注这些异议是否最终说服了仲裁庭。

---

① See Tianjin Port Free Trade Zone Int'l Trade Serv. Co., Ltd. v. Tiancheng Chempharm, Inc., No. 17 Civ. 4130 (JS) (AYS), 2018 WL 2436990, at *4 (E. D. N. Y. May 30, 2018), aff'd, 771 F. App'x 36 (2d Cir. 2019) (summary order). (贸仲向当事人基础协议所列地址首次邮寄文件被部分退回,但贸仲核实向另外两个备选地址邮寄的文件已成功送达,认定这种情况构成《纽约公约》规定的适当通知); Yukos Cap. S. A. R. L., 963 F. Supp. 2d at 297. (根据被申请人无回应的事实,认定仲裁员向被申请人的关联方发送后续通知的做法是合理的。)

② See CBF Industria de Gusa S/A v. Amci Holdings, Inc., 316 F. Supp. 3d 635, 653 (S. D. N. Y. 2018). [c将仲裁被申请人要求更多时间来对初步诉状进行答辩的事实视为"证明(被申请人)已收到关于(该)仲裁的适当通知的证据"]; Anhui Provincial Imp. & Exp. Corp. v. Hart Enters. Int'l, Inc., No. 96 Civ. 128 (LAK), 1996 WL 229872, at *3 (S. D. N. Y. May 7, 1996).

③ Yukos Cap. S. A. R. L., 963 F. Supp. 2d at 297; See Mullane, 339 U. S. at 314 - 15.

因为被申请人仍未完成阻止确认外国仲裁裁决所需的极其沉重的举证责任,[①]所以本法院将不会撤销其原始判决。

根据上述原因,本院驳回被申请人关于免受判决约束的动议。

判决如上。

四、联邦第二巡回上诉法院2024年3月裁判文书

A合伙企业、B合伙企业和C合伙企业v. D先生案[②]

美国联邦第二巡回上诉法院

发布日期:2024年3月20日

对纽约南区的美国联邦地区法院两项裁判文书的上诉。

经过充分考虑,兹判令:维持联邦地区法院的判决。

简易判决

被申请人暨上诉人自然人D对联邦地区法院(J法官)分别于2022年10月11日和2023年3月31日作出的两项裁判文书提出上诉,该两项裁判文书批准了A企业、B企业和C企业(统称为申请人)就确认一项中国仲裁裁决的申请所提出的简易判决动议,并驳回了自然人D要求重新审议的动议。涉案仲裁源于T公司(一家拥有和运营电影院的中国有限责任公司)的原始股东与后续投资者之间的合同纠纷。自然人D是T公司的两名注册股东的全资所有人或大股东。申请人于2020年3月20日向贸仲对E公司、F公司、T公司和自然人D(统称为仲裁被申请人)提起仲裁,指控仲裁被申请人违反了在各方之

① See D. H. Blair & Co., Inc. v. Gottdiener, 462 F. 3d 95, 110 (2d Cir. 2006).

② 2024 WL 1193065.

间《增资协议》和《补充协议》项下的义务。涉案仲裁结果是裁决向申请人支付约4.5亿美元。上诉中,自然人D辩称他没有得到充分的仲裁通知,因此无法参与仲裁员的选定。在审理本上诉案中,我们推定各方当事人均熟悉本案的基础事实、程序历程以及上诉涉及的争议点,我们在此讨论的只是解释我们作出维持原判的决定所必需的内容。

"在审查联邦地区法院对仲裁裁决的确认时,我们对法律问题进行重新审查,并就案件事实是否存在明显错误进行审查。"①根据《纽约公约》第5条第1款(丁)项的规定,下列情形可以作为执行裁决的抗辩事由:"仲裁庭的组成或仲裁程序不符合当事人之间的约定,或当事人间没有约定时与仲裁地所在国的法律不符。"②根据第5条第1款(乙)项的规定,"被申请执行裁决的一方当事人没有得到指定仲裁员或仲裁程序的适当通知,或者由于其他原因而未能就案件发表意见"的情况也可以作为执行抗辩的事由。③ 第5条第1款(乙)项"本质上准予适用法院所在国的正当程序标准。"④美国的正当程序标准授权一方获得"在所有情况下均安排合理的通知,以告知有关各方诉讼的进行,并为其提供提出异议的机会"。⑤ "反对执行仲裁裁决的一方有责任证明"有执行的抗辩事由适用于本案,而"这个责任是沉重的,因为排除适用简易程序确认仲裁裁决需要满足很高的证明标准"。⑥ "根据《纽约公约》对仲裁裁决的审查非常有限,以避免破坏仲裁的双重目标,即高效解决争端和避免冗长而昂贵的诉讼。"⑦

---

① Pike v. Freeman, 266 F. 3d 78, 86 (2d Cir. 2001) [cite DiRussa v. Dean Witter Reynolds Inc., 121 F. 3d 818, 821 (2d Cir. 1997)].

② 《纽约公约》第5条第1款(丁)项。

③ 《纽约公约》第5条第1款(乙)项。

④ Iran Aircraft Indus. v. Avco Corp., 980 F. 2d 141, 145 (2d Cir. 1992).

⑤ Jones v. Flowers, 547 U. S. 220, 226 (2006) [cite Mullane v. Cent. Hanover Bank & Tr. Co., 339 U. S. 306, 314 (1950)].

⑥ Encyclopaedia Universalis S. A. v. Encyclopaedia Britannica, Inc., 403 F. 3d 85, 90 (2d Cir. 2005) (citation omitted).

⑦ Encyclopaedia Universalis S. A. v. Encyclopaedia Britannica, Inc., 403 F. 3d 85, 90 (2d Cir. 2005) (citation omitted).

在本案中,贸仲最初于2020年5月26日,将通知和仲裁材料发送至自然人D在北京市××区××里×号(甲地址)。《补充协议》将该地址列为自然人D的地址,并声明发送至该地址的通知"应视为实际送达"。贸仲按照甲地址寄给自然人D的邮件因未能送达而被退回。鉴于此情况,贸仲要求申请人提供其他联系地址,并向所提供的自然人D的另外两个地址邮寄了通知,即"自然人D,北京市××区××里×号"(丙地址)和"自然人H,北京市××区××里×号"(乙地址)。寄往丙地址的文件因未能送达而被退回,但贸仲寄往乙地址的邮件得到送达。贸仲得出结论认为,"仲裁庭已根据《仲裁规则》第8条的规定将所有文件和书面通知……实际送达给了所有当事人"。在上诉中,自然人D辩称通知并未经由上述努力而被送达给他,而且也没有作出将通知送达给他的合理安排。

根据联邦地区法院在其2023年3月31日《理由和命令》中所述的理由,我们不同意自然人D的观点并认定:根据本案情况,贸仲已作出充分的合理安排来提供通知。甲地址在各方签订的有约束力的《补充协议》中被列为自然人D的送达地址,并且从未更改。该地址还作为自然人D的注册地址,被列明在贸仲送达尝试的日期之后中国法院作出的判决书中。当寄往甲地址的邮件被退回时,贸仲恰当地采取了"其他合理措施"来提供通知,①即向明显与自然人D有关的另外两个地址邮寄通知。② 贸仲寄往乙地址的邮件成功送达,记录中有送达回执为证。此外,正如联邦地区法院所指出的,贸仲"有充分理由相信可以"在该地址"联系到自然人D",因为当时一起中国民事诉讼案将该地址认定为归属于他控制的一家公司,还因为由他的律师所代理的两家被他所控制的公司在该地址接受了送达。③

---

① Jones, 547 U. S. at 235.

② See Tianjin Port Free Trade Zone Int'l Trade Serv. Co. v. Tiancheng Chempharm, Inc. USA, 771 F. App'x 36, 37 (2d Cir. 2019)(未公开).

③ See No. 21 CIV. 9221 (KPF), 2023 WL 2734433, at ∗5 (S. D. N. Y. Mar. 31, 2023).

我们同意联邦地区法院的意见,即向乙地址的投递再加上贸仲向甲地址和丙地址送达的努力,构成了为通知自然人D案件情况并给他提供参加仲裁机会的,“在所有情况下均合理安排的通知”,满足了正当程序的要求。[①] 实际上,正如联邦地区法院所述,自然人D在仲裁开始前不久与贸仲取得了联系,获得了延期,之后拥有“充足的机会在律师的帮助下参与程序并发表意见”,这进一步支持了上述结论。[②]

我们已考虑了自然人D的其余论点,并认为它们缺乏合理性。因此,我们维持联邦地区法院的判决。因为我们并未依赖自然人D寻求从记录中删除的文件作为判决的依据,所以他提出的待决的排除动议因没有意义而被驳回。驳回申请人关于制裁的动议。

第三部分 案例评述

一、本案承认和执行外国仲裁裁决的程序

本案中,(纽约南区)联邦地区法院援引“Encyclopaedia Universalis S. A. 诉 Encyclopaedia Britannica, Inc. 案”、[③]“Duferco Int'l Steel Trading 诉 T. Klaveness Shipping A/S 案”、[④]“Florasynth, Inc. 诉 Pickholz 案”[⑤]以及“D. H. Blair & Co., Inc. 诉 Gottdiener 案”[⑥]等权威判例,指出由于美国强烈支持国际仲裁的公共政策,美国联邦法院对外国仲裁裁决往往给予高度尊重。因此,对仲裁裁决的确认通常采用简易程序,也就是联邦法院按照申请简易判决的动议来处理确认外国仲裁裁决的申请。得到法院确认的外国仲裁裁决并非自身具

---

① See Jones, 547 U. S. at 226 (cite Mullane, 339 U. S. at 314).

② See No. 21 CIV. 9221 (KPF), 2023 WL 2734433, at *6 (S. D. N. Y. Mar. 31, 2023).

③ See 403 F. 3d 85, 90 [2d Cir. 2005].

④ See 333 F. 3d 383, 388 [2d Cir. 2003].

⑤ See 750 F. 2d 171, 176 [2d Cir. 1984].

⑥ See 462 F. 3d 95, 109 [2d Cir. 2006].

有强制执行力,它们还要通过被法院转化为司法判决来取得强制力和效力。

本案中,在申请人提起确认涉案裁决的诉讼之后,(纽约南区)联邦地区法院即命令申请人改为通过提出简易判决动议的方式确认涉案仲裁裁决。在2022年9月26日的裁判文书——《理由和命令》中,(纽约南区)联邦地区法院作出了授予申请人简易判决的决定,并指示申请人在14日内提交一份与涉案裁决一致的拟议判决书。2022年10月11日,(纽约南区)联邦地区法院作出判决,将已经生效的涉案裁决的内容转化为该法院的判决,从而赋予其强制执行力。

由于2022年9月26日《理由和命令》关于《补充协议》中地址的表述有误,自然人D于2022年11月依据美国《联邦民事程序规则》第60条(b)款的规定提出动议,请求(纽约南区)联邦地区法院重新审议上述裁判文书中的一部分并撤销2022年9月26日的《理由和命令》。经审理,(纽约南区)联邦地区法院于2023年3月31日作出《理由和命令》,纠正了2022年9月26日《理由和命令》中的表述错误,指出该错误是由当事人提交材料中的密文处理所致,还指出该表述错误并不会改变其关于自然人D已获得适当仲裁通知的结论,并据此驳回自然人D的动议。

2023年4月,自然人D针对(纽约南区)联邦地区法院2022年10月11日的判决和2023年3月31日《理由和命令》,向美国联邦第二巡回上诉法院提起上诉。美国联邦第二巡回上诉法院不认同自然人D关于他没有得到充分的仲裁通知的上诉主张,同时认定贸仲已作出充分的合理安排来提供通知,并于2024年3月20日作出了维持(纽约南区)联邦地区法院判决的简易判决。

二、本案中通知是否"适当"的判断标准

适当通知涉及《纽约公约》第5条第1款(乙)项规定,即如被申请执行的当事人向法院提供证据证明其没有得到指定仲裁员或仲裁程序的适当通知,或者由于其他原因而未能就案件发表意见时,法院可根据该方当事人的要求拒绝执行。

本案两级联邦法院均援引"Iran Aircraft Indus. 诉 Avco Corp. 案",[①]指出该抗辩"实质上认可了使用法院所在国的正当程序标准"。据此,本案法院在判断贸仲向自然人 D 发出的仲裁通知是否"适当"时,应当适用美国的正当程序标准。(纽约南区)联邦地区法院还援引"Karaha Bodas Co., L. L. C. 诉 Perusahaan Pertambangan Minyak Dan Gas Bumi Negara 案"、[②]"P. T. Reasuransi Umum Indonesia 诉 Evanston Ins. Co. 案"[③]和"BSH Hausgeräte, GMBH 诉 Kamhi 案"[④]等判例,指出《纽约公约》涉及的美国正当程序标准既不同于美国《联邦民事诉讼规则》规定的程序,也不同于仲裁本身的规则;因为正当程序调查"仅限于判定所采用的程序是否根本上不公正",所以其要求往往低于前两种标准。

就美国正当程序标准的含义,(纽约南区)联邦地区法院援引"Jones 诉 Flowers 案"[⑤]"Clermont 诉 Intra-Op Monitoring Servs., LLC 案"[⑥]等判例,指出美国的正当程序标准要求"在任何情况下,该通知就其方式而言,系经过合理安排,并告知利益相关方诉讼的未决情况,且给予了他们(或者它们)提出反对意见的机会"。因此,根据美国的正当程序要求,法院将对案件具体情形进行全面的考虑,实际上将按照个案情况具体确定正当程序的标准。

就本案所涉及的邮寄仲裁通知行为而言,(纽约南区)联邦地区法院援引了"Yukos Cap. S. A. R. L. 诉 OAO Samaraneftegaz 案"[⑦]"Flowers 案""CKR Law LLP 诉 Anderson Invs. Int'l, LLC 案"[⑧]"Mullane 诉 ent. Hanover Bank &

---

① See 980 F. 2d 141, 145 (2d Cir. 1992).

② See 364 F. 3d 274, 299 (5th Cir. 2004).

③ See No. 92 Civ. 4263 (MGC), 1992 WL 400733, at *3 (S. D. N. Y. Dec. 23, 1992).

④ See 282 F. Supp. 3d 668, 673 (S. D. N. Y. 2017).

⑤ See 547 U. S. 220, 226 (2006).

⑥ See No. 16 Civ. 6037 (DAB), 2017 WL 2239564, at *6 (S. D. N. Y. Mar. 29, 2017).

⑦ See 963 F. Supp. 2d 289, 297 – 98 (S. D. N. Y. 2013), aff'd, 592 F. App'x 8 (2d Cir. 2014) (summary order).

⑧ See 525 F. Supp. 3d 518, 524 – 25 (S. D. N. Y. 2021).

Tr. Co. 案”[①]以及“Weigner 诉 City of New York 案”[②]等判例。从本案中可以概括出美国法院以下 3 条“适当”通知的判断标准：第一，按照当事人基础协议约定的地址邮寄通知通常是符合正当程序要求的，因为告知仲裁机构其首选送达方式的任何变更是仲裁被申请人的责任；第二，一旦清楚邮件未送达，发出通知的一方有义务采取额外合理步骤通知被申请人，例如通过不同的送达方式再次邮寄；第三，在评估通知是否合理时，应当考察发通知方在选择通知方式时行事是否合理，而非对方是否实际收到通知，正当程序并不要求完美的或实际的通知。

按照上述标准，涉案仲裁中贸仲向自然人 D 寄送仲裁通知的行为符合美国正当程序的标准。首先，《补充协议》将甲地址列为自然人 D 的地址，并声明发送至甲地址的通知“应视为实际送达”。因此，贸仲最初仅向甲地址邮寄仲裁通知是合理的。其次，在寄往甲地址的文件被退回后，贸仲将仲裁通知发送到申请人提供的与自然人 D 有关的另外两个地址（乙地址与丙地址）。这一做法是为使自然人 D 了解相关程序而“合理安排”的。经核实，发送到乙地址的邮件已送达成功。最后，尽管自然人 D 和自然人 H 坚称从未收到过仲裁通知，但仲裁被申请人实际参与涉案仲裁的事实证明，正是贸仲付出的努力使自然人 D 获得了出庭的机会，以及对送达和仲裁实体问题提出异议的机会，而这才是“安排合理的”通知所追求的目标。因此，贸仲向自然人 D 寄送仲裁通知的行为符合美国正当程序的标准，满足了《纽约公约》关于“适当通知”的要求。

根据上文裁判文书，未得到适当的仲裁通知始终是自然人 D 最核心的抗辩理由，也是相关裁判文书用墨最多之处。此外，自然人 D 还提出了其他抗辩理由，以下对其加以简要梳理。

三、《补充协议》的效力与外国仲裁裁决的审查

本案中，自然人 D 反对确认涉案裁决的另一个抗辩理由，是《补充协议》

① See 339 U. S. 306, 314 – 15 (1950).

② See 852 F. 2d 646, 649 (2d Cir. 1988).

(含仲裁条款)根据中国法律无效,构成了《纽约公约》第5条第1款(甲)项所规定的基础仲裁协议"根据当事人约定的准据法无效"的情况。(纽约南区)联邦地区法院援引"Henry 诉 Murphy 案",[①]说明反对执行的一方负有向法院提供证据证明仲裁协议根据适用法无效的举证责任,并指出自然人D未能完成举证责任,即没有提供任何支持其观点的中国法的权威依据。

值得注意的是,2022年9月26日《理由与命令》还称:"且本院的检索也未找到相关依据。"可见,在判断基础仲裁协议根据准据法是否有效时,本案(纽约南区)联邦地区法院并非被动地依赖当事人的举证来获取关于准据法规定的信息,也有可能主动通过检索等方式了解准据法的相关规定。

与之对比的是,关于自然人D所提出的他并非T公司原始股东的主张,(纽约南区)联邦地区法院则明确表示这个问题与仲裁协议的效力无关,超出其审查范围。(纽约南区)联邦地区法院还援引"Stolt-Nielsen S. A. 诉 AnimalFeeds Int'l Corp. 案"[②]"HDI Glob. SE 诉 Phillips 66 Co. 案"[③]等判例指出,审查法院无权审查仲裁员对合同解释的合理性,如果所达成的结果勉强有道理,即使其不同意裁决的实质内容,裁决也应得到执行。就本案而言,只要涉案仲裁庭考虑了"原始股东"问题,并得出了合理结论,其裁决就具有最终约束力。随后,(纽约南区)联邦地区法院详细梳理了涉案仲裁庭对"原始股东"问题的审理经过,最终得出"涉案仲裁庭的结论无疑是有理可循的"的结论。可见,(纽约南区)联邦地区法院对于外国仲裁裁决的审查持有严格审慎的态度,仅从《纽约公约》第5条规定的事由入手,不倾向把裁决实体问题纳入审查范围。

四、自然人D是否由于其他原因而未能发表意见

《纽约公约》第5条第1款(乙)项对程序公平的要求不仅限于给予适当通

① See 2002 WL 24307.
② See 548 F. 3d 85, 92 (2d Cir. 2008).
③ See 2020 WL 2415588.

知,如果仲裁当事人由于其他原因而未能就案件发表意见,这也能成为其抗辩承认和执行的理由。本案中,自然人D就主张他“由于其他原因而未能”向涉案仲裁庭“发表意见”。自然人D所说的“其他原因”有二:一是涉案仲裁庭“不理睬”他的律师关于申请人实施欺诈行为的主张;二是涉案仲裁庭不准许他提供证人证词。

关于涉案仲裁庭“不理睬”其律师观点的主张,自然人D并未举证。(纽约南区)联邦地区法院还发现,这一主张和涉案裁决的内容相矛盾。因为后者不仅明确提到自然人D的律师发表了欺诈行为主张的事实,而且还专门分析了不接受这一主张的理由。可见,自然人D已经就其主张的欺诈行为发表了意见,所谓“被剥夺公平发表意见的机会”的主张缺乏事实依据。

关于自然人D所称涉案仲裁庭不准许其提供证人证词一事,(纽约南区)联邦地区法院援引了“Parsons案”①等权威判例确立的规则。其中,“当事人同意将争议提交仲裁,就失去了其法庭权利——包括传唤证人的权利”的论断就出自“Parsons案”。在“Parsons案”涉及的仲裁程序中,一方当事人以其证人要到美国的大学讲学为由请求延期开庭。仲裁庭拒绝了该请求,其证人因此未能出庭作证,但该方当事人向仲裁庭提交了该证人的宣誓证词。后来在承认和执行仲裁裁决时,该方当事人便以此为由提出未能就案件发表意见的抗辩。

审理该案的美国联邦第二巡回上诉法院指出,国际仲裁程序中的延期开庭会给各方造成极大不便,相比之下,证人因讲学无法出庭不能成为为保护基本公平而延期开庭的理由。加之,仲裁庭已收到该证人的宣誓证词,美国联邦第二巡回上诉法院认定,仲裁庭在拒绝为证人的便利延期开庭时是在其权限范围内行事,并且仲裁庭已经为当事人提供了发表意见的充分机会。由“Parsons案”可以看出,仲裁当事人未能向仲裁庭提供证人证词并不必然构成未能就案

---

① Parsons & Whittemore Overseas Co., Inc. v. Societe Generale de L'Industrie Du Papier (RAKTA), 508 F.2d 969 (2d Cir. 1974).

件发表意见的情形,该证人是否不可或缺以及证人的证词(或其他证据)是否可以通过其他形式提供,都是判断当事人能否发表意见的重要审查因素。

五、涉案仲裁程序是否符合当事人的约定

自然人D的另一个抗辩理由是根据《纽约公约》第5条第1款(丁)项的规定,如果"仲裁庭的组成或仲裁程序不符合当事人之间的约定",法院可以拒绝承认仲裁裁决。自然人D所主张的"不符之处"有二:一是关于仲裁庭的组成,自然人D主张他被剥夺了依《增资协议》规定的程序选定一名仲裁员的权利;二是关于仲裁程序,自然人D主张申请人没有按照仲裁协议的要求,履行在提起仲裁前尝试协商解决争议的义务。

首先,关于仲裁庭的组成,自然人D将"当事人之间的约定"解释为《增资协议》关于"仲裁双方各自选定……一名仲裁员"的规定,强调其有权选定一名仲裁员。而在(纽约南区)联邦地区法院看来,既然当事人约定涉案仲裁应依照贸仲的《仲裁规则》进行,那么贸仲《仲裁规则》也就同样属于"当事人之间的约定"。而根据贸仲《仲裁规则》的规定,如果仲裁当事人未在收到仲裁通知后15日内选定一名仲裁员,贸仲主任将代替未选定仲裁员的当事人指定一名仲裁员。

同时,(纽约南区)联邦地区法院明确表示,其接受贸仲关于自然人D在2020年6月已得到适当送达以及原本能够及时回应仲裁通知的认定。以此为前提,在自然人D和其他仲裁被申请人没有在贸仲《仲裁规则》规定的15日内向贸仲提交共同选定的仲裁员人选的情况下,贸仲主任代替被申请人方指定仲裁员的做法是符合贸仲《仲裁规则》的。考虑到自然人D在仲裁过程中已对此提出过异议,而贸仲也认为选任过程符合《仲裁规则》,(纽约南区)联邦地区法院认定,贸仲遵循了其关于仲裁员任命的规则,涉案仲裁庭的组建是适当的。

其次,关于仲裁程序,自然人D主张,申请人在提起仲裁前没有尝试协商解决争议,这违反了仲裁协议规定的争议应当首先通过协商解决的程序。仲裁协议规定前置的协商程序是一种常见做法,许多败诉方都会以此为理由要求撤销或者不予执行仲裁裁决。值得注意的是,本案中自然人D在涉案仲裁过程中并未向涉案仲裁庭提出过这一主张。对此,(纽约南区)联邦地区法院援引了"ConnTech案"所确立的规则。[①]

在"ConnTech案"中,仲裁被申请人将仲裁协议中"除非另有书面协议,在整个仲裁过程中,各方应继续履行各自的职责和义务"的规定解释为"继续履行是仲裁的前提条件"。被申请人主张,申请人未在仲裁过程中继续履行,相当于已经放弃仲裁权,因此仲裁事项不具有可仲裁性。与本案自然人D关于仲裁前置程序的主张相似,被申请人在仲裁过程中从未提出过上述主张。审理该案的美国联邦第二巡回上诉法院在分析被申请人上述主张本身的同时,还指出"被申请人等到……才向地区法院提出这一主张,就放弃了基于申请人违反(仲裁)先决条件提出异议的权利……如果被申请人认为履行是仲裁的前提条件,那么被申请人应该在……之前就提出这一论点,而在此之前仲裁程序已经进行很久了。对仲裁请求可仲裁性的异议必须及时提出,否则就会被视为放弃"。[②]

根据上述规则,(纽约南区)联邦地区法院认定,自然人D由于未能在仲裁过程中提出协商是仲裁前置程序的观点,所以丧失了在确认程序中提出该观点的权利。

六、关于公共政策的抗辩

自然人D还提出了《纽约公约》第5条第2款(乙)项规定的公共政策抗辩,[③]主张执行涉案裁决将违反美国的公共政策,因此法院应当拒绝承认与执行涉案裁决。自然人D具体提出两点理由:一是确认涉案裁决有助于申请人

---

① ConnTech Development Co. v. University of Connecticut Education Properties, Inc., 102 F.3d 677 (2d Cir. 1996).

② See ConnTech, 102 F.3d 677, 685 (2d Cir. 1996).

③ 《纽约公约》第5条第2款(乙)项规定,如果被请求承认和执行仲裁裁决的国家或地区的主管机关认为"承认或执行裁决违反其的公共政策",可以拒绝承认和执行。

不法侵占T公司的资产,而"利用法院来实施欺诈是违反公共政策的";二是涉案裁决是由一个有偏见的仲裁庭作出的,这违反了美国公共政策,不应得到确认和执行。

(纽约南区)联邦地区法院援引"Parsons案"、[①]"Europcar Italia, S. p. A,案"[②]以及"Yukos Capital S. A. R. L. 案"[③]等权威判例,简要勾勒出其所在司法辖区中适用于公共政策抗辩的法律规则:其一,考虑《纽约公约》倾向执行仲裁裁决,以及担心外国法院会经常以政策原因拒绝确认美国仲裁裁决,公共政策抗辩的适用范围被解释得非常狭窄;其二,该条款仅适用于"执行裁决将违反我们最基本的道德和正义观念的情况";其三,案件牵涉的公共政策必须是"界定清晰且占主导地位,并且应根据法律和判例来确定,而不是来自对想当然的公共利益的一般考量"。在此基础上,(纽约南区)联邦地区法院逐一分析了自然人D提出的两点理由。

首先,关于确认涉案裁决构成"利用法院来实施欺诈"的主张,由于自然人D没有提供美国法律中"界定清晰的"依据来支持其对于美国公共政策的这种宽泛解释,(纽约南区)联邦地区法院根据"Yukos Capital S. A. R. L. 案"、[④]"Telenor Mobile Commc'ns AS案"[⑤]以及"DiRussa案"[⑥]等判例所确立的规则,认定自然人D没有完成反对确认外国仲裁裁决的一方所负有的举证责任,其主张因缺乏权威依据而不能成立。

其次,关于仲裁庭有偏见的主张,尽管自然人D作为权威依据加以援引的联合国国际贸易法委员会秘书处《关于〈承认及执行外国仲裁裁决公约〉(1958

---

① See Parsons & Whittemore Overseas Co., Inc. v. Societe Generale de L'Industrie Du Papier (RAKTA), 508 F. 2d at 973 – 74.

② See Europcar Italia, S. P. A. v. Maiellano Tours, 156 F. 3d at 315.

③ See Yukos Capital S. A. R. L. v. OAO Samaraneftegaz, 963 F. Supp. 2d 289, 299 (S. D. N. Y. 2013).

④ See Yukos Capital S. A. R. L., 963 F. Supp. at 299.

⑤ See Telenor Mobile Communications AS v. Storm LLC, 584 F. 3d at 405.

⑥ See DiRussa v. Dean Witter Reynolds Inc., 121 F. 3d 818, 825 (2d Cir. 1997).

年，纽约）的指南》不是美国的制定法或判例法，不能据以界定美国的公共政策，但（纽约南区）联邦地区法院根据美国联邦第二巡回上诉法院在“Europcar Italia 案”中关于通过欺诈获得的仲裁裁决“可能违反公共政策，因此不能强制执行”[①]的认定，指出自然人D关于有偏见的仲裁庭的主张确实涉及了美国公共政策问题。那么，这里所说的“欺诈”究竟涉及美国何种公共政策？有偏见的仲裁庭又与欺诈有什么关系？以下，结合（纽约南区）联邦地区法院所援引的权威判例及其对本案的适用，加以简要分析。

在“Europcar Italia 案”中，当事人主张该案所涉仲裁裁决是基于一份伪造的协议作出的，因此执行该仲裁裁决违反公共政策。审理该案的美国联邦第二巡回上诉法院指出，该当事人所指称伪造的合同是仲裁裁决的基础合同，基础合同是否伪造应由仲裁庭管辖，因此如果该当事人没有向仲裁庭提出过这个问题，就意味着放弃。与此同时，该法院还指出，“以欺诈手段获得的仲裁协议或仲裁裁决，这可能违反公共政策，因此不能强制执行”（a fraudulently obtained arbitration agreement or award, which might violate public policy and therefore preclude enforcement）[②]。由此可见，“Europcar Italia, S. p. A. 案”所说的“欺诈”是指通过欺诈手段签订仲裁协议或取得仲裁裁决。这种欺诈违反了美国的什么公共政策？和仲裁庭的偏见又有什么关系？

根据（纽约南区）联邦地区法院引述的“Beljakovic 案”[③]，欺诈与仲裁庭偏见涉及的美国公共政策，主要体现在《联邦仲裁法》（Federal Arbitration Act）第10条所规定的法院可以撤销仲裁裁决的4种情形之中，具体包括：（1）仲裁裁决是通过腐败、欺诈或不当手段获得的；（2）仲裁员存在明显的偏见或腐败，或者其中任何一位仲裁员存在此问题；（3）仲裁员在拒绝延期开庭时（在有充分理由支持延期开庭的情况下）或在拒绝听取与争议相关的重要证据时犯有不

① Europcar Italia, S. P. A. v. Maiellano Tours, 156 F. 3d 310 (2d Cir. 1998).

② See Europcar Italia, S. p. A., 156 F. 3d at 315.

③ Beljakovic v. Melohn Props., Inc., 04 Civ. 3694 (JMF), 4 (S. D. N. Y. Nov. 7, 2012).

当行为;或通过其他的失当行为,使任何一方的权利受到损害;或者(4)仲裁员超越了他们的权力,或者行使权力如此不完美,以至于没有对提交的事项作出中立的、最终的、明确的仲裁裁决。[1] 根据上述规定,通过欺诈手段获得仲裁裁决与仲裁员存在明显偏见都是违反美国公共政策的,因而相关仲裁裁决是可以撤销(vacate)和拒绝执行的。

那么,在本案中,自然人D基于仲裁庭的偏见提出的公共政策抗辩是否成立呢?答案是否定的。因为(纽约南区)联邦地区法院认定,自然人D的这种"结论性指控"(conclusory allegation)不足以产生一项有争议事实的真正问题。"结论性指控"的说法来自"Pompano案"[2]。在该案中,原告请求撤销一项仲裁裁决,因为仲裁员表现出明显的偏袒。审理该案的(纽约南区)联邦地区法院对主要由美国联邦第二巡回上诉法院作出的若干权威判例进行了梳理,指出"审查仲裁偏见的主张时,法院考虑各种因素,包括仲裁员在结果中的经济利益、仲裁员与被指控偏袒一方之间的关系性质,以及这种关系在仲裁过程中是否存在……然而,仲裁员与诉讼一方之间的专业关系的存在、关于偏见的结论性指控以及对仲裁结果的不满,均不足以作为撤销裁决的依据"。[3] 在"Fujitsu案"中,美国联邦第二巡回上诉法院也指出:"虽然所有事实模糊之处都必须作出有利于非动议方的解释,但'非动议方不能依赖结论性的指控或毫无根据的推测'。"[4]

在本案中,正如(纽约南区)联邦地区法院指出的,自然人D没有说明关于偏见如何影响仲裁程序的具体事实,陪审团无法认定仲裁裁决是通过欺诈获得的。因此,自然人D关于公共政策抗辩的第二个理由也不能成立。

---

① 9 U.S.C. § 10(a).

② Pompano-Windy Partners v. Bear, 794 F. Supp. 1265 (S.D.N.Y. 1992).

③ Pompano, 794 F. Supp. 1265, 1278–79 (S.D.N.Y. 1992).

④ Fujitsu Ltd. v. Federal Exp. Corp., 247 F.3d 423, 428 (2d Cir. 2001).

英属开曼群岛A公司等诉某国自然人B股份买卖协议争议案仲裁裁决在美国的承认与执行

第一部分　案例导读

本案是关于贸仲作出的一个仲裁裁决在美国法院的承认和执行。涉案裁决的基本事实背景为:2013年12月,A公司及其关联公司和B女士等签订了一份关于目标公司(W公司)股份的买卖协议。2015年5月,A公司以B女士等3名仲裁被申请人存在欺诈为由,向贸仲提起仲裁。2019年4月,贸仲仲裁庭作出涉案裁决,要求B女士等3名被申请人向A公司支付约1.42亿美元款项。随后,B女士等3名被申请人在中国就涉案裁决提出撤销之诉。

在涉案裁决在中国的撤销之诉进行期间,2020年4月,A公司在美国法院提出了针对B女士在纽约的不动产的查封程序。2020年5月,美国法院发出法庭命令,批准了查封申请。2021年2月,中国最高人民法院经过审理驳回了B女士等撤销仲裁裁决的申请。A公司随后向美国联邦地区法院(纽约南区)提起诉讼,要求确认贸仲的仲裁裁决。

在美国法院确认仲裁裁决的程序中,B女士提出了4个抗辩事由:第一,A公司的诉讼因缺乏准对物管辖权而应被驳回,因为其并未证明B女士对纽约的不动产拥有所有权;第二,案件因审判地点不适当而应被驳回;第三,案件根据不方便审理法院原则应被驳回;第四,根据《纽约公约》第5条的规定,涉案的仲裁裁决因仲裁程序不符合当事人之间的约定而不应被确认。2023 年 2 月 10 日,美国联邦地区法院(纽约南区)作出判决,驳回了 B 女士的抗辩理由,确认了贸仲的仲裁裁决。B 女士随后提出上诉。由于双方随后实际上已达成一致,上诉法院撤销一审判决并驳回上诉。

B 女士提出的第四项抗辩理由和《纽约公约》第 5 条第 1 款(丁)项直接相关,即本案是否存在仲裁庭的组庭和当事人约定不符的问题。美国法院重点考虑了中国最高人民法院已经作出的不予撤销裁决的决定,并对该决定予以了很大的尊重。美国法院以此决定作为重要的参考,指出被申请人并没有提出与此任何相反的证据。美国法院认为,裁决作出地法院的决定理应得到尊重,因为执行地的法院不可能比裁决作出地的法院更加精通该国的法律。

另外,值得一提的是,本案仲裁程序涉及多方当事人,被申请人有 3 个主体。而且,涉案仲裁条款约定比较复杂,涉及当事人关于组庭的特别约定和《仲裁规则》(2012 年版)第 27.3 条之间的关系如何理解、何者应当优先适用的问题。当事人意思自治是仲裁制度运作的基石,而仲裁庭的组成方式属于仲裁基本程序规则。正是基于对这一点的充分认识,贸仲在组庭问题上 4 次向当事人发出通知,历时一年多,给予了当事人充分的时间和机会。贸仲最后作出的关于组庭的程序决定谨慎细致,充分尊重了当事人的合意,同时还体现了对诚实信用原则在仲裁程序中的应用。贸仲关于组庭的决定以及中国和美国两国法院对这一决定的认可,也体现出如下原则,即在仲裁条款的特别约定与适用的仲裁规则规定不一致时,当事人的约定优先适用,除非该约定无法实施或与仲裁程序法强制性规定相抵触。

第二部分　美国法院的裁判文书

A公司等诉自然人B案[①]

美国联邦地区法院(纽约南区)

2023年2月10日

联邦地区法院L法官发布了法庭备忘录意见:

申请人A公司及其集团控股公司C公司(以下统称申请人)提起本诉讼,请求法院确认两份外国仲裁裁决,并请求确认一项命令,该命令指示根据前述两份仲裁裁决作出有利于申请人而不利于被申请人B女士的判决。[②] 在一份落款日期为2022年4月20日的《报告和建议》中,治安法官建议确认该两份仲裁裁决的效力,并作出有利于申请人的判决。B女士对该建议提出了反对意见。她辩称,申请人的起诉应因缺乏管辖权而应当被驳回,并且,法院应根据《纽约公约》第5条的规定拒绝确认该两份仲裁裁决的效力。如下所示,仲裁裁决得到确认。

一、案件背景

治安法官的《报告和建议》详细介绍了本案的事实背景和程序历史。涉及本案争议的仲裁裁决源于申请人在贸仲提起的仲裁案件。在该仲裁案中,申请人主张B女士、S公司和Q公司3名仲裁被申请人对其旗下W公司的财务状况作了虚假陈述。申请人通过股份买卖对W公司拥有多数股权。2019年4月,贸仲仲裁庭作出裁决,裁决B女士等3名仲裁被申请人向申请人支付约

① 本案索引号为21－CV－3071 (LAIC)(S. D. N. Y. Feb. 10, 2023)。

② 涉案裁决为两份,但是为同一个仲裁案件中作出的,第一份裁决是关于实体的部分裁决,第二份裁决是关于费用的裁决。

1.42 亿美元款项。

B 女士等 3 名仲裁被申请人就该两份裁决向中国最高人民法院第二国际商事法庭提起撤销仲裁裁决的诉讼。在上述程序待决期间，申请人于 2020 年 4 月在本院的一项杂项程序中提出动议，请求法院作出一项单方面命令，查封位于纽约的一套公寓，以协助仲裁程序的进行。M 公司是一家在纽约注册成立的公司，拥有该公寓的所有权。申请人声称，B 女士控制 M 公司。A 法官在 2020 年 5 月 8 日作出的一项单方面命令中批准了查封该公寓的申请，并认定该公寓目前由被告所有或控制。

2020 年 5 月，申请人提出动议，请求确认查封令。法院向 B 女士送达了查封通知。B 女士没有出庭，也没有提出异议。2020 年 7 月 13 日，K 法官发布命令，确认查封令，并保留对本诉讼的管辖权，以便在满足下列条件时，批准申请人提出的请求移交公寓及其附属物品的动议：申请人对所涉仲裁裁决获得一项终审判决，该终审判决应认定相关的仲裁裁决获得承认并可以在本院强制执行。

在第二国际商事法庭驳回了 B 女士等 3 名仲裁被申请人的撤销之诉后，申请人提起本诉讼，请求根据《纽约公约》的规定确认裁决，并请求获得一项针对 B 女士的判决，以便在 B 女士对该公寓的资产净值范围内获得执行。申请人并没有请求法院确认仲裁裁决下全部裁决金额。相反，他们只请求法院作出一项判决，该判决金额等同并且不超过公寓及公寓上所有其他留置权益扣除交易成本后的出售收益，加上公寓剩余附属物品的出售收益。

B 女士反对申请人提出的确认仲裁裁决的动议，并提出了与她在反对治安法官的《报告和建议》时所提出的 4 个相同论点：(1) 申请人的诉讼因缺乏准对物管辖权而应被驳回，因为申请人并未证明 B 女士对该纽约公寓拥有所有权；(2) 本诉讼因审判地点不适当而应被驳回；(3) 本诉讼应根据不方便审理法院原则被驳回；(4) 仲裁裁决不应被确认，因为根据《纽约公约》第 5 条的规定，仲裁程序不符合当事人之间的约定。

二、美国联邦地区法院(纽约南区)的分析意见

1. 准对物管辖权

B女士辩称,本院缺乏准对物管辖权(Quasi in rem jurisdiction),因为申请人并未证实B女士对该纽约公寓拥有所有权。

准对物管辖权是针对特定财产的管辖权,它可使管辖法院作出影响特定个人在特定财产上权益的判决。[①] 它赋予法院将被告送上财产所在州法庭的权力,即使相关诉讼的标的与该财产无关。[②] 尽管法院基于对财产的管辖权通常要求满足属人管辖权的最低限度联系原则,[③]但是,该原则存在一个例外,即可以通过准对物管辖权查封财产来偿还债务,如果对被告有属人管辖权的法院已经就相关债权债务关系作出了裁判。[④] 鉴于对B女士具有属人管辖权的仲裁庭已经审理了申请人的索赔请求,并裁决B女士等3名仲裁被申请人应当向申请人支付1.42亿美元款项,则本院可以行使准对物管辖权,而不要求存在最低限度的联系。

如果B女士对上述公寓享有权益,本院的准对物管辖权是基于B女士在纽约公寓中的权益。B女士辩称,她不是公寓的产权所有者,因为她既没有购买也没有享有公寓的所有权。她声称,购买者和产权所有者是M公司。申请人对M公司是该公寓的产权所有者这一问题没有异议。然而,他们主张,B女士控制M公司,她支付了房款,并完全控制该公寓,申请人提供的证据证实了

---

① See CME Media Enterprises B. V. v. Zelezny, No. 01 – cv – 1733 (DC), 2001 WL 1035138, at *3 (S. D. N. Y. Sept. 10, 2001).

② See Glencore Grain Rotterdam B. V. v. Shivnath Rai Harnarain Co., 284 F. 3d 1114, 1127 (9th Cir. 2002).

③ See Metro. Life Ins. Co. v. Robertson-Ceco Corp., 84 F. 3d 560, 567, 2d Cir. 1996. [最低限度联系原则被用于"决定被告是否和法院所在州有着足够的联系,从而可以证明法院行使属人管辖权是正确的",无论是通过诉因和法院(特定的属人管辖权)的关联,或者是通过被告和法院之间广泛的联系(普通属人管辖权)。]

④ 一旦有管辖权的法院决定被告是原告的债务人,允许实现该债务的诉讼在被告有财产的州内提起并无不公,无论该州是否有管辖权可以决定作为起源的债务的存在(CME Media Enterprises B. V., 2001 WL 1035138, at *3; see also Shaffer v. Heitner, 433 U. S. 186, 210 n. 36, 1977)。

她对公寓的“有效所有权”。申请人还指出,治安法官正确地认定,尽管B女士已收到申请人关于确认查封令的动议的通知,但是B女士在K法官审理的查封程序中未到案,故在关于公寓的控制权或所有权问题上已经构成不当缺席。

B女士等3名仲裁被申请人于2020年5月21日收到申请人请求确认查封令的动议的通知,2020年6月4日,B女士等3名仲裁被申请人提出异议(如有)的期间届满。2020年6月11日,申请人提交了一封信和拟议的命令,请求K法官批准申请人提起的确认动议,因为“在已经获得本程序通知的情况下,B女士未到案,也未委派律师到案”。B女士收到了申请人的信和拟议的命令,但仍然没有到案或提出异议。2020年7月13日,K法官签发了确认查封令的命令,指出B女士尽管收到了关于本诉讼程序的适当通知,但没有委派律师代表他们到案,也没有对确认动议提出异议。

申请人并未根据《联邦民事诉讼程序规则》第55条的规定提出动议,请求作出缺席判决,K法官在2020年7月13日作出的命令也未被定性为缺席判决。尽管如此,需要解决的问题仍然是,是否应该接受B女士对本院的准对物管辖权的异议,尽管她没有在K法官审理的查封程序中到案并提出反对意见。

联邦上诉第二巡回法院的判例已经表明:“如果被告拒绝到案,此时原告通常可以提出动议,请求法院作出缺席判决。本院同意其他的联邦上诉巡回法院的观点,即在法院批准缺席判决的动议之前,它应当首先确保自己对被告拥有属人管辖权。”[①]假定无须考虑联邦上诉第二巡回法院在缺席判决案件中采用的方法是否应当适用于本案,本人认为记录中的证据可以表明B女士对该公寓拥有权益。

该公寓所处的位置是美国纽约州纽约市西53街20号39A,邮编10019,是2014年以M公司的名义购买的。M公司于2014年3月20日在纽约州公司注册处注册,并提供了曼哈顿地址。第二天,M公司签署了一份以1025万美元

① See Sinoying Logistics Pte Ltd. v. Yi Da Xin Trading Corp., 619 F.3d 207, 213 (2d Cir. 2010).

的价格购买该公寓的合同。在2014年12月8日过户的公寓契据中,M公司提供了D律师的纽约地址。在成交前的两周,B女士已将1072.5万美元转给了另一个在英属维尔京群岛注册成立的实体,名为“M International Limited”。2014年12月15日,M公司购买了公寓并为公寓办理了512.5万美元的抵押贷款后,M International Limited又将500万美元转给了B女士。

虽然该证据并不能直接证明B女士创建并控制了M公司,但房地产和保险经纪人与B女士的代理人之间的通信显示,B女士是公寓的所有权人。举几个重要的例子,在2016年的一次邮件往来中,一名受雇照看公寓的房地产经纪人将她与两名保险经纪人之间的电子邮件转发给了B女士的代理人,邮件标题分别为“致B女士”和“所有者在北京并将汇款”。房地产经纪人在发给B女士的代理人的一份公寓房主保险申请书中显示,申请人是B女士和她的儿子。在另一份通信中,保险经纪人向房地产经纪人和B女士的代理人发送了一份新的财产保险单费用清单,清单上标明M公司为被保险人,B女士和她的儿子为M公司的联系人,并注明了他们名下的公寓地址。而在2017年8月,B女士的代理人向房地产经纪人发邮件,要求她“更改39A的业主姓名,我们不想和B女士这个名字一起使用”。

B女士并没有提供任何反驳证据。虽然她试图找到申请人证据中的漏洞,但B女士未能针对那些往来电子邮件和其他文件进行驳斥,而这些文件明确无误地证明了B女士在公寓中的权益。在美国纽约州初审法院目前正在审理的公寓止赎诉讼中,B女士没有被列为被告,但这一事实并不能推翻那些证明B女士在公寓中拥有权益的证据,而上述证据足以支持本院享有准对物管辖权。

2. 审判地点

B女士接着辩称,本院应当以审判地点(Venue)不当为由驳回本诉讼。《美国法典》(有关《纽约公约》的适用部分)第204节规定:“在联邦地区法院根据本编第203条对有关诉讼或程序享有管辖权的情况下,该诉讼或程序可以向符合下述条件的法院提起,即与当事人之间的争议有关的诉讼或程序可向该法院提起,有仲裁协议的除外,或协议指定的仲裁地在美国境内,而该地点位于该法院的管辖区域内。”①本案双方对“协议中指定的仲裁地”是北京这一约定没有争议。本案双方对本院根据《美国法典》第 203 节拥有事物管辖权这一情况也没有争议。而《美国法典》第 203 条允许美国联邦地区法院确认外国仲裁裁决。② 双方之间的争议焦点集中在《美国法典》第 204 节的前半部分,即“联邦地区法院具有管辖权的诉讼或程序可在任何可就双方之间的争议提起诉讼或程序的法院提起,有仲裁协议的除外”,则该地方是适当的审判地点。

B 女士主张,审判地点不在本区,因为相关争议与纽约没有连结因素,争议各方均为外国实体或个人,本院不享有属人管辖权。治安法官驳回了这一论点,其理由是,本区的几家法院都认为,根据《美国法典》(有关《纽约公约》的适用部分)第 204 条的规定,在没有相反约定的情况下,在任何拥有事物管辖权的法院进行审判地点都是适当的。

本人并不认为《美国法典》第 204 节的规定使审判地点与事物管辖权的范畴同延。《美国法典》第 204 节规定,根据第 203 节的授权,确认外国仲裁裁决的诉讼可以在如下法院提起诉讼,即与双方当事人之间的争议相关的、可以提起诉讼或程序的法院。因此,即使某一法院对一起确认外国仲裁裁决的诉讼拥有事物管辖权,但没有任何与争议有关的诉讼或程序可以在该法院提起,审判地点在那个法院可能并不适当,有仲裁协议的除外。

审判地点在本院是适当的,因为与争议有关的诉讼或者程序本可以在本院提起。假定无须对“不可能在这里提起诉讼的双方之间的争议”作出决定,就审判地点而言,《美国法典》第 204 节并不要求在选定的地点对潜在的争议提起诉讼;相反,与争议相关的诉讼或者程序可以包括查封(扣押)财产的程序,

---

① See 9 U. S. C. § 204.

② See 9 U. S. C. § 203.

以担保判决的执行。如果没有仲裁协议,那么当事人本可以在中国或其他适当的法院就其争议提起诉讼,并可以根据《纽约民事诉讼法和规则》第6201条[1](已被《联邦民事诉讼规则》第64条所纳入)的规定提起诉讼,查封纽约的公寓,作为执行其诉讼判决的担保。根据"与当事人之间的争议有关的诉讼或程序"的明确含义,这种扣押程序符合《美国法典》第204节的规定。

因此,本地区是适当的审判地点。

3. 不方便审理法院原则

B女士还辩称,应根据"不方便审理法院"原则(Forum non conveniens)驳回本诉讼。按照"不方便审理法院"原则,一个法院可以拒绝行使管辖权,即使该管辖权是由一个普通审判地的制定法授权所赋予的,特别是因为存在某一外国法院更适合审理本诉讼案时。[2] 针对依据"不方便审理法院"原则驳回原告的起诉是否恰当问题,美国联邦上诉第二巡回法院确立了如下3步审查程序:第一步,法院决定给予原告选择诉讼地的适当尊重的程度;第二步,法院要考虑被告提出的替代法院是否足以审理双方之间的争议;第三步,法院要平衡考虑选择诉讼地可能涉及的私人利益和公共利益。

B女士未能证实本院应基于"不方便审理法院"原则驳回本诉讼。首先,B女士辩称,治安法官对申请人的选择诉讼地给予了不应有的尊重,因为他们是外国原告,而"外国原告的选择应得到较少的尊重"。[3] 然而,正如联邦上诉第二巡回法院所指出的,原告,即使是外国原告,越是出于正当理由选择在美国法院起诉,就越要尊重这种选择。[4] 申请人有正当的理由选择本院。申请人认

① See N. Y. C. P. L. R. § 6201. ["在任何诉讼(婚姻诉讼除外)中,如果原告要求并有权……获得针对一名或多名被告的金钱判决,则在下列情况下,可以发出扣押令:1. 被告是居住在本州以外的非本州居民……或3. 被告为了……阻挠执行可能对原告有利的判决,已经转让、处置、抵押或隐藏财产,或将财产移出本州,或即将采取任何这些行为……或5. 诉讼理由是基于美国法院或任何其他法院的判决、法令或命令,而这些法院在本州有权获得充分的信任。"]

② Norex Petroleum Ltd. v. Access Indus., Inc., 416 F. 3d 146, 153 (2d Cir. 2005).

③ Piper Aircraft Co. v. Reyno, 454 U. S. 235, 256 (1981).

④ See Bigio v. Coca-Cola Co., 448 F. 3d 176, 179 (2d Cir. 2006).

为,B女士等3名仲裁被申请人将采取措施使裁决得不到执行,这些措施包括隐匿财产等。申请人在本院,即B女士的部分财产所在地提起查封程序,以避免在仲裁裁决得到确认后进一步被拖延执行裁决。在这种情况下,申请人对法院的选择值得尊重。

假设中国是审理本诉讼的适当的替代法院,私人和公共利益因素并不支持驳回诉讼。B女士含糊地声称,本诉讼的最终完成可能需要来自遥远地方的证人和文件证据,但她并未指明任何具体证据,会使在本院进行的确认程序诉讼对当事人造成负担或不便。事实上,在确认仲裁裁决的诉讼中使用此类证据是罕见的,因为确认仲裁裁决通常走简易程序。① 此外,如果B女士希望提供证据推翻申请人关于她在纽约公寓中的权益的证明,B女士在本程序(以及在K法官之前审理的查封程序)中本来就已经有充分的机会这样去做。

对公共利益因素的考量,也支持本院行使管辖权。尽管中国可能与当事人之间的潜在争议有更紧密的联系,但联邦上诉第二巡回法院已经表明,确认《纽约公约》项下的国际仲裁裁决是美国的一项"有利政策"——一项极大地支持本院行使管辖权的公共利益。

因此,以不方便审理法院为由驳回本诉讼是没有根据的。

4.《纽约公约》第5条

B女士提出的最后一个反驳意见是:本院应拒绝确认仲裁裁决,因为"仲裁机构的组成或仲裁程序不符合当事人的约定"。仲裁机构的组成不符合当事人的约定是《纽约公约》第5条中确定的拒绝确认外国仲裁裁决的7个理由之一。

B女士提出的反驳意见的核心要点是,贸仲未能按照《仲裁规则》(2012年版)第27(3)条的要求指定所有3名仲裁员。B女士向贸仲仲裁庭提出了同样

① See Encyclopaedia Universalis S. A. v. Encyclopaedia Britannica, Inc., 403 F. 3d 85, 92 (2d Cir. 2005).

的抗辩,并向第二国际商事法庭提起上诉,后者驳回了B女士的上诉。治安法官遵从仲裁庭和第二国际商事法庭的判决,驳回了B女士以此为由提出的抗辩。B女士辩称,治安法官不适当地遵从了仲裁庭的决定,因为"只有在涉及原诉国适用较严格审查标准的情况下才应当遵从原诉国的程序"。[1]

B女士指出,没有任何证据表明,第二国际商事法庭适用了较严格的审查标准。但她并未就审查标准提供任何证据或权威证言。在任何情况下,无论本人给予仲裁庭和第二国际商事法庭何种程度的尊重(如果有),B女士都无法履行其举证责任,[2]证明仲裁机构的组成不符合双方协议的约定。第二国际商事法庭作出认定,认为贸仲在B女士等被申请人拒绝选定仲裁员时,按照其仲裁规则"一方因任何理由未行使[选定三名仲裁员之一]权利的情况下,指定仲裁庭全部三名成员"的做法符合规定。B女士没有提供证据反驳上述观点。同时,B女士在"被授权在整个仲裁期间代表所有[仲裁被申请人]行事"的情况下,拒绝共同代表仲裁被申请人选定一名仲裁员的行为是恶意的。

因此,B女士虽然根据《纽约公约》第5条提出拒绝确认仲裁裁决,但是其并没有完成其举证责任。本人也考虑了B女士的其他抗辩理由,认定它们全部没有说服力。

三、结论

基于上述理由,驳回B女士的异议,申请人要求确认仲裁裁决的请求获准。在提前两个工作日通知前提下,申请人应在2023年2月24日或之前获得

---

① See Europcar Italia, S. p. A. v. Maiellano Tours, Inc., 156 F. 3d 310, 317 (2d Cir. 1998), 156 F. 3d at 317. ("《纽约公约》所允许的有限审查范围尊重起源国的程序,这些程序所涉及的审查标准不那么严格,前提是在这些情况下,精通本国法律的外国法院更适合确定裁决的有效性"。)

② See Europcar Italia, S. p. A., 156 F. 3d at 313. ("反对执行的一方有责任证明存在下列抗辩之一。")

上述判决确定的全部款项。①

第三部分 案例评述

一、关于和执行外国仲裁裁决相关的美国国内诉讼程序相关问题

被申请人在本案提出的4个抗辩理由中,前3个理由,即准对物管辖权、审判地点和不方便法院问题,并非直接关于《纽约公约》项下的跨国承认和执行外国仲裁裁决事宜,而是涉及美国国内诉讼的有关程序。但是,这些程序问题对于外国仲裁裁决在美国的承认与执行,依然具有重大影响。从本案可以看出,在整体上,美国法院倾向对诉讼程序问题作出灵活和宽松的安排,并为外国仲裁裁决在美国的承认和执行提供便利,因此总体上呈现对《纽约公约》支持的司法态度。

1. 关于准对物管辖权

正如美国法院在该决定中所指出的,准对物管辖权是针对特定财产的管辖权,它可使管辖法院作出影响特定个人在特定财产上权益的判决。在美国适用准对物管辖权主要有两个目的:确保指定财产中原已存在的债权,或将被告的财产用于清偿先前对被告作出的判决。②

尽管法院基于对财产的管辖权通常要求满足属人管辖权的最低限度联系原则,但是如果对被告有属人管辖权的法院已经就相关债权债务关系作出了裁判,法院就可以通过对准对物管辖权查封财产来偿还债务,并不要求最低限度的联系。

---

① 在该一审判决作出之后,上诉人Z女士提出动议,要求美国联邦上诉第二巡回法院撤销该一审判决,并以案件争议事实上已不存在为由对其上诉作出驳回处理。而且,被上诉人A公司不反对上述动议。美国联邦上诉第二巡回法院2023年8月30日批准上述动议,撤销联邦地区法院的判决,上诉案件因争议不再存在而被驳回。案件发回联邦地区法院,并遵照上述指示以案件争议已不存在为由驳回起诉。

② See Shaffer v. Heitner, 433 U. S. 186, 199 & n. 17 (1977).

在本案中,美国联邦地区法院(纽约南区)之所以可以审理涉案裁决的确认之诉,部分原因在于,B 女士在某纽约公寓中拥有权益。这也就意味着,只要外国仲裁裁决的败诉方在美国境内拥有财产,美国法院就可能通过准对物管辖权来获得对仲裁裁决确认的管辖权。

此外,在准对物管辖权问题上,本案还有一个特殊之处在于 B 女士并不是纽约公寓的直接产权所有者,公寓的购买者和产权所有者另有其人。但是,美国法院基于对事实的认定,包括通过大量邮件和相关文件,相应认定 B 女士事实上对于公寓是拥有权益的。美国法院认为,本案中能够证明 B 女士在公寓中拥有权益的证据足以支持其对于本案享有准对物管辖权。这对于跨境执行仲裁裁决的申请人来说,无疑也是一个极为有利的规则。在跨境追索败诉方资产的过程中,即使目标资产并非直接在败诉方名下,但是只要有足够的证据证明败诉方对于目标资产拥有权益,也有可能在美国申请就此执行外国的仲裁裁决。但值得注意的是,美国法院也曾指出,虽然能够通过其辖区内被申请人的资产所在建立最低限度的联系,从而依法授予法院准对物管辖权,但是依此管辖权所能够判决执行的财产价值仅限于其辖区内被申请人资产的价值。若仲裁裁决所支持的请求数额高于前述资产价值,则无法通过准对物管辖权获得全部的确认与执行。①

2. 关于审判地点

B 女士在本案中还主张,由于争议各方当事人均为外国主体,相关争议与法院所在地纽约没有联结因素,该法院不享有属人管辖权,故审判地点不恰当,进而要求美国联邦地区法院(纽约南区)不予认可涉案裁决。

在美国法上,审判地点(Venue)所处理的问题是“在哪个郡(州下面的分支)提起诉讼”,管辖权所处理的问题是“在哪个州和哪个法院提起诉讼”。审

① See CME Media Enterprises B. V. v. Zelezny, No. 01 Civ. 1733(DC), 2001 WL 1035138, at *1 (S. D. N. Y. Sept. 10, 2001).

判地点可以通过当事人的协商放弃,管辖权则不可。[①]

根据《美国法典》第28节第1391条的规定,在下列任何一种情况下,民事诉讼的审判地点都是适当的:"(1)任何被告居住的司法管辖区,如果所有被告都是该司法管辖区所在州的居民;(2)引起诉讼请求的事件或不作为的大部分发生地的司法管辖区,或诉讼标的的大部分财产的所在地的司法管辖区;或者(3)如果没有根据本条规定可以提起诉讼的地区,则任何被告受法院对该诉讼的属人管辖权管辖的司法地区。"[②]据此,B女士主张本案审判地点不恰当的理由可能主要涉及如下因素:(1)当事人均不是管辖区所在州居民,即纽约州居民;(2)引起诉讼请求的事件大部分发生地不位于纽约州;(3)法院对被告不享有属人管辖权。

但是,美国联邦地区法院(纽约南区)认为,根据《美国法典》(有关《纽约公约》的适用部分)第204节的规定,在该院进行审理是适当的。即使争议的主要问题无法在该地区得到处理,但如果可以在该地区采取相关行动(如财产担保),则该地区仍然是一个适当的地点。查封B女士在纽约的公寓,作为执行其裁决的担保,扣押程序符合《美国法典》第204节的规定。

3. 关于不方便审理法院原则

美国联邦地区法院(纽约南区)没有支持B女士以不方便审理法院的原则来驳回本案诉讼的申请。一般而言,在考虑该原则时,美国法院会考虑:(1)对原告选择诉讼地的尊重程度;(2)替代诉讼地是否适当;(3)诉讼地选择所涉及的公共利益和私人利益之间的平衡。[③] 其中,公共利益因素可能包括"与法院拥挤有关的行政困难;对那些其社区与诉讼毫无关系的人强加陪审团义务;解

---

① American Bar Association, Accessed Aug. 23, 2024, https://www.americanbar.org/groups/public_education/resources/law_related_education_network/how_courts_work/jurisdiction/.

② See 28 U.S.C. 1391, Accessed Aug. 24, 2004, https://www.govinfo.gov/content/pkg/USCODE-2023-title28/html/USCODE-2023-title28-partIV-chap87-sec1391.htm.

③ See Norex Petroleum Ltd. v. Access Indus., Inc., 416 F.3d 146, 153 (2d Cir. 2005).

决本地纠纷的本地利益;以及适用外国法律所涉及的问题”。[①] 私人利益因素,主要是指“涉及诉讼当事人的便利性、获得证据来源的相对容易程度,以及是否有强制程序让不愿意出庭的证人出庭”。[②]

在本案中,美国法院对公共利益还从执行外国仲裁裁决的角度作出了解读。法院指出,申请执行外国仲裁裁决的一方,选择败诉方财产所在地提起查封财产的程序,避免裁决的执行被延误。在这一情况下,申请方对于法院的选择本身就值得尊重。尤其是,在考虑是否存在不方便法院情形时,法院要平衡考虑选择诉讼地可能涉及的私人利益和公共利益。而本案中需要考虑的公共政策,恰恰是确认《纽约公约》项下的国际仲裁裁决本身就构成美国的一项“有利政策”,足以支持法院行使管辖权的公共利益。[③] 美国法院的这一决定体现出了对《纽约公约》项下承认与执行外国仲裁裁决的高度认定和尊重,以及尽量在国内诉讼程序的设置上,作出有利于仲裁裁决执行的相应安排。

二、关于仲裁程序是否符合当事人的约定

B 女士提出的第四项抗辩理由和《纽约公约》第 5 条直接相关,即涉案裁决作出的仲裁程序不符合当事人之间的约定,因此不应被美国法院确认。这一理由在本案中被美国法院驳回。美国法院对于这一问题的分析和论述却简洁有力,即美国法院充分注意到了涉案裁决曾在裁决作出地即中国最高人民法院有过撤销之诉,而且,提起撤销之诉的理由和在本案中申请拒绝承认和执行的理由是相同的。鉴于中国最高人民法院已经认定这一撤裁理由不成立,作出涉案裁决的仲裁庭之组成完全符合当事人之间的约定,贸仲仲裁庭和中国最高人

---

① See Monegasque, 311 F. 3d at 500 (citing Gilbert, 330 U. S. at 508 – 09, 67 S. Ct. 839); Tel. Sys. Intern., Inc. v. Network Telecom PLC, 303 F. Supp. 2d 377, 384 (S. D. N. Y. 2003).

② See Monegasque, 311 F. 3d at 500 (citing Gilbert, 330 U. S. at 508 – 09, 67 S. Ct. 839); Tel. Sys. Intern., Inc. v. Network Telecom PLC, 303 F. Supp. 2d 377, 384 (S. D. N. Y. 2003).

③ See Figueiredo Ferraz E Engenharia de Projeto Ltda. v. Peru, 665 F. 3d 384, 389 – 90, 392 (2d Cir. 2011). (“美国长期以来致力于推动国际商事仲裁,联邦仲裁法和国会对《纽约公约》和《巴拿马公约》的批准就是明证。这一承诺要求我们的法院在绝大多数案件中承认和执行国际仲裁裁决。”)

民法院的决定理应受到尊重。因此,本案同样不存在需要拒绝承认和执行的事由。

1. 关于美国对外国法院审查仲裁裁决的司法态度

B 女士在本案中就仲裁程序不符当事人约定问题,提出的一个核心主张是法官不适当地遵从了仲裁庭的决定,因为"只有在涉及原诉国适用较严格审查标准的情况下才应当遵从原诉国的程序"。

美国法院指出,根据"Europcar Italia, S. p. A. 诉 Maiellano Tours, Inc. 案",美国法院对外国仲裁裁决的审查应是有限范围的审查。① 如果仲裁裁决来源国即仲裁地的法院已经遵循更严格的司法审查标准对于裁决进行了审查,那么美国法院作为作出执行地的法院,在审查仲裁裁决时不可能比仲裁地的法院更精通仲裁地的法律,也不可能在裁决的有效性问题上作出更精准的判断。这也意味着,仲裁地法院作出的判决更加应该得到尊重。

在这个案件之中,美国法院正是基于这一原则,直接以涉案裁决在中国已由中国最高人民法院进行了司法审查作为理由,虽然在该法院决定之中并未详细展开分析本案具体的仲裁庭组成情况,但在决定中明确指出其是考虑中国最高人民法院已经就同一问题在撤销裁决之诉中作出决定,相应认定了作出涉案仲裁之仲裁庭的组成并不违反当事人的约定。

在原则上,裁决在仲裁地的撤销之诉和在执行地的执行之诉是两个不同的司法程序,作为败诉方,有权先后享有这两项程序上的救济。而且,《纽约公约》本身并不涉及撤销问题。美国法院也曾在多个案例中明确指出,申请人可根据《纽约公约》正式提出承认裁决的请求,但是,被申请人撤销仲裁裁决的申请受国内法的管辖,而不是《纽约公约》。②

然而,实际上,败诉方提起撤销的事由和提起拒绝承认和执行的事由往往

① Europcar Italia, S. p. A. v. Maiellano Tours, Inc., 156 F. 3d 310, 317 (2d Cir. 1998).

② "Y See usuf Ahmed Alghanim & Sons 公司诉美国 Toys'R'公司案",美利坚合众国第二巡回上诉法院,1997 年 9 月 10 日,126 F. 3d 15。

是基本雷同的。以《示范法》为例,第34条第(1)款规定"不服仲裁裁决而向法院提出追诉的唯一途径是依照本条第(2)和(3)款的规定申请撤销"。第34条第(2)款规定的撤销裁决之6项理由均被包含在《纽约公约》第5条拒绝承认和执行的7项事由之中。在实践中,即使裁决在仲裁地有过撤销之诉,但执行地法院按照《纽约公约》第5条的规定就同一问题对裁决进行再次审查无可厚非。但是,由此也会产生造成一些负面影响,例如,同一程序问题被双重审查,以及败诉方可能以同样的理由两次对裁决的效力提出质疑,从而达到拖延程序和拒绝执行的目的。因此,执行地的法院如何对待仲裁地法院的撤销决定,对于外国仲裁裁决的承认和执行程序是否能够得到高效、公平的处理,就变得非常关键。

在本案中,美国法院更多地尊重了中国最高人民法院在撤销之诉中就同一程序问题已作出的决定,直接以被申请人提出的理由相同为依据,认为被申请人没有完成《纽约公约》第5条项下的举证责任。换言之,在中国最高人民法院就撤销问题所作出的决定实际上已构成一项重要的证据,证明本案并不存在仲裁庭的组成和当事人约定不符的情形,而被申请人并不能提供任何证据反驳中国最高人民法院的这一决定。美国法院指出,应当尽量避免对涉案裁决做更多的审查。美国法院这一做法体现了对仲裁庭以及仲裁地法院决定的尊重。正如美国法院在"Florasynth Inc. 诉 Pickholz 案"中所指出的,对仲裁裁决的确认应仅是一项简易的程序,即将已经作出的最终仲裁裁决变成一项法院的判决。[①]

2. 关于《纽约公约》第5条第1款(丁)项

《纽约公约》第5条第1款(丁)项规定,如果仲裁庭的组成或仲裁程序和当事人之间的协议不符,或当事人间没有约定时与仲裁所在国的法律不符,缔

---

① See Florasynth, Inc. v. Pickholz, 750 F. 2d 171, 176 (2d Cir. 1984); Barbier v. Shearson Lehman Hutton, Inc., 752 F. Supp. 151, 159 (S. D. N. Y. 1990).

约方的法院可拒绝承认和执行。

这一抗辩理由必须由对承认和执行仲裁裁决提出异议的一方提出,并由其承担举证责任,不能由法院自行提出。美国法院也在多个司法案例中对这一原则予以确认。[①]

在仲裁中,当事人意思自治是首要原则。因此,在当事人就仲裁庭组成方式作出明确约定的情况下,该约定本身,而非是仲裁规则,首先将成为法院考虑的依据。根据《纽约公约》第5条第1款(丁)项的规定,执行地的法院应优先考虑当事双方在仲裁庭的组成和仲裁程序方面的协议。仲裁地所在国的法律仅在当事双方未就所涉程序问题达成明示或默示协议时才能发挥次要作用。[②]

与1927年《日内瓦公约》相比,《纽约公约》第5条第1款(丁)项向前迈出了重要一步。根据《日内瓦公约》的规定,仲裁裁决必须符合双方当事人的协议,并且同时符合仲裁程序管辖法,才能得到承认和执行。[③]

《纽约公约》的新意在于《纽约公约》第5条第1款(丁)项赋予当事双方就仲裁庭的组成和程序达成协议的优先权。这一点符合《纽约公约》第5条第1款赋予执行法院的对仲裁裁决的有限审查权,并减少了以程序不符合国内法为由拒绝承认和执行仲裁裁决的风险。[④]

3. 本案仲裁条款中关于仲裁庭组成的当事人约定

根据《纽约公约》第5条第1款(丁)项的规定,在仲裁庭的组成问题上需要优先考虑当事人之间的协议,而且,只有在“没有这种协议”的情况下才能适

---

① See Deiulemar Compagnia Di Navigazione, S. P. A. v. Transocean Coal Co., Inc., No. 03 CIV. 2038(RCC), 2004 WL 2721072, at *10 n.4 (S. D. N. Y. Nov. 30, 2004).

② 《秘书长的报告:〈承认及执行外国仲裁裁决公约〉的适用和解释问题研究报告》(1958年,纽约),A/CN.9/168,参见《联合国国际贸易法委员会第十卷年鉴》(1979年),第106页。

③ 参见1927年《关于执行外国仲裁裁决的日内瓦公约》第1条第(c)款,根据该款的规定,寻求承认和执行的当事人必须证明“该仲裁裁决是由仲裁申请中规定的仲裁庭作出的,或者是由根据当事双方商定的方式组成的仲裁庭以符合仲裁程序管辖法的方式作出的”。

④ 联合国国际贸易法委员会秘书处关于《承认及执行外国仲裁裁决公约》(1958年,纽约)的指南(2016年版),第190页。

用仲裁地的法律。对此,美国法院也曾经在案例中予以确认,认定必须依照当事人之间的协议来衡量《纽约公约》第5条第1款(丁)项列举的理由。[①]

因此,在本案中,对于美国法院来说,涉案裁决作出所依据的仲裁条款之规定是其在判断时考虑的首要因素。

从中国最高人民法院作出的决定中可见,涉案裁决所依据的为一个关于目标公司W公司股份的买卖协议,买卖协议一共有7个合同主体,分别为B女士、S公司、Q公司、目标公司W公司、A公司、A公司的全资股东M公司、持有M公司82.7%股份的集团公司C公司。

买卖协议规定,B女士、S公司、Q公司合称"卖方",A公司为"买方"。该协议第13.2条对仲裁庭的组成方式约定如下:

"因本协议、或本协议的违约、终止或无效而引发或与之有关的任何争议、争端或索赔(无论是合同、先合同或是非合同性的),均应当提交中国国际经济贸易仲裁委员会('贸仲')依据本协议签署之日有效的贸仲仲裁规则('规则')进行具有约束力的仲裁,该规则应被视为以引述的方式纳入本条,并可由本条其他规定予以修订。仲裁地应为北京。仲裁员应为三(3)名。申请人应指定一(1)名仲裁员,被申请人应指定一(1)名仲裁员。第三名仲裁员(担任首席仲裁员)应按照下列程序指定:

13.2.1 贸仲秘书处应向各当事方提供一份相同的名单,其中包含至少三名候选人,并均(ⅰ)具有香港特别行政区律师执业资格,且(ⅱ)非中国公民;

13.2.2 各当事方应删除名单中其反对的人选、对其余人选按照其倾向性排序,并在收到名单的15日内将其返还予贸仲秘书处(由最倾向排列至最不倾向的顺序);

13.2.3 上述期限届满后,贸仲应在各当事方批准的相同人选姓名中按照各当事方的倾向性顺序指定首席仲裁员;以及

① Polimaster Ltd. v. RAE Sys., Inc., 623 F.3d 832, 837 (9th Cir. 2010), 08-15708, 09-15369.

13.2.4 如果基于任何原因无法按照上述程序进行指定，贸仲主席应行使其酌情决定权，从贸仲仲裁员名册中指定一名符合以上第13.2.1款的资格及国籍要求的首席仲裁员；

在此说明，各方同意可以选择贸仲仲裁员名册以外的仲裁员，但应经贸仲主席确认。"

另外，上述第13.2条中所提到的"本协议签署之日有效的贸仲仲裁规则"实际是指《仲裁规则》(2012年版)。该规则的第27条规定："多方当事人仲裁庭的组成：(一)仲裁案件有两个或两个以上申请人及/或被申请人时，申请人方及/或被申请人方应各自协商，各方共同选定或共同委托仲裁委员会主任指定一名仲裁员。(二)首席仲裁员或独任仲裁员应按照本规则第二十五条第(二)、(三)、(四)款规定的程序选定或指定。申请人方及/或被申请人方按照本规则第二十五条第(三)款的规定选定首席仲裁员或独任仲裁员时，应各方共同协商，并提交各方共同选定的候选人名单。(三)如果申请人方及/或被申请人方未能在收到仲裁通知后15日内各方共同选定或各方共同委托仲裁委员会主任指定一名仲裁员，则由仲裁委员会主任指定仲裁庭三名仲裁员，并从中确定一人担任首席仲裁员。"

4. 涉案仲裁庭的组成方式

涉案仲裁由A公司作为申请人提起，B女士、S公司和Q公司作为3名仲裁被申请人。贸仲在2015年5月受理该案。随后，就仲裁庭的组成问题，贸仲发出了如下通知：

(1)2015年5月26日向双方发出的第一份通知

该通知告知双方该案仲裁程序适用《仲裁规则》(2012年)，并要求双方当事人按照该通知中规定的期限各指定一名仲裁员，如未能指定，则"本会主任将代为你方指定一名仲裁员"。随后，A公司按期指定了M先生为仲裁员。3名仲裁被申请人3次致函贸仲表示，无法共同指定1名仲裁员，请求贸仲根据《仲裁规则》(2012年)指定全部3名仲裁员。

(2)2015年12月24日向3名仲裁被申请人发出的第二份通知

该通知告知3名仲裁被申请人:“鉴于双方当事人约定适用本会《仲裁规则》并约定可对《仲裁规则》有关内容进行变更,根据《仲裁规则》第四条第(三)款的规定,除非当事人在本案仲裁条款中的约定无法实施或与本案仲裁程序适用法强制性规定相抵触,本案仲裁程序应当按照双方当事人在仲裁条款中的约定进行”。

贸仲在该通知中还告知:“请被申请人方共同选定一名仲裁员,并在收到本通知之日后15日内将共同选定的仲裁员姓名以书面方式告知本会。若被申请人方未能在上述期限内共同选定一名仲裁员,本会主任将代被申请人方指定一名仲裁员。首席仲裁员将按照双方当事人在仲裁条款中的约定产生”。

但是,3名仲裁被申请人在第二份通知规定的期限内未作答复。

(3)2016年1月8日向3名仲裁被申请人发出的第三份通知

该通知告知3名仲裁被申请人:“考虑到本案的实际情况,请被申请人方于2016年1月25日之前共同选定一名仲裁员,并在上述期限内将共同选定的仲裁员姓名以书面方式告知本会。若被申请人方未能在上述期限内共同选定一名仲裁员,本会主任将代被申请人方指定一名仲裁员”。

B女士于2016年1月22日向贸仲发函,表示为避免仲裁程序权利遭受更大损害(被剥夺选定仲裁员的机会),在声明保留异议的前提下指定Z先生为仲裁员。同日,S公司、Q公司共同向贸仲发函,表示为避免仲裁程序权利遭受更大的损害,在声明保留异议的前提下,同意B女士指定的Z先生作为该方指定的仲裁员。此后,3名仲裁被申请人仍于2016年2月7日、2016年7月11日向贸仲发函,就仲裁庭的组成方式提出异议。

(4)2016年9月27日向双方发出的第四份通知

该通知告知双方,由于3名仲裁被申请人已选定仲裁员,因此三人仲裁庭已组成。两位边裁分别由双方指定。首席则是贸仲根据仲裁条款向双方出具的首席仲裁员候选名单中经双方确认的唯一相同人选。

5. 3名仲裁被申请人的主张

3名仲裁被申请人认为,本仲裁案属于多方当事人仲裁案件,买卖协议涉及7个合同主体。仲裁条款采用了“申请人”“被申请人”的措辞,但并未就“申请人”与“被申请人”对应的合同主体范围作出界定,也没有对主体的划分方式作出约定。本案中,B女士的意思表示不能被视为可以代表其余两名仲裁被申请人,3名仲裁被申请人的利益并不一致,并不能就仲裁员达成一致意见,贸仲应该按照《仲裁规则》(2012年)第27.3条的规定组成仲裁庭,即仲裁庭3名仲裁员均应由仲裁委员会主任指定。最后,3名仲裁被申请人是为避免仲裁程序权利遭受更大损害,在声明保留异议的前提下才不得不共同指定了1名仲裁员。因此,本案仲裁庭的组成方式是错误的。

6. 中国最高人民法院驳回撤销裁决之诉的主要理由

中国最高人民法院适用《民事诉讼法》(2012年修正版)第274条第1款第3项对于该撤销仲裁裁决案件进行了审查。根据这一条款的规定,如果仲裁庭的组成或者仲裁的程序与仲裁规则不符的,则仲裁裁决应当予以撤销。

本案中,中国最高人民法院指出,案涉买卖协议第13.2条对仲裁庭的组成方式特别是当事人指定仲裁员的程序已经作出了约定。因此,本案的首要问题在于,确定当事人在第13.2条中究竟就仲裁庭组庭方式达成了何种约定。

应当指出的是,案涉买卖协议第13.2条的约定本身比较复杂,且有一定的不确定之处。该条规定,“申请人应指定一(1)名仲裁员,被申请人应指定一(1)名仲裁员”。案涉买卖协议由7个合同主体共同签署,但是仲裁条款仅采用了“申请人”“被申请人”这一措辞,无论是案涉买卖协议还是仲裁条款本身均未就“申请人”与“被申请人”对应的合同主体范围作出界定,也没有对主体的划分方式作出约定。同时,案涉买卖协议第13.2条以引述方式并入了《仲裁规则》(2012年版),该规则第27.3条明确规定了如果申请人方及/或被申请人方未能在收到仲裁通知后15日内各方共同选定或各方共同委托仲裁委员会主任指定一名仲裁员,则仲裁庭全部3名仲裁员均应由仲裁委员会主任指定。

因此，对案涉买卖协议第13.2条规定的组庭方式可能产生两种解读：第一种理解是该约定只是简单重复《仲裁规则》；第二种理解是该约定在于强调仲裁双方有选择仲裁员的权利。针对这一不确定之处，中国最高人民法院指出，“解释合同条款，应当尽可能赋予其有效性，而不应使其成为冗余或毫无意义的条款。如果没有其他更强有力的理由，案涉仲裁条款不应理解为是对《仲裁规则》(2012年版)第27条的简单重复，否则仲裁条款的约定将变得毫无意义”。[①] 由于第13.2条明确约定了申请人和被申请人各有指定一名仲裁员的权利，中国最高人民法院认为，对于该条的正确理解应当是，双方当事人根据约定分别获得了选择一名仲裁员的权利。当仲裁一方当事人因某种原因无法行使该权利时，不能因此影响另一方当事人的权利。在仲裁条款明确赋予双方当事人享有指定仲裁员权利的前提下，贸仲应尊重双方当事人依约定享有的指定一名仲裁员的权利，而非直接适用《仲裁规则》(2012年版)第27.3条同时为仲裁双方当事人各指定一名仲裁员。

此外，中国最高人民法院还结合合同解释的一般性原则对第13.2条作出了解读，即对合同条款的理解应综合考虑合同上下文、合同的履行背景等因素。本案中，买卖协议仅在第13条适用法律和争议解决条款中出现了“申请人”和“被申请人”，没有就此作进一步的约定。但是，买卖协议的核心要素是设定买卖双方的权利义务，具体权利义务的享有和承担只体现在买卖双方当事人之间。根据买卖协议权利义务设置及各合同主体的利益关系，买卖协议的合同主体明显可以分为两方当事人，一方为以B女士为代表的卖方当事人，另一方为以A公司为代表的买方当事人。在买卖协议的具体履行和纠纷解决过程中，利益相互对立和冲突的两方主体只有买方和卖方。因此，买卖协议第13条使用的“申请人”和“被申请人”，从表面看来缺乏界定，系因为在协议签署时尚不明确哪一方当事人会提起仲裁，实际上与买方、卖方相互对应。在本案仲裁程

① (2019)最高法民特4号民事裁定书。

序开始后，申请人、被申请人与买方、卖方分别形成了对应关系。[①] 因此，“申请人”与“被申请人”的范畴是具体明确的。在这一基础之上，买卖协议第13条所规定的双方有权各指定一方当事人的做法完全是可以实现的。鉴于此，中国最高法院认为，贸仲的组庭方式是正确的，不存在和当事人约定的不符之处。

7. 关于贸仲在涉案仲裁中组庭做法的评析

首先，值得一提的是，贸仲在本案中给予了双方当事人充分的机会和时间就仲裁庭的组成发表意见。正如前文所述，贸仲先后向当事人就组庭问题发出了4次通知，而且在通知中多次向3名仲裁被申请人详细阐述了组庭方式的立场及依据。因此，贸仲就本案最后确定的组庭方式依据充分，并已向3名仲裁被申请人释明。而且，应3名仲裁被申请人的请求，贸仲已多次允许该方延期选定仲裁员。从贸仲发出第一份通知告知3名仲裁被申请人要确定仲裁员起，至贸仲发出第四份通知确认仲裁庭的组成，期间历时1年4个月。因此，贸仲已经给予了3名仲裁被申请人充分的考虑时间来指定仲裁员。

而且，贸仲的组庭方式体现出对当事人合意的高度尊重。贸仲在本案中并没有贸然适用《仲裁规则》中多方当事人组庭的规则，而是对案涉仲裁条款即第13.2条作出了细致和谨慎的解读。当事人在仲裁协议中约定适用某一仲裁规则，《仲裁规则》就被视为通过“并入”方式纳入仲裁协议之中。在这一条件下，《仲裁规则》和当事人特别约定以何者优先，实际上是需要确定何者更能保护当事人的意思自治。贸仲在本案中的组庭方式体现出其对这个问题的态度，即如果当事人在起草仲裁协议时既考虑了被适用的仲裁规则，同时又就特定事项尤其是仲裁员的人数、指定方式等作出了特别约定，这就说明当事人已就这些事项达成了特别约定，这些特别约定应视为更加符合当事人特定交易的需求。

其次，贸仲仲裁规则是一个整体，在本案中已被当事人通过约定并入仲裁

---

① (2019)最高法民特4号民事裁定书。

条款。根据《仲裁规则》(2012年版)第9条"诚实信用"的规定,仲裁参与人进行仲裁程序时应遵循诚实信用原则。本案中,仲裁被申请人方虽然有3个主体,但B女士是S公司和Q公司的唯一股东,是S公司的唯一董事,是Q公司的两个董事之一,并获得了相关授权,B女士、S公司、Q公司显然属于利益一致的仲裁一方当事人。案涉仲裁条款赋予该方当事人共同指定一名仲裁员的权利,该约定事实上并无实施障碍。3名仲裁被申请人以无法就仲裁员人选达成一致为由,多次拒绝共同指定一名仲裁员,有违诚实信用原则。因此,贸仲在组庭上所作的决定,也体现了对诚实信用这一基本原则的应用。

最后,需要指出的是,虽然3名仲裁申请人声明保留异议,但其还是共同指定Z先生为仲裁员,并非未能就共同指定一名仲裁员达成一致意见。仲裁当事人尤其是被申请人一方经常在仲裁程序中通过提交声明来保留程序上的异议权。但是,这一行为经常是为了后期万一仲裁结果不利做好撤销乃至不予承认和执行的准备。就此,中国最高人民法院在决定中也明确指出,这一"伺机行为"不应得到鼓励。[①] 因此,对于仲裁程序管理者来说,尽管收到类似的异议,但是依然应在保障当事人合法程序权利的前提下,高效地推进仲裁程序。

① (2019)最高法民特4号民事裁定书。

中国 A 公司诉美国 B 公司货物销售合同争议案仲裁裁决在美国的承认与执行

第一部分 案例导读

申请人中国 A 公司与被申请人美国 B 公司签订了国际货物买卖合同。合同签订后，申请人将货物运送至被申请人，但被申请人并未按照约定支付货款。申请人根据合同中约定的仲裁条款提起仲裁。被申请人经有效送达和通知，未提交任何证据、书面意见，亦未出席庭审。贸仲仲裁庭根据《仲裁规则》第 39(2)条规定，对本案进行了缺席审理，并在 2021 年 9 月 7 日作出缺席裁决，裁决被申请人应支付货款、律师费以及公证费。

申请人随后向美国联邦地区法院(纽约南区)提出申请，要求根据《纽约公约》的规定承认和执行该裁决。但是，和仲裁程序一样，被申请人在该执行程序中始终也未出庭。2024 年 4 月 15 日，治安法官发布了关于仲裁裁决损害赔偿调查的《报告和建议》。2024 年 5 月 1 日，美国联邦地区法院(纽约南区)发布判决命令，确认仲裁裁决并命令被申请人全额赔付《报告和建议》确定的金额。

第一，本案涉及的第一个问题是美国法院对缺席外国仲裁裁决的司法态度。根据《纽约公约》的规定，缺席裁决属于可以被承认和执行的裁决。本案体现了美国法院明确认可缺席裁决是可以根据《纽约公约》的规定得到承认和执行的仲裁裁决。

第二,本案涉及外国仲裁裁决在美国承认和执行时的货币转换,即以外币作出的外国仲裁裁决,在美国申请承认和执行时,美国法院的惯例是将任何以外币签发的仲裁裁决金额兑换成美元。就汇率的日期确定,美国纽约南区联邦地区法院采取了“判决日规则”,即按照法院作出判决当时的汇率,将涉案裁决中的人民币赔偿金在判决中兑换为美元。

第三,本案涉及的另一个重要问题是关于判决前利息的确定。由于裁决在作出之后到执行之时往往经历很长的时间,胜诉方能否获得该阶段内的利息,对胜诉方的利益实现和损失弥补有实质性的影响。然而,《纽约公约》本身对判决前利息并没有作出规定。从本案可见,美国联邦法院原则上倾向支持胜诉方关于判决前利息的请求,认为只有这一请求得到支持,胜诉方的全部损失才能获得真正的赔偿。而且,即使裁决本身并未提及胜诉方可以获得的利息,胜诉方依然可能在执行程序中获得利息的支持。本案的结论体现了美国法院对在其境内寻求承认和执行外国仲裁裁决的当事人呈友好态度,对胜诉方全面追偿其实际损失具有重要的现实意义。

第二部分　美国法院的裁判文书

一、治安法官的报告和建议

A 公司 v. B 公司案[①]

美国联邦地区法院(纽约南区)

发布日期:2024 年 4 月 15 日

美国治安法官 A

致尊敬的 B 法官:

本案涉及贸仲对案涉因国际货物销售合同所作出的仲裁裁决的执行。申请人根据《纽约公约》的规定诉请寻求承认和执行外国仲裁裁决,该公约已被转化并编入《联邦仲裁法》(FAA)第 2 章(参见《美国法典》第 9 卷第 201 条及以下)。

在被申请人未应诉的情况下,尊敬的 B 法官签发了准予缺席审判的命令。法官随后将此案交由本人审理,并对损害赔偿金进行审查。

本人建议完全确认仲裁裁决,并建议判给申请人 928,767.99 美元,加上按法院判决作出时汇率转换为美元的人民币赔偿金(译者注:包括律师费、公证费和律师费),并加上按 9% 年利率计算的判决前利息。

(一)背景

1. 事实背景

从 2016 年 12 月 29 日到 2017 年 5 月 22 日,申请人(一家依据中华人民共

---

① 本案的索引号为 22 – CV – 7568 (VSB) (SN) (S. D. N. Y. May. 1, 2024)。

和国法律成立的外国公司)A公司与被申请人(一家在美国纽约注册并开展业务的外国商业公司)B公司签订了18份国际货物销售合同。这些合同涉及申请人向被申请人销售床上用品,金额为945,618.51美元。每份合同均包含具有约束力的仲裁条款,规定所有争议均应提交贸仲审理。在申请人按时交付货物后,被申请人未支付货款。

2021年9月7日,贸仲裁决如下:"(1)合同规定应将争议提交仲裁解决,(2)申请人已通过交付被申请人订购的货物履行了合同,(3)被申请人未支付货款,(4)被申请人已经被送达仲裁申请书和其他仲裁文书。"仲裁裁决支持了申请人的请求,被申请人应支付的金额为:(1)被申请人未付货款928,767.99美元;(2)律师费人民币150,000元;(3)公证费人民币4870元;以及(4)仲裁费人民币186,097元。尽管被申请人多次收到仲裁文书,并有机会出庭,但被申请人始终未参加仲裁庭审并进行抗辩。

2. 程序背景

申请人根据《纽约公约》的规定起诉被申请人,要求承认并执行外国仲裁裁决。申请人通过州务卿向被申请人有效送达了传票和起诉书。被申请人未对本起诉作出回应。应申请人的要求,书记员签发了缺席证明书。随后,申请人提出缺席判决动议。在说明理由(show cause①)的庭审之后,B法官批准了原告的缺席判决动议。

B法官将此案交由本人进行损害赔偿金的审查。为支持其主张的损害赔偿金,申请人提交了关于事实认定和法律结论的建议稿。迄今为止,被申请人仍未出庭。

① "Show cause"即就动议或申请向法院提供令人满意的解释或理由。("To produce a satisfactory explanation or excuse, usu. in connection with a motion or application to a court.") See Byan. A. Garner, *Black's Law Dictionary* (10th Edition), p 1591.

（二）讨论

1. 法律标准

上诉法院在"City of New York 诉 Mickalis Pawn Shop, LLC 案"中规定了适用于作出缺席判决的程序规则：

"在诉讼过程中出现当事人缺席时，应遵循《联邦民事诉讼规则》第 55 条规定的基本程序。"①第 55 条规则规定了对未进行答辩的当事人作出判决的"两步走程序"：第一步是缺席登记；第二步是作出缺席判决。② 第一步，缺席登记正式表明司法机关承认被告因未进行答辩而承认了对原告的责任……第二步，作出缺席判决，将被告对责任的承认转化为终止诉讼的最终判决，并在第 54(c)条规则允许的范围内，给予原告法院认为其应得的任何救济。③

然而，上诉法院指出，"在申请确认(confirm)或撤销仲裁裁决的动议中，第 55 条并不能很好地发挥作用"。④ 相反，"在无人反对确认仲裁裁决申请的情况下"，第二巡回法院指示地区法院将该申请视为，"类似基于动议人提交的简易判决动议，法院在首先审查动议人提交的材料以确定其充分证明不存在重大事实问题之前，不得批准该动议"。⑤ 因此，法院将申请人的申请作为一项无异议的简易判决动议进行分析。"当对任何重大事实都不存在真正的争议，且作为一个法律问题，动议人有权获得判决时，简易判决是适当的。"⑥

---

① See Vt. Teddy Bear Co. v. 1 – 800 Beargram Co. , 373 F. 3d 241, 246 (2d Cir. 2004).

② See New York v. Green, 420 F. 3d 99, 104 (2d Cir. 2005).

③ See 645 F. 3d 114, 128 (2d Cir. 2011).

④ See D. H. Blair & Co. v. Gottdiener, 462 F. 3d 95, 107 (2d Cir. 2006).

⑤ See Trustees of New York City Dist. Council of Carpenters Pension Fund, Welfare Fund, Annuity Fund, & Apprenticeship, Journeyman Retraining, Educ. & Indus. Fund v. M & RR Constr. Corp. , No. 22 – cv – 6467 (VSB) (SLC), 2022 WL 20652775, at *3 (Nov. 17, 2022),

⑥ See Vasquez v. Victor's Cafe 52nd St. , Inc. , No. 18 – cv – 10844 (VSB), 2019 WL 4688698, at *1 (S. D. N. Y. Sept. 26, 2019); See Fay v. Oxford Health Plan, 287 F. 3d 96, 103 (2d Cir. 2002). See Fed. R. Civ. P. 56(a).

2. 裁决的确认

(1)管辖权

“《联邦仲裁法》创立了一套‘关于可仲裁性的联邦实体法,适用于该法规制范围内的任何仲裁协议’。”①在美国,《纽约公约》是通过《联邦仲裁法》第2章来执行的(参见《美国法典》第9卷第201条及以下)。美国和中国均是《纽约公约》的缔约国。

“仲裁裁决,因自然人或法人间之争议而产生且在声请承认及执行地所在国以外之国家领土内作成者,其承认及执行适用”《纽约公约》,以及《纽约公约》“对于仲裁裁决经声请承认及执行地所在国认为非内国裁决者,亦适用之”。② 在实施《纽约公约》时,《联邦仲裁法》同样规定,《纽约公约》适用于“属于商事法律关系的仲裁协议或仲裁裁决,不论其是否具有契约性质……”(参见《美国法典》第9卷第202条)。

根据《纽约公约》的规定,仲裁协议的执行需满足4项基本要求,即①必须有书面协议;②该协议必须规定在公约缔约方领土内进行仲裁;③争议事项必须是商业性的;④不能完全是内国范围事项。③ 在本案中,双方签订了18份包含具有约束力的外国仲裁条款的书面销售合同。

(2)确认

地区法院应当确认仲裁裁决,“除非其发现了《纽约公约》规定的拒绝或推迟承认或执行裁决的情形之一(参见《美国法典》第9卷第207条)”。《纽约公约》第5条明确规定了法院可以拒绝承认仲裁裁决的7项专属情形。反对执行的一方当事人有责任证明,该7个抗辩情形中的任何一个可以适用。根据《纽约公约》的规定所进行的确认,“本质上是简易程序,除了认定有限的法定确认

① See PaineWebber Inc. v. Bybyk, 81 F. 3d 1193, 1198 (2d Cir. 1996); see Moses H. Cone Memorial Hosp. v. Mercury Constr. Corp., 460 U. S. 1, 24 (1983).

② 《纽约公约》第1条第1款。

③ See Drip Cap., Inc. Goodwill Apparels, 665 F. Supp. 3d 511, 518 (S. D. N. Y. 2023); Dumitru v. Princess Cruise Lines, Ltd., 732 F. Supp. 2d 328, 335 (S. D. N. Y. 2010).

条件或拒绝确认的理由外,法院无意涉及复杂的事实认定"。[①] 法院"极其尊重仲裁庭的裁决"。[②] 总之,地区法院必须执行仲裁裁决,除非诉讼当事人满足(《纽约公约》)列举的7项抗辩情形之一。如果其中一项抗辩成立,地区法院可选择拒绝承认该仲裁裁决。

被申请人在本案中未出庭,未对仲裁裁决的执行提出任何抗辩,因此,也未对事实认定的建议稿提出异议。贸仲对证据的实体问题进行了审理,合理认定被申请人"拖欠货款,因此,申请人有权要求被申请人按照合同和法律规定支付全部货款,并承担相应的违约责任"。[③] 无可争议的证据表明,不存在实质性的事实争议。根据尊重仲裁的原则,本院建议完全确认仲裁裁决。

(3)损害赔偿金

"美国法院的惯例是,将仲裁裁决中的任何外国货币转换为美元计价。"[④] 申请人主张,货币兑换汇率应以B法官就本案违约责任作出缺席命令之日为准。虽然本巡回区内的法院将外国货币裁决转换为法院判决时采用了不同的方法,但不同的法院通常适用《纽约司法法》第27(b)条的规定,即使用"判决或裁定作出之日的汇率"。[⑤] 因此,本院建议根据本院作出最终判决时美联储公布的最新汇率,将仲裁裁决中的人民币金额转换为美元。本院建议,申请人的律师提交一份法院命令的建议稿,附上最终判决作出之日人民币兑美元的公开汇率。

---

① See Zeiler v. Deitsch, 500 F. 3d 157, 164 (2d Cir. 2007).

② See Commodities & Mins. Enter. Ltd. v. CVG Ferrominera Orinoco, C. A., 49 F. 4th 802, 809 (2d Cir. 2022) [cite Porzig v. Dresdner, Kleinwort, Benson, N. Am. LLC, 497 F. 3d 133, 139 (2d Cir. 2007)]; Kolel Beth Yechiel Mechil of Tartikov, Inc. v. YLL Irrevocable Tr., 729 F. 3d 99, 103 (2d Cir. 2013).

③ See D. H. Blair, 462 F. 3d at 110.

④ See Qing Yang Seafood Imp. (Shanghai) Co. v. JZ Swimming Pigs, Inc., No. 21 - cv - 3587 (RPK) (TAM), 2022 WL 2467540, at *4 (E. D. N. Y. Apr. 15, 2022); Yukos Capital S. A. R. L. v. Samaraneftegaz, 592 F. App'x 8, 12 (2d. Cir. 2014); Shaw, Savill, Albion & Co. v. The Fredericksburg, 189 F. 2d 952, 954 (2d Cir. 1951); Nature's Plus Nordic A/S v. Nat. Organics, Inc., 78 F. Supp. 3d 556, 557 (E. D. N. Y. 2015).

⑤ See Qing Yang Seafood Imp. (Shanghai) Co., 2022 WL 2467540, at *5.

综上所述，本院建议对申请人完全确认仲裁裁决：①被申请人的未付货款928,767.99美元；②律师费人民币150,000元；③公证费人民币4870元；④仲裁费人民币186,097元，其中的人民币金额按照判决作出时美联储公布的汇率换算为美元金额。

(4)判决前利息

申请人要求被申请人按每年9%的利率支付判决前利息。根据《纽约公约》提起的诉讼，可获得判决前利息。[①] 是否批准申请人关于判决前利息的请求，属于本院的自由裁量权。[②] 在本巡回区内，一般推定支持判决前利息。[③]

贸仲在仲裁裁决中没有提及任何判决前利息。然而，本巡回区的惯例是，从裁决作出之时到确认仲裁裁决的法院判决作出之日，按每年9%的利率(纽约州法律规定的判决前利率，参见《纽约州民事程序法与规则》第5001条至第5004条)计算利息。[④] 申请人请求自2021年9月7日起按每年9%的利率计算判决前利息。本人建议同意该请求，判决前利息从2021年9月7日起计算，至本院作出最终判决之日。

(三)结论

本人建议全面确认仲裁裁决，并建议判给申请人928,767.99美元，加上按法院判决作出时汇率转换为美元的人民币赔偿金，并加上适用的按9%年利率计算的判决前利息。

(四)关于对本报告和建议提出异议的程序通知

根据《美国法典》第28卷第636(b)(1)条和《联邦民事诉讼规则》第72

① See Waterside Ocean Nav. Co. v. Int'l Nav. Ltd., 737 F. 2d 150, 154 (2d Cir. 1984).

② See Seed Holdings, Inc. v. Jiffy Int'l AS, 5 F. Supp. 3d 565, 591 (S. D. N. Y. 2014).

③ See Waterside Ocean Nav. Co., 737 F. 2d at 154.

④ Seaport Glob. Holdings LLC v. Petaquilla Mins. Ltd., No. 19 - cv - 9347 (ER), 2020 WL 3428151, at *2 (S. D. N. Y. June 23, 2020); 1199/SEIU United Healthcare Workers E. v. S. Bronx Mental Health Council Inc., No. 13 - cv - 2608 (JKG), 2014 WL 840965, at *8 (S. D. N. Y. Mar. 4, 2014).

(b)条的规定,自本报告和建议书送达之日起,当事人有14日的时间提交书面异议。[①] 一方当事人可在收到副本后14日内对另一方当事人的反对意见作出回应。[②] 这些异议应提交本院并送达对方当事人。[③] 如果应法官的个人规则和惯例要求,应向B法官递交礼节性副本。任何有关延期提交异议的请求必须向B法官提出。[④] 未能及时提交异议的,将在上诉时放弃提出该等异议的权利。[⑤]

二、美国联邦地区法院(纽约南区)的决定

A公司 v. B公司案[⑥]

美国联邦地区法院(纽约南区)

发布日期:2024年5月1日

美国地区法院B法官:

2022年9月5日,A申请人对B被申请人提起诉讼,要求根据1958年6月10日《纽约公约》的规定(该公约被转化为《联邦仲裁法》第2章,《美国法典》第9编第201条及以下各条)承认和执行一个外国仲裁裁决。

在签发缺席证明书后,本人缺席判决申请人胜诉,被告应承担违约责任,并将此案移交给A治安法官对损害赔偿金进行审查。

① See Fed. R. Civ. P. 6(a), 6(d).

② Fed. R. Civ. P. 72(b)(2); see Fed. R. Civ. P. 6(a), 6(d).

③ See Fed. R. Civ. P. 72(b)(2).

④ See Fed. R. Civ. P. 6(b).

⑤ See Thomas v. Arn, 474 U. S. 140 (1985); United States v. James, 712 F. 3d 79, 105 (2d Cir. 2013).

⑥ 22 – CV – 7568 (VSB) (SN) (S. D. N. Y. May. 1, 2024).

2024年4月15日,A治安法官发布了一份9页的详尽《报告和建议》,[①]建议"全面确认仲裁裁决,并判给原告928,767.99美元,加上按法院作出判决时汇率转换为美元的人民币赔偿金,并加上适用的按9%年利率计算的判决前利息"。各方均未对《报告和建议》提出任何异议。

地区法院"可以全部或部分接受、拒绝或修改治安法官的认定或建议"。[②]"对于诉讼当事人没有及时提出异议的治安法官报告和建议,地区法院只需要确认书面记录在表面上没有明显错误即可。"[③]

尽管《报告和建议》明确规定,自本《报告和建议》送达之日起,各方当事人应在14日内根据《美国法典》第28卷第636(b)(1)条和《联邦民事诉讼规则》第72(b)条的规定提出书面异议,并且"未及时提交异议的,将在上诉时放弃提出该等异议的权利",但各方均未提出异议或请求延期提交异议。为查出明显错误,本席审查了A治安法官详细且论理充分的《报告和建议》。经仔细审查,本席未发现明显错误。因此,本人完全接受该《报告和建议》。

此令。

第三部分 案例评述

一、美国法院对缺席仲裁裁决的承认和执行

涉案仲裁裁决为一个缺席裁决。在涉案仲裁过程中,虽然被申请人已被有效通知,但是却未向仲裁庭提交任何文件,同时也未派员参加庭审,亦未向仲裁庭说明不出庭的理由。根据《仲裁规则》第39条第2款的规定,被申请人无正当理由开庭时不到庭的,或在开庭审理时未经仲裁庭许可中途退庭的,仲裁庭

---

① 即上文法院判决。

② See 28 U.S.C. § 636(b)(1).

③ See Nelson v. Smith, 618 F. Supp. 1186, 1189 (S.D.N.Y. 1985).

可以进行缺席审理并作出裁决;被申请人提出反请求的,可以视为撤回反请求。据此,涉案仲裁庭对案件进行了缺席审理并作出缺席裁决。

《纽约公约》本身并没有定义可以被承认和执行的仲裁裁决之具体种类和性质。因此,在实践中,可以由执行地法院决定为达到公约之目的何谓仲裁裁决。一般认为,至少下述仲裁庭的决定有资格作为裁决:最终裁决、部分裁决、对仲裁费用所作的裁决、合议裁决,以及缺席裁决,即一方当事人未出庭时所作的裁决(只要是在与以上任何一类相符的范围内)。[①] 本案体现了美国法院明确认可缺席裁决可以作为《纽约公约》项下得到承认和执行的仲裁裁决。

在实践中,常见的情形是缺席方往往会在境外法院的执行程序中出现,声称其未得到关于指定仲裁员和参与仲裁程序的通知,从而没有发表意见的机会,借此要求执行地法院拒绝承认和执行缺席作出的裁决。因此,执行地法院一般会对缺席方是否收到了仲裁相关的通知进行严格审查,要求仲裁员和仲裁程序之申请人应当尽一切合理的可能将仲裁程序及对仲裁庭之任命告知被申请人,并对此努力提供独立的证据。如果没有这样做,就涉及违反《纽约公约》第 5 条第 1 款(乙)项规定的正当程序,胜诉方对裁决的执行申请则有可能被拒绝。

但是,本案的特殊之处在于其是一个双重程序缺席的案件,即仲裁案件中缺席的被申请人在执行程序依然是缺席的。从《纽约公约》第 5 条的规定来看,第 1 款(乙)项即“被申请执行裁决的一方当事人没有得到指定仲裁员或仲裁程序的适当通知,或由于其他原因而未能就案件发表意见”这一情形,和第 1 款所列明的其他 4 个理由一样,必须由阻止执行的当事人负责证明,执行地法院不就此进行主动审查,这实际上是《纽约公约》的关键特征。

由于被申请人的缺席,美国法院在本案中并没有对是否存在第 5 条第 1 款

---

① 商事仲裁国际理事会之《1985 纽约公约》释义指南:法官手册(第二版),第 17 页,载 https://cdn.arbitration-icca.org/s3fs-public/document/media document/ICCA%20NY%20Convention%20GuideChinese2nd%20edition final ONLINE.pdf,最后访问日期:2024 年 9 月 15 日。

(乙)项被违反的情形进行主动审查。根据《纽约公约》的规定,美国法院的作用"在审查外国仲裁裁决时受到严格限制",并且"极为谨慎"。[①] 因此,当遇到要求确认外国仲裁裁决的缺席判决动议时,法院的任务是提供一个简易程序,"仅仅使已经是最终的仲裁裁决成为法院的判决……"。[②] 美国法院也曾经指出,确认外国裁决所必需的,仅仅是"勉强可以证明仲裁员达成的结果是合理的"。[③] 换言之,仲裁裁决本身只要满足必要的说理标准,美国法院就会倾向对其予以确认。因此,美国法院该决定中并未涉及对涉案裁决的缺席程序本身是否存在瑕疵进行审查,而是直接认可了该裁决的承认和执行。

二、关于仲裁裁决货币和美元之间的货币兑换

美国法院的惯例是将任何以外币签发的仲裁裁决兑换成美元。[④] 这一点体现在美国《对外关系法重述》[Restatement (Third) of the Foreign Relations Law of the United States]的规定中,即只有在判决的债权人提出要求时,法院才会签发外币判决。[⑤]

在此基础上,一个更复杂的问题是,在将外币兑换成美元时应使用什么汇率。回答这个问题需要选择适当的日期,并采用该日期的相应汇率。在2016年"Shaw, Savill, A. B. C. 诉 Puglisi 案"中,第二巡回法院明确指出,"当法院将外国债务转换为美国货币时,它必须确定'将外国货币转换为本国货币的适当日期'"。[⑥] 也曾有判决指出,将外币兑换成美元时,兑换率的选择应考虑"使

---

① See Yusuf Ahmed Alghanim & Sons., 126 F. 3d at 19; Korean Trade Ins. Corp., 2015 WL 1247053, at *4.

② See Korean Trade Ins. Corp., 2015 WL 1247053, at *4 (quoting D. H. Blair & Co., 462 F. 3d at 110).

③ See D. H. Blair & Co., 462 F. 3d at 110 (quoting Landy Michaels Realty Corp. v. Loc. 32B - 32J, Serv. Emps. Int'l Union, AFL - CIO, 954 F. 2d 794, 797 (2d Cir. 1992)

④ See Yukos Capital S. A. R. L. v. Samaraneftegaz, 592 Fed. Appx. 8, 12 (2d. Cir. 2014) (summary order); Shaw, Savill, Albion & Co. v. The Fredericksburg, 189 F. 2d 952, 954 (2d Cir. 1951); Nature's Plus Nordic A/S v. Nat. Organics, Inc., 78 F. Supp. 3d 556, 557 (E. D. N. Y. 2015).

⑤ See Restatement § 823.

⑥ See Shaw, Savill, A. B. C. v. Puglisi, 638 Fed. Appx. 87, 92 (2d Cir. 2016) (summary order).

债权人得到补偿并避免奖励拖延履行债务的债务人"的需要。[①] 在这一问题的处理上，在实践中存在两种不同的做法，对此均有美国最高法院案例的支持。

第一种做法是采用"违约日规则"，即使用引起争议的违约行为发生之日的汇率，最早可见于"Hicks 诉 Guinness 案"。[②] 例如，就国际仲裁裁决而言，败诉方在仲裁裁决作出之日，即败诉方的义务产生之时，即视为败诉方违反了其义务。[③] 采用这一规则的理由是，《纽约公约》通过《联邦仲裁法》赋予了申请执行一方获得判决的权利，而不是双方在仲裁期间争论的被告的任何潜在违约行为。采用这种方法，违约日期就可以相应确定为仲裁裁决日期。

第二种做法是以"Deutsche Bank Filiale Nurnberg 诉 Humphrey 案"为代表的"判决日规则"。[④] 根据该规则，适用的汇率是法院作出判决之日的通行汇率。第二巡回法院也曾适用《纽约司法法》第 27(b)条的规定，在多个案例中按照这一规则作出认定。[⑤] 在"Yukos Capital S. A. R. L. 案"中，第二巡回法院曾指出，"根据联邦法律，相关日期由创建相关诉因的法律决定"。因此，"如果诉因是根据国内法产生的，则应使用诉因产生之日的汇率"。[⑥] 相应地，执行《纽约公约》项下仲裁裁决的判决的"适当转换日期"是执行诉讼产生的日期。在本案中，美国纽约南区联邦地区法院适用的也是"判决日规则"。

《对外关系法重述》曾建议，在"违约日规则"和"判决日规则"之间进行选择时，出于公平的原因，应考虑中间的货币波动。"如果在一个由外币债务引起的案件中，法院以美元作出判决，那么从外币到美元的兑换应在以下时间进行，即外汇兑换成美元的汇率应使债权人得到补偿，并避免奖励拖延履行债务

---

① See Restatement § 823(2).

② See Hicks v. Guinness, 269 U. S. 71 (1925).

③ See G. E. Transport S. P. A. v. Republic of Albania, 693 F. Supp. 2d at 140.

④ See 272 U. S. 517 (1926).

⑤ See N. Y. Judiciary Law § 27(b); Rienzi & Sons, Inc., 638 Fed. Appx. at 92 – 93; Ladas Foods S. A. v. Castella Imports, Inc., No. 20 – CV – 570 (JMA) (AYS), 2021 WL 619742, at *1n. 1 (E. D. N. Y. Jan. 5, 2021).

⑥ Yukos Cap. S. A. R. L., 592 Fed. Appx. at 12.

的债务人。"[①]一般而言,如果外币自损害或违约行为发生后贬值,则应按损害或违约行为发生之日适用的汇率作出判决。因此,为了防止一方当事人因货币波动而受到惩罚或获得意外之财,"用于兑换的日期应取决于债务货币相对美元是升值还是贬值"。除非司法利益另有要求,"违约日规则"适用于外币贬值的情况。[②] 但是,《对外关系法重述》建议的这一做法和美国最高法院上述两个系列案件中的观点并不一致,因为《对外关系法重述》更多考虑了事实上汇率变化的因素来决定用哪个日期,但后者更多考虑的是诉讼程序中原告的诉因所产生的依据。因此,就汇率日期的确定,在美国的司法实践中可能有一定的不确定性。但是,从本案看出,美国第二巡回法院的态度是倾向于支持"判决日规则"。

三、关于判决前利息

由于在美国法院请求承认和执行外国裁决之诉通常耗时较长,因此,法院是否批准申请人获得判决前的利息可能涉及较大金额,从而对寻求执行方的利益产生实质性的影响。

判决前利息是否可以得到支持也与仲裁裁决本身的认定有关。一种可能的情况是,当事人在仲裁申请中已明确提出利息的请求,如请求违约方支付从债务应付之日到债务实际清偿之日的利息。一般而言,如果申请人关于本金的仲裁请求获得支持,利息的主张在裁决中也有较大的可能获得支持。在这一情况下,胜诉方寻求裁决的承认和执行时,自然也会将裁决作出后到执行判决作出前的利息计算在要求执行的总金额内。

另一种可能的情况是,当事人在仲裁中并未请求利息,因此仲裁庭在裁决中就不会作出关于利息的决定。如在本案中,申请人的仲裁请求是关于被申请人所欠的货款本金、律师费和公证费,仲裁庭最终支持的也是这3项请求,仲裁裁决中并未涉及任何利息的认定。但在本案的执行程序中,申请人要求法院支

---

① Restatement § 823(2).

② See Restatement § 823(2).

持其按照9%的年利率计算判决前利息的请求。

在美国,并没有联邦法律专门对判决前利息作出明确的规定。[①] 美国第二巡回法院在1994年"Commercial Union Assur. Co. 诉 Milken 案"中就指出,是否批准申请人关于判决前利息的请求以及具体计算的金额,属于地区法院广泛的自由裁量权。[②] 在美国第二巡回法院的辖区之内,一般均推定支持判决前利息。[③] 除非存在非常有说服力的理由,根据《纽约公约》的规定提起的确认仲裁裁决的诉讼中不应拒绝支持判决前利息。已明确认可根据《纽约公约》来支持判决前利息的法院认为,鉴于"判决前利息被广泛接受的补救目的,即'补偿受害方因未能使用其本应拥有的金钱而遭受的损失',就应当假定支持判决前利息"。[④] 在本案中,美国纽约南区联邦地区法院正是沿袭美国第二巡回法院一贯的态度,支持了申请人关于判决前利息的请求。

如同和利息本身是否应获得支持一样,关于如何计算判决前利息的决定也由地区法院酌情作出。[⑤] 因此,不同的地区法院就此存在不同的做法。例如,有法院指出,"最优惠利率,即银行向信誉良好的客户提供短期无担保贷款的利率,是衡量预估利息的适当标准"。[⑥] 另外,也有案例支持按照判决后利息计算的法律规定来计算判决前利息。[⑦] 本案中的法院则又采取了一种不同的计算方法,即按照《纽约州民事程序法与规则》规定的判决前利率(年9%的利率)来计算本案中的判决前利息。

---

① See Industrial Risk Insurers v. M. A. N. Gutehoffnungshutte GmbH, 141 F. 3d 1434, 1446 (11th Cir. 1998).

② See Commercial Union Assur. Co. v. Milken, 17 F. 3d 608, 613 (2d. Cir. 1994).

③ See Holdings, Inc. v. Jiffy Int'l AS, 5 F. Supp. 3d 565, 591 (S. D. N. Y. 2014) (quoting Waterside Ocean Navigation Co. v. Int'l Navigation Ltd., 737 F. 2d 150, 154 (2d Cir. 1984).

④ See Frank Music Corp. v. Metro-Goldwyn-Mayer Inc., 886 F. 2d 1545.

⑤ See G. E. Transport S. P. A. v. Republic of Albania, 693 F. Supp. 2d at 140.

⑥ See Oldham v. Korean Air Lines Co., Ltd., 127 F. 3d at 54.

⑦ See Sarhank Group v. Oracle Corp., No. 01 – 1285, 2004 WL 324881 (S. D. N. Y. Feb. 19, 2004).